科特勒
全书

陈姣◎编著

中国华侨出版社
北京

图书在版编目(CIP)数据

科特勒全书：全新升级版/陈姣编著.—北京：中国华侨出版社，2014.8（2018.8重印）

ISBN 978-7-5113-4819-7

Ⅰ.①科… Ⅱ.①陈… Ⅲ.①市场营销学 Ⅳ.①F713.50

中国版本图书馆 CIP 数据核字（2014）第 175943 号

科特勒全书：全新升级版

编　　著：陈　姣
责任编辑：若　水
封面设计：施凌云
文字编辑：彭泽心
图文制作：北京东方视点数据技术有限公司
经　　销：新华书店
开　　本：720mm×1020mm　1/16　印张：28　字数：650千字
印　　刷：北京市松源印刷有限公司
版　　次：2014年10月第1版　2018年8月第4次印刷
书　　号：ISBN 978-7-5113-4819-7
定　　价：68.00元

中国华侨出版社　北京市朝阳区静安里26号通成达大厦3层　邮编：100028
法律顾问：陈鹰律师事务所
发 行 部：(010)58815874　　　传　真：(010)58815857
网　　址：www.oveaschin.com　E－m a i l:oveaschin@sina.com

如果发现印装质量问题，影响阅读，请与印刷厂联系调换。

前言

菲利普·科特勒生于1931年，是现代营销学集大成者，被誉为"现代营销学之父"、"营销界的爱因斯坦"。多年来，科特勒一直致力于营销战略与规划、营销组织、国际市场营销及社会营销的研究，他创造的一些概念，如"反向营销"和"社会营销"等，被人们广泛应用和实践。他的许多著作被译成几十种语言，传播于近60个国家，被世界营销人士视为营销宝典。他的《营销管理》是现代营销学的奠基之作，被誉为市场营销学的"圣经"，是全球最佳的50本商业书籍之一。

科特勒见证了美国经济40年的起伏跌宕和繁荣兴旺史，他的理论深刻地影响了一代又一代美国企业家。尤其是在美国超大型跨国企业的成长中，科特勒做出了巨大的贡献。从1975年到1995年的20年间，科特勒多次获得美国国家级勋章和褒奖，包括"保尔·D.康弗斯奖"、"斯图尔特·亨特森·布赖特奖"、"营销卓越贡献奖"、"查尔斯·库利奇奖"。此外，他是美国营销协会（AMA）第一届"营销教育者奖"的获得者，也是至今唯一三次获得过《营销杂志》年度最佳论文奖——阿尔法·卡帕·普西奖的得主。

不仅在美国国内，科特勒的营销理论放射出耀眼的光芒，在亚洲地区，特别是在中国，他的思想同样受到了无与伦比的推崇。1986年以来，科特勒多次造访中国，与中国的学者与营销人员亲密接触，共同探讨市场营销在中国的发展。他先后出版《营销管理（亚洲版）》、《亚洲新定位》、《科特勒看中国与亚洲》等近十种著作，将近百万册，专门针对亚洲市场与中国市场的特性作出了论述，被我国的企业家与学者奉为圭臬，MBA几乎人人都研读过科特勒式的"百科全书"。

因此，无论是从国际化的角度还是本土化的影响来看，科特勒的营销思想都是营销相关人员了解和掌握营销学精髓的不二选择。每一位营销人员，无论你是普通的销售者，还是运筹帷幄的营销管理者，都可以在科特勒的著述中找到你所需要的内容，从而为自身所从事的营销工作找到指导方略。为此，我们编写了这本《科特勒全书》，本书集合了科特勒的《营销管理》、《水平营销》等多本著作及一些演讲的思想精华，总结了科特勒几十年的营销经验，集中撷取科特勒所说的主要观点，并进行了生动的阐述。

本书系统解析了科特勒营销理论，内容全面，涵盖营销的所有重要课题，试图帮助企业最高领导层、营销部门及营销人员在短期内快速掌握科特勒营销理论要领、营销艺术及营销的具体操作方法和技巧，从而从整体上提高企业的市场竞争力。通过科特勒渊博的见解，你可以迅速更新你的营销知识和技能，了解到资料库营销、关系营销、高科技营销、全球化营销、网络营销等热门营销理念，从容应对竞争、全球化和互联网所带来的新挑战和新机遇。科特勒的许多营销操作和实践已经得到美国电报电话公司、通用电气、福特汽车、杜邦公司、IBM 公司、惠普公司等全球财富 500 强企业的验证和推广。

同时，为了能够帮助广大营销人员更好地理解科特勒的思想，本书本着实用、全面的原则，通过科特勒营销理念的引导，从如何进行市场调研、制定营销策略、进入国际市场、紧跟时代潮流等方面，结合具体的营销经典案例，教给大家全面、具体的营销实战操作方法和技巧，就如同科特勒亲身传授你营销知识一样亲切、自然，能让你迅速领悟它的精髓，从而在市场营销中获得成功。

目录

第一章　理解营销：创造并收获顾客价值 … 1

第一节　企业的核心职能在于营销 … 1
营销至简：满足别人并获得利润 … 1
营销即识别、创造、沟通、交付和监督顾客价值 … 3
差的、好的和伟大的营销之间迥然不同 … 5
营销不是短期销售行为，而是长期投资行为 … 7
营销是企业一切活动的核心 … 8

第二节　大败局：将企业拖入困境的致命营销过失 … 11
营销的大敌是"赚了就跑"的短线思维 … 11
营销是 4P，绝不能被缩减成 1P … 12
营销不是单兵作战，而是全员战役 … 14
当你忽视竞争者的时候，他会悄悄闯入你后院 … 16
离市场顾客越远，离衰败倒闭越近 … 18
少了有效的沟通，营销绝对"赢"不起来 … 20

第三节　大趋势：未来营销唯一不变的就是变化 … 22
真正的顾客为王：从参与、互动直至主导 … 22
全面营销：广泛、整合的视角不可或缺 … 24
差异化：成为与众不同的"紫牛" … 25
精准营销：广泛的精准和精准的广泛 … 27
无边界：未来的竞争是营销网络间的竞争 … 29
数字化时代：顾客常去的地方就是营销的所在 … 31

1

第二章　营销环境：从市场中来，到市场中去 　　　　33

第一节　宏观环境：鱼不离水，营销脱不掉社会力量影响　　33
企业必须掌握的六种主要宏观环境因素　　33
读懂人口环境才能透视营销受众　　34
每一种新技术都是一种"创造性破坏"力量　　36
政治法律有底线，企业要"做正确的事情"　　38
文化环境直接影响着消费心理与行为　　40
即使不能改变环境，也要积极主动去适应环境　　41

第二节　微观环境：层层面面构建起企业的价值传递网络　　44
企业必须掌握的六种主要微观环境因素　　44
持续地监控和适应外部市场环境是极其重要的　　46
企业最大的风险就是放松对顾客和竞争对手的关注　　48
企业必须关注大趋势，并时刻准备从中获利　　50
谁的全球网络建得好，谁就能取得竞争的胜利　　52

第三节　市场信息与顾客洞察：信息的价值在于应用　　55
营销胜利的基础越来越取决于信息，而非销售力量　　55
太多的信息与太少的信息一样有害　　57
内部资料、市场情报、营销调研中都藏着宝贵信息　　58
聪明的公司在每个可能的顾客接触点上捕捉信息　　60
市场信息只有"变现"为顾客洞察才有价值　　61
对竞争优势的追逐实际就是对顾客洞察的追逐　　63

第三章　营销战略与管理：为企业勾勒蓝图　　65

第一节　成功的营销是精心计划出来的　　65
没有认真计划，那么你正在孕育失败　　65
所有公司总部都在从事这样四项计划活动　　66
有效而清晰的使命声明能让企业走得更稳更远　　68
营销策划是一个周密而系统的六步过程　　70
营销计划是指导和协调市场营销工作的核心工具　　72
变化越频繁，计划越紧要　　74

第二节　先想"做什么"，再想"怎么做"　　77
优胜劣汰，规划出最佳的业务组合　　77

找准战略业务单位，力争数一数二 …………………………………… 79
　　企业目标不是成长，而是赢利性增长 ………………………………… 80
　　企业三种通用战略：总成本领先、差异化和聚焦 …………………… 82
　　"产品—市场"扩展的四步走战略 ……………………………………… 84
　　小企业也能从健全的战略规划制定中极大地获益 …………………… 86
　第三节　营销管理，把战略计划落到实处 …………………………… 89
　　从营销角度出发 CEO 可分成四种类型 ……………………………… 89
　　杰出营销的关键不在于做什么，而在于做成什么 …………………… 91
　　企业应该在短中长三个规划期的视角下进行管理 …………………… 92
　　策略趋同：任何行之有效的营销策略都会被模仿 …………………… 94
　　CEO 不能做阿尔电锯，而要通盘考虑运营的每一环节 ……………… 96
　　聪明的企业应关注的是所有利益相关方的价值最大化 ……………… 97

第四章　消费者：企业存在的目的与根基 ……………………………… 100
　第一节　顾客为什么购买：影响消费者行为的因素 ………………… 100
　　消费者的购买行为受文化、社会、个人因素的影响 ………………… 100
　　核心价值观决定了消费者的长期决策和需求 ………………………… 102
　　营销者要关注消费者的人生大事或重大变迁 ………………………… 103
　　消费者对彼此的信任要远远超过对企业的信任 ……………………… 105
　　消费者对营销活动的抵制达到了前所未有的水平 …………………… 107
　　消费者能从多种渠道获得丰富的信息资源 …………………………… 109
　第二节　消费者的购买决策心理与行为 ……………………………… 111
　　消费者典型的购买决策会经历五个阶段 ……………………………… 111
　　人类学研究，从宏观上把握消费者心理 ……………………………… 113
　　理性的行为其实并不是具有最后决定性的力量 ……………………… 114
　　消费者购买决策追求的是价值最大化 ………………………………… 116
　　组织市场与消费者市场相比有很大的不同 …………………………… 118
　　营销者不可能创造需要，但可以影响购买欲望 ……………………… 120
　第三节　打造深度的用户体验营销 …………………………………… 123
　　顾客期待从购买中获得理性、感官、社会和自我的满足 …………… 123
　　向顾客传达一种愉悦的体验比推销产品更重要 ……………………… 125
　　体验营销满足的是消费者的思想、成就感和自我表达 ……………… 127

企业必须深入开展与消费者的合作 ……………………………………… 129
如何让消费者从低介入度转变为较高介入度 …………………………… 130
向消费者营销企业使命或产品使命有三个步骤 ………………………… 132

第五章　STP 目标市场营销：多能不如一专 ……………………………… **134**

第一节　市场细分：舍大取小，分而制胜 ……………………………… 134
地理细分：地域不同，消费习惯也会有差异 …………………………… 134
人口细分：将消费者区分为有差异的群体 ……………………………… 136
心理细分：心理模式影响购买行为 ……………………………………… 137
行为细分：建立细分市场最好的出发点 ………………………………… 139
大众营销日渐衰落，微观营销日益兴起 ………………………………… 141
细分营销：更细、更精、更快、更好 …………………………………… 142

第二节　目标市场：选定最适合自己的区域 …………………………… 145
评估细分市场时，企业必须考虑三大因素 ……………………………… 145
企业理智的做法应该是一次进入一个细分市场 ………………………… 147
选定超级细分市场，而不是孤立的细分市场 …………………………… 149
选择目标市场时必须考虑道德与社会责任问题 ………………………… 150
企业可供选择的五种目标市场模式 ……………………………………… 152
拓展者必须设计打破封闭市场的方法 …………………………………… 153

第三节　市场定位：定义在消费者心目中的形象和位置 ……………… 155
成功的营销战略关键在于：聚焦、定位和差异化 ……………………… 155
定位的目标在于将品牌留在消费者心中 ………………………………… 157
定位要求定义和传达品牌之间的相似点和差异点 ……………………… 159
企业可以用来成功定位的五种价值主张 ………………………………… 160
定位就是要在同质化的基础上做到差异化 ……………………………… 162
执行既定定位要比提出好的定位战略难得多 …………………………… 163

第六章　超竞争时代：比竞争者做得更好一点 …………………………… **167**

第一节　识别、分析、选准自己的竞争对手 …………………………… 167
识别竞争者：从产业和市场出发，克服"近视症" …………………… 167
分析竞争者：每一个细节都不要放过 …………………………………… 169
选择竞争者：强与弱，近与远，良与恶 ………………………………… 171

企业要取得成功，必须构建核心竞争力 ………………………… 173
　　世界上不存在适合所有企业的所谓"最佳竞争战略" …………… 175
　　获胜的企业往往在引导着自己的竞争者 ………………………… 177
　第二节　十面埋伏，竞争无处不在 …………………………………… 179
　　企业面临着五股竞争力量的威胁 ………………………………… 179
　　行业竞争者：细分市场的容量是有限的 ………………………… 180
　　潜在进入者：有利润，就会有跟风 ……………………………… 182
　　替代者：比现有竞争对手更具威胁力 …………………………… 183
　　购买者：与越来越精明的顾客博弈 ……………………………… 185
　　供应商：上游不安，下游不稳 …………………………………… 187
　第三节　市场领导者：第一不是那么好当的 ………………………… 190
　　一步领先不等于步步领先 ………………………………………… 190
　　保持领先最具建设性的策略就是持续创新 ……………………… 192
　　扩大总体市场，将市场蛋糕做大 ………………………………… 194
　　保护市场份额，巩固领导地位 …………………………………… 195
　　阵地防御，占领最大的消费者心智份额 ………………………… 197
　　侧翼防御，保护薄弱的前线阵地 ………………………………… 198

第七章　产品、服务和创新：引领市场更得人心 …………………… **201**
　第一节　产品是最关键的市场提供物 ………………………………… 201
　　一个伟大品牌的核心是一个伟大的产品 ………………………… 201
　　营销是基于产品质量之上的活动 ………………………………… 202
　　服务是一种特殊的无形产品 ……………………………………… 204
　　产品层次与顾客价值层级 ………………………………………… 205
　　企业的三种基本的产品策略 ……………………………………… 207
　第二节　每个产品都有其生命周期 …………………………………… 209
　　产品生命周期可以分为四个不同的阶段 ………………………… 209
　　导入期：开拓者的优势和风险 …………………………………… 211
　　成长期：在高市场份额和高当前利润之间取舍 ………………… 212
　　成熟期：良好的进攻才是最好的防守 …………………………… 213
　　衰退期：保留，调整，或者放弃 ………………………………… 215
　　企业的定位和差异化战略要依循生命周期变化 ………………… 216

第三节　新产品开发决定着企业未来 219
产品与服务的改进和更新对企业有决定性影响 219
产品创新和有效的营销计划能让企业保持竞争优势 220
新产品开发过程起始于产品创意的搜寻 222
新产品开发的六个创新策略 224
从产品创意中提炼出独特的产品优势 226
在试销中不断对新产品进行改进 228

第八章　品牌：企业最持久的无形资产 **230**

第一节　品牌的价值比一切都贵重 230
品牌在企业发展中处于核心战略地位 230
品牌是把 4P 结合到一起的黏合剂 232
对消费者而言，品牌意味着价值和信任 234
品牌是保障竞争优势的强有力手段 235
伟大的品牌唤起的是形象、期望和承诺 236

第二节　什么造就了一个伟大的品牌 239
最强的品牌定位能够触动消费者的情感深处 239
品牌共鸣：顾客的思想决定了品牌的强势程度 241
高度一致的"品牌＋定位＋差异化"才能实现成功营销 243
能在顾客心中产生正面联想的品牌才能成为强势品牌 245
品牌化的根本就是创建产品之间的差异 246
品牌也有个性，它会吸引有同样个性的消费者 248

第三节　品牌难立易毁，开发管理需谨慎 251
品牌强化：让品牌不断向前避免贬值 251
品牌活化：让衰退品牌焕发新颜 252
品牌延伸：利用已建立的品牌推出新的产品 253
联合品牌：强强联合的"1＋1＞2"效应 255
成分品牌：为产品创建足够的知名度和偏好 257
品牌接触：让每个接触点上都产生正面关联体验 258

第九章　定价：征服消费者的价格攻略 **261**

第一节　定价之前要全面理解消费者定价心理 261
价格是买方做出选择的决定性因素 261

购买决策建立在消费者的心理价位感知上 ………………………… 263
消费者会使用参照价格来选购产品 ……………………………… 264
为什么无人问津的东西价格翻倍后反而脱销了 ………………… 266
价格尾数中潜藏的定价学问 ……………………………………… 267
消费者能通过多渠道积极地处理价格信息 ……………………… 269

第二节　企业的目标决定定价的方式　271
生存：只求价格能补偿成本 ……………………………………… 271
当前利润最大化：强调眼前的利润和回报 ……………………… 272
市场份额最大化：以低价博取较高市场份额 …………………… 273
市场撇脂最大化：以高价实现市场获利最大化 ………………… 274
产品—品质领导地位：在顾客购买能力内制定高价 …………… 275
将价格作为战略工具的企业能获得更多利润 …………………… 277

第三节　选择合适的定价方法　279
全面营销人员必须考虑到定价决策的多方因素 ………………… 279
定价的上限、下限和基准点 ……………………………………… 280
成本加成定价法：在产品成本上加上适当的利润 ……………… 282
目标—利润定价法：注重目标投资回报率 ……………………… 283
感知价值定价法：立足于消费者的感知与印象 ………………… 285
价值定价法：降低成本，但不牺牲质量 ………………………… 286

第十章　渠道：构建共赢的价值网络　**289**

第一节　营销渠道是一座特殊的桥梁　289
成功的价值创造需要成功的价值传递 …………………………… 289
渠道能够创造出效力与效率 ……………………………………… 290
企业的渠道决策直接影响着其他营销决策 ……………………… 291
渠道系统的发展应视环境及企业能力而定 ……………………… 293
经营混合渠道的企业必须确保多渠道的结合和匹配 …………… 294
不同的消费者有不同的渠道偏好 ………………………………… 295

第二节　设计最适合企业的营销渠道系统　298
分析目标顾客所需要的服务产出水平 …………………………… 298
建立渠道目标，考量制约因素 …………………………………… 299
从三方面要素出发确定主要的渠道方案 ………………………… 301

如何选择最合适的渠道中间商 …………………………………… 302
　第三节　渠道系统的管理与整合 ……………………………………… 304
　　渠道管理应从寻找合适的渠道合作伙伴开始 ………………………… 304
　　对顾客来说，渠道的形象就意味着企业的形象 ……………………… 306
　　理解渠道成员的需要和欲望才能激励其达到最高绩效 ……………… 307
　　有效的渠道管理要求选择好中间商并培训他们 ……………………… 308
　　针对渠道中间商的推进和拉动战略 …………………………………… 310
　　企业必须定期按一定标准衡量中间商的表现 ………………………… 311

第十一章　整合营销沟通：对话消费者 …………………… 314

　第一节　营销沟通代表企业和品牌的声音 …………………………… 314
　　正确的营销沟通会收到巨大回报 ……………………………………… 314
　　营销沟通是与消费者建立对话或关系的工具 ………………………… 316
　　营销沟通正面临前所未有的艰难 ……………………………………… 318
　　什么是真正的整合营销沟通 …………………………………………… 319
　第二节　管理整合营销沟通过程 ……………………………………… 322
　　广告：渗透力、表现力和客观性 ……………………………………… 322
　　促销：激发强烈而快速的购买行为 …………………………………… 324
　　公共关系和宣传：树立企业的良好形象 ……………………………… 326
　　节事和体验：创造与品牌有关的特别感受 …………………………… 327
　　口碑营销：口口相传的传播力 ………………………………………… 329
　　个人推销：面对面的交互式沟通 ……………………………………… 330
　第三节　广告：力求传播效果与销售效果兼得 ……………………… 333
　　一个完美的广告应该确保满足六点 …………………………………… 333
　　广告之难在于"穿透混乱"，吸引消费者注意 ………………………… 335
　　制定广告方案要明确的5M ……………………………………………… 336
　　一个好的广告通常只强调一个销售主题 ……………………………… 338
　　名人代言策略的优势与弊端 …………………………………………… 340
　　尝试新媒体，达到更好的营销传播效果 ……………………………… 341
　第四节　销售促进：短期性的刺激工具 ……………………………… 344
　　销售促进产生的是购买的激励 ………………………………………… 344
　　销售促进既有利也有弊 ………………………………………………… 345

目 录

　　针对消费者的销售促进工具 ……………………………………………… 347
　　针对中间商的贸易促进工具 ……………………………………………… 348
　　针对业务和销售队伍的促进工具 ………………………………………… 350
　　销售人员是公司与顾客之间的纽带 ……………………………………… 351

第十二章　混沌常态下的管理和营销 ……………………………………… **354**

第一节　新商业时代：混沌成为新常态 …………………………………… 354
　　衰退和动荡永远是两面的双刃剑 ………………………………………… 354
　　成功让人麻痹，而混沌让人睁大双眼 …………………………………… 355
　　企业存亡关键在于发现动荡、预期混沌和管理风险 …………………… 357
　　混沌时代的天平倾向于快而活的进攻者 ………………………………… 359
　　如果你一直关注着变化，就不会感到惊讶 ……………………………… 361
　　眼睛不仅要向前看，还要有余光 ………………………………………… 362

第二节　动荡袭来，企业最常犯的错误 …………………………………… 365
　　经济不确定性就像一副迷药，最精明的 CEO 也会中招 ………………… 365
　　在经济衰退的时候最糟糕的是不采取任何行动 ………………………… 367
　　绝大多数企业并没有一个混沌管理系统 ………………………………… 369
　　破坏核心战略和文化去适应动荡无异于饮鸩止渴 ……………………… 370
　　挑起价格混战并不能保全企业的利润与份额 …………………………… 372
　　退缩是最不能摆平动荡的下下策略 ……………………………………… 373

第三节　混沌营销管理：在动荡中赢得蒸蒸日上 ………………………… 376
　　顺利度过动荡期的关键就是要有不屈不挠的心态 ……………………… 376
　　衰退不等于没机会，营销只有在缺少想象力时才会失败 ……………… 378
　　企业对未来必须要有三种情景规划的设想 ……………………………… 379
　　高层管理者必须开始亲自观察变化 ……………………………………… 381
　　做最坏的打算，同时专注于最优势的领域 ……………………………… 382
　　在动荡的市场上，必须使最强劲的品牌和产品更强大 ………………… 384

第十三章　科特勒营销新思维 ……………………………………………… **386**

第一节　网络营销：冲击传统的一场新工业革命 ………………………… 386
　　网络正在使市场营销发生着激烈的变革 ………………………………… 386
　　形成网络时代的四股主要力量 …………………………………………… 388

网络营销使买卖双方均受益匪浅 ……………………………………… 390
互联网给企业营销带来了极大的挑战 …………………………………… 391
网络消费者比传统消费者更具主动性和控制力 ……………………… 393
互联网时代，网络口碑对购买有着至深影响力 ……………………… 395

第二节　国际营销：与其被国际化，不如去国际化 …………………… 397
全球化带来新挑战，国际化成为大趋势 ………………………………… 397
走向国际市场前企业必须认清的风险观念 ……………………………… 398
在决定候选国时，企业要拿捏好三个标准 ……………………………… 401
选择最适合的模式进军国际市场 ………………………………………… 402
企业要国际化，找对合作伙伴很关键 …………………………………… 404
在全新市场里，不要在品牌建设上走捷径 ……………………………… 406

第三节　水平营销：跳出盒子，而不是坐在盒子里思考 ………………… 409
纵向营销会导致一个过度细分而无利可图的市场 ……………………… 409
水平营销是纵向营销的必要补充 ………………………………………… 411
水平营销就是通过创新激发出新的市场和利润点 ……………………… 412
借助水平营销，企业就可能在新市场拔得头筹 ………………………… 414
水平营销：没有创意，一切免谈 ………………………………………… 415
水平营销的三步：焦点，空白，联结 …………………………………… 417

第四节　社会责任营销：企业可持续发展的原动力 …………………… 420
每个企业都应考虑商业道德与社会责任 ………………………………… 420
正确的价值观会为企业带来丰厚回报 …………………………………… 422
企业声誉难得而易失，难成而易败 ……………………………………… 423
事业关联营销：让企业因为做好事而发展得更好 ……………………… 425
公益营销：融合企业社会责任倡议与营销活动 ………………………… 427
提高社会责任营销水平需要三管齐下 …………………………………… 428

第一章

理解营销：创造并收获顾客价值

·第一节·
企业的核心职能在于营销

营销至简：满足别人并获得利润

> 市场营销是辨别并满足人类和社会的需要。对市场营销最简洁的定义，就是"满足别人并获得利润"。当 eBay 公司意识到人们在当地不能买到最想要的物品时，就发明了网上竞拍业务；当宜家公司意识到人们想购买廉价、质量高的家具时，就创造了可拆卸与组装的家具业务。所有这些都证明：市场营销可以把社会需要和个人需要转变成商机。
>
> ——科特勒《营销管理》

什么是市场营销？美国营销协会最新修订的定义如下："营销是一种组织职能和一套流程，用来对顾客创造、沟通和交付价值，以及以有益于组织及其利益相关者的方式管理顾客关系。"而对许多普通人来说，营销就是销售和广告。而在科特勒看来，营销就是满足别人并获得利润，也就是说，营销就是把价值交付出去，把利润交换回来。

关于营销，有这样一句话："市场营销的目的就是使推销成为多余。"那么，怎样才能使推销成为多余？很简单，其最关键之处就在于"辨别并满足人类和社会的需要"。市场营销就是要为顾客提供卓越的价值，并以此建立可赢利的顾客关系，也就是科特勒所说的"满足别人并获得利润"。在这一点上，四季酒店是一个很好的例子。

美国名嘴奥普拉·温弗瑞曾经问过好莱坞一线女星朱莉亚·罗伯茨一个有趣的问题："你最喜欢睡在什么上面？"这位大嘴美女答道："睡在四季酒店的床上。"她所说的这家四季酒店，是世界性的豪华连锁酒店集团，曾被 Travel and Leisure 杂志及 Zagat 指南评为世界最佳酒店集团之一，并获得 AAA5 颗钻石的评级。

这家酒店之所以能成为世界酒店行业的标杆，能得到众多名人的青睐，最主要的原因就是因为它能让客户得到极致的满足，它的服务堪称尽善尽美。

以上海的四季酒店为例：当它接待美国 CNBC（消费者新闻与商业频道）电视台的客户时，酒店会马上与上海专业机构联系，购置解码器，专门给 CNBC 一行的所有客房加上 CNBC 的频道播放，并精心印制专门的节目单；当它接待百事可乐的客户时，房间就全换上百事公司的产品；当飞利浦公司的客户下榻时，客房里全换上飞利浦公司的照明；当丰田公司的客户前来，床头上会放上注有丰田标牌的模型小汽车；三星电子公司的客户住店，酒店会不惜重金把高级套房其他品牌的等离子电视拆下来，换上最新型号的三星产品。这些待遇不只是对知名企业的大客户，就是对小孩儿，酒店也会一视同仁。当一对夫妇带了一个六岁孩子前来入住时，酒店会马上配上儿童浴袍、儿童拖鞋和气球等小玩具，加床也会符合孩子的身高。可以说，对每一位客户，只要有来客信息，四季酒店都会事先把细节工作做得妥妥帖帖。

四季酒店集团创始人伊萨多·夏普曾说："人们常问我，对四季酒店最初的设想是怎样的。实际上，根本没有设想或任何宏伟的计划。当我在建造我的第一座酒店时，我根本不懂酒店业。我从未想到过这将会变成我一生的事业，我也从未想到过有一天我将建造和管理世界上最大和最负盛名的五星级酒店集团。我从客户的角度开始涉足酒店业。我是主人，客户是我的宾客。在建造和运营酒店时，我这样问自己：客户认为最重要的东西是什么？客户最认同的价值是什么？因为如果我们给予客户最有价值的服务，他们就会毫不犹豫地为他们认为值得的东西掏腰包。这就是我一开始的策略，直到今天仍然如此。"

四季酒店能成为世界最佳酒店集团之一，归根结底，其经验就在于"满足别人并获得利润"。它为客户创造出了最大化的价值，最终也就收获了最大化的回报。

科特勒将一个市场营销过程分成五个步骤：
第一步，理解市场和顾客的需求和欲望；
第二步，设计顾客导向的营销战略；

第三步，构建传递卓越价值的整合营销计划；

第四步，建立赢利性的关系和创造顾客愉悦；

第五步，从顾客处获得价值和利润回报。

企业只有做好前面的四步，才能赢得最后一步，获得以销售额、利润和顾客忠诚为形式的价值回报。可以说，企业的一切市场营销活动都是为了满足顾客的需要，只有满足了顾客的需要，才能得到顾客的肯定和市场的认可。

营销即识别、创造、沟通、交付和监督顾客价值

很久以前我说过："营销不是找到一个精明的办法处理掉你制造的产品，而是创造真正的客户价值的艺术。"营销是为你的客户谋福利的艺术。营销人员的格言是：质量、服务和价值。我们可以把市场营销看作识别、创造、沟通、交付和监督顾客价值的一种过程。

——科特勒《科特勒说》

科特勒将"顾客价值"摆到了一个非常重要的位置，他将营销视为一个识别、创造、沟通、交付和监督顾客价值的过程。与之相似的是，亚马逊的创始人杰夫·贝泽斯也曾说："每件事情的驱动力都是为顾客创造真正的价值，没有这个驱动力就没有一切。如果你关注顾客所需并与之建立良好关系，他们就会让你赚钱。"价值是市场营销中的一个核心概念，一般来说，顾客会在不同的产品与服务之间做出选择，而选择的基础就是哪一种可以给他们带来最大的价值。成功的企业都有一个共同点，那就是高度重视顾客并努力地去创造顾客价值并使之满意。

宜家公司是瑞典一家著名的家居装饰用品零售企业，从最初的小型邮购家具公司到现今全球最大的家居用品零售商，宜家的秘诀在于它独有的营销理念——"与顾客一起创造价值"。在这种理念的指导下，宜家公司把自己与顾客之间的买卖关系发展成共同创造价值的关系，你中有我，我中有你，共同组成了一个价值链。

宜家有一个口号——"有价值的低价格"，宜家的创始人英格瓦早年在参加家具展览会时，发现展览会上满目都是豪奢的展品，他想，普通人难道就不能享受最好的家具吗？富人只是少数，给大多数普通人生产家具才会有最大的市场。于是，他决定要将少数人才能享用的奢侈品改造成大众都能接受的产品，以低价格提供高质量的产品。要做到这一点，降低成本就成了不二法门。实际

上，降低成本贯穿了宜家产品的整个过程，从产品构思、设计、生产到运输和营销，英格瓦无时不想着"成本"二字。宜家销售的家具价格比竞争对手平均要低30%~50%。

除了为顾客提供有价值的低价格产品，宜家还有一个制胜的法门，那就是"DIY"（do it yourself，意思是"自己动手"）。宜家认为，不论是生产者还是消费者，都有创造价值的能力。问题的关键在于，作为销售商如何为每一个消费者施展能力、创造价值搭建一个舞台。宜家从来不把向顾客提供产品和服务视为一种简单的交易，而是当作一种崭新的劳动分工，即：将一些原来由加工者和零售商所做的工作交给顾客去做，公司方面则专心致志地向顾客提供价格低廉而质量优良的产品。

宜家每年都要印刷几千万份、十多种语言的产品目录。而每份目录同时又是宜家理念的宣传品和指导顾客创造价值的说明书。宜家销售的可随意拆卸、拼装的家具，消费者可以根据自己的爱好进行再创造，比如，宜家负责提供所需的油漆，消费者就可以自己设计家具的颜色。进入宜家的商场，顾客不仅可以无偿使用商场提供的各种设施，还可以得到产品目录、卷尺、铅笔和记录纸，以便在选择家具时使用，可谓"想顾客之所想"。

宜家的商品标签也与众不同，除标有商品的名称、价格外，还有尺寸、材料颜色以及定制、提货的地点。宜家希望顾客能够明白，来这里不仅可以消费，而且可以再创造。在一些家具商津津乐道于现场定制、送货上门的时候，宜家却别出心裁地向顾客提供了无数个自由创新的条件和机会。这正是宜家的高明之处。

因循这些思路，宜家形成了自己特有的风格。在宜家商场，家居用品应有尽有，它把各种商品组合成不同风格的样板间，淋漓尽致地展现每种商品的现场效果，激发人们的灵感和购买欲。而它的服务人员，决不会追在顾客屁股后面做烦人的推销。在宜家，一切贴近顾客，一切鼓励顾客自己去体验。正是这种独特的经营方式使得宜家成为最受顾客欢迎的家居用品零售巨头。

在当下这样一个顾客至上的商业时代，很多企业都在强调"以顾客为中心"、"为顾客创造价值"，但这些，说起来容易，做起来艰难。科特勒曾说，营销是一种通过创造、交付和传播优质的顾客价值来获得顾客、挽留顾客和提升顾客的科学与艺术。通过宜家的经营，我们可以看到，它不但在销售产品和服务，更是在销售一种理念和价值。"与顾客一起创造价值"的经营理念，不仅拉近了宜家与顾客之间的距离，更是激发出了顾客无穷的活力和想象力，这样一种价值甚至远远超出了产品本身给顾客带来的价值。

第一章　理解营销：创造并收获顾客价值

差的、好的和伟大的营销之间迥然不同

差的、好的和伟大的营销之间迥然不同。"差营销"的公司只想着现有的产品，以及如何把它变得更好。他们是"近视"的，看不到顾客有变化的需求。"好营销"的公司认真观察市场，选择最具赢利性的细分市场来服务、来主导。这种公司贴近顾客和变化的需求。"伟大营销"的公司尽力为顾客想象新的利益，也许是顾客自己永远想象不出的利益。

——科特勒《世界经理人》采访

科特勒提出的"差的"、"好的"和"伟大的"三个营销层次，正体现了三种不同的驱动类型。

"差营销"的公司是市场驱动型，他们埋头做出自己的产品，然后再到处去寻找顾客，去拓展市场。

"好营销"的公司则是顾客驱动型，他们不会盲目地去生产产品，而是会首先深入研究市场的情况和顾客的需求，然后选准最适合自己的细分市场去耕耘。

"伟大营销"的公司则是驱动市场型，他们能准确把握住市场趋势，能够为顾客创造出超越期望、超越想象的利益和价值。乔布斯及其领导的苹果公司就是驱动市场型的杰出代表。

"在所有伟大的硅谷创业英雄里，乔布斯是我们无法绕过的一颗最闪亮的明星。道理很简单，没有乔布斯，今天的世界就一定是另一副模样；没有乔布斯，就没有 1977 年的 Apple II、1984 年的 Macintosh，1998 年的 iMac，2001 年的 iPod，2007 年的 iPhone 和 2010 年的 iPad；没有乔布斯，今天我自己可以随时打开 iPad 上微博、玩'植物大战僵尸'的快乐生活就至少要被推迟 3 年！"这是李开复对乔布斯的一段评价。

在很多公司看来，营销就是满足顾客的需要，顾客想要什么就给他们什么，而乔布斯则说："那不是我的方式。我们的责任是提前一步搞清楚他们将来想要什么。我记得亨利·福特曾说过——如果我最初问消费者他们想要什么，他们应该是会告诉我，'要一匹更快的马！'人们不知道想要什么，直到你把它摆在他们面前。正因如此，我从不依靠市场研究。我们的任务是读懂还没落到纸面上的东西。"

乔布斯总是从消费者会有怎样的体验这一点出发，对事物进行思考，他要做

的不仅是满足顾客的需要，更是引导甚至是创造顾客的需要。

在开发麦金塔的时候，乔布斯就完全颠覆了当时传统计算机的概念，他称自己受够了"方正、矮胖的电脑"，他拿出一本电话簿，对自己的团队说，这就是Mac的最大尺寸，绝对不能再大。

他还推出了人们前所未见的"鼠标"，当时有杂志批判说"用鼠标去操作那小小的符号，简直会让人发疯"，但乔布斯就是认定这种设计会成为未来市场的大势所趋。

后来iPod的出现，更是掀起了一场新的消费革命，它已经不仅是一个播放器终端，而是成了一种社会现象。iPod简易到极致的操作面板和独特的设计引发了消费者近乎宗教式的狂热追捧。

再到后来的iPhone，iPhone已经不仅是一部手机，它还是一台便携式电脑，是一台高质量的微型电视机、摄像机、收音机、录音机、照相机、游戏机、导航仪……可看电子书，可发E-mail。

乔布斯的无所不能概念，被它体现得淋漓尽致，基于此，其他手机被其远远地抛在身后。

同时，iPhone 4做工精良，软件丰富，操作简单，使用携带方便，集合了当今最先进电子信息技术，成了手机的风向标。

乔布斯本人很推崇"冰球大帝"韦恩·格雷茨基的一句名言——"我滑向球将要到达的地方，而不是它已经在的地方。"

这与他领导苹果公司的理念是异曲同工的，苹果公司走在了市场趋势的前端，做到了真正的"驱动市场"。

"没有顾客问苹果公司要一个iPhone，因为顾客想象不出在一部手机里可以有这样一整套令人兴奋的功能。

苹果是一家驱动市场的公司，赋予有价值的新产品以生命。"这是科特勒对苹果公司的评价。

他强调说，驱动市场才是对生活水准的提高，它包含真正的创新，而非鸡毛蒜皮的创新，他希望能涌现出更多驱动市场的公司。

驱动市场型的企业其营销的出发点是市场，注重环境分析、注重市场变化、注重从整体市场中寻找目标市场和客户、关注竞争、关注市场培育、关注行业动态、注重市场份额、注重市场占有和开拓，甚至关注培养和引导需求、引导消费观念。这样的一种视野和高度，能让企业的营销收到更好的效果。

第一章 理解营销：创造并收获顾客价值

营销不是短期销售行为，而是长期投资行为

营销经常与销售混为一谈。其实销售只是营销的冰山一角。在销售之外，营销还包括了广泛的营销调研、相应产品的研发、产品定价、分销渠道的开辟拓展，以及使市场了解这种产品。营销不是一种短期的销售行为，而是一种长期的投资行为。良好的营销在企业生产产品之前就已经开始了，并在销售完成之后仍然长期存在。

——科特勒《科特勒说》

科特勒指出，与销售相比，营销是范围更广且更具综合性的过程。市场营销的目的就在于深刻地认识和了解顾客，从而使产品和服务完全适合特定顾客的需要，进而实现产品的自我销售。因此，理想的市场营销应该可以自动生成想要购买特定产品或服务的顾客，而剩下的工作就是如何使顾客可以购买到这些产品。科特勒举例说，索尼公司的索尼 Play Station 3（PS 3）游戏机、苹果公司的 iPod Nano 数码音乐播放器，这些产品推向市场后，订单滚滚而来，原因就在于，它们都是在从事了大量的市场营销研究基础上才成功地设计出了这些适销对路的产品。

营销和销售之间的区别，简单来说，销售在于一个销字，也就是要把产品售与客户；营销除了销以外，还要营，就是经营，思考如何去进行销售，更多的在于宏观方面。营销活动在产品生产之前就已经开始，在产品销售出去之后依然延续。一个营销人员需要有很多方面的知识和经验，需要策划、管理、制定战略，而销售就是将产品卖给客户。销售人员一般较少考虑产品的发展，而重点考虑如何将现在的产品售出。可以说，销售的目的是把产品推销给用户以换回金钱，而营销的目的是让用户拿着金钱主动购买企业的产品。

很多企业将营销定义得过于狭隘，认为营销就是促进产品的销售，而这种狭义的营销观导致一些企业的营销行为具有两面性。积极的一面，企业能通过促销等手段快速实现销售，取得利润；消极的一面则表现为急功近利，并因此伤害渠道商和终端客户，造成营销无序、营销资源浪费，甚至会出现伤害品牌等诸多负面的影响。

奉行狭义营销观的企业，往往只遵从于两个"凡是"，凡是有利于销售提升的行为都敢于实施，哪怕需要铤而走险，甚至是旁门左道；凡是不能带来即时销

售效果的行为都不予实施。这样一来，企业就可能会放任伤害品牌的营销举措发生，而不关注品牌的未来，在短期利益与长期利益之间毫不犹豫地选择前者。这样的营销行为就像洪水猛兽，最终冲击的是企业自身。

狭义的营销观念会给企业带来三大恶果：一是会陷入价格战泥潭，导致企业无利可图；二是营销缺乏方向和灵魂，导致每一次营销行为都无法形成累积效应，为品牌积累资产；三是与品牌倡导的价值观背道而驰，毁了品牌。

如果将营销等同为销售，那么结果很可能是一场无序的、无效的营销，虽然能获得短期的利润，但并不能持续增长品牌的价值，不能持续有效地积累品牌的资产，甚至为企业埋下隐患，给企业的发展带来难以估量的损失。

市场营销的一个要素是"整合"，也就是将公司现有的各种要素及公司想要达到的目标与市场需求有机结合起来，并密切关注竞争者的情况和可能采取的措施。营销是一种现代经营思想，其核心是以消费者需求为导向，消费者或客户需求什么就生产销售什么，这是一种由外向内的思维方式。营销往往以长远的战略眼光来确定大的方向和目标，以切实有效的战略战术达成中短期目标，在这中间，销售只是起着先锋的作用。

全面意义上的市场营销，不仅限于我们常见的促销、广告和人员销售，它包括了市场调研、市场需求预测、选择目标市场、产品开发、定价、分销、促销及售后服务等一系列活动。良好的营销就是要做好这其中的每一环，尽管有些环节从表面上看，不能给企业带来即时的利润，但最终会显现它们的价值。企业应将营销视为长期的投资行为，而不是短期的销售行为。

营销是企业一切活动的核心

在企业界和公众的意识中，营销被极大地误解了。企业认为营销存在的目的在于支持生产，消除企业的存货。而事实恰恰相反——生产存在的目的是为了销售。企业可以将其生产外包，而造就一个企业的则是营销的创意和产品。生产、采购、研发、融资以及其他所有职能都是为了支持企业在营销上的工作。

——科特勒《科特勒说》

科特勒对很多企业将营销视为"支持生产、消除存货"工具的看法很不认同，他把这个关系倒了过来，即生产并非企业的核心环节，真正造就一个企业的是营销的创意和产品。企业的一切活动都应该为营销服务，都应该支持营销

第一章 理解营销：创造并收获顾客价值

上的工作。企业赢得顾客，创造利润，都必须通过营销来实现。就像一位管理大师曾说的那样："20世纪50年代以后，欧洲经济以惊人的速度和规模得到恢复，日本在世界市场上所取得的经济成就以及因此而形成的日本经济奇迹，根本原因得益于市场营销，得益于欧洲和日本企业把市场营销当作企业的一项核心职能。"

在一些企业里，营销似乎还没有引起管理层足够的重视，它常常被忽略，甚至处在边缘地带，处在角落里，对它的预算一般来讲都是花在广告、促销上的，而没有真正地提升到战略的高度。

科特勒曾说："营销是你想要完全精准地满足顾客需求时，一定要做的功课。而当你良好地完成了这项工作，就不太需要销售了。"他还告诉我们："营销大有学问，好消息是——只要一天就可以理解；坏消息是——要一辈子才能专精。"

在这个动荡不安、竞争激烈而又过剩生产的全球化大环境下，正确的营销知识不会有很大的帮助，我们真正需要的是正确的营销行动。换句话说，就是企业是否把市场营销作为一项核心职能对待，能否把市场营销这一企业核心思想真正地落实。在这方面，耐克的经验很值得借鉴。

关于耐克公司，最有意思的一句形容语就是——"耐克公司从来不生产一双耐克鞋"。有人曾说，在美国俄勒冈州比弗顿市四层楼高的耐克总部里，看不见一双鞋。因为总部的员工们在忙着做两件事：一是建立全球营销网络，二是管理它遍布全球的公司。正是这种独特的经营思路，让耐克用了不到50年的时间，打败了体育用品界的另一大佬阿迪达斯，创造了惊人的销售神话。

众所周知，制造业是一个低利润的行业。耐克的领导者们当然深知这一点。他们明白，生产一双耐克鞋可能只能获得几美分的收益，但凭借其在全球的营销活动，耐克总公司却能从一双鞋上获得几十甚至上百美元的利润。于是，他们果断脱离传统的生产模式，不再投资建工厂、招募工人、组织庞大而复杂的生产部门，而是采用了将生产这一环节外包出去，实行"虚拟化生产"，也就是耐克公司将设计图纸交给生产厂家，让它们严格按图纸式样进行生产，之后由耐克贴牌，并通过公司的行销网络将产品销售出去。外包的对象则从一开始的日本、西欧渐渐转移到韩国、中国台湾地区，进而转移到中国大陆、印尼等地。这些都是世界上劳动力相对低廉的地区。因此同样是生产鞋子，耐克付出的成本却比同类企业低得多。

业务外包的模式彻底将耐克从低端的生产线中解放出来，有了更多的财力、物力、精力投入于营销与设计之中。这大大精简了企业繁冗的机构部门，减少了成本，也让耐克在产品设计上一直走在潮流的前端。而且，当耐克将生产外包给其他国家的时候，也促进了当地的经济发展，增加了当地的就业，因此不仅可以轻松地完成生产计划，还得到许多优惠政策。这种情况比起美国国内多种严格的限制和激烈的竞争环境要好很多。在国外进行生产外包，也让耐克在销售方面起到了推波助澜的作用。特别是在发展中国家，消费潜力巨大，加上政府的优惠政策，使耐克很容易就打入当地市场并形成品牌效应。与此同时，在当地进行生产和销售也让耐克节省了大量的政府进口税。这种经营模式令耐克品牌的影响力很快蔓延至全球，成为运动品牌中的权威。

宏碁集团创始人施振荣先生曾提出过"微笑曲线"的理论，说的是，在PC产业链乃至整个创造业，上游的研究开发与下游的营销服务环节附加值较高，而中间的生产则属于劳动密集型工序，随着标准化作业和竞争加剧，中间环节利润空间最小。这样的两头高、中间低就形成了一个U形曲线，看起来就像微笑的嘴唇，故称"微笑曲线"。耐克的成功就是因为牢牢把握住了"微笑曲线"的两个价值制高点：上游的研发设计与下游的营销服务。

试想一下，如果当初耐克按照传统的思维，牢牢抓住中间的生产环节，而将产品设计或市场营销进行外包的话，那么，今天的耐克或许就只是一个生产鞋子和其他体育用品的大型加工厂了。

耐克公司的案例充分说明了科特勒所说的一句话："企业可以将其生产外包，而造就一个企业的则是营销的创意和产品。"对企业而言，营销不能被忽视，不能被置于边缘地带或角落里，营销不能单纯地等同于广告、促销或销售，它应该被提升到战略的高度。营销不光是一个功能，而应该被看作是整个公司的引擎，是它驱动着所有业务的增长。忽视营销作用的公司必然走不长远，不能从战略角度来看待营销的企业必将不能做强。

·第二节·
大败局：将企业拖入困境的致命营销过失

营销的大敌是"赚了就跑"的短线思维

什么是最糟糕的营销？营销本质上是一种理念，它对于理解、服务和满足客户需要的重要性坚定不移。营销的大敌是"赚了就跑"的销售思维，其目标就是不惜一切代价把产品卖出去，而不是创建长期的客户。诱饵调包的手法、夸张性广告、欺骗性定价等做法都歪曲了大众和企业对于营销的理解。

——科特勒《科特勒说》

科特勒始终认为，营销是创造顾客价值的艺术，企业要想真正做好营销，就要真正认识到理解、服务和满足客户需要的重要性，并坚定不移地去贯彻它。如果企业一门心思求利润，不计手段将产品推销出去，赚了就跑，这样不负责任的做法只会给企业带来一时半会儿的甜头，根本不可能有长远的发展。

我们耳熟能详的一种说法是："企业是以营利为目的的经济组织。"追求利润确实是企业的一种本能，甚至是义务，但是，企业应以合理的方式去营利，而不能以牺牲客户利益为代价。客户是企业的生存之本，而"赚了就跑"的企业是不可能长久赢得客户的，没有了客户，就等于动摇了自己企业的根本。

2011年7月，央视《每周质量报告》播出了一期《达芬奇天价家具"洋品牌"身份被指造假》的节目，爆出了达芬奇家居在家具质量和产地上均存在欺诈消费者行为。达芬奇家居可以说是国内最具影响力的家具高端品牌，以价格昂贵著称。一张单人床能卖到10多万元，一套沙发能卖到30多万。之所以能将这些家具卖到如此高的天价，是因为达芬奇宣称说其销售的家具是100%意大利生产的"国际超级品牌"，而且使用的原料是没有污染的"天然的高品质原料"。

然而，记者经过深入调查发现，达芬奇公司售卖的所谓意大利卡布丽缇家具，其实是从东莞长丰家具公司秘密订购，生产的家具由深圳港口出港，再从上海港进港回到国内，通过"一日游"的方式，就成了手续齐全的意大利"进口家具"。天价家具并不像其宣称的那样是100%意大利生产，所用的原料也不是名贵实木"白杨荆棘根"，而是高分子树脂材料、大芯板和密度板。

上海市工商局曾介入调查并发布公告称，初步发现并认定达芬奇家居公司主要有三大问题：一是涉嫌虚假宣传，达芬奇公司在宣传时使用了诸如"最大、顶级品牌、最高"等绝对用语。二是部分家具产品被判定不合格，例如，售价92800元的卡布丽缇床头柜，号称是实木，实际上是密度板贴三聚氰胺，背后是多层面板。三是大部分家具产品标志不规范，没有标明产地和材质，按照国家相关规定，应该标明具体使用什么材质。对此，上海市工商局向达芬奇家居发出行政处罚决定书，没收该公司经销的部分不合格家具产品，并开出了133.42万元的罚单。

国内生产的产品"出国一日游"，回来便以天价卖给消费者，这样的做法不仅欺骗了消费者的感情，也极大地损害了企业自身的信誉与品牌。以后企业要想重建在消费者心目中的形象，可以说比登天还难。短线思维的营销，只会制造"短命"的企业。真正想要做大做强的企业，它不会满足于"赚了就跑"，竭泽而渔；它会沉静下来，用心地经营客户，用心地创造客户价值，着眼于长远的利润和回报。

营销是4P，绝不能被缩减成1P

小心4P剩下1P。道戈·霍尔的一项调查显示，有75%的新产品、服务以及业务会失败。无论市场调查观念更新、产品试验、业务分析、产品开发和试验以及市场调研、开办商业实体等工作的进展如何，这些失败仍然会发生。这是为什么呢？部分原因就在于，当一种新的产品或服务出现时，大部分的营销工作被缩减成一个P——促销，而不是一套4P的工作。

——《营销力——科特勒观点》

科特勒所提及的"4P"指的是传统的4P理论，分别是产品、价格、渠道和促销：

产品（Product），从市场营销的角度来看，产品是指能够提供给市场被人们使用和消费并满足人们某种需要的任何东西，包括产品、服务、人员、组织、观念或它们的组合。

价格（Price），是指顾客购买产品时的价格，包括折扣、支付期限等。价格或价格决策，关系到企业的利润、成本补偿以及是否有利于产品销售、促销等问题。

渠道（Place），所谓销售渠道是指在商品从生产企业流转到消费者手上的全过程中所经历的各个环节和推动力量之和。

促销（Promotion），是指公司或机构用以向目标市场展示自己的产品、服务、形象和理念，说服和提醒他们对公司产品和机构本身信任、支持和注意的任何沟通形式。

4P理论是营销策略的基础，对企业来说，产品、价格、渠道、促销这四者，哪一个环节都不能疏忽。然而事实却是，很多企业常把4P缩减成1P，也就是过于依赖促销，为了赢得市场、保住市场，以逼近成本价的方式去促销，譬如，大打价格战，或者疯狂地打折、赠送，等等。

从事营销工作的人大都熟悉这样一句话——"没有业绩一切免谈"，正是这样的一种过度营销的思维，使得很多企业渐渐地将4P砍成了1P，为了追逐业绩，在促销上不惜投入。事实上，企业的业绩从周期上可分为长期业绩、中期业绩和短期业绩；从表现形式上也可分为显性的定量业绩，如年度销售量、客户开发量、利润达成量等；还有隐性的定性业绩，如客户满意度、员工满意度、品牌知名度等。由此可见，业绩是企业的一个综合平衡发展系统，不能将其定义为单纯意义上的短期销售业绩，否则必然会以偏概全、助长过度促销之风。有的企业只盯着短期的利益，为了获利，不惜用上各种各样的促销方式，甚至挑起恶性竞争，这样的做法只会使得竞争环境恶化、消费潜力枯竭、可持续发展的空间收窄，最终削弱企业的长期发展动力。

当4P变成了1P，企业在短期内的确可能获益良多，但这种过度营销会使得消费群体流行着超前消费、畸形消费等不良消费风气，强化消费者的不良心理预期，从长远来看，无论是对企业自身，还是对整个行业、整个市场，都是极其不利的。

促销是产品成功走向市场的关键性一环，但绝对不是唯一的一环，过度依赖促销只会缩短产品的生命周期。根据木桶理论，各方面因素相互匹配才是关键。如果研发力跟不上营销力，工艺落后导致产品质量不稳，无法满足客户需求，那么无论促销如何卖力，产品在市场上的表现也必然受到制约；如果价格方案不合理，定价过高或过低，也会影响产品的销量；还有渠道，如果没有一个上通下达的渠道，无法保障顾客能方便、快捷、满意地获取产品，那也会造成客户不满和客户流失。

科特勒强调，75%的新产品、服务以及业务之所以会失败，很大一部分原因就在于，大部分的营销工作被缩减成1P——促销，而不是一套4P的工作。一个新产品的成功，不能仅仅依赖于促销，而应该做好4P的每一个细节。

营销不是单兵作战，而是全员战役

市场营销不仅仅是市场营销部门的事，它会影响到顾客体验的方方面面。这就意味着市场营销无处不在——从商店布局、包装设计、产品功能、员工培训、运输物流等所有可能与顾客接触的地方，都与市场营销息息相关；同时，也包括诸如管理创新和业务拓展等各种管理活动。市场营销是如此重要，以至于绝不可能使营销变成只是市场营销部门的事情。

——科特勒《营销管理》

科特勒认为，市场营销职能处于企业职能的核心支配地位。因为企业的主要任务就是创造和保持顾客，而这正是市场营销职能的重任，但同时顾客实际得到的满足程度也受到其他职能部门工作的影响。因此，市场营销职能必须影响或控制其他职能部门，向这些职能部门贯彻以顾客为中心的市场营销思想，才能使顾客得到期望的满足。无论是生产管理、研发管理还是财务管理、人力资源管理，都应服从于市场营销管理，成为市场营销的支持性职能，使之密切配合企业总体战略的发展。

市场营销不是营销这一个部门的事情，而是需要企业所有部门、所有人员共同配合来完成。在这一点上，杰克·韦尔奇在通用电气所推行的"群策群力"和"无边界"的管理模式就是绝佳的典范。

韦尔奇经常把公司比喻成一幢楼房。楼层好比组织的层级，房屋的墙壁则如同公司各职能部门之间的障碍。公司为了获得最佳的经营效果，就必须将这些楼层和墙壁拆除，以便创造各种想法都可自由流动的开放空间。

韦尔奇"群策群力"和"无边界"的管理思想源于克罗顿维尔管理学院的成功实践。每年公司在克罗顿维尔开设三期最高级的管理课程，从1984年开始，每一次课程开班韦尔奇都要去与学员们见面。大家在这里感到说话很自由，这种公开而广泛的直接交流让韦尔奇受益匪浅。韦尔奇从不发表演讲，他希望每一个

第一章 理解营销：创造并收获顾客价值

人都能给他以反馈和挑战。

在克罗顿维尔的收获使韦尔奇决心在 GE（美国通用电器公司）推行"群策群力"计划，他要让所有的子公司都创造出这种自由沟通的氛围。他不能让公司的领导组织这些交流会，因为他们认识自己的这些员工，人们很难敞开心扉自由交谈。韦尔奇想出的办法是聘请外面受过训练的专业人员来提供帮助。这些人员多数是大学教授，他们听员工们的谈话不会别有所图，员工们与这些人交谈也会感到放心。

在"群策群力"座谈会上，有大约 40～100 名员工被邀请参加，他们可以自由地谈论对公司的看法，意见整理汇总之后，经理进入会场，他们必须对至少 75% 的问题给予"是"或"不是"的明确回答。如果有的问题不能当场回答，那么对该问题的处理也要在约定好的时限内完成。由于员工们能够看到自己的想法迅速地得以实施，他们会更为积极地建言献策。

韦尔奇进一步提出"无边界"的理念，他认为，无边界公司应该将各个职能部门之间的障碍全部消除，营销、工程、生产以及其他部门之间能够自由流通、完全透明。无边界公司还将把外部的围墙推倒，让供应商和用户成为一个单一过程的组成部分。此外，它还要推倒那些不易看见的种族和性别藩篱。

无边界公司将不再仅仅奖励千里马，它还要奖励那些甄别、发现、发展和完善了好主意的伯乐。其结果是鼓励公司的各级领导与他们的团队一起分享荣誉，而不是独占，这将大大改善人与人之间的关系。无边界公司还将向其他公司的好经验、好主意敞开大门，例如从日本学习弹性生产，"每天发现一个更好的办法"这个口号出现在世界各地的 GE 工厂和办公室的墙上。

在随后的几年中，GE 的主营业务增长速度翻了一番，尽管业务种类没有增加，但都注入了新的活力。公司的营业收入从 1995 年的 700 亿美元增长到了 2000 年的 1300 亿美元，营业利润率从 1992 年的 11.5% 增长到了 2000 年创纪录的 18.9%。而"群策群力"和"无边界"的新思维方式无疑发挥了极其重要的作用。

韦尔奇的"群策群力"和"无边界"理念，打破了层级与部门的观念，扫除了隔阂与藩篱，不再各自为政，让所有人都能全心投入到那些对企业而言最具建设性的事务中去。

曾任沃尔玛公司首席营销官的卡特·卡斯特说过："最让我感到惊讶的就是，在我成为首席营销官后我跟除了营销部门之外的其他部门之间的互动与合作越来越多了。在一开始，我并没有意识到这种关联，后来才知道我必须去了解产品供应、盈亏平衡点和会计等管理活动。"

营销是企业与顾客之间的一道桥梁，它为顾客创造价值并使企业赢利。通常来说，企业都会构建一个专门的营销部门，并由该部分负责创造与交付顾客价值，但正如惠普公司创始人之一的大卫·帕卡德所发现的：市场营销是如此的重要，以至于绝不可能使营销变成只是市场营销这个部门的事情。现在，企业都知道每个员工都会对顾客产生影响，并把顾客视为企业繁荣发展的根基所在。因此，它们开始在关键流程中重视跨部门的团队合作，同时，它们也很重视对新产品创造、顾客获取与挽留以及履行订单等核心业务流程的管理。

当你忽视竞争者的时候，他会悄悄闯入你后院

公司需要更好地界定并监视它的竞争对手。从未考虑过竞争的企业会蓦然发现这些对手已经来到自家后院了。公司不能只关注邻近的竞争对手而忽略远处的竞争对手和破坏性的技术，也不能没有收集和分发竞争情报的系统。公司必须建立竞争情报办公室，关注竞争对手的员工，留心可能影响公司的技术，准备好竞争对手所准备的资源。

——科特勒《营销管理》

科特勒特别强调的一点是，企业不仅要关注眼前直接威胁到自己的竞争对手，更要留意到那些潜在的、远处的竞争对手，还有那些破坏性的技术，它们与眼前的竞争对手相比，更具有隐蔽性，也更具有杀伤力。企业如果忽视了这些潜在的对手和破坏性的技术，那么，有朝一日，它们会悄无声息地出现在后院里，给企业以致命的打击。

施乐与佳能在复印机行业的鏖战就是一个值得深思的案例。

施乐公司曾经是美国企业界的骄傲。在复印机随处可见的今天，人们不容易理解最初施乐向市场推出复印机时所引起的轰动。但在20世纪50年代，用得最多的是一种叫蓝图的复印技术，用它复印出来的东西味道极重，而且湿乎乎的，就像洗相片一样。在这个时候，施乐发明了静电复印机——迅速、洁净而清晰，可以直接使用普通纸。这几乎就是复印机行业的一大革命。施乐当时推出的最著名的复印机，因为使用的纸张尺寸为9×14英寸，所以命名为914复印机。914复印机简直就是施乐公司会生金蛋的鸡，为公司赢来了滚滚财富。靠它，施乐公司1968年的收入突破了10亿美元。20世纪60年代，这么多钱对于一家公司来说，

简直就是花不完的。施乐的成功使得当时的人们一想起复印机一定想起施乐这一品牌。施乐成了复印机行业的老大和代名词。

为了保护自己,为了让专利壁垒尽可能无法逾越,施乐先后为其研发的复印机申请了500多项专利,几乎囊括了复印机的全部部件和所有关键技术环节。当这个庞大的技术壁垒完成以后,施乐认为可以高枕无忧了。可惜,以后的事实表明,这个壁垒并不能阻止后来者。美国这类产品的专利有效期为十年,在这段时间里,佳能开始了对施乐的深入研究,它试图从施乐产品那些不能满足人们需要的地方入手,需要没有得到满足,就意味着机会。佳能遍访施乐的用户,了解他们对现有产品不满意的地方,同时走访没有买过施乐复印机的企业,寻找没有买的原因。最后发现这样几点:

第一,施乐复印机是大型的,当时叫集中复印,一个有钱的大企业也最多能买得起一台,因为施乐产品要几十万、上百万元一台,速度和性能非常好,但价格太高,不是每个企业或企业的部门都能消费得起的。

第二,施乐的复印机非常庞大,一个公司假如说是十层楼,一台复印机放在任何一个地方,所有人哪怕复印一张纸也要跑到那里去,不方便。

第三,如果某人要复印一些保密的东西,他不愿意把文件交给专门管复印的人,因为复印机的保密性不好。

针对这几点,佳能提出了解决方案:

第一,设计一个小型复印机,把造价降低到十分之一、十二分之一。

第二,将复印机做成像傻瓜相机一样,简单易用,轻巧便携,不用专人使用。

第三,力求简单、便宜,让每个办公室都可以拥有一台,老板房间可以自己用一台,解决保密问题。

这三个问题都解决了,是不是就可以打倒施乐了?不是!施乐是当时复印机行业的巨无霸,即使佳能能将这种复印机生产出来,施乐只要一反击,佳能很可能就会吃不消,毕竟那时候施乐誉满天下,而佳能还只是一个不太知名的小品牌。

那么怎么办呢?佳能想到了协同竞争,它找其他的日本厂商,如东芝、美能达、理光等。佳能把自己造出来的产品拿给这些企业看,提出联合生产这种复印机。佳能设计了一个其他人难以拒绝的合作方案。如果其他企业从佳能这里购买生产许可,相比于他们自己从头研究开发,投产时间要快一年多,而开发费用只需十分之一。

经过佳能的努力，十来家日本企业结成了一个联盟。这些企业都从佳能那里购买生产许可证，同时针对施乐的"集中复印"，推广"分散复印"概念，大举向小型化复印机市场发动集体进攻。于是，施乐的对手从佳能一家一下子变成十几家。这样一来，施乐可就不那么容易夺回失地了。

这种企业联盟还创造出佳能复印机行业领导者的地位。施乐过去的用户都是一些大企业，许多普通人、非专业人员由于没有接触过复印机，从来没有听说过施乐，看到佳能率先推出小型复印机以后，便把佳能认成了复印机行业的老大。

在佳能领导的企业联盟的全力攻击之下，施乐遭遇了全方位的挑战和严重的挫折。从1976年到1981年，施乐在复印机市场的市场份额从82％直线下降到35％。在其后的市场份额争夺当中，施乐也曾经成功地从佳能手中夺取过部分的市场份额，但已经不可挽回地从一个市场垄断者、领导者变成了一个追赶者，而且，这种追赶还很吃力。

施乐公司当初并非没有想到过"分散复印"、"简单复印"，但是，当时施乐从大型复印机中获利丰厚，又有貌似铜墙铁壁的专利壁垒保护，没有将小型复印机太当回事，因此，才给佳能留下了一个切入口，也丢了行业老大的地位。

俗话说："只见树木，不见森林。"施乐一心防守着大型复印机这一块市场，却没料到，佳能会从小型复印机这里突破，并且，后来居上，击败施乐。这一案例正验证了科特勒的观点——不仅要关注那些直接威胁自己的竞争者，更要提防潜在的威胁者和破坏性的技术。

离市场顾客越远，离衰败倒闭越近

致命过失：公司没有充分关注市场，没有以顾客为导向，没有充分地了解其目标顾客，最近一次对顾客的研究已是三年前，顾客不再像以前那样购买你的产品，竞争对手的产品卖得更好，高层次的顾客时有退货与抱怨。

——科特勒《营销管理》

科特勒曾引用过西班牙的一句古谚语——"欲成斗牛士，必先认识牛的习性"。他指出，营销的目标是使目标顾客的需要和欲望得到满足和满意，而要做到这一点，必须要非常熟悉市场，非常了解顾客。然而，"认识顾客"绝不是一件轻而易举的事情。顾客往往对自己的需要和欲望言行不一致。他们不会轻易暴露自己的内心世界，对环境的反应在最后一刻都有可能会发生变化。

营销人员必须时时保持对市场和顾客的关注，研究目标顾客的欲望、知觉、偏好以及购买行为。这些研究将为开发新产品、生产特色产品、价格、渠道、信息和其他营销组合因素提供依据。

在买方市场条件下，顾客已经成了企业最重要的稀缺性资源，顾客决定着企业的命运与前途。因此，谁最贴近顾客、最懂顾客、最能满足顾客，谁就可能拥有更多的市场份额。就像一位管理大师所说的那样"衡量一个企业是否兴旺发达，只要回过头看看其身后的顾客队伍有多长就一清二楚了。"

然而，市场调查显示，很多公司平均每年顾客流失率在10%～30%，而这些公司中的大多数都不知道自己失去的是哪些顾客，什么时候失去的，也不知道为什么失去，更不知道这样会给他们的销售收入和利润带来怎样的影响。他们并没有意识到自己的企业正离顾客越来越远，反而依然按着传统的做法拼命地招揽新顾客。

在今天的企业中，常见到这样的现象——很多企业在刚开始创业的时候，他们可以为了一个客户、一个订单、一笔货款，不辞辛劳，跑很远的路，花很多的时间，用很大的诚意去服务客户、培养客户，他们很乐意向客户学习、请教，探讨企业的发展、产品的改良和服务的改善。但是，当企业慢慢做大了，客户越来越多了，有的企业就不愿意再花过多的时间和精力跑市场、访客户了，也静不下心去倾听客户的建议了。他们将更多的时间用来思考怎么把市场做得更大，怎么争取到更多的客户，结果是，规模似乎是扩大了一点点，可是客户却流失得更为厉害了。

当企业离客户越来越远时，财富与利润也会离企业越来越远，企业没有持续的营业收入，再大的企业也会坐吃山空，所以说，企业离客户越远，离倒闭就越近。虽然这是一个很简单的道理，但是很多企业就是很难做得到。

企业竞争的是什么？就是竞争客户。客户可以成就一家企业，也同样可以毁灭一家企业。特别是随着网络时代的到来，如果哪家企业做了有损客户利益的事情，那么客户很可能立即就能获得信息，并将负面信息广为传播。

对客户来说，一个企业规模的大小、资本的多少跟他们真的没有多大关系，而企业能提供什么样的产品和服务就跟其有直接关系。所以很多小企业打败大企业，比的不是经济实力，而是服务态度。特别是在今天这个高速发展的市场经济时代，行业在变，产品在变，客户在变，如果企业更新或创新的速度跟不上客户变化的速度，那么客户就会离你而去。

所以企业千万不能远离客户，不管企业做得有多大，部门有多少，所有员工都不能忘记客户、忽视客户。而且企业越大，员工越需要下基层、下市场，了解客户的需求，倾听客户的心声。企业只有离客户越近，生命力才会越旺。

少了有效的沟通，营销绝对"赢"不起来

现代市场营销需要的不仅仅是开发一个好的产品，制定一个有吸引力的价格，使得人们可以接受。公司也需要与现有的和潜在的利益相关者以及公众进行沟通交流。如果公司的品牌建设能力和沟通能力薄弱，不能够处理好与利益相关者的关系，会是一个致命的过失。

——科特勒《营销管理》

科特勒认为，在现代市场营销中，有一个好的产品，有一个有吸引力的价格，并不意味着该产品就能在市场上获得成功。就像一句俗语所说的那样"酒香也怕巷子深"，如果企业的品牌建设能力和沟通能力薄弱，无法将产品有效地营销出去，那么，好产品也很可能会被埋没。

很多人都读过"把梳子卖给和尚"的故事：第一个人只知道跟和尚推销梳子如何如何好，结果只卖出一把梳子；而第二个人却另辟蹊径，说前来庙里上香的香客们远途而来，头发难免会被吹乱，这样子上香有些不敬，如果庙里备有梳子，供香客们梳洗，那就好多了，因此，他推销出去了十把；而第三个人则突破了传统思维的限制，梳子除了用来梳头发还可以做什么呢？可以做纪念品。如果在其上刻上"积善梳"三字，其意义又非同寻常了，根据不同的香客身份赠送不同品种的梳子，市场也就更为广阔了，他因此推销了一千把梳子。

第三个人的推销成绩之所以远远胜过前两位，就是因为，他善于有效沟通，他能将产品的价值和利益很好地传达出去。企业也是一样的，要将一个有潜力的产品成功推向市场，沟通力是必不可少的。

美国有一种"汉斯"牌番茄酱，其味道远比其他牌子的味道浓。然而在推向市场时，由于流速太慢而引起消费者不满，人们纷纷抱怨这种牌子的番茄酱"倾倒的时间太长"，而其他产品没有这种毛病，因而"汉斯"番茄酱的销售受阻。

面对这种情况，公司老板一时拿不定主意，是改变番茄酱配方，降低番茄酱

浓度，还是改变包装，使之更容易倒出？但不论哪一种方案，都将使"汉斯"番茄酱失去特色。这时，公司的一个员工想出一个妙招，既不改变包装，也不降低浓度，而是因势利导，改变广告宣传重点，通过企业与消费者最常见的沟通方式——广告去转变消费者的观念。

在"汉斯"番茄酱的广告中指出，这种番茄酱之所以流速慢，是因为它比别的番茄酱浓，味道也比稀的好，广告中甚至特别强调，"汉斯"是流动最慢的番茄酱。这一广告方案不仅没把消费者抱怨的"流速慢"视为短处，反而是抓住这一点，向消费者传达此种番茄酱浓度高、味道美的特色。这个广告推出之后，果然效果奇佳，原先抱怨的消费者现在争相追捧这一品牌，"汉斯"的市场占有率也从原来的19%迅速上升为50%。

"汉斯"番茄酱的反败为胜，就是在沟通上下了工夫，将原来的产品缺点从新的角度去阐释，去传播，使之成为产品的独特卖点，从而吸引消费者。从这个案例不难看出，沟通力有多么重要。再好的产品如果不能将其价值清楚明白地传递给消费者，那么，它就可能被消费者所忽视，得不到"出头"的机会。

企业要让营销成为"赢"销，沟通是极其重要的一个环节。这种沟通，不仅仅是针对客户的，还有针对股东、员工、渠道合作伙伴等各方面的，只有所有的利益相关方都了解到企业在做什么，产品是什么，产品的价值何在，这样，内外合力才能让好的产品在市场上立住脚，并成功地推广开来。

·第三节·
大趋势：未来营销唯一不变的就是变化

真正的顾客为王：从参与、互动直至主导

当今的市场，已经不再是昔日的市场了。顾客已经取代生产商、分销商，成为强势、主导的一方。顾客为王。

——科特勒2011年《IT经理世界》采访

科特勒曾经提出，新经济的时代是逆向经济的时代。在过去，顾客处在相对弱势的一方，很多时候都是企业在引导甚至是支配着顾客，而现在反转了，顾客由被动地接受，转变为参与、互动直至主导。有一位营销专家甚至说："现在的企业，从某种意义上说，已经成了代理商——向顾客出租自己的制造设备、物流设施以及其他资源，让顾客去发现、选择、设计，进而使用它们所需要的产品。"的确如科特勒所说的一样，顾客已经取代生产商、分销商，成为强势、主导的一方，这是真正的顾客为王。

企业生存的全部意义，就是在产品、品牌与消费者之间建立起有效连接，随着产品的同质化进一步加剧，产品和产品之间、品牌和品牌之间的差异越来越小，如何让品牌吸引消费者，促成消费者购买呢？让客户充分参与，与客户保持互动，甚至让客户来做主导者，这是一种拉近并深化企业与客户之间关系的好方式。营销人员必须意识到这样一点：一切应以客户为主，未来的世界是客户主导的时代。

有一家房地产开发商准备开发高档别墅，在前期设计时他们就邀请目标客户参与，按照客户的要求来建造别墅。通过与客户的互动，企业不仅满足了消费者

个性化的要求，更重要的是企业有了销售量的保证。

再如，一家装潢公司开发了一套三维数字化装潢软件，设计师可以根据顾客的需求，在电脑上设计出直观的三维室内装潢效果图。

在整个设计过程中设计师随时和客户保持互动，利用软件方便地修改装潢图，最终，不仅装潢的色彩、结构、布局等令客户满意，而且还能让客户选择不同价格的材料；把它们写入施工面积，就能精确地显示出各部位的装潢费用以及总的装潢费用。这样的做法，在提升客户参与度的同时，也为企业带来了巨大的利益。

让客户参与、互动，甚至是主导，是对传统营销中企业对消费者的单向推动的大改变。

随着居民收入的提高、消费意识的成熟以及消费理念的转化，差异消费、个性消费成为时尚，未来营销模式将是一个个性化的客户关系的竞争模式。从以企业自我为中心转向以客户为中心，这不仅有利于客户，更有利于企业。

第一，这种转变非常符合马斯洛的需要层次理论。如果客户能够充分参与到企业的生产经营这个过程中来，他们得到的就不仅仅是产品，而是一种被尊重、被重视以及自我实现的成就感。"DIY"的模式为什么会受到消费者的欢迎，就是因为在"DIY"的过程中，消费者的内心得到了最大程度的满足，这样的产品，不再是企业推销给他们的，而是融合了他们自身心力付出的珍品。他们当然更愿意消费这样的产品。

第二，让客户参与、互动、主导，这跟头脑风暴法、德尔斐法等有异曲同工之妙，企业可以跳出自身的局限，从客户那里获得意见建议与创新的启发。这种"换位思考"会带来全新的观察问题的视角。

第三，以客户为中心，对企业来说，还能带来一个实质性的收获，那就是能帮助企业对顾客需求的未来趋势更早感知，更早察觉，更及时地预测和把握，在制定并实施具体的营销计划时就能做到未雨绸缪，决胜未来了。

客户的参与、互动和主导，不仅缩短了企业与消费者之间的实际距离，并通过消费者积极参与生产的全过程，使企业既可获得大批量生产的规模经济，又能使其产品适应单个消费者的独特需求，既满足了大众化的需求，又满足了个性化的需求，从而实现最大限度地提高消费者满意度这一目的。

全面营销：广泛、整合的视角不可或缺

今天的企业正面临前所未有的激烈竞争，而企业如果能从产品理念和销售理念走出而转向全面营销理念，就能有效地应对竞争。全面营销者认为，在营销实践中每个细节都是特别重要的，采纳广泛的、整合的视角不可或缺。

——科特勒《营销管理》

科特勒所提倡的全面营销观念是由关系营销、整合营销、内部营销和社会责任营销四部分组成的。关系营销强调了外部合作伙伴的重要性，整合营销强调了对系列营销工具的合理组合与运用，内部营销明晰了内部成员的工作思路，社会责任营销则突出了平衡短期利益与长期利益的必要性。

有专家曾说，80年代的市场是"高生产、快贸易"；90年代商品经济是"跟市场、做推销"；跨入新世纪那几年的市场奉行"打品牌、建销路"；而现在及未来一段时间的市场，则是企业全营销的时代。

"全面营销"观念提倡营销者在通过有效的营销实践活动保证企业内外部"直接利益相关人"（股东、员工、供应商和分销渠道成员等）综合需求满足的同时，还要去践行能够保证"间接利益相关人"综合需求（如社会公众对保护自然资源与环境的需求、顾客需求即时满足与长期健康之间的平衡和社会对弱势群体的关怀等）的组织公民行为。总之，"全面营销"观念是一种要求组织，尤其是商业企业在商业利润、消费者需求与福利、社会经济与人类社会福利等诸方面达到和谐平衡，进而实现可持续发展的营销观念。"全面营销"观念可以被广泛应用到不同行业的营销领域，成为指导企业日常营销行为的有效原则。我们可以先来看一个全面营销的案例。

北京心力源源电子有限公司，其前身北京富达中天电子有限公司，是国内知名的电子通讯产品商，在中国市场销售的正品摩托罗拉汽车电话的90%都是由富达中天代理销售的。因此，富达中天是摩托罗拉在中国最亲密的战略合作伙伴之一。早在2000年，富达中天就获得了摩托罗拉的授权，成为中国内地唯一全权代理其汽车电子及汽车通讯产品的经销商。在推广摩托罗拉汽车电话的时候，心力源源公司打了一场漂亮的全面营销的仗。

这次活动，由2002年初发起，心力源源公司宣布，活动期间，任何拥有汽车的消费者个人或者单位客户，可以完全免费得到一部摩托罗拉汽车电话，并可

以与心力源源公司签订正式赠送协议，从而得到法律保护。受赠人所履行的义务很简单：只需要将按照正常要求的汽车保险费交纳，或者转移，或者延伸到心力源源公司的合作保险公司那里即可。年"赠送"的总量达到了 1.4 亿元人民币。

这个模式创造了一种全新的市场模式：无竞争市场。以完全免费的方式赠送给消费者高价值的名牌产品。而一般的制造商或者代理商是不大可能有实力并能够如此深刻把握转型期中国消费者心理，来大胆执行这个免费模式的。

当然，这种免费也并非无偿，否则这个快乐的循环链的发起者心力源源公司之举无异于竭泽而渔。其实，心力源源在实施方案之前已和中国平安保险公司签署了协议，作为平安的保险代理，从车主交纳的车保费中获得 8% 的正常与合理的返利。消费者的车保也只是按照正常的标准交纳，并无涨价。心力源源要求消费者稳定投保的期限也并不长，仅仅两年。两年之后，按照赠送协议，消费者可以完全拥有这台电话的产权。

2002 年，舒尔茨教授到访中国时，听说了这个案例，他称赞说："在心力源源这个案例中，消费者得到了满足，而且没有付出额外代价；保险商得到了稳定和高价值的客户；代理商得到了合理的佣金；心力源源获得了市场、品牌和资金回报。这样就形成了一个良性的闭环财务系统，没有任何资源的浪费。"

心力源源通过与直接消费者、保险公司、代理商等利害关系者的沟通，组成一个"快乐的商业链"，由于这个商业链本身就是一个良性的物流和财务的回环，所以才能顺利地完成产品的销售任务。这是一个良性的全面营销的过程。

"全面营销"观念的提出与不断完善，向我们揭示出市场营销——"建立和管理可赢利的顾客关系"，本身是一个处于不断变化的动态管理过程。在未来，只有那些融"关注顾客需求、获取合理利润、平衡社会福利"为一体的营销设计，才能让企业在市场竞争中赢得更响亮的掌声。

差异化：成为与众不同的"紫牛"

差异性市场营销针对不同细分市场，设计不同服务产品，制定不同的营销策略，满足不同的消费需求。越来越多的公司已开始采用差异性市场营销战略，差异性市场营销往往能带来比无差异性市场营销更大的总销售额。

——科特勒《市场营销教程》

雅虎前营销副总裁赛思·高丁曾提出——今天的营销竞争如同一群带着花斑

的牛在前行，你分辨不出任何差异，这时一头紫色牛的出现，才会吸引你所有的关注。差异化就是让企业成为那一头引人侧目的"紫牛"。

科特勒大力倡导的STP营销，也就是市场细分（Segmentation）、目标市场（Targeting）、定位（Positioning），其中很关键的一个要点就是差异化，企业通过市场细分选定目标市场，然后进行差异化的定位，让自己从激烈的市场竞争中脱颖而出。

差异化市场营销战略与无差异化市场营销战略，二者各有利弊。

无差异市场营销是指企业在市场细分之后，不考虑各子市场的特性，而只注重子市场的共性，决定只推出单一产品，运用单一的市场营销组合，力求在一定程度上满足尽可能多的顾客的需求。其优点在于：第一，它比较有效地适用于广泛需求的品种、规格，款式简单并能够标准化大量生产、大量分销的产品。它可凭借广泛的分销渠道和大规模的广告宣传，往往能够在消费者或用户心目中建立起"超级产品"高大而不可摧的形象。第二，它可大大降低成本费用。这是无差异营销战略的最大优点。首先，标准化和大批量生产可降低生产成本、储存成本、运输成本。其次，无差异市场营销的广告等促销活动可缩减促销费用。最后，它不必对各子市场进行市场营销研究和计划工作，又可以降低市场营销研究和产品管理成本。第三，它简单易行，便于管理。单一的市场营销组合便于企业统一计划、组织、实施和监督等管理活动，减少管理的复杂性，易于操作。

然而，无差异市场营销战略的弊端也是明显的。首先，消费者需求客观上千差万别并不断变化，一种产品长期为所有消费者和用户所接受非常罕见。其次，当众多企业如法炮制，都采用这一策略时，会造成市场竞争异常激烈，同时在一些小的细分市场上消费者的需求得不到满足，这对企业和消费者都是不利的。最后，当其他企业针对不同细分市场提供更有特色的产品和服务时，采用无差异策略的企业可能会发现自己的市场正在遭到蚕食但又无法有效地予以反击。正由于这些原因，世界上一些曾经长期实行无差异营销策略的大企业最后也被迫改弦更张，转而实行差异性营销策略。例如，曾被视为实行无差异营销典范的可口可乐公司，面对百事可乐、七喜等企业的强劲攻势，也不得不改变原来的策略，一方面向非可乐饮料市场进军，另一方面针对顾客的不同需要推出多种类型的新可乐。

相比之下，差异性市场营销战略的优点在于：

第一，它可以通过不同的市场营销组合服务于不同子市场，更好地满足不同顾客群的需要。第二，企业的产品种类如果同时在几个子市场都具有优势，就会大大增强消费者对企业的信任感,进而提高重复购买率,从而争取到更多的品牌铁杆忠诚消费者。第三,它对企业市场经营风险的分散具有重要意义。第四,它可通过多样化的渠道和多样化的产品线进行销售,通常会有利于扩大企业的销售总额。

差异化市场营销需要对不同的细分市场采取不同的营销策略,针对不同的细分市场做不同的广告促销,这就导致了营销成本的额外增加,这也是差异化营销战略的一大不足。

唯有让产品成为本行业中的"紫牛",让产品与众不同、出类拔萃,才有可能在不消耗大成本的广告运作下使企业扩大市场规模。正如紫牛在一群普通的黑白花奶牛中脱颖而出一样,真正的营销应该是让人眼睛会为之一亮的、可以把人们的注意力恰到好处地引向我们的产品和服务的一门艺术。

精准营销:广泛的精准和精准的广泛

精准也就意味着会获得更高的效率,即用更低的成本去做更多具体的事情。在现代追求高效率以及存在诸多需求的市场中,精准营销无疑会让企业获得巨大优势。

——科特勒 2011 年 GMC 总裁论坛巡回演讲

科特勒认为,市场细分最终的层次将会"细分到个人",甚至是"定制营销"、"一对一营销"。当今的顾客在决定购买什么和如何购买时,已经具有了很大的主动性。他们登录互联网,浏览有关产品与服务的信息和评价,与供应商、用户和产品的批评者进行交谈。在很多情况下,他们还可以设计自己想要的产品。面对这样的顾客,千篇一律的产品已经很难对他们构成冲击力和吸引力。企业必须开展精准化的营销。

传统的营销模式有些类似于战争中的狂轰滥炸,而精准营销就如同现代战争中利用先进的定位系统来有效击中目标的做法。当产品日趋同质化、价格战使得利润空间日渐趋薄的时候,企业为了在竞争中体现出差异性,纷纷高举服务牌、文化牌和品牌等。面对这种情形,谁能够把握客户的需求,分析趋势、把握潮流,将个性化服务视为营销的重要组成部分,谁就能够将营销工作做深、做细、做透,能够牢牢占据更多的市场份额。

精准营销,简而言之,就是如何增加营销效益。一方面,营销开始更加重视技术，比如营销的数据化、自动化，另一方面，营销的过程不仅仅只是涉及创新，还必须考虑到财务因素，进行投资回报的计算。我们不可否认，精准营销的优势符合现代市场经济发展的需要，而且其必将成为未来的营销发展趋势。"有的放矢"的战略更能帮助企业赢得"竞赛"。

华院分析技术（上海）有限公司的技术总监何直曾经对淘宝网上的一些高端皇冠店铺做了一次深入的调查，调查发现，很多淘宝大卖家现在面临发展瓶颈，其中一个最大的问题是他们已经面临精确营销的挑战。

何直说，淘宝网商经过数年的快速发展，已经涌现出数万家年销售额超百万、千万的皇冠卖家。

这些大卖家在发展过程中，虽然也探索和创新了许多营销手段，但总体来说还是传统的营销方式。

第一种是以低价为卖点，争夺的是传统渠道的客户资源，但现在，这种方式的竞争力已经明显弱了很多，淘宝网上有些商品已经便宜得离谱，出现了"没有最便宜只有更便宜"的奇怪现象。拼低价的营销模式难以维系持续发展。

第二种则是拼广告，在产品种类饱满、竞争激烈的淘宝网上，要想获取新客户的注意，打广告成了很多商家不得不选的方法。淘宝网上选择做直通车的网店越来越多，这种继续拼投入的方式很多卖家已无法承受。

这些问题困扰着淘宝网商。而对此，何直开出的药方是：以最快的速度熟悉网络上的精确营销。

从以产品为中心，转向以客户为中心；从抢新客源为重，转向新老并重，关注回头客生意；从粗放营销转向精确营销；从凭感觉营销转向可精确度量的营销。

譬如，淘宝网上一家三皇冠的店铺，是何直重点调查的一家，该店店主说，她从何直的调查数据中学到了很多，有些数据让她很诧异，比如客户的购物周期："我以前根本不知道我的客户购物周期是多少时间，现在我很清楚地知道是平均120天。这个时间比我想象的要长。我还知道了自己店铺里有多少客户是睡眠客户，怎么去激活他们。"

"比如，和蛋白粉关联最紧密的东西是钙、B族维生素和维生素C，我现在就学会了把这几个产品打包卖，或者在产品描述上面的相关推荐中有针对性地放上上述产品，缩短客户的购物路径，这样才是真正的关联推荐。以前的方法是在所有产品上面都生硬地放上几个广告商品，那样客户的体验是非常不好的。"

"比如发促销信息，现在我促销什么产品，就发什么人群，没有目的的群发很浪费。"该店主已经学会了用数据工具方便地归类人群，"以后我会慢慢转型成为某类人群服务，这是未来商业零售的趋势。以前都是我有某种商品，然后找客户。现在我想转型成先锁定一群人，然后分析他们的需求，再帮他们找东西，倒过来做，因为现在物质很丰富，组织产品的难度并不是太大。"这位店主的第一个营销策划，是想帮助减肥的人找健康食品，她认为这就是为人群服务。

何直在总结这次调查时，说了这样一番话："如果说拼价格、拼广告是针锋相对的搏杀，精确营销开启的则是没有硝烟的战争。后知后觉者将在悄无声息中被蚕食，而先行者将确立在此战场上的竞争优势！"

何直的这番话值得每一位从事营销工作的人深思。精准营销，它寻求的是一种广泛的精准和精准的广泛。

广泛的精准是指，面对广泛的消费群体，企业不可能做全网的营销，只能针对自己的目标群体，选择自己的精准客户进行营销和推广。

而精准的广泛如何理解呢？当企业走上了精准营销的道路，如果只能找到一个人，而不是一万人、一百万人甚至更多的人，那么这样的精准是没有任何价值的。所以说，在确定精准路线后，企业要找到足够量的符合要求的客户人群，实现精准情况下的广泛。

无边界：未来的竞争是营销网络间的竞争

强大的公司往往在核心业务过程管理方面培育了卓越的能力。其中，核心业务过程可能是：新产品开发过程、存货管理过程、顾客获取和挽留过程。有效地管理这些核心过程就意味着要创建一个营销网络。在这个网络里，公司与生产与分销链中的所有合作伙伴保持密切的合作关系，包括从提供原料的供应商到零售分销商。未来的竞争不是公司间的竞争，而是营销网络间的竞争。

——科特勒《营销管理》

"未来的竞争不是公司间的竞争，而是营销网络间的竞争。"科特勒的这句话很有启发意义。他指出，在市场营销以及寻求营销系统中的合作伙伴以追求竞争优势的过程中，企业需要超越自身的价值链，去观察供应商、销售商乃至最终顾客的价值链。

今天，有更多的企业正仔细地挑选合作伙伴，并制定出能够共同获利的策略。它们在与营销系统内的其他成员组成紧密的合作关系，以便改善整个顾客价值交付网的性能。未来，企业间不会再直接竞争，因为企业构建了包括供应商、分销商和合作伙伴的网络，现在由这个网络与其他网络进行竞争。所以，作为一家企业，一定要建立一个强有力的、垂直的营销系统或是价值链。

科特勒在剑桥演讲时曾经举过这样的例子，他说：

在纽约市，有一位设计运动衫的先生，他将他的设计展示给一家大型百货公司，比如说 Sears，他说："我能以每件 10 美元的价格得到像这样的运动衫，而你可以将他们以每件 20～30 美元的价格卖掉，你是否对此感兴趣呢？"百货公司的人仔细看了该设计样品，说如果你能以 10 美元的价格拿到货是最好不过了。

现在这位先生仍然没有自己的工厂，但他在中国香港有一个联络点来负责设计运动衫，并外包给工厂生产，生产好以后他会打电话给运输公司，由后者负责把运动衫运送到 Sears 的商店，而不是运到他的仓库，因为他没有仓库。不管他获得多少收入，赚到的钱全是自己的，因为他没有成本。如果你要试图计算他的回报率，就要用他的收入除以他的固定资产，但除了一台电脑、一张桌子和一部电话外，他基本上没有什么资产，所以，通过整合这样的一条从供应商到零售商的价值链，他获得的是无限高的回报率。

这样的案例表明了一个趋势——合作。合作是现代营销的起点，是未来营销的趋势。在商业世界里，边界的概念越来越模糊，无边界的时代就要到来。就像科特勒在《混沌时代的管理和营销》中所说的那样：

"'蝴蝶效应'之所以会产生，是因为我们生活在一个存在着联系日益紧密、相互依赖日益加深而且全球性日益加快的全球化世界中。所有人、所有政府、所有企业——地球上的每个人和每个实体如今都在某种程度上相互联系着，动荡对个体的影响会被其他个体以某种方式感受到。"

通过与适当的公司建立战略合作关系，企业更容易达成目标、开拓新市场并增长其底线。要想自己的公司成功，你必须认识到单凭自己不能满足目标市场的需要。你需要别的企业家或公司的帮助，共同合作和承担金融风险。合作伙伴不见得非得是大公司，但是要能帮你进入新的市场，更快地将你的产品和服务推向市场。战略伙伴关系能让企业增强市场竞争力并跟上技术革新的迅猛变化。

只有跨越边界的合作，搭建企业自己的营销网络与价值链，才能成就营销的未来。

第一章 理解营销：创造并收获顾客价值

数字化时代：顾客常去的地方就是营销的所在

营销人员必须紧紧跟随顾客的脚步，到顾客常去的地方去。如今网络正成为顾客常去的一个趋势。美国消费者平均在网络上的时间占所有媒体时间的15%。顾客有自己的原则，并且不愿意接受代理和中介机构提出的产品推荐。顾客往往只在意他们需要的、他们喜欢的以及他们愿意支付的商品。

——科特勒《市场营销教程》

科特勒所说的"营销人员必须紧紧跟随顾客的脚步，到顾客常去的地方去"有着很深的内涵，他告诉我们，顾客所在的地方，就是营销人员的阵地，要赢得顾客，就得到顾客常在的地方去。而在当今这样一个数字化时代里，顾客已非传统的顾客，他们与数字化几乎牢牢绑定在一起，在这种形势下，营销人员同样也要融进这个数字化的时代，用诸如网络、手机媒体这一类的信息工具。在这方面，万科王石是一个很好的榜样。

在2007年，当王石为《新经济与传统行业结合更有活力》一书作序时，他曾写道："新经济兴起的背后，是新制度、新技术和新知识的出现。对于传统行业的管理者来说，面对这些未知的领域，常常会判断出错。新千年到来之后的那段时间里，曾经有两个年轻人找到我，说要创业，搞电梯间的液晶屏广告业务。当时我哑然失笑，'怎么会有人看这样的东西？反正我不看'！我觉得这个商业模式不成立，劝他们赶快找其他正经事情去做。结果几年后，这个名叫江南春的年轻人和他的分众公司，就是靠这个我看走眼的经营方式，在纳斯达克上市，并成长到了百亿元的规模。"

这件事给他带来的震撼是很大的。事实上，王石对互联网和新兴商业模式一直是很关注的。早在1999年，他辞去万科总经理职务，理由之一就是，当时以互联网为代表的新经济扑面而来，他却看不懂新经济同传统经济的内在联系，他提出"我要用一年时间搞懂互联网，如果一年后还搞不懂，说明我跟不上时代的脚步了，董事长的职务我也会辞去，千万不要'以其昏昏，使人昭昭'"。

于是，王石专门飞到硅谷，待了很长一段时间，试图对互联网多了解一些，他还集中阅读介绍互联网的书籍。一年过去，他自称还是没有搞懂新经济是怎么回事，却也郑重宣布，自己不会辞去董事长职务，他幽默地解释称："我发现，嘿嘿，大伙儿都说不清新经济是怎么回事，也不想弄清，而我至少在力图弄懂。"

他指出，面对互联网，传统行业可以选择的三条路是：第一，不理睬互联网，继续传统行业；第二，淡化传统行业，投入 IT 产业，转向高科技概念；第三，运用互联网技术改造传统行业。第一种做法忽略互联网的存在，企业将没有出路；第二种转型的做法有成功的可能性，但概率很小；万科选择的是第三条道路，积极接受互联网技术的"改造"。

到现在，王石不仅对互联网颇有见地，甚至成了著名的"网虫"，即使是在登山的时候，他也必会随身带着一台电脑。万科公司对外开办了总经理网站、王石网站和 BBS 等，以对话的形式与客户、与员工进行沟通。王石自己还曾做过"王石在线"的论坛版主，他每天除工作时间外还会花三小时以上管理这个版块，甚至在登山期间也坚持如此，他认为通过这个版块能够及时地获得内部员工与外部人士传递来的信息与意见，这些对于万科的发展是很重要的。除此之外，王石还开辟了个人的博客，他应该是企业家群体中开博较早和更新较勤的一个。这些平台都成了王石及时了解新趋势、新动向、新事物的有效途径。他的这种态度深深影响着万科的全体员工。

王石指出了企业在面对互联网时可以走的三条路，第一条是不理不睬，我行我素；第二条是淡化传统行业，投入互联网行业；第三条是将互联网引入到传统行业，接受互联网的改造。企业在面对数字化时代时也会面临这三条路的选择。不管企业正视与否，重视与否，数字化时代已经到来，与其回避它，不如用好它。将数字化的技术运用到营销中来，贴近客户群，融入客户群，这才是企业必然的选择，像当前的微博营销、事件营销、病毒营销，等等，都是值得尝试的方法。

第二章

营销环境：从市场中来，到市场中去

·第一节·
宏观环境：鱼不离水，营销脱不掉社会力量影响

企业必须掌握的六种主要宏观环境因素

宏观环境由影响微观环境的较大的社会力量——人口、经济、自然、技术、政治法律和文化——构成。为了应付迅速变化的全球形势，营销人员必须监测这六种主要的宏观环境因素。

——科特勒《市场营销原理》

科特勒指出，公司的营销环境由影响市场营销管理者与其目标顾客建立和维持稳固关系的能力的所有外部行为者和力量构成。市场营销环境由微观环境和宏观环境构成。微观环境由影响公司顾客服务能力的联系紧密的组织或个人——企业、供应商、市场营销中介、顾客、竞争者和公众——构成。而宏观环境则是由影响微观环境的较大的几种社会力量——人口、经济、自然、技术、政治法律和文化——构成。

人口是第一要素，人口的数量决定市场的规模与潜在容量，人口的性别、年龄、民族、婚姻、职业、居住地等等因素也影响着市场格局，影响着企业的营销活动。所以，企业应重视人口环境因素的研究，从而及时地调整营销策略，适应人口环境的变化。

经济也是一个对企业营销活动影响极大的主要宏观环境因素，它包括消费者收入、消费支出、产业结构、经济增长率、银行利率等因素，尤其是消费者收入

状况和消费结构对营销活动有直接影响。

自然环境指的是自然界提供给人类的各种物质资料。经济的发展，工业化的进程，一方面给我们创造了丰富的物质财富，满足了人们不断增长的需求，但另一方面，也给自然环境造成了巨大的压力与破坏。自然环境保护越来越被各国政府和公众所重视。这些问题都是企业营销过程中必须予以高度重视的。

技术影响着人类社会的历史进程和社会生活的方方面面，它对企业营销的影响更是显而易见的。技术的发展，会给企业带来新的市场机会，会造就新的行业，同时也会给一些行业、一些企业带来威胁甚至颠覆，它还会改变消费者的购买行为和习惯，进而会促使企业在营销上进行变革和创新。

政治和法律这二者共同对企业的营销活动发挥作用，施加影响，政治环境引导着企业营销的方向，而法律环境则为营销活动定下了行为准则。企业在营销活动中，特别是在对外贸易活动中，必须要对目标市场的政治法律环境有深刻的认识和了解。

文化环境指的是价值观念、宗教信仰、风俗习惯、道德规范等等。无论是消费者，还是企业，都处于一定的社会文化环境之中，企业营销活动必然受到文化环境的影响与制约。因此，企业制定营销策略，应了解和分析文化环境，在此基础上开展营销活动。

宏观环境的发展变化，既会给企业制造有利条件与发展机会，同时也会给企业的生存发展带来不利因素甚至造成环境威胁，企业必须密切注视宏观环境的发展变化，并注意从战略的角度与之保持适应性。

读懂人口环境才能透视营销受众

人口统计是根据人口规模、密度、地理位置、年龄、性别、种族、职业和其他一些统计量进行的人口研究。由于人口统计环境与人相关，而正是人构成了市场，因此，市场营销者要密切追踪国内外市场中的人口变化趋势和动态，关注不断变化的年龄结构和家庭构成、人口的地理迁移、教育特点以及人口多样化。

——科特勒《市场营销原理》

科特勒认为，只有读懂了人口环境，才能更精准地透视营销受众。在人文环境中，营销人员必须认识到世界性的人口增长、年龄结构变化、重组民族构成和教育水平改变、非传统家庭的发展和大量的人口迁移。人口是很关键的一个环境因素，因为市场是由人所组成的。营销人员尤其感兴趣的是不同城市、地区和国家的人口数的多寡和成长率；年龄分布和种族组合、教育水平、家庭结构、地区特征和迁移。

有句话说："顾客就是上帝。"消费群体是企业的服务对象，如果不了解"上帝"的喜好，以及目前的状况和未来动向，又怎能赢得消费者的青睐呢？特别是当企业进入到一个全新市场的时候，更要对自己的消费群体有深入的了解。

2006年，一则PSP广告也引起了各界的广泛关注，这则索尼为陶瓷白色PSP在欧洲打出的广告一推出就立刻引发了激烈的争议。广告中一名白人女子单手掐住一名黑人女子的下巴，面露威胁之情，也正是这个动作，被普遍认为有严重的种族歧视倾向，遭到许多人的反对。最后，索尼撤下了分布在各地的引起争议的PSP广告，并就此事公开赔礼道歉。索尼的一位官方发言人表示："广告中使用的人物形象是为了强调黑、白两种颜色PSP的对比，我们承认，其中一个画面所表现的主题可能在某些国家或地区引发争议，因此我们决定撤回这些广告。"此外，索尼方面还对由于广告所带来的不良影响而道歉，并保证："索尼在将来的广告图片选择上将更加谨慎，同时也将加强对这类地区广告所带来的广泛影响以及对其他国家的潜在效果的预见和控制。"

营销就是要为消费者创造价值，而要创造出这种价值，首先就要了解消费者，了解自己所要面对的人口环境。

在营销上，对人口环境的分析，大致分为三部分——人口数量分析、人口结构分析和人口分布分析。近些年来，世界人口呈爆炸式的速度增长，对企业有着很大的影响。人是市场需求的主体，这也意味着市场需求也会随人口增长而发生爆发式膨胀。另外，人口结构老龄化，以及区域分布的一些特征，都是企业进行营销活动不得不考虑的因素。

分析人口环境，不能只是单纯地对数量、密度、分布、年龄、性别等数据的统计分析，最重要的是要能结合企业自身特点，从这些数据信息中寻找潜在机会。譬如，大众汽车就曾经注意到残疾人中有很大一部分人有着旅游驾驶的需求，因此，它不仅开发出了能很好满足需求的产品，更成功地运用了一些营销手段，开创性地占领了这个细分市场。

人口环境对企业有重要的意义。就拿中国来说，当年，为控制人口的快速增长，计划生育政策被全面地贯彻执行。结果催生了一批批"小皇帝"、"小公主"——他们受到父母、爷爷奶奶、外公外婆格外的溺爱和关注。现在，这个被宠爱群体的年龄从新出生的婴儿到 20 多岁不等，他们正显著地影响着从儿童用品到金融服务、饭店和奢侈品的营销。在很多家庭，年轻父母们将家庭收入的很大一部分都花在这些宝贝孩子身上，这为儿童教育产品创造了巨大的市场机会。例如，时代华纳就看准机遇，推出了一种名为"英语时代"的互动型语言课程，包含 200 节课、40 张 CD，历时 4 年，针对的就是中国这个具有高赢利性、庞大的孩子市场。该课程售价 3300 美元，几乎是许多中国父母一年的薪酬。可见，把准了人口大环境的脉，从某种程度上说，就等于是把准了消费者的脉。

每一种新技术都是一种"创造性破坏"力量

改变人类命运最戏剧化的力量之一是技术。每一种新技术都是一种"创造性破坏"力量。晶体管使真空管行业没落、复印机使复写纸行业衰败。新技术创造了新的市场和机会，新技术终将替代老技术。如果旧产业忽略甚至抵制新技术，它们自身就会衰弱。因此，市场营销者应该密切关注技术环境。不能紧跟技术进步步伐的公司很快会发觉自己的产品过时了，并错失了新产品和市场机会。

——科特勒《市场营销原理》

科特勒曾说："技术创造了许多奇迹，如青霉素、开胸手术、避孕药；技术也创造出了恐怖的'魔鬼'，如氢弹、神经性毒气、冲锋枪；技术还创造出了诸如手机、电子游戏机这样好坏参半的产品。"

新技术能创造新的市场和机遇，然而每项新技术的诞生往往也意味着旧的技术要被淘汰，例如彩色电视机的出现慢慢淘汰了黑白电视的市场。如果企业跟不上科技进步的步伐，就会发现自己的产品已过时，同时也就失去了一些新的市场机会，从而市场竞争力会被大大削弱。相反，如果企业重视科技环境的发展变化，并能及时采取行动，则能在科技进步中不断获益。因此对于企业而言，科技环境的分析就显得异常重要。

提到新技术的"创造性破坏"作用，就不得不提互联网。互联网对传统行业的冲击，几乎可以说是毁灭性的。举一个很明显的例子——互联网媒体对传统媒体。

从 2008 年下半年开始，美国报业就面临着债务攀升、广告收入大幅下滑的压力。许多公司不得不通过裁员、申请破产等方式渡过难关。2008 年 12 月，拥有《洛杉矶时报》、《芝加哥论坛报》、《巴尔的摩太阳报》等知名报纸和23家广播电视台、美国年收益第二、总发行量第三的报业集团"论坛报"提请破产保护。2009年2月，拥有近20多家日报的Journal Register公司申请破产保护。第二天，大费城报业协会也在电子邮件中向该协会会员通知了费城报业公司申请破产保护的消息。而全美第一大报《纽约时报》在即将到期债务、股价及信用评级调低的重压之下，已经开始减少采编人员和削减股东红利。

市场通常将这些传统媒体所面临的困境解读成金融危机带来的附带伤害，但事实上，更主要的一个因素是互联网媒体的冲击。这是一股势不可挡的趋势，金融危机只是加速了趋势的到来，只是起到了催化剂的作用。互联网技术的革命将在未来改变人们诸多生活方式。

试想一下，当某地出现了一件突发事件，记者接到爆料线索后，以最快速度赶到现场采访，写完新闻稿之后连夜发回报社，排版印刷之后第二天送到读者手中。传统新闻报道一直以来都是这样的流程。而现在，借助于互联网技术，那位现场的爆料人不仅可以联系传统媒体，更可以用手机轻松拍下现场照片然后上传到自己的博客或论坛中，同时以相对客观的立场发表一些自己的见解，那么他创造这条新闻的成本将远低于报纸，而这条新闻的传播成本更是大大低于传统渠道，网友只要把链接发给别人就行了。事实上，现在很多新闻都是在网上热炒很多天之后，才被传统媒体所关注。

报纸除了提供新闻，还提供有价值的评论，特别是一些作者的专栏具有很高的用户黏着度，但是现在多数有"粉丝"的作者都会在网上开设专栏，通过方便的RSS订阅功能（类似于订报纸），读者甚至可以做到实时监控作者的最新文章，而不必等报纸拿到手。更关键的是，读者还可以通过留言等方式直接和专栏作者互动。这些，是传统的媒体无论如何都难以做到的。

在传统媒体广告日渐萎缩的今天，互联网媒体广告却持续高增长，艾瑞咨询曾发布研究报告称，2008年中国综合门户网络广告市场高速增长近60%，广告营收达到47.4亿元；而搜索引擎广告营收也实现了翻番。写博客赚钱也已经不是新鲜事了，加拿大有一位叫John Chow的华人，他每个月通过博客获得的收入超过3万美元，为此他还特地把自己的成功经验总结成了一本书免费发布。

互联网技术所带来的改变远不止于此，在未来，它还将继续这种"创造性破坏"。随着网络媒体的兴起，人们越来越多地选择通过网络来获取信息，势必将大大影响报纸等传统媒体的发行量，并减少其广告收入，未来数年内裁员、降薪和破产可能会伴随着它们，如何及早顺应趋势进行调整，是当前传统媒体不得不考虑的生存选择。

熊彼特曾说：创新固然会创造利润，但是有创新就有破坏，因为创新会破坏现有的经济模式，但破坏之后新的取代旧的，结果更美好，这就是著名的"创造性破坏"理论。技术环境是"双刃剑"，也是促进市场优胜劣汰进程的一个重要力量。重视技术、合理分析技术环境变化趋势，才能做到趋利避害，为企业的营销活动做出正确的指导。

政治法律有底线，企业要"做正确的事情"

有多种原因使得商业立法很有必要。首先是保护公司的利益，其次是保护消费者免受不公平的商业活动的损害，再次是保护社会的利益免受无序商业活动的损害。明智的公司鼓励其管理者遵守法律和法规，"做正确的事情"。

——科特勒《市场营销原理》

科特勒提醒企业，尤其是进行国际化的企业，在开展营销活动的时候，会遇到十几种甚至数百种为执行贸易政策和规定而设立的形形色色的机构。政府机构在执法时有一定的自主权，因此它们对公司的市场营销活动会产生重要影响。新的法律及其执法部门持续增加。企业经理在计划产品和市场营销方案时，必须关注这些发展。市场营销者需要了解地方、州、国家和国际各个层次的保护竞争、消费者和社会的重要法规。

企业必须把握住法律底线。企业经营活动须依法进行，不能逾越法律的规范。毫无疑问，非法经营、进行内幕交易和向国家工作人员行贿这些行为都是违法的，只要有所逾越，纸终究包不住火，违法的代价最后终究得由企业来承担。在这方面，默多克旗下的《世界新闻报》就是一个典型的反面案例。

2011年7月，传媒大亨默多克新闻集团旗下的英国通俗小报《世界新闻报》曝出非法截取、窃听私人电话信息的丑闻，由此使默多克集团陷入窃听风暴。《世界新闻报》是一份英国小报，每周日发行。该报纸是默多克所有的新闻集团旗下的报纸，通常被认为是太阳报的周日版。该报纸停发之前每周出版印刷300多万份，是世界上发行量最大的英语报纸。

它以名人新闻、丑闻、八卦消息、揭秘报道等为卖点，风格属于"小报"。英国小报素有靠窃听电话、付费购买名人隐私、骚扰王室等涉嫌违法行为来报道的传统。有人讽刺说，只要有"卖点"，任何人都逃不出《世界新闻报》的掌心。

第二章 营销环境：从市场中来，到市场中去

2006年，《世界新闻报》记者因雇用私家侦探窃听威廉王子、哈里王子的手机，于2007年被捕、受审入狱。它曾最先爆出美国游泳名将菲尔普斯吸食大麻、美国高尔夫名将伍兹性丑闻……

英国警方调查表明，受雇于《世界新闻报》的私家侦探格伦，家中有长达9200页的英国公民信息资料，包括谋杀案和恐怖袭击的受害者、影视和体育明星、政客及跟英国王室成员关系密切的人士，甚至还包括阵亡英军士兵家属。警方说，可能有4000人的电话遭《世界新闻报》雇员窃听。

很多民众认为，《世界新闻报》的做法，"极其恶心"，"他们应该受到审判，付出代价"。因为窃听丑闻，这份有168年历史、英国最畅销的周报被停刊，而默克多的新闻集团亦因此事件形象一落千丈。

德鲁克曾提出"先做正确的事，再正确地做事"的理念，"做正确的事情"比"正确地做事"更重要。而谨守政治、法律、道德的底线，就是在"做正确的事情"。

美国管理学者卡罗尔曾将企业社会责任分为经济责任、法律责任、伦理责任、慈善责任四个部分。

经济责任是指企业必须赢利，给股东以回报，这是最低层次的社会责任，是实现其他更高层次社会责任的基础。

法律责任是指企业必须依法经营，一切活动必须遵守法律的相关条款。

伦理责任是指企业的各项活动必须符合社会基本伦理道德，不能做违反社会公德的事情。

慈善责任是指企业作为社会的一个组成部分，需要为社会的繁荣、进步和人类生活水平的提高做出自己应有的贡献，是最高层次的企业社会责任。这其中的法律责任非常重要，就好比地雷一样，企业一旦触碰了这条红线，会给自身带来极大的负面影响甚至是灭顶之灾。当企业实力还很弱小的时候，它可能无力履行慈善责任，但它必须履行法律责任和伦理责任，这是处于发展阶段的企业所需要谨守的底线。

《孟子·尽心上》中有一句"穷不失义"，这不仅是对个人而言，也是对企业而言。在创业初期或发展遭遇困境的时候，企业追求自身的发展必须有底线，求生存、求发展不能成为企业无视法律、违背伦理的借口。这也就是说，企业只有守法经营，加之适应市场、立足创新、经营有方，才能保持较长的生命力。

文化环境直接影响着消费心理与行为

> 文化环境由制度和影响社会的基础价值观、认知、偏好和行为等其他力量构成。人们在特定的社会中成长，逐步形成自己的基本信念和价值观。社会文化环境因素决定了独特的生活方式，规定了人们的行为准则及道德规范，这些都会直接影响到消费者的购买行为。
>
> ——科特勒《市场营销原理》

科特勒指出，文化环境会影响到社会的基本价值观、理解、偏好和行为，而且，它会对消费者的心理与行为产生潜移默化的影响。社会文化环境包括了企业所处地区的社会结构、风俗习惯、信仰和价值观念、行为规范、生活方式、文化传统、人口规模与地理分布等因素。社会文化也可以说是一个社会全体成员长期共同形成的行为特征的总和，各国家或地区都已形成了各自的社会文化特点。

社会文化还体现了一个国家或地区的社会文明程度。社会文化中教育水平的高低对企业营销调研、目标市场选择和采用何种经销方式等均有很大影响。另外，价值观念对消费者的消费需求和购买行为也有重要的影响，面对不同价值观的消费者，企业必须采取不同的营销策略。另外，消费习俗、宗教信仰等也都是企业不得不考虑的社会文化环境因素。很多跨国企业在这方面都有过长时间的探索与尝试，譬如雀巢、宝洁等。

雀巢的营销策略，正体现了社会文化的影响力。在雀巢咖啡之前，人们一直要通过煮咖啡才能尝到咖啡的美味，既费时且费力。当划时代的雀巢速溶咖啡面世时，改变了这一结果，使喝咖啡成为一件可以快速完成的事情。于是，雀巢速溶咖啡广告便强调因速溶而带来的便利性，然而，令雀巢未曾料到的是，这种以"速溶"为独特卖点的产品竟然没能像想象中的那样热销。

这时，雀巢的全球研究网络开始发挥它的作用，经深入调查了解，许多家庭妇女在购买速溶产品时存在顾虑，认为这是一种偷懒行为，甚至是对客人和丈夫的一种怠慢，这与男人心目中贤惠能干的妻子形象相距甚远。在男尊女卑的三四十年代，速溶咖啡显得有点不合时宜。雀巢搜集到这些信息后，开始调整自己的营销策略，既然方便性已经不能令消费者心动，于是，广告的重点就转向表现产品的纯度、良好的口感和浓郁的芳香，强调雀巢咖啡是"真正的咖啡"。这一变，雀巢咖啡才真正火了起来。后来，随着妇女解放，人们越来越能接受雀巢的"速溶性",雀巢大受广大家庭主妇的欢迎,尤其对那些没有磨豆道具的家庭来说,更是方便。后来,当调研人员发现人们逐渐认可"好咖啡就是雀巢咖啡"后,雀巢咖啡的广告又开始变化了,由理性诉求转变为感性诉求,由对产品功能性的宣传转变为对新生活方式的倡导。

宝洁的帮宝适也是这样的,一开始它也将产品的诉求点定为方便好用,后来经过调研以后发现这个宣传让很多年轻妈妈感觉有偷懒的嫌疑,后来宝洁重新确定了广告诉求,重点宣扬帮宝适能够帮助宝宝更加健康地成长。广告的出发点改变了,以前是从妈妈的角度出发,强调产品能够给妈妈们带来更多的方便,后来的广告是从宝宝出发的,强调这个产品能够让宝宝更加健康的成长,所以帮宝适才越来越被妈妈们所喜爱。

不同的态度、价值观念和需求,就要求企业运用不同的营销方法以及不同的营销组合。每个人都是在特定的文化氛围中成长起来的,其所在的国家、地区、家庭等的文化,都会深深影响到他的价值观、世界观以及行为方式。

社会文化环境是一种长期积淀下来的环境因素,而且以企业的一己之力是很难去改变的,糟糕的是,对社会文化环境的分析往往容易被企业所忽视,结果也总是"惨败而归"。因此,熟悉和适应市场所在地区的社会文化环境,是每个企业必须要认真完成的先行工作,何况这些社会文化中经常还隐藏着一些商机!

营销人员应分析自己的市场营销活动将涉及哪些层次的文化因素,从而灵活地采取相应的策略。另外,在每一种文化的内部,都包含若干亚文化群,即那些有着共同生活经验或生活环境的人类群体。对亚文化群的研究甚至更为重要,根据他们的需求与消费行为,将其划分为不同特征的目标市场,从而更方便实行精确营销。

即使不能改变环境,也要积极主动去适应环境

市场营销管理者并不总是能够始终影响环境因素。在很多情况下,它只能够关注环境,并对它作出反应。例如,公司要影响人口的地理迁移、经济环境或重要的文化价值观只能是徒劳。但是只要有可能,聪明的市场营销经理就会对市场营销环境采取积极主动而非消极被动的行动。

——科特勒《市场营销教程》

"聪明的市场营销经理会对市场营销环境采取积极主动而非消极被动的行

动。"科特勒的这句话告诉我们，即使不能改变环境，也不能消极被动地等待，而应该积极主动地去适应。就像鱼离不开水一样，任何一家企业都无法脱离其生存与发展的环境，环境是企业赖以生存的条件。企业要生存、发展，就要像变色龙一样随着环境的温度、光线、颜色的变化而变化，主动地适应周围的环境。

马云曾说："优秀的企业家必须学会比别人提前适应这个环境，这个灾难一定会在两三年内打击到每一个人，谁先适应谁就有机会。做企业至少是5~10年的考虑，两三年的灾难不算什么。假如你没有思考过5年和10年，我觉得两三年内的打击是没什么意义的。"

我们应该都能发现，即使是在最糟糕的环境中，也依然会有"活"得很好的企业，并不是外界的环境影响不到这些企业，而是他们比同行们更懂得如何去适应环境，如何在最坏的环境中找寻最好的机会。

在任何时候，当经营环境发生改变后，企业绝不能坐以待毙，而应该积极地适应环境，甚至在这个基础上进一步去改变环境，这样企业才能获得生存和发展。好耶在互联网行业的"冬天"里，一方面大力提升为客户服务的能力，为客户创造更多的价值；另一方面积极开拓新的渠道和利润增长点，以变通求存活，正是这些因素使得好耶转危为安，在最艰难的时期却实现了最快速的增长。

要适应环境，首先就要改变自己。很多公司都能意识到这一点，但有的公司会急中生乱，盲目地改变，一有风吹草动就立刻调整自己的方向和战略，这是不可行的。在不利的环境中，各个公司面临的情况是千差万别的，到底应该向哪个方向转变，怎样转变，要根据企业自身的情况而定。在营销上，企业可以重点考虑这样三种调整方案：

第一，改变、提升自己的产品。如改变产品样式，增加产品功能等等，这是最常见的一种。

第二，以现有的业务为核心，谨慎地进行业务的延伸。像海尔集团，从生产电冰箱，到发展成拥有包括电冰箱、洗衣机、空调、彩电、电脑、微波炉等在内的58大门类9200多个规格品种家电群的"海尔家族"，通过这种全覆盖的方式来增强企业对于不利环境的抵御能力。

第三，寻求新的业务，必要的时候，甚至跳出原有的行业。这方面，最典型的例子当属诺基亚，这家公司最初生产的是纸浆和纸张，接着，进入橡胶行业，甚至一度成为橡胶公司的代名词。而后，诺基亚转入了通讯行业，并成了这个行业的主导者之一，引领风骚数十年。

世界著名的未来学家约翰·奈斯比特有一句名言："要经常问自己，我的企业是干什么的?"企业存在和生长的唯一条件就是满足市场与客户的需求。任何一家企业都必须时时处处关注市场和客户需求的变化，随需而变。若稍有松懈，便会失去市场。当公司的经营环境改变时，公司必须适应变化，随之而变，这是小公司在此情况下唯一的生存与发展之道。

· 第二节 ·
微观环境：层层面面构建起企业的价值传递网络

企业必须掌握的六种主要微观环境因素

微观环境由影响公司顾客服务能力的联系紧密的组织或个人——企业、供应商、市场营销中介、顾客、竞争者和公众——构成。一个公司必须掌控这六种主要的因素。虽然这些因素有一定的独立性，但营销人员必须对其进行监视并采取相应的行动，因为它们会导致新机会与新威胁。

——科特勒《市场营销原理》

企业微观营销环境是指与企业营销活动发生直接联系的外部因素。科特勒认为，企业要取得市场营销的成功，必须与微观环境因素建立关系，与它们联合在一起，构建企业的价值传递网络，这个价值传递网络，也就是指企业为获得原始资源、扩展自己和交付产品而建立起的合伙人和联盟合作系统。具体而言，微观环境因素主要包括了企业本身、市场营销渠道企业、顾客、竞争者和社会公众。

第一，企业。企业内部环境是指企业内部组织划分和层次以及非正式组织所构成的整体。企业内部环境是企业市场营销环境的中心，不仅强调组织的正式和非正式关系，还强调组织成员的协作关系。企业内部环境包括营销部门、生产、研发、财务人力资源等部门的配合。

企业市场营销一般由企业主管市场营销的副总经理、销售经理、广告经理、营销研究与计划以及专家顾问等组成。企业营销要达成各职能部门相互理解和支持。营销部门在制定和实施营销计划时，必须考虑其他部门的意见，处理好同其他部门的关系。

第二，供应商。供应商是指向企业及其竞争者提供生产经营所需资源的企业和个人，包括提供原材料、设备、能源、劳务和资金等。企业选择供应商要考虑质量、价格、运输、信贷和承担风险等各方面的条件，择优用之。

供应商对企业营销的影响很大，供应商所供应的原材料数量和质量将直接影响产品的数量和质量；所提供的资源价格会直接影响产品成本、价格和利润。在物资供应紧张时，供应商更起决定性的作用。企业应尽可能与其保持良好的关系，开拓更多的供货渠道，甚至采取逆向发展战略，兼并或收购供应商企业。

第三，市场营销中介。市场营销中介是指协助企业促销、销售和经销其产品给最终购买者的机构，包括中间商、物流公司、营销服务机构（如调研公司、广告公司、咨询公司等）、金融中间人（如银行、信托公司、保险公司等）。它们都是市场营销不可缺少的中间环节，大多数企业的营销活动都需要有市场营销中介的协助才能顺利进行。

第四，顾客。顾客是企业营销活动的出发点和归宿，是企业最重要的环境因素。企业的一切市场营销活动以满足顾客的需要为中心。企业面对的顾客可分为以下几种类型：消费者市场，即购买商品的服务供自己消费的个人和家庭；生产者市场，即购买商品及劳务投入生产经营活动过程以赚取利润的组织；中间商市场，即为转售获利而购头商品的组织；非营利组织市场，即为提供公共服务或转赠需要者而购买商品和服务的政府机构和非营利组织；国际市场，即国外购买者，包括消费者、生产者、中间商和非营利组织所构成的市场。这几类顾客都各有特色，企业需要深入地了解每一类顾客，并以相应的方式提供产品和服务。

第五，竞争者。每一家企业在经营过程中都不可避免要与竞争者打交道。要在竞争中胜出，企业就必须充分了解自己的竞争者，努力做到比竞争者更好地满足市场的需要。企业可以根据对消费者购买决策过程的分析来识别众多的竞争者。一个企业所在市场上面对的竞争者主要类型包括：愿望竞争者，指满足购买者当前存在的各种愿望的竞争者；平行竞争者，是指能满足同一需要的各种产品的竞争，如顾客要买电脑，可买笔记本电脑、台式电脑甚至是智能手机等，它们之间是平行的竞争者；产品形式竞争者，指满足同一需要的同类产品不同形式间的竞争，如笔记本电脑有各种型号、式样，其功能各有不同特点；品牌竞争者，指满足同一需要的同种形式产品的各种品牌之间的竞争，如笔记本电脑有华硕、联想、惠普、戴尔等牌子。

这其中，产品形式竞争者和品牌竞争者是同行业的竞争者，此外还有来自代用品生产者、潜在加入者等多种力量的竞争。企业需要全面地了解这些信息——目标市场上谁是自己的竞争者；竞争者的策略是什么；自己同竞争者的力量对比如何；以及他们在市场上的竞争地位和反应类型等等。正所谓，知己知彼才能扬长避短、发挥优势。

第六，公众。公众是指对一个组织实现其营销目标的能力具有实际或潜在利害关系和影响力的一切团体和个人。企业所面临的公众主要有：融资公众、媒介公众、政府公众、社团公众、社区公众、一般公众、内部公众。融资公众，指影响企业融资能力的金融机构，如银行、投资公司、保险公司等；媒介公司，主要是报纸、杂志、广播电台和电视台等大众传播媒体；政府公众，指负责管理企业营销业务的有关政府机构；社团公众，包括保护消费者权益的组织、环保组织及其他群众团体等；社区公众，指企业所在地邻近的居民和社区组织；一般公众，指上述各种关系公众之外的社会公众；内部公众，指企业的员工，包括高层管理人员和一般员工。

企业应树立良好的形象，力求保持和主要公众间的良好关系。现在许多公司都设有公共关系部门，专门负责处理与公众的关系。

持续地监控和适应外部市场环境是极其重要的

所有的营销人员都应该了解，营销环境会不断地为企业带来新的机遇和新的威胁，因此持续地监控和适应外部市场环境对企业来说是十分重要的。只有能快速获得正确信息的公司才能获得竞争优势，因为这些公司能更好地选择市场、开发产品、实施营销计划。

——科特勒《营销管理》

科特勒认为，虽然组织中的每个管理者都需要了解外部环境，但识别外部市场变化则是营销人员的主要职责。因为营销人员具备两项优势更能胜任这份工作。首先，他们具有一整套搜集信息的专业方法；其次，相对于组织中的其他管理者，他们能够投入更多的时间与顾客进行互动，并观察竞争对手和公司外部企业及其他组织的一些情况。

微观环境时刻处于变化之中。微观环境的变化，既可以给企业营销带来市场机会，也可以形成某种威胁。企业进行微观环境监测，就是为了从中发现并抓住有利于企业发展的机会，避开或减轻不利于企业发展的威胁，在一定条件下还可以因势利导、化害为利，将威胁转化成机会。

对微观环境进行持续的监测，市场机会往往就在市场营销环境变化中出现，这是机会出现的一般规律。企业应当建立系统的营销信息系统，采取适当的措施，经常监视和预测企业微观环境的变化，从中寻找有利于企业发展的市场机会。

监控市场环境，了解市场环境，进而适应甚至是引导市场环境，这是企业成长的基因，是营销和企业成功的关键。瑞士洛桑国际管理发展研究院营销与战略学教授肖恩·米汉和伦敦商学院管理和营销学教授帕特里克·马维茨曾在英国《金融时报》发表文章说，一家公司必须能够做到以下两点：首先，它必须能够感受市场的动向，做到这一点最常用的方法就是进行市场调研，加强经理人员和客户（顾客）间的联系，密切关注竞争对手的动向。其次，这家公司如想要利用这种对市场的认识改善经营状况的话，还必须形成一种鼓励灵活性和首创精神的企业风气。

由于微观环境风险的客观性和多变性，企业可以建立一套对微观环境变化风险的预警管理系统，来监测与评价环境对企业的影响，明确企业面临或可能面临的不利环境变动，然后采取有效对策，保持企业更好地适应变化之中的微观环境。企业微观环境预警管理系统由预警分析与预控对策两大任务体系构成：预警分析是对企业微观环境风险的识别、分析与评价，并由此做出警示的管理活动；预控对策是根据预警分析的活动结果，及时矫正与控制企业内部管理活动，采取有效管理活动来迎接环境的变化。这样就可以建立防范企业环境风险的有效机制，使企业可以早做准备，防范风险。

只有关注微观环境、关注外部市场、关注竞争对手，知己知彼，努力获取并保持竞争优势，企业才能谋求生存和发展的机会，才能在激烈的竞争中立于不败之地。如果企业仍将眼光局限于企业内部，只关注企业内部效率的提高，那么企业在竞争中必然一败涂地，再优秀的企业也必须通过外部市场才能转化为效益。

营销人员在关注企业微观环境的变化、分析企业内部数据信息的同时，更要为企业提供外部市场环境及竞争者的信息，通过收集、分析、比较竞争对手具有战略相关性的信息，了解本企业在市场竞争中的地位，从而保持和增强企业的竞争能力。

对于一个企业来说，持续对微观环境保持监控和关注，有利于降低经营风险、有利于企业及时调整战略，应对市场变化，抢占市场。一个企业如果缺乏对市场、竞争对手的敏感度，缺乏创造力和想象力，缺乏对企业内部的自身管理，那么在激烈竞争的经济体制中被淘汰是必然的。

企业最大的风险就是放松对顾客和竞争对手的关注

对于企业而言，最大的风险就是没有能够认真地对顾客和竞争对手进行监视，也没能够持续改进其产品与服务。他们只是注重短期利益，奉行销售至上的原则，结果无法满足股东、员工、供应商和渠道商的需求。

——科特勒《营销管理》

科特勒非常强调一点，那就是，对于任何一家企业而言，顾客和竞争对手都是应该给予最大关注的对象，这二者可以说是微观环境中至为关键的两大因素。对于营销人员来说，"谁是我们的顾客，谁是我们的竞争对手，这是企业的首要问题"。

经营企业，商业模式是一个怎么也绕不开的问题，而其重点又在四个方面，第一个是用户模式，就是要回答谁是自己的用户，给他们提供什么样价值的东西。第二个是产品模式，就是你要做什么，不做什么。第三个是市场模式，就是如何定位，用什么手段去推广。第四个是赢利模式，就是怎样把用户价值变为商业价值。

要理清楚这四大模式，最关键的就是要深入地了解自己的顾客群体和竞争对手。

一方面，应从用户中来，放下架子，真正从用户角度去看产品，把一切花哨的玩意儿去掉，让用户看到的是简单、简洁，让用户用起来是顺手、顺心。这样做出来的东西，才会受到用户的欢迎，才会让产品到用户中去，从而会聚起大规模的用户基础。另一方面，要紧盯竞争对手，进行优劣势的对比分析，找准对方的弱势与短板，采取最有效的竞争策略。

我们可以看一个软银孙正义的案例。

在日本，最大的在线游戏公司、最大的入口网站、最大的电子交易网站、最大的网络拍卖平台网络服务，都是孙正义的公司，他曾自豪地说道："在日本，我们就等于雅虎加 Google 加 eBay。"

2001 年的时候，当时日本大部分用户还在用拨号上网，电信公司 NTT DoCoMo 独占光纤网络。但孙正义认为随着网络的全面普及，对广大的网上人口而言，宽带时代是必然的趋势，他为软银争取到了经营宽带业务的机会。

虽然资本额只有竞争对手的十分之一，但孙正义却并不畏惧，他刻意拉高技术竞争门槛，为用户创造更高的价值。当时 NTT DoCoMo 只能提供最快每秒 1.5M 的宽带服务，软件银行一出手就推出每秒传送 8M 数据的宽带服务，传输速度增加四倍多。当时日本的国内长途电话十分昂贵，孙正义又推出让软银的宽带用户免费打的网络电话，这些服务，为软银赢得了庞大的用户群体，同时又削弱了对手的获利能力。

这种投入是巨大的，开头四年，软银每年要亏损 10 亿美元。而 NTT DoCoMo 绝无孙正义那种破釜沉舟的勇气，难以推出和软件银行竞争的宽带服务。六年后，软银累积出近千万户的宽带用户，2007 年，软银终于有了 575 亿日元（约 40 亿人民币）的税后净利润。

孙正义认为，从拨号到宽带，不过是网络革命性改变的第一阶段，接下来，手机宽带上网将会是最能吸引用户的下一个主流，手机上网时代的到来是大势所趋。孙正义现在要抢的下一个第一名，就是手机宽带上网。

2007 年 4 月，孙正义花了 155 亿美元买下日本第三大移动电话公司沃达丰，作为进军手机宽带上网的入口。为了与竞争对手全面拉开差距，孙正义果断将手机网络全部更新为高速 3G（第三代移动通信技术）网络，同时改造手机，一键即可直接通过 3G 网络连上软银集团旗下的日本雅虎网站，让消费者可以轻松用手机取代电脑上网。2007 年软银卖出的手机中，99% 是 3G 手机。到 2007 年下半年，软银收购的移动电话公司沃达丰已经是日本移动电话企业中新用户增加最快的公司。

孙正义是一个传奇式的人物，而造就他传奇的一个很重要的因素，便是他对用户需求的精准把握，他总能准确地判断用户的更高一级需求是什么，他从来都是根据用户的需求来决定公司的未来走向。而对于竞争对手，他则是又狠又准，他能够看透自己的对手，更能针对竞争对手的弱点采取强势的竞争策略。

紧盯顾客和竞争对手，在此基础之上，持续地改进产品和服务。只有这样，企业才能少走弯路，少犯过错，才能稳健地发展。

企业必须关注大趋势，并时刻准备从中获利

大趋势是社会、经济、政治和技术的大变化，它的形成速度很慢，但一旦形成，将影响7~10年甚至更长。一个公司必须关注大趋势，并时刻准备从中获利。

——科特勒《营销管理》

科特勒曾经对时尚、趋势和大趋势这三者进行区分。

他认为时尚是"不可预测的、短暂的和没有社会、经济及政治意义的"。一个公司可以抓住一些时尚元素并且赚钱，在这方面运气和时机是较为重要的。

而趋势是具有某些持久性的事件的演进或方向。趋势比时尚更具有可预见性，也更持久。趋势能够展示未来的雏形并且提供很多机会。例如，重视体态苗条和健康的人的百分比正逐年稳步上升。

那么，什么是大趋势呢？大趋势是"社会、经济、政治和技术的大变化，它的形成速度很慢，但一旦形成，将影响7~10年甚至更长"。企业必须关注这样的大趋势，因为，一旦把握住了这种大趋势，将给企业的发展带来百年难遇的契机。而忽视或者错过这种大趋势，企业将深受其害。在一点上，柯达就是一个典型的商业悲剧。

2012年1月19日，一个让很多人觉得震惊但又让很多人觉得不出意料的消息传出——美国伊士曼柯达公司因负债68亿美元申请破产保护。这样一个庞然大物的倒塌似在顷刻之间，而往前推15年，感光产业的百年霸主柯达却正值巅峰状态。全球三分之二的市场份额，310亿美元的市值，近15万名员工，一万多项专利技术，这些是柯达在1997年时候发展规模的数字写照。而刚跨入2012年的门槛，前几年一直靠出售专利聊以度日的柯达最终还是申请了破产保护，一个已经有了130多年发展历史的跨国公司，悲剧性地谢幕了。

柯达的落败，很多人将其评价为"生于胶卷，死于数码"。柯达曾创造了胶卷行业的几个第一：它发明了胶卷，让摄影由高贵转向平民化；它发明了便携照相机，让固定笨拙的相机变为轻巧方便的无处不在；它创下了照相机销量的世界最高纪录，曾让摄影爱好者以拥有"柯达"而骄傲……在"胶卷时代"，柯达是毫无悬念的世界霸主，但自2000年进入"数码时代"以来，其霸主地位受到了

第二章 营销环境：从市场中来，到市场中去

严峻的挑战，并最终完败。

当"胶卷"遭遇"数码"的冲击时，富士公司及其他日本同类行业高层能看到远景趋势并及时转型，以极小的代价夺取了世界"数码"的老大地位。富士敢于挑战霸主地位的柯达，开发生产数码技术态度坚决，虽然比柯达推出首台民用数码相机晚22年，却力顶数码走自己的路。仅5年时间，已占据60%数码产品市场份额的富士就把只占25%的柯达远远甩在后头，成了深受欢迎的摄影新产品。而看看2011年两家公司的表现，更可以看出"柯达"与"富士"经济效益上的巨大差别：柯达股价在2011年累计下跌了88%，仅为0.55美元，市值不到1.5亿美元。同一个月，富士胶片在拉斯韦加斯召开的消费电子展发布了重量级单电相机X Pro1，富士市值将近120亿美元，全年营收接近500亿美元。2004年至今，柯达除了2007年一年实现全年赢利，其余年份日趋萎缩，公司市值也从1997年2月的310亿美元降至如今的1.75亿美元，10多年蒸发90%以上。

而最具讽刺意味的是，虽然柯达败于"数码"，但世界第一台数码相机却正是出自柯达之手。早在1975年，时任柯达应用电子研究中心工程师的史蒂夫·塞尚就创造出了世界上第一台"数码照相机"——重8.5磅，由16节AA电池驱动，照片记录在磁带里。这就是柯达公司的"未来相机"项目。如今数码相机所使用的许多技术，都是柯达工程师的专利——CCD图像传感器、OLED显示器、全世界第一个摄像头、第一个35毫米彩色胶卷、全世界第一台数码单反相机……当时，柯达公司并非对未来没有考虑，他们在"未来相机"项目报告里如是写道："随着技术的进步，摄影系统必将对未来的拍照方式造成实质性的影响。未来相机的照片将存储在一种稳定性极佳的存储器里，可从相机内取下以进行播放。照片将保存在胶卷、磁带或视频光盘上，并且相机存储介质将可重复使用。"

那么，既然意识到了数码时代这样的一个大趋势，为何柯达还是错过了这趟"车"呢？拖住这个胶卷王者前进脚步的，竟然恰恰是它的成功。就像加拿大赖尔森大学罗伯特·伯利所说："这是一家在时光中定格的企业。历史对柯达而言非常重要。柯达有一个多世纪的历史，一路走来，做了许多奇妙的事情，同时赚了许多钱。而历史已成为柯达的负担。"当时柯达在胶卷市场的丰厚收益使得它对数码的趋势一直保持保守观望的态度。由于担心数码业务可能冲击当时利润丰厚的胶卷业务，柯达把这种数码产品束之高阁。柯达曾经认为胶卷时代会永远存在，而数码时代将是个过渡时代。

柯达百年辉煌，是它曾准确地洞察市场趋势，把握了产品的更新和服务，满

足了市场需求。而它的破产，却是因为它明明预见了下一个趋势，却因为留恋曾经的辉煌，瞻前顾后坐失良机，未能及时转型所造成的。数码相机的首创者却最后败于数码，这不能不令人叹惋。

柯达之殇告诉我们，决定企业命运的关键，也许就在于对某个趋势的把握上。抓住了，成王，错过了，败寇。密切关注趋势，积极变革转型，是一个卓越企业长远发展不可回避的一道槛。转型当然有风险，当然有刻骨的阵痛，但是，只有跟紧趋势，淬炼出更强大的竞争力，才是企业发展的安全之道。

企业营销工作中如果只盯着手头的这点情况，而不花一点儿时间去登高望远，自然难以看到一两年后、三五年后、十数年后的趋势与大局，只能看到眼前，最终能做的也就是眼前这点工作，再等到趋势成为定势，大局成为现局，唯一能做的就是被动承受，淘汰出局，甚至是"任人宰割"。优秀的企业会鼓励营销人员主动地了解趋势和大局，并且积极做出改变，跟上这种趋势，把握住其中的机遇。这样企业才不会被趋势踢出局，反而有可能利用趋势，转变为一个成功的做局者。

谁的全球网络建得好，谁就能取得竞争的胜利

为了在其他国家开展经营活动，企业往往面临授权许可生产、与当地企业组成合资企业、购买当地原材料以满足国内要求等选择。结果，许多公司都在迅速地创造全球战略网络。谁的全球网络建得好，谁就可能取得竞争的胜利。

——科特勒《营销管理》

科特勒认为，在企业与企业之间，除了竞争，更有合作。很多优秀的跨国企业在全球范围内构建起全球网络，也就是组建战略联盟，通过强强联合、互补联合，以最小的成本和投入来创造最大的效益。这种合作多发生在企业与其供应商或市场营销中介企业之间。更具体来说，企业间联盟有四种类型：

一是产品或服务联盟。一家公司许可另外一家企业生产自己的产品，或是两家公司共同推销各自生产的互补产品或新产品。例如，信用卡行业是一个复杂的产品或服务联盟，由银行和信用卡公司和关联公司共同开拓和维护市场。

二是促销联盟。一家公司同意为另外一家公司的产品或服务进行促销。例如，麦当劳公司联合迪士尼公司，向购买套餐的人促销迪士尼公司的电影衍生

产品。

三是物流联盟。一家公司为另外一家公司的产品提供物流服务。例如，雅培制药公司为 3M 公司储存医药产品并运送到美国的各家医院。

四是价格联盟。一家或几家公司加入特定的价格合作中来。例如，在旅游业，有的酒店会和航空公司联合推出有很大价格折扣的整体服务方案。

科特勒指出，公司在寻找合作伙伴的时候要发挥更多的创造性，以便扩大它们的优势和弥补自身的劣势。许多企业都把建立和管理合作伙伴关系的能力看作核心技能的重要组成部分，并把这方面的管理称为合作伙伴关系管理。很多世界知名的企业在合作伙伴关系建设方面都颇有成效，例如可口可乐、丰田等公司。

20 世纪 90 年代初，可口可乐掌门人罗伯特·戈伊祖塔将其在菲律宾的成功实践加以总结、提炼，提出如果国外装瓶业务能保证可口可乐公司获得至少 20% 的利润，就对该装瓶厂进行投资，而且要以最小的投资争取最大的利润，并将这一方式称为"锚式"装瓶策略，并在全球推广。可口可乐通过"锚式"装瓶策略实现了在全世界的快速扩张和其"少投入、多产出"的经营信念。在与装瓶商的利益分配上，可口可乐不是强制性地要求他们必须俯首称臣，而是通过"渠道合作伙伴价值创造模型"进行管理。

可口可乐通过营销费用的投资管理控制了装瓶商的关键市场活动。可口可乐按照营销活动影响范围和投资数额的大小将营销费用划分为线上费用与线下费用，无论线上还是线下费用，均由可口可乐与装瓶商各出一半。线上费用由可口可乐统一制订计划，装瓶商执行；线下费用则是由装瓶商自主支配，报总部审批。对于投给装瓶商的费用，可口可乐并不直接以资金形式投入，而通常是在装瓶商的营销活动完成之后以报销的形式投入。营销活动的直接收益由装瓶商获得，可口可乐则通过浓缩糖浆销量的扩大和年终的分红取得收益。

可口可乐作为大型跨国企业，在其他合作公司面前，是很占优势的，但是，它并没有压榨和剥削对方，而是搭建了一个更大的平台，建立起一个全球性的价值传递网络，将合作公司真正变为自己的合作伙伴，实现互利共赢。

随着全球化和数字技术的推进，企业与企业之间的距离也越来越近，大量的货币、商品、数据和人员正以前所未有的速度跨境流动。从某种程度上可以说，每一个公司都是全球性企业，每一个公司都应努力把全球网络的特征融入自己企业的 DNA 中，不论该公司的规模有多小。

在未来，就像科特勒所言——"谁的全球网络建得好，谁就可能取得竞争的胜利"。合作能让企业更好地对抗竞争。而深度合作的基本前提是实现共赢。合作必然要建立在目标一致的基础之上，以持续成长为目标的企业会去研究合作伙伴的需求，理解他们想要什么，分给对方合理的利益。只有与合作伙伴分享利益，带给他们从别处难以获得的价值，才可能打造坚固紧密的合作关系。

· 第三节 ·
市场信息与顾客洞察：信息的价值在于应用

营销胜利的基础越来越取决于信息，而非销售力量

营销胜利的基础越来越取决于信息，而非销售力量。今天的市场营销者能够接触到大量的市场营销信息。由于信息技术的迅猛发展，公司现在可以产生大量的信息。他们需要更好地利用已经得到的信息。

——科特勒《市场营销原理》

任何营销活动，都离不开信息，没有信息，营销就很容易"失明"，寸步难行。在国家之间，都会有专门的情报机构负责信息的收集、处理，情报是一个国家首脑决策的重要参考，而对于一个企业而言，信息情报同样极为关键，如果没有市场情报的支持，无异于在茫茫的黑夜中盲目航行。

一项对华东地区252家大中型企业的调研结果表明，有过调研作业的仅60家，占24%；设立营销调研部门的只有23家，占9%；坚持日常调研作业的才3家，仅占1.19%。

现代企业开展市场营销活动，离不开人、财、物等方面的资源，尤其是信息资源。

商场如战场，在战场上，如果一支军队没有情报信息，很难想象其能够打胜仗，在商场上亦如此，如果没有情报的搜集和分析工作，是很难在激烈的商场竞争中存活的。

现代社会可以说是一个由信息主宰的社会，对信息处理的优劣也成为决定性的环节。越来越多的公司都在忙于探知竞争对手们在做什么，市场环境是怎么样的情况。

　　随着企业市场活动范围的不断扩大，在不断面对新的环境时，也需要收集、加工许多新的信息；另外，消费者对产品与服务的需求也越来越多样化，这也就决定了市场的多元化趋势，企业面对的市场信息也愈加复杂。

　　因此，企业为了求得更好的生存与发展，就必须建立起高效的市场营销信息系统，通过系统的分析和研究来提高信息的质量，为企业的经营决策服务，达到提高其经营能力和竞争能力的目的。

　　成功的数据库营销战略都要求建立客户分群，并且通过对客户群的行为价值分析，设计出具有针对性的营销策略来吸引不同客户分群的兴趣。这往往要求企业采集和掌握客户相关的更深入的知识，并且运用这些知识来指导相关营销策略的设计。

　　而实际的情况是，很多公司并没有对信息提起十分的关注，也从未系统建立过客户分群，更谈不上开发相应的营销策略。

　　企业在客户信息管理策略方面，更多的是从交易和技术出发，很少考虑和分析客户的需求和行为，这些企业在系统性的采集和积累客户信息时往往缺乏经验，造成在展开营销时发现信息很多很杂，但真正需要的有价值的重要信息却少之又少。

　　与那些轻视营销调研、信息搜集的企业相比，某些企业走了另外一个极端，他们过分依赖于"专业调研公司"，迷信图表、模型之类的东西，总要拿着调研公司作出的一大堆厚厚的调研数据和调研报告才觉得安心。

　　但是，他们却不太注意自身平时的调研，其实，在公交车上、在聚会时、在旅游途中、在网上论坛里，都存在大量的有用信息，有心的营销人员都可以借着这些机会向周围的人询问他们的喜好、消费习惯等问题，甚至去翻翻人家的垃圾桶，也可能有意外的收获。

　　真正重视信息的企业，应该把信息搜集作为一门基本的功课。在请专业公司调研的同时，更要让自己的员工经常走到市场上去了解情况。

　　企业高层管理者也不能总是等着听下属长篇大论的市场汇报，多去市场里走走，增强对市场的感性认识，说不定就会有新的发现。

第二章 营销环境：从市场中来，到市场中去

太多的信息与太少的信息一样有害

一些管理者会想要所有能够得到的信息，而不仔细考虑自己真正需要什么。其实，太多的信息与太少的信息一样有害。还有一些管理者忽略应该知道的信息，或者他们并不清楚自己应该想要什么信息。实际上，大多数市场营销经理数据载荷太大，甚至常常被数据淹没。

——科特勒《市场营销原理》

科特勒指出，企业在面对信息时，容易走入两个误区，一是信息过少，也就是企业不注重信息的收集和调研；二是信息过多，企业搜集的信息人多，却没有系统地加以整理，更别提有效地利用。很多企业都面临着这样的窘境：一方面，存在这种数据过剩；另一方面，市场营销者却经常抱怨他们缺乏足够有价值的信息。他们不需要更多的信息，而是需要更好的信息。所以说，太多的信息与太少的信息一样有害。

在这个信息至上的社会中，最不难获得的是信息，最难获得的同样还是信息。沃尔玛每小时从收银扫描仪更新销售数据，每天增加的就是 10 亿条数据，相当于大约 9.6 万部 DVD 电影，需要分析的数据实在太多了。

面对海量的营销信息，搜寻和分析出自己所需的信息很重要，还好，有着高速发展的信息技术的支撑，然而，对于信息的解读与处理，则是未完全智能化的科技所难以解决的，这需要决策者们的经验与准确的信息判断能力。若不能精细且合理地处理信息，那前面关于营销信息的一切工作都是徒劳，最后的结果必定是功亏一篑。例如，管理者需要知道有利或不利的消费者网络口碑，即消费者在博客或网上社交网络中关于其品牌的讨论。如果他们对这些讨论浑然不知，自然就想不到要去了解。市场营销信息系统必须监督市场营销环境，以便为决策制定者提供所需信息，帮助他们更好地理解顾客和制定市场营销决策。

在过去几年里，有几桩收购案值得一提，雅虎公司收购付费搜索服务供应商 Overture；IBM 公司（国际商业机器公司）收购澳大利亚 Web 内容管理软件供应商 Aptrix 公司；Interwoven 公司收购数字资产管理解决方案供应商 MediaBin 及文档整合管理以及协同内容管理解决方案供应商 iManager；EMC（易安信）公司将以 17 亿美元的高价收购内容管理软件公司 Documentum……

这些被收购的企业都有一个共性，它们都是面向企业用户，对企业内部和外

部多种信息资源进行全面整合管理的企业。在这样一个数字信息极度膨胀的年代，对信息进行整合与管理，成为企业 CIO（首席信息官）的头等大事。

对于一个信息化发展到一定程度的企业来说，在企业内部同时运行着数百个甚至数万个不同的程序和应用系统，这些不同的程序和系统往往都会产生一些信息和内容。这些信息和内容之间往往不能相互传递和利用，而是形成一个个的"信息孤岛"，使用者如果要寻找一份特定的资料，就可能要到很多个"信息孤岛"里的浩如烟海般的内容中去查询和搜索，尤其是对于历史久远的内容来说，这个工作往往像大海捞针一般困难。

面对这样的问题，企业开始意识到，必须建立起一个跨平台、破除"信息孤岛"的内容管理系统，无论企业有多少个应用系统、多少内容，也无论这些内容放在哪里、谁在更新、谁在使用，所有内容都通过一个中间的内容管理平台进行转换、重新定向和提供，才能真正、有效地利用整个企业内部的信息和内容，使之发挥最大的效益。这对于机构遍布全球的大企业集团来说尤其重要。

大企业需要处理的营销信息很广泛，而且量大，处理起来就比较麻烦，重要数据还容易丢失，所以必须要建立营销信息系统，才能高效地处理数据并及时地服务于决策；对于中小企业来说，建立相对简单的营销信息系统，同样可以提升营销决策的质量。建立营销信息系统是企业处理营销信息的必然趋势。

内部资料、市场情报、营销调研中都藏着宝贵信息

市场营销者可以从内部资料、市场营销情报、市场营销调研中获得所需信息。公司尤其要积极地监督竞争者的行为。公司运用竞争者情报来获得竞争者动态和战略、新产品上市、新的或改变的市场、潜在竞争优势和弱势的预警。

——科特勒《市场营销原理》

企业可以从多种渠道获取信息，例如，对本公司员工的临时测验，对竞争对手的产品分析，与顾客进行访谈，利用互联网进行相关信息搜索等，更有甚者，派出商业间谍潜入竞争对手中去寻找情报信息。搜取情报的手段层出不穷，合法的以及铤而走险的，都充斥在这个尔虞我诈的商业斗争中。准确有效的情报信息不但是企业决策制胜的关键，更对企业战略规划有着深远的影响。

掌握情报的主动权，就能在战略上占得先机。情报的来源极其广泛，不但可来自供应商、转售商和客户那里，还可以是公司内部人员所得来的情报信息，甚

至还可以通过观察对手来获得情报信息。只要是与公司或行业有关的，无论是公开还是非公开的信息都应成为搜集的对象。比如，对手的年度报告、商业刊物、贸易展览品以及新闻报道等，然而，往往那些不被多少人掌握的非公开情报信息却具有更大的价值，这也是各公司极力想弄到手的情报。

必胜客在顾客信息搜集与处理方面做得非常专业。它的数据库包含了 4000 万美国家庭的详细顾客资料，这些数据是从遍布全国的 7500 多家网点的电话订购、网络订购和销售点交易中慢慢收集而来的。这些数据细致到什么地步呢？

必胜客可以根据消费者偏爱的配料、最近订购什么、是否在购买奶酪和意大利腊肠比萨的同时购买过色拉，等等，归纳和解析数据，然后运用所有这些数据强化客户关系。

例如，基于对数年来购买交易的深入分析，必胜客设计了一个"VIP（贵宾）项目"以留住最佳顾客。它邀请这些顾客交 14.95 美元参加"VIP 项目"，从而可以收到一个免费的大比萨。

然后，每月每订购两个比萨，VIP 顾客自动获得另一个比萨免单的优惠券。必胜客追踪 VIP 购买，并用电子邮件的方式与他们保持联系与互动。

总之，该活动不仅留住了必胜客的顶级客户，而且吸引了新顾客。该项目还引发了网上热议。一位作者在博客中写道："当我想吃比萨时，首先出现在我脑海里的会是谁的品牌？谁发给我优惠券和免费的东西让我想吃比萨而不做晚饭？你猜对了，是必胜客。它吸引我，现在还拥有了我的忠诚。它使一切如此方便，以至于我不想再烦心去别处了。"

必胜客从顾客的消费记录出发，一点点累积顾客信息，最终构建起了一个既庞大又细致的信息数据库。根据这个数据库中的信息，必胜客又有针对性地对某些群体开展相应的营销活动，既提升销量，又巩固了顾客忠诚。

内部资料、市场营销情报、市场营销调研，等等，这些都是很好的客户获取渠道，而科特勒还特别强调了一点，那就是从竞争者方面挖掘信息。普华永道的一次研究发现，在制定战略时，将竞争者情报用作关键要素的公司增长速度比没有这样做的公司快 20%。

在企业与企业之间的竞争中，谁快一步，就可能领先一大步。营销人员要培养一种对市场信息的敏锐度，争取在第一时间获取第一手信息，而一些特别出色的营销者更能从已知的一星半点儿的信息中迅速判断出机会，进而先下手为强。

聪明的公司在每个可能的顾客接触点上捕捉信息

如何最好地分析和使用顾客数据是一个特殊问题。许多公司几乎被淹没在海量的顾客信息中。实际上，聪明的公司在每一个可能的顾客接触点上捕捉信息。这些接触点包括每一次顾客与公司之间的接触，例如，顾客购买、销售人员联系、服务和支持电话、网站访问、满意度调查、信贷和支付、市场调研等。

——科特勒《市场营销原理》

信息的重要性，每一家公司都心知肚明，但是，很多公司仍然在苦恼，到底如何才能捕捉信息。在科特勒看来，聪明的公司在每一个可能的顾客接触点上都会用心去搜集信息。有顾客存在的地方，就会有信息，企业应留意每一个可能的顾客接触点，对客户信息的正确认识、有效的获取是企业开拓市场、取得成功的第一步。

信息获取的渠道其实非常之丰富，例如展览、搜索引擎、专业网站、权威数据库、专业机构、客户企业、会议与论坛、老客户、竞争对手，等等。有心的营销者在每一个顾客接触点上都能捕捉到有效的信息。

营销人员要先跟着顾客走，然后，才有可能让顾客跟着自己走。也就是说，营销人员先要搜集到足够的顾客信息，有了深厚的认识之后，才可能有针对性地为顾客提供有价值的产品与服务。

日本常磐百货公司的经营物品几乎包揽了当地所有人的日常生活用品和食品。自从它的新任老板长川上任以后，该公司营业额几乎每年翻一番，长川到底有什么秘诀呢？

他刚刚到常磐百货公司上任时，公司只是一个很普通的生活用品商场，当地和他们公司同样大小的百货公司还有五家。怎样才能为自己争取到更多顾客呢？

人们到百货公司买东西的时候，常集中采购，也就是三五天或者一周左右的时间集中地来商场购物，为防止丢三落四，他们通常会先写一张购物清单。有一次，长川看见一位女顾客买完一件东西要走时，把一张纸条扔到商场门口的纸篓里，他心里一动，便走过去捡起来，发现这是一张购物清单，上面写了顾客需要的另外两种商品，他们商场里也有，只是质量不如顾客注明要买的品牌好。他根据这一信息，更换了该商品的品牌，果然有很好的效果。

从此，长川开始组织员工每天把废纸篓里的纸条全部捡回去，仔细研究顾客的需要。很快，他就知道了顾客对哪几类商品感兴趣，尤其青睐哪几种牌子，对某类商品的需要集中在什么季节,顾客在挑选商品时是如何进行合理搭配的,等等。在长川的带动下,常磐百货公司总是能以最快的反应速度适应顾客,并且合理地引领顾客超前消费,一下子把顾客全部吸引进了他们的店里。

在顾客的每一个举动中,都会有丰富的信息流露出来。即使废纸篓里的一些废纸条,有时也潜藏着某些宝贵讯息。关键要看营销人员能否从这些细节中去发现,去提取。

在收集信息的同时,营销人员也要对信息加以归类整理,以便于及时挖掘提炼信息价值,使收集的各类资料最大限度地服务于企业。特别是对于大客户资料、竞争对手资料、项目资料,更是营销人员需要重点搜集、细心梳理的。

市场信息只有"变现"为顾客洞察才有价值

信息本身是没有价值的,它的价值来自它的应用。市场营销信息如果没有被用于制定更好的市场营销决策,就没有意义。为了在当今的市场中取得成功,公司必须知道如何将堆积如山的市场营销信息转化为可以帮助自己为顾客递送价值的、新鲜的顾客洞察。

——科特勒《市场营销原理》

科特勒曾提及这样一句话——"将今天海量的、不断增长的消费者信息转化为可靠的市场营销洞察,是数字时代市场营销者面临的首要挑战。"优秀的产品和市场营销方案始于优质的顾客信息。公司不仅仅要收集信息,更重要的是,还必须运用信息来获得可靠的顾客和市场洞察。

信息是为决策服务的,也只有当企业利用信息做出了更好的决策时,营销信息才具有价值。在现代企业中,营销经理们或其他营销决策人员,需要定期的业绩报告、最新情报、有关调查结果的报告,甚至一些针对特殊场合和现场决策的非日常信息来做出营销决策。同时,信息技术的迅速发展,也为营销信息的获取带来了革命性的进步。例如,现在的营销经理可以在任何时间、从任何实际场所直接接触到信息系统,能从公司数据库或外部信息服务公司获得信息。

毫无疑问的是,能否正确了解客户需求是营销活动面临的核心问题。今天的消费者变得越来越难以捉摸,不仅是因为人口多元化,消费者的喜好也在不断变化。营销人员不但应搞清谁是顾客,还应通过信息的挖掘与提炼去了解顾客需求及其购买原因。许多企业处理各种海量的用户信息,但只有少数企业有效利用了这些信息。然而，领先企业却进行了有效的数据分析。埃森哲研究表明，在客户数据的战略分析上，卓越绩效企业比低绩效企业要多五倍。

通过对市场信息进行深度分析，形成"顾客洞察"，这对企业的营销活动将会是极为有益的指导。例如，有的网站会采用较先进的网络分析方法，了解网站访问者在不同时间段使用网站的具体情况，通过这些分析之后的信息，网站再进一步改进网站内容和模式，提高访问者的满意度。

深入的预测分析也可以使营销人员能更准确地预见顾客行为的变化，有针对性地改变他们的价值主张，法国化妆品和个人护理用品零售商丝芙兰就是一个典型案例。

丝芙兰（Sephora，意思是"美中之美"）是 Sephos 和 Zipporah 两词的合并，Sephos 在希腊语中代表美丽，而 Zipporah 则源于摩西因美貌而闻名的妻子。自从在法国设立首家专卖店以来，丝芙兰为全球美容行业带来了革命性的变化。这家公司为广大女性用户提供免费试用套装，让顾客可以在没有任何购买压力的环境下了解化妆品的信息，而这一做法在当时却遭到多数传统经销商的反对。借助于其独特的营销手段，丝芙兰已成为化妆品的知名品牌，为全球 20 多个国家的女性提供高质量的化妆品。

丝芙兰的成功之道在于对顾客的关注，公司营销队伍利用各种方式关注顾客需求。店铺销售顾问要接受皮肤保养、头发护理、化妆、香水和一般美容常识等方面的培训，为消费者提供必要的帮助。公司还利用 sephora.com 和 Facebook 进行网络营销，进一步加深丝芙兰专卖店与消费者之间的联系与相互了解。

丝芙兰为了更贴近顾客，制定了一套有效、完善的客户关系管理计划。营销分析人员多渠道地利用直邮、电子邮件、店内交流等直销形式，帮助丝芙兰深刻了解用户需求，使之拥有了业内最忠实的用户群。丝芙兰的用户奖励计划"Beauty Insider 积分卡"的成功，就归功于客户分析。

这一计划邀请消费者注册个人基本信息，以获得产品打折、试用装、参加店铺活动等奖励，同时获得个人美容建议。例如，根据丝芙兰的直接反应营销战略，当某用户的在线资料显示她重视皮肤保湿，其网络和实体店的购买记录表明她倾向选择有机产品时，公司每推出适合该用户肤质的保湿新产品时，都会通知该用户，甚至免费赠送该款产品。

通过不同触点密切关注每一个消费者的需求，为丝芙兰带来了可观的回报。丝芙兰获得零售业最高的调查回收率。公司还利用主营业务大大增加了销售利润，尽管遭遇全球经济危机，丝芙兰在全球市场的营业收入却节节攀升。

客户分析是了解个人品位和喜好的关键，也是满足客户需求的关键，在确保客户忠诚度方面发挥着至关重要的作用。这也就是丝芙兰为什么能够留住那些有价值的顾客的原因所在。

对很多企业而言，他们不缺数据，不缺客户，但却缺乏有效的客户分析经验，市场信息无法得到有效的"变现"，不能形成顾客洞察，这无疑是一种极大的资源浪费与失误。要将海量的数据变成有价值的顾客洞察，企业必须注重分析研究，让专业的营销分析人员来管理和处理市场信息和数据。

对竞争优势的追逐实际就是对顾客洞察的追逐

为了创造顾客价值并与他们建立可赢利的关系，市场营销者必须首先获得关于顾客需求和欲望的新鲜的、深入的了解。公司运用这种顾客洞察来建立竞争优势。在今天超竞争的世界中，对竞争优势的追逐实际上就是对顾客和市场洞察的追逐。这些洞察来自优质的市场营销信息。

——科特勒《市场营销原理》

科特勒指出，市场调研部门的价值不是由它所进行的调查研究的数量决定的，而是由它产生的洞察以及影响的决策的商业价值来决定。公司的市场营销调研和信息系统仅仅完成信息收集功能是不够的。它们的真正价值在于如何运用，如何提供顾客洞察。收集、传递和应用深度顾客洞察的公司能使它们的品牌获得强有力的、有利可图的持续竞争优势。在现今的商业环境中，谁对顾客了解越深，洞察越准，谁就占据了竞争优势。

越来越多的企业认识到了这一点，为了加强企业的竞争优势，这些企业开始重构和重新定位市场营销调研和信息职能，创建专门的"顾客洞察团队"，由公司高层管理者领导，由公司所有职能领域的代表组成。像卡夫食品公司，就有这样一支团队，由"消费者洞察和战略总监"领导。

顾客是企业之生命，企业要建立最强大的竞争优势，就必须从顾客着眼，与顾客相关的信息之中往往藏着巨大的金矿，如果能把它们挖掘出来，企业就将在竞争中略胜一筹。有一个很好的例子，就是英国皇家莎士比亚公司，它为了提升公司的赢利能力，对过去7年的售票数据进行了一次深入而全面的分析。他们对顾客的姓名、住址、观看戏剧的类型、购票价位等数据进行研究后，制定出有针对性的销售计划，结果将旗下剧院的上座率提高了70%以上。

优秀的公司往往都懂得如何在数据信息和顾客洞察之上培养并加强企业竞争优势。当然，并不是所有的企业都拥有这种能力，或者已经意识到顾客洞察对于构建竞争优势的价值。只要管理层愿意通过顾客洞察来提高企业竞争力、强化自身的竞争优势，那么即便他们并不打算重新对企业战略进行全面部署，也能轻而易举地发现公司内部埋藏的价值金矿。

哈珀—柯林斯出版集团在信息的利用方面成效卓著，它在业内率先实现了内容的数字化。通过创建全球数据库提供在线服务，满足用户不断增长的需求，哈珀—柯林斯利用读书会、推荐读物网和Authonomy记者社群网站（邀请创作者上传作品、请读者点评）等各种互动活动创造了大量业务增长机会。

哈珀—柯林斯力推其Inkpop项目，这是由美国知名出版商支持的、首个青少年互动写作平台，能实现青少年读者与作者的交流，也可以帮助青少年通过最具活力、增长最快的栏目——青少年小说版块，发表自己的作品。

哈珀—柯林斯的编辑每月会评出五大精选作品，并为作者提供反馈信息和必要的指导。任何年满13周岁的青少年都能提交他们的作品。Inkpop自2009年开放以来共收到一万多部作品。Inkpop的成功坚定了哈珀—柯林斯完善网站的决心。哈珀—柯林斯计划增加照片、录像、画作等形式，鼓励年轻人分享他们的创意作品。

Inkpop网结合了用户作品、社会出版和社会化网络等众多年轻读者所热衷的要素，吸引了大批喜爱阅读的青少年。它不仅为读者和作者架起沟通的桥梁，更帮助哈珀—柯林斯成功地把握住年轻用户的需求，并深深地融入这个目标用户群体。

今天的信息时代给企业营销带来的挑战是，一方面，它拉开了企业与用户之间的距离，因为用户可以方便地通过多种信息渠道了解企业，很多时候，不再需要实地地去与企业接触；而另一方面，它又拉近了企业与用户之间的距离，因为用户可以借助多种信息渠道对企业有更多了解，而企业也可以借助网络更贴近用户。企业需要做的就是如何把距离拉得更近，直至融入用户群体中去。哈珀—柯林斯就做到了这一点，借助Inkpop这个平台，它可以轻松获得大量目标用户的信息，这使得它更能理解用户，也更能把握准并满足好用户的需求，而做到了这些，有了稳固、活跃且忠诚的用户群体，哈珀—柯林斯自然也就形成了一种强大的竞争优势。

第三章

营销战略与管理：为企业勾勒蓝图

·第一节·
成功的营销是精心计划出来的

没有认真计划，那么你正在孕育失败

制订计划并不好玩，并且它还要消耗工作时间。然而企业必须进行计划。倘若失败地做出计划，那么你正在计划失败。正式的计划能为各式各样的企业，无论大小和新老，带来许多益处。

——科特勒《市场营销教程》

科特勒强调，所有的企业都必须向前看并且制定一个长期战略，以适应本行业中不断变化的各种条件。在形势、机遇、目标和资源一定时，每个企业都必须找到最合理的战略。

许多企业在经营时没有正式的规划。在那些刚成立不久的企业中，管理层忙着维持企业的生存以至没有时间来制订计划。在小企业里，很多经理们都认为只有大企业才需要正式计划。而在成熟企业，许多经理们又坚持说他们没有正式计划也做得很好，因此计划并不太重要。他们可能会拒绝"浪费"时间制定一个书面计划。他们可能会争辩说，市场变得太快了，计划只能等着积灰尘，根本没用。"倘若失败地做出计划，那么你正在计划失败"，机会是留给有准备的人的，在市场营销中也一样，缺乏一个切实的计划，必然不会得到市场的青睐。计划能够激励管理层去系统地思考已经发生的、正在发生的以及将要发生的事情。一个清晰明确的计划，往往还能帮助企业完善与实现其目标和政策，能够协调好各个

部门之间的工作。同样，一个全面且实际的计划还能够应付不断变化的市场需求。完整的营销计划制订流程包括：扫描企业的内外部环境，确定企业在特定时期内要实现的目标及实施规划，在此基础上，将企业的计划细分，确定各部门的工作目标，制订各部门的工作计划。

企业在制订营销计划时，容易出现三种问题。

第一，计划不完整。比如，缺少对企业内外部环境的整体扫描，容易出现企业营销计划方向不符合企业实际情况的问题；再如，制订计划时，没有处理好营销计划和企业战略规划的关系；或者企业缺少战略规划，这都会导致营销计划缺乏方向性。

第二，计划目标不切实际。这是企业制订营销计划时常犯的一种错误，营销计划最突出的特点是其目标在特定的时期内是可以实现的，这就要综合考虑企业的人力、物力、财力情况，确立切实可行的计划目标，否则制订的计划只能是空中楼阁，遥不可及。

第三，营销计划缺少细分。企业的生产、销售、财务、市场等职能部门彼此独立，按照各自职能独自运作，而企业营销计划需要将各职能部门的职能工作与企业的计划结合起来，这就需要确立各职能部门的工作目标及其相应工作内容。

在营销计划工作中，企业最高层要扮演战略决策者的角色，要能够从战略的角度审视企业全局，对企业的发展方向作出判断。另外，企业营销计划是企业整体战略规划实施的重要组成部分，因此，在制订企业营销计划之前，企业需要明确其战略发展方向，并且将企业的营销计划与战略规划有机结合起来。

所有公司总部都在从事这样四项计划活动

所有公司总部都从事以下四项计划活动：一是确定公司使命，二是建立战略业务单位，三是为每个战略业务单位配置资源，四是评估增长机会。

——科特勒《营销管理》

科特勒将公司高层管理者最为关键的计划活动划分为四大项：

第一项就是确定公司使命。

公司使命就是战略管理层为公司定下来的总方向、总目的和总体的指导思想，它能够表明本公司与其他公司的差异所在，能够界定公司的主要产品、目标群体以及服务范围。公司使命是公司战略制定的前提，也是战略执行的基础，它能为公司的发展指明方向。

有句古话是这样说的："执道循理，必从本始。"这句话的意思是说要找到问题的最终答案，就要溯本求源，而对于一个现代公司来说，公司使命就是一切公司行为的"本"。像福特公司，它的创始人亨利·福特很早就为公司树立了这样一个共同的使命："我将有一个伟大的目标：建造每一辆汽车……它要很便宜，使得那些没有很高收入的人也能买得起，从而使他们能与家庭一起分享上帝赐予我们的快乐时光……马车将会从公路上消失，拥有汽车将会变成一件理所当然的事……为此我们要让大量的工人在更好的收入下工作。"正是这样的一种使命，使得福特一度成为汽车业的霸主，取得了长远的发展。

确定公司使命是一切公司计划的根与本。一个没有使命的公司，即使是在短时期内取得了市场成功，也会失去长久发展的动力，是不可能走远的。

第二项是建立战略业务单位。

战略业务单位是公司的职能单元，它有独立的业务，有具体的任务，有自己的竞争者，有一定的资源，有自己的一套管理班子，它可以独立地计划业务。战略业务单位就像一个个细胞一样，只有强大的战略业务单位联合起来，才能构成一个强大的公司。

公司需要有自己核心的战略业务单位，它能在一个多元化经营的公司或集团中占据核心的竞争优势，并创造主要的利润收入。这样的战略业务单位在公司所有的业务组合中一定是在该行业中最具有竞争能力的。它的存在可以给市场和消费者传达一个明确的概念——我（公司）主要是做什么的。

第三项是资源的分配。

一个拥有多个战略业务单位的公司，资源的分配是一个很关键的环节。资源分配的主与次、多与少在很大程度上会影响到每一个战略业务单位的表现与效益。

公司的资源是多方面的，但最重要的两大类就是财务资源和人力资源。财务资源是支撑公司发展的最关键的资源，"钱多好办事"，这句话未必准确，但是有一定道理的，没有资金财力上的支持，战略业务单位即使作出了出色的规划计划，也仍然会寸步难行。人力资源也是各个战略业务单位所看重的，有了高水准、能力强的人才队伍，业务才能顺利地、快速地推进。

可以说，资源分配是战略规划的核心任务。公司要根据各战略业务单位对整个公司战略的重要性来设置财务资源和人力资源分配的优先权与比重，以实现资源的高效利用和最大回报。

第四项是评估增长机会。

一个绝佳的市场机会，足以让一个公司快速壮大，甚至是起死回生。公司在评估增长机会时，首先要判断的是市场定位，一个好的增长机会必会有其特定的市场定位。公司要评估市场定位是否明确、顾客需求是否明晰、顾客接触渠道是否流畅、产品是否有持续衍生力等，由此来判断此机会可能创造的市场价值。

接下来，公司要评估的是市场结构和规模，要看围绕该增长机会，进入障碍如何，供货商、顾客、经销商的谈判力量如何，还有替代性竞争产品的威胁，以及市场内部竞争的激烈程度如何等。这个增长机会能创造一个多大的市场规模？在这个市场中成长速度和利润空间如何？这些都是公司需要研究的。

此外，公司还要评估市场渗透力以及投资回报率。公司的能力与实力是否能够驾驭这个市场机会，是否能够获得可预期的赢利，是否能够抵御其中的风险，以及应该选择什么样的最佳时机进入，等等，每一点都不容轻视。

这四项就是公司总部最应该重视的计划活动，只有将这四者梳理清晰，公司这艘大船才能行得稳、行得快。

有效而清晰的使命声明能让企业走得更稳更远

企业制定使命声明的目的，是使管理人员、员工和顾客可以共享公司的使命（在许多情况下是这样）。一份有效而清晰的使命声明往往可以使员工对组织目标、方向和机会达成共识，并提供指导。当公司的使命能够反映公司的远景——一个"几乎不可能实现的梦想，可以在未来的10年到20年里为公司提供发展方向"，就达到了使命的最高境界。

——科特勒《营销管理》

科特勒认为，一个好的企业使命声明或者说企业愿景往往具有以下五个显著特点：第一，它们集中在有限的目标上。"我们要生产最高质量的产品，并以最低的价格建立最广泛的分销网络和提供服务"。这样的使命声明听上去还不错，但实际上却由于目标太多而导致目标不明确。第二，使命声明应该强调公司的主要政策和价值观，并有助于对员工的自主范围进行限制，从而使员工的努力与组织目标保持一致。第三，使命声明应该明确公司想要参与竞争的主要领域与范围。第四，使命声明必须立足于长期视角。使命声明必须具有持久性，管理人员只有在使命变得与企业目标完全不相关时，才可以改变或调整公司使命。第五，使命声明应该尽可能简单、容易记忆和意味深长。

企业使命声明是企业未来的目标、存在的意义，也是企业之根本所在。它是指，根据企业现有阶段经营与管理发展的需要，对企业未来发展方向的一种期望、一种预测、一种定位。它回答的是企业为什么要存在、对社会有何贡献、未来的发展是什么样子等根本性的问题。

日本松下电器的创始人松下幸之助有这样一个习惯，每当有人晋升为中层经理时，他都会向这些中层的管理者讲述松下的使命声明是什么。松下这么做的用意在于：

首先，告诉中层，松下是一个有愿景的企业；

其次，给中层以信心；

最后的一点，就是让这些中层能够根据整个企业未来的发展，制定自己的生涯规划，使个人生涯规划与企业的使命保持方向一致。

如果一个企业有清晰明确且有效的使命声明，员工就会追随它，而不至于迷失方向。许多杰出的企业大多具有一个特点，就是强调企业使命声明的重要性，因为唯有借重于它，才能有效地培育与鼓舞组织内部所有人，激发个人潜能，激励员工竭尽所能，增加组织生产力，达到顾客满意度的目标。

企业的使命声明不只专属于企业管理层所有，企业内部每位成员都与之息息相关。企业使命声明的作用是促使组织的所有部门拥向同一目标并给予鼓励。同时，它也是员工日常工作中的价值判断基准。

在树立使命声明的时候，企业需要遵从这样几点：

第一，要确立焦点，比方说，海尔将焦点放在创中国的世界名牌上，这样一个焦点不仅能带来高曝光率，也能增强品牌的影响力和号召力。

第二，要持久一贯。如果企业今天是这个使命，明天是那个使命，换来换去的话，那么，比没有使命还要糟糕。使命声明需要长期的坚持，持久一贯，能为企业带来惊人的累积效果。

第三，要能将使命声明和品牌结合。一个结合品牌和使命声明的方式，就是选择一个和本业紧密相关的议题领域。例如：美国 Merck 公司的"帮助同疾病斗争的人"。

第四，取个响亮的名字。在宣扬企业使命声明时取个响亮的名字，往往能取得极佳的效果。例如，麦当劳为疾病儿童建立了一个温暖的治疗之家，就取名为"麦当劳之家"。响亮的名称能让主张更清楚，让影响更加深刻。

营销策划是一个周密而系统的六步过程

营销策划包括六个步骤：情景分析、目标、战略、战术、预算和控制。

——科特勒《科特勒说》

在企业的经营过程中，营销策划是非常重要的一个环节，它决定着在未来的一段时间内企业应该做什么，应该怎么做。科特勒将营销策划分成了六个步骤，每一个步骤都不可或缺，任何一步的缺失都可能会导致营销策划无法有效地执行到底。

第一步，情景分析。

情景分析是为了让企业对所处的大环境、小环境都能有一个全面而清晰的了解和把握。情景分析重点需要关注的是这样四个方面：

其一，宏观环境。企业需要对所处环境的各种宏观力量进行分析，这包括人口环境、经济环境、技术环境、政治法律环境、社会文化环境等等。

其二，市场状况。掌握目标市场的规模及其成长性的有关数据、顾客的需求状况等。

其三，竞争状况。判断企业的主要竞争者，并摸清楚竞争者的规模、目标、市场份额、产品质量、价格、营销战略及其他有关特征，以了解竞争者的意图、行为以及竞争者的变化趋势。

其四，机会与风险分析。就是对计划期内企业营销所面临的主要机会和风险进行分析，对企业营销资源的优势和劣势进行系统分析。科特勒建议企业变 SWOT 分析（优势 Strengths、劣势 Weaknesses、机会 Opportunities、威胁 Threats）为 TOWS 分析，也就是先分析威胁与机会，再分析劣势与优势。科特勒认为，这两种模式虽然针对的是四个同样的要点，但是，后者分析思维的顺序是由外而内，而不是由内而外的，相比之下，后者更理性、更实际一些，它可以防止企业根据自身的优势来选择性地认识外部威胁和机会。

第二步，确立目标。

通过情景分析，企业需要判断出那些最好的机会，然后，需要对这些机会进行排序，由此出发，确定目标市场，设立目标，并制定完成时间表。

确定营销目标是企业营销计划的核心内容，目标要用数量化指标表达出来，要注意目标的实际、合理，并应有一定的挑战性、开拓性。目标应重点从两方面去定义。

其一，财务目标，也就是确定每个战略业务单位在计划期内所要达到的财务报酬目标，这包括投资回报率、利润额、利润率等指标。

其二，营销目标，主要由这些指标构成，如销售收入、销售量、销售增长率、市场份额、品牌知名度、分销范围，等等。

第三步，制定战略。

任何营销目标都有许多达成途径，而战略的任务就是要选择最有效的行动方式来完成目标。制定营销战略，包括了目标市场选择和市场定位、营销组合策略等。企业要明确营销的目标市场是什么市场，如何进行市场定位，如何树立品牌形象，企业要采用什么样的产品、渠道、定价和促销策略，等等。

第四步，制定战术。

战术是将战略充分展开成细节，包括产品、渠道、定价和促销的具体营销方案和企业内营销相关人员的任务与时间表。根据营销战略制定详细的行动方案，也就是要理清楚这样的一些问题：要做什么？何时开始？何时完成？谁来做？成本是多少？怎么操作？整个行动计划要具体说明每一个时期内应执行和达成的目标，以及时间安排、任务要求、费用开支、人员分配，等等，使营销战略能落实于行动，并能循序渐进地贯彻执行。

第五步，制定预算。

预算就是企业为了达到其战略目标所计划的一系列行为和活动所需要花费的成本。制定预算，一方面要定下企业预期的销售量与销售收入总额，另一方面要将生产成本、分销成本以及营销费用等都考虑进来，而且要制定再细分的明细支出，预计出支出总额与各部分的支出额度。预计销售收入与预计支出之间的差额就是预计利润。预算是企业材料采购、生产调度、劳动人事以及各项营销活动的依据。

第六步，控制。

控制就是对营销计划进行检查和控制，以监督计划的进程。企业必须设立检查时间和措施，及时掌控计划完成情况。如果计划进度滞后或遇到问题，企业可以通过对目标、战略或者各种行为的修正或调整来纠正这种局面。

为便于监督检查，企业应将计划规定的营销目标和预算按月或季分别制定，营销主管每期都审查营销各部门的业务实绩，检查是否完成了预期的营销目标。凡未完成计划的部门，应分析问题原因，并提出改进措施，以争取实现预期目标，使企业营销计划的目标任务都能落实到位。

这六个步骤环环相扣，企业如果能够一步一步地执行到位，那么营销策划不仅能更贴近现实，更能保障最后的完成结果与效果。

营销计划是指导和协调市场营销工作的核心工具

营销计划是指导和协调市场营销努力的核心工具。一般而言，营销计划的制订包括两个层次：战略营销计划和战术营销计划。战略营销计划是在分析当前最佳市场机会的基础上确定目标市场并提出价值主张。战术营销计划则描绘了特定时期的营销战术，包括产品特征、促销、销售规范、定价、销售渠道和服务等。

——科特勒《营销管理》

营销计划可分为战略营销计划与战术营销计划，前者是着眼于目标市场之设定，并制定相应的战略。战术营销计划则是在公司的大战略之下，制订各项营销活动的实施方案。

战略营销计划对企业而言是"做正确的事"，而战术营销计划则是"正确地做事"。在企业的实际经营过程中，营销计划往往碰到无法有效执行的情况。一种情况是战略营销计划不正确，战术营销计划只能是"雪上加霜"，加速企业的衰败；另一种情况则是战术营销计划无法贯彻落实，不能将战略营销计划转化为有效的战术。可见，战术营销计划充分发挥作用的基础是正确的战略。

战略营销计划关心的问题是"什么人"、"需要什么"、"什么时间"、"什么地点"以及"为什么"。只有在解决了这些问题之后，企业才能成功地实施战术环节的诸多个"怎么做"。

战略是全局性、深远性、纲领性的，战术则是局部性、短暂性、操作性的。市场营销的战略是稳定、发展、收割、撤退，而战术则是产品、价格、渠道、促销等。战略和战术既有本质区别，又密切联系，贯穿于市场营销活动的整个过程。战略是企业为实现长期营销目标而设计的行动规划，是企业的营销目标与具体战术的协调，是目标与手段的统一。战术作为战略的基础，既可以将各种因素综合运用，也可以根据企业情况和市场特点，有重点地运用其中一个或两个因素，设计或制定相应的战略。战术体现战略，战略凌驾战术。一个完善的战略的目的在于推动战术的运用。

市场营销计划几乎是所有企业的核心计划之一，它是指导和协调市场营销努力的核心工具。正确的市场营销计划往往能为企业的成功做出最基本的贡献。在制订营销计划时，企业要避开这样几个误区：

第一，过于理想、忽视对现状的分析。

很多营销主管在制订计划的时候，不重视数据的收集和信息的质量，过于理想化，在这一阶段所做的分析缺乏思考和推敲，这样得出的营销计划难保不出错误。有的主管甚至事先就已经决定了要采取的策略，在分析阶段刻意选择一些支持这些策略的数据，这更是一种不负责任、不职业的做法。

现状分析要求对上一阶段的营销工作进行全面的分析和反思，利用营销分析工具，确认当前的形势，对市场进行划分，对竞争者进行比较分析，对顾客的购买行为进行分析等。这方面的数据收集是十分必要的，而且应该保证数据的质量和数量，对这些关键数据信息的正确分析可以为制定有效的策略打下扎实的基础。

第二，营销计划制订得过于严苛或草率。

有的营销管理者对营销计划的制订过程要求苛刻，对每个阶段或者每部分的内容都追求不切实际的"完美"。我们知道，计划的本质是基于现有情况的分析和对未来进行的预测和部署。企业不可能对现有情况做到100%的了解，也不可能对未来的推断做到100%的准确。未来可能会有很多的情况变化是我们无法预知的。所以，制订营销计划的过程不可能完美，我们必须在有限的信息基础上制定尽可能合理的战略目标和方案。

还有的管理者制订营销计划的过程过于草率，在企业中常常出现这样的情景，总经理在年度营销总结会上宣布：明年我们的目标是较今年增长30%。如果要问这个30%是怎么来的，回答很可能是，因为今年我们增长了20%。很多企业的营销计划就是这么定下来的。这其实是一个误区，但也是我国目前多数中小企业制订营销计划的一个比较普遍的做法。这样草率的营销计划破坏性极大，可能给公司造成严重的失误，甚至带来灾难。

第三，缺少营销计划执行人员的参与。

很多公司在制订计划的时候，往往是高层管理者的"一言堂"，很少听取执行人员的意见和建议。其他的公司计划或许还好说，但是，营销计划如果缺少营销计划执行人员的参与，那结果将会很糟糕。营销计划是要用来指导营销实践，忽视了执行人员，那么这样的计划很容易脱离实际，难以落到实处去。

许多优秀的公司，比如艾默生电气集团崇尚的就是"计划者就是执行者"的理念，营销计划的制订者除了对营销负有最重要责任的营销部门以外，其他相关职能部门也会参与这一过程。这样的做法不仅提升了让执行部门的人员在管理和决策方面的参与满意度，而且大大提高了达成计划的积极性，它还可以充分借鉴一线经理们的经验和对市场的敏感、直觉、经验，增加计划的可靠性和可操作性。

第四，将战略营销计划与战术营销计划混为一谈。

这两者是不同的。战略营销计划一般时间跨度比较长，发生在更高级别的组织层次，目标和原则广泛适用于整个公司；而战术营销计划发生在业务单元这个层次，计划的时间通常是一年，不是一份方向性的文件，而是一份操作性的文件。只有弄清楚了这二者的区别，企业才不会把战术营销计划搞成一份空而泛的文件，而是对公司全年营销工作的目标、策略、执行计划有一个具体的描述。

变化越频繁，计划越紧要

有一种论点认为，计划在快速变化的环境中没多大意义，很少有用。事实上，与其相反的论点才是正确的，即健全的计划能帮助企业对环境变化进行预测并快速地做出反应，为突发事件做更充分的准备。

——科特勒《市场营销教程》

"计划赶不上变化，那计划还有什么用？"很多营销人员都抱着这样的观点。而科特勒对此持有的观点则是，正是因为变化太快，所以企业更需要有计划，这样才能"对环境变化进行预测并快速地做出反应，为突发事件做更充分的准备"。

一个公司在刚开始制订计划时往往是很有把握的。开始时，它的任务或目标较为明确。但随着时间的推移，由于公司的发展，新产品和新市场的开发或者环境中出现的一些新情况，它的任务和目标会变得模糊。因为这些变化，营销计划也会变得有些不太适应。营销管理者不得不面对是否更改营销计划的难题。

正是因为这种原因，很多企业的营销计划都沦为"摆设"。企业老板或者高层在每年年前把年度营销计划大费周章地制定出来，然而，在接下来的执行过程中，总是变化多多，于是管理者们开始渐渐偏离计划，适应变化。最后的结果是，那份营销计划就被搁置到了老板的办公桌上或者扔到档案柜里。很多企业年初制订计划轰轰烈烈，到头来草草收场，落得个虎头蛇尾的结局；而更多的企业信奉"走到哪里黑，就在哪里歇"，干脆就不制订计划。企业在营销计划上的失败折射出企业在计划力上的缺失。于是，营销计划半路夭折，成了"花瓶"。

要让营销计划赶得上变化，甚至引领变化，企业需要掌握一个"命门"，那就是企业的成功关键因素。成功关键因素是指影响企业成功的关键因子，把握住这些关键因子，企业就会在制订营销计划时充分考虑如何调动和利用资源，不会陷于无谓的浪费。行业不同，成功的关键因素不同。例如，对百货业而言，成功的关键因素是提高单位面积的销售额。因此，对商场的选址和布局、货品的陈列和出样、促销时机和商品的选择、物流等都要有通盘的考虑。

围绕成功关键因素，我们可以考虑一旦环境发生变化，将会如何影响企业成功的关键因素，从而制定出相应的应变措施，因此，掌握了成功的关键因素，计划就会有章可循，不会无的放矢，应变计划也有了，不打无准备之仗。成功关键因素分析使我们把计划 80% 的内容已经考虑进去了。

为了避免企业的营销计划因为变化而与执行脱节，我们需要用 SMART 标准来规划整个计划，SMART 是以下五个词的简称：

S（Specific）：一个含含糊糊、模棱两可的计划跟无计划是没有多大区别的，营销计划必须是具体的。

M（Measurable）：计划必须是可以量化、可以衡量的。数字是精确化的，完成了就是完成了，没完成就是没完成，是无法耍赖的。

A（Attainable）：计划必须是现实的，是可以达成的。一个好高骛远、不切实际的计划不仅难以完成，而且会给企业员工带来重大的挫败感与失落感。

R（Relevant）：计划必须与企业想要达成的目的有相关性。定计划是为了更好地开展工作，如果计划与企业的目标丝毫相关性都没有，那么，这不能称为一个合格的、科学的计划。

比如，一个家电企业这一年度总的目标是"销售收入比上年增长 15%，完成销售额 118 亿，市场占有率提高 5%，达到 25%，应收账款控制在 5% 以内，回款率 95% 以上，营销费用控制在销售额的 20%"。这样的目标制定出来，那么就要分析销售增长的源泉是什么？增长的源泉来自于两个方面，一个是市场的自然增长，另外一个是抢夺竞争对手的市场。要实现这样的增长需要什么手段？在老产品增长乏力的情况下，是否可以利用新品抢占市场？是否可以通过营销网络延伸来实现增长？一般企业的营销费用每一年占销售额的比例基本是持平的，那么营销费用的增长比例与销售额的增长比例是一致的，我们就可以根据上一年度营销费用的执行情况，合理地规划下一年度的营销费用。这样在各个营销项目的用度上不至于太离谱。那么这一年度的任务可以是："有 40 个新品上市，达到销售额 10 亿；营销渠道重心向下移，开发县级市场；把销售队伍扩大到 250 人，成立西北分公司；规划合理的产品线组合和销售政策。"

·第二节·
先想"做什么",再想"怎么做"

优胜劣汰,规划出最佳的业务组合

在企业使命和目标的指导下,管理部门现在可以着手规划企业的业务组合。所谓业务组合,是指组成企业的业务和产品的集合。最佳业务组合是指使企业的强项和弱项最好地适应环境所提供的机会的业务组合。

——科特勒《科特勒市场营销教程》

科特勒指出,企业要规划出最佳的业务组合,需要从两方面着手:其一,分析现有业务组合,并决定对哪些业务追加、减少或不进行投资。其二,为业务组合中增添的新产品或业务制定增长战略。企业通过对各项业务进行评估,对赢利的业务追加较多的投资,而对软弱的业务则会逐步减少投资或者放弃。

科特勒认为通用电气就是一个很好的例子,它通过有技巧地规划并管理其业务组合,抛弃了许多业绩不高的业务,如空调、家居用品等,只保留了那些在行业中数一数二的业务,最终成长为世界上规模最大、赢利性最高的企业之一。

乔布斯曾说:"我们所需的只是四大产品平台,如果我们能够成功构建这些平台的话。我们就能够将A级团队投入到每一个项目中,而不需要使用B级或者C级团队。也就是说我们可以更加迅速地完成任务。这样的组织结构非常流畅、简单,容易看明白,而且责任非常明确。"当其他公司都在追求把产品做全的时候,乔布斯却一直在做着减法,规划苹果的最佳业务组合。

在乔布斯逝世之后,李开复在一次采访中曾经这样说过:"乔布斯最狠的地方是他回去苹果之后，砍了公司里杂七杂八的项目，他看到当时的苹果内部非常混乱，于是就非常简单地说：'我们只需要四个产品。'针对不同的用户，用四个产品规划了一个二乘二的矩阵，这是一个经典例子。"

当年乔布斯重返苹果后，他看到的是一家产品种类复杂、庞大的公司，苹果销售的产品大概有40种，涉及从喷墨打印机到Newton掌上电脑等各种产品。

所有产品中很少有占领市场主导地位的。而且这些产品中的一类又有多个系列，每个系列又有十几种型号，不同型号产品之间的差别很小，名称让人困惑。乔布斯对此感到不可思议，他说："我看到的是数目繁多的产品。太不可思议了。于是我开始问公司员工，为什么推荐3400而非4400？为什么直接跳到6500，而非7300？三个星期后，我依然无法弄清楚到底是为什么。如果连我都无法弄懂这一点的话，我们的顾客怎么可能弄清楚？"

乔布斯提出："如果苹果公司要生存下去的话，我们就一定要砍掉更多的项目。我们要有焦点，做我们擅长的事。"

他在一次大型产品战略会议上喊道："这真是疯了。"他抓起记号笔，走向白板，在上面画了一根横线一根竖线，做成一个方形四格表。"这是我们需要的。"他继续说。在两列的顶端，他写上"消费级"和"专业级"。在两行的标题处，他写上"台式"和"便携"。他说，他们的工作就是做四个伟大的产品，每格一个。他开始了大刀阔斧地削减产品线，苹果公司的产品一下子被缩减到了四种。

此后，乔布斯也一直保持着产品规划的聚焦与集中。从他重掌苹果至他因病离任，苹果公司最多也只涉及六大产品：台式电脑、笔记本电脑、显示器、iPod以及iTunes。后来又增加了迷你Mac、iPhone和AppleTV以及一些附件。

在乔布斯看来，太多的公司把摊子铺得太大，它们生产大量产品，以降低风险，最终都流于平庸。

而苹果公司的做法是聚焦、简化，把手中所有的资源集中在几样产品上，从而保持A级战斗力，让每一款产品都卓尔不群。

优胜劣汰是市场的游戏规则，同样，也是企业在规划其业务组合时的游戏规则。企业资源是有限的，如果什么都想做，反而什么都做不好，更不用说构建企业的核心竞争力。

所以，企业必须像通用电气，像乔布斯那样，做减法，做规划，摒弃弱项，甩掉包袱，保留强项，并使之更强。

第三章 营销战略与管理：为企业勾勒蓝图

找准战略业务单位，力争数一数二

管理部门进行业务组合分析的第一步，是鉴定企业的关键业务，这些业务被称为战略业务单位。所谓战略业务单位，是指具有单独的任务和目标，并可以单独制订计划而不与其他业务发生牵连的企业的一个单位。战略业务单位可以是企业的一个部门或部门内的一个产品系列，有时可以是一种产品或品牌。

——科特勒《科特勒市场营销教程》

科特勒认为，很多大型企业往往都同时经营着一系列不同的业务，而且每项业务都有着独特的战略，像通用电气公司就曾把自己所经营的业务划分为49个战略业务单位。通常，战略业务单位具有以下这样三个主要特征：

第一，它是一项独立的业务或相关业务的集合体，而且在计划工作时能够与该公司经营的其他业务分离开来而单独编制计划；第二，它有自己的竞争对手；第三，它有专门的经理人员负责战略计划、利润业绩，而且该经理可以控制对利润产生影响的大部分因素。

对企业的关键业务进行鉴定，是为了制定独立的战略，并分配适当的资源。在公司的业务组合中，既有昨天的辉煌业务，也有明天可以支撑企业生存或成长的业务，既有价值潜力巨大的业务，也有鸡肋型的业务。企业需要对这些业务一一进行鉴定区分。

一般来说，企业的业务单位可以简单地划分为四大类：

一是问题类。这一类"战略业务单位"是高市场增长率和低相对市场份额的，多数"战略业务单位"最初都处于这一类。该类单位需要大量资金，因为企业要进一步提高这类业务单位的相对市场份额。因此企业的最高决策者要慎重考虑经营这种业务单位的获利性，以做出正确的决策。

二是明星类。问题类的"战略业务单位"如果经营成功，就会转入明星类。这一类单位是高市场增长率和高相对市场份额的单位。这一类单位因为迅速增长，同时要击退竞争对手的攻击，投入也会是巨大的。由于产品都有其生命周期，这一类单位的增长速度会慢慢降低，最后就转入金牛类。

三是金牛类。明星类的"战略业务单位"的市场增长率下降到10%以下，就转入金牛类。金牛类的"战略业务单位"是低市场增长率和高相对市场份额的单位。这一类单位因为相对市场份额高，赢利多，现金收入多，可以为企业创造现金流。企业可以用这些现金来支援其他业务单位。

四是瘦狗类。这是指低市场增长率和低相对市场份额的单位，赢利少或亏损。这类业务一般不在保留之列。

在将企业的业务单位进行区分之后，企业需要制订业务组合计划，并确定对各个业务单位的投资战略。企业通常采用以下四个战略：

一是发展策略，即提高产品的市场占有率，有时甚至不惜放弃短期收入来达到这一目的，因为提高市场占有率需要足够的投资和时间才能奏效。

二是维持策略，也就是保持业务的地位，维持现有的市场占有率。在产品生命周期中处于成熟期的业务，大多数采用这一策略。

三是收缩策略，即追求业务的近期收入，不考虑长期影响，这是为了短期内增加投资收益率而牺牲长期收益的做法。

四是放弃策略，也就是出售产品不再生产，把资源抽出来用于其他业务。这种策略适用于没有太大发展前途的瘦狗类或问题类业务。

企业要找准自己的关键业务，除了从目前各业务的市场增长率和相对市场占有率去判断外，还要重点考虑两大因素，一个是行业吸引力，这取决于行业市场规模、市场增长率、利润率、竞争激烈程度、周期、季节性、规模效益等因素。另一个则是企业战略业务单位的业务力量，也就是竞争力，它包括了相对市场占有率、价格竞争力、产品质量、顾客了解度、推销效率、地理优势等。从这些角度出发，企业可以甄选出最值得投入的战略业务单位。

企业目标不是成长，而是赢利性增长

如果企业想更有效地进行竞争，满足其股东的需要，吸收高层人才，那它就需要高速的增长。企业应小心，不要将成长本身设为一个目标。企业的目标必须是"赢利性增长"。

——科特勒《科特勒市场营销教程》

"企业目标不是成长，而是赢利性增长"。——科特勒的这一提醒很值得企业去深思。许多企业，特别是熬过生存期进入成长期的企业，往往会过度地追求将企业做大，一心想要四面出击，快速扩张。表面上看，企业规模一天比一天大，员工人数一天比一天多，貌似蒸蒸日上，但实际上，很多都只是假象，企业的确在成长，但却不是"赢利性增长"。成长如果只有速度，而没有质量，那么对企业来说不是福，反是祸。

赢利性增长是一种理性健康的成长，它在注重发展速度的同时，更加注重发展质量。当量的追求与质的目标发生矛盾时，企业应始终坚持质量优先、效益优先，确保赢利性增长。与其盲目地多点出击，全面开花，企业不如通过加快技术进步，调整改善结构，全面推进精益管理，加强全价值链成本管理控制，提高投入产出效率，改善各项业务的收益性，提升整体的赢利能力。

那些卓越绩效型的企业指的是能有效地平衡当前需求和未来机遇，在收入、利润增长和股东回报方面持续超越竞争对手，并能在历经了时间、业务周期、行业分化和领导层更替等考验后持续保持绝对优势的企业。

贝恩管理咨询公司在2012年5月曾发布一份研究报告称，企业要想获得持续的赢利性增长，就应围绕正确的核心业务进行扩张，而不是单纯追求扩张的速度和广度。贝恩对12个发达和新兴经济体超过2000家公司进行了研究发现，企业为了追求新的增长点，往往会受盲目多元化策略的驱使，将最多的资源投入到实力最弱的业务中，而忽略甚至过早放弃了强大的核心业务。贝恩通过这次研究指出，强大的核心业务是企业获得竞争优势的关键来源和取得领先地位的根本因素，深耕核心业务是发掘潜在利润的有效手段，也是成功实现业务扩张的最佳经营之道。调查还表明，在那些创造的价值持续超越资本成本的企业里，95%都是其各自核心业务领域内的市场领导者。

需要注意的是，核心业务不能狭义地定义为企业销售的主要产品和服务，或是所在的主要市场。其定义应更为广泛，通常由几项资产和能力构成，包括品牌、知识产权和人才等无形资产，以及差异化生产系统和技术、以客户为导向的创新体系、最佳的供应链管理以及世界一流的营销能力等。

很多企业家喜欢为"做大还是做强"而争论，有的人认为他们的企业必须做到最大，才能做到最好。为什么这么多企业对规模如此看重？因为规模自然可以带来生产效率的提高，这也就意味着更强的品牌效应和更大的市场份额，而且更有能力应付愈演愈烈的外来竞争，用一些企业家的话来说就是："大到让别人无法吃掉你。"

这样的观念，在一个静态的市场或许适用，但在当下这样一个竞争格局中，所谓的"规模经济"效应往往很难发挥出来。市场环境瞬息万变，新技术和竞争对手层出不穷，客户的需求也在不断改变，很多规模庞大的企业反而无法迅速作出反应，导致企业绩效严重下滑，这种现象被经济学家们称为"规模不经济"。

很多原本走专业化路线的企业，由于过于追求"做大做强"，反而陷入了泥沼之中。而能冲破盲目扩张的误区，坚持赢利性增长的企业，方能更健康、更平稳地发展。

企业三种通用战略：总成本领先、差异化和聚焦

企业的通用战略可归纳为三种类型：总成本领先战略、差异化战略和聚焦战略。这为公司进行战略性思考奠定了基础。

——科特勒《营销管理》

科特勒所提及的"总成本领先战略、差异化战略和聚焦战略"源自于迈克尔·波特的三大竞争战略理论。

第一，总成本领先战略。

实施这一战略的企业往往努力实现生产成本和分销成本的最小化，以便能够以低于竞争对手的价格获得较大的市场份额。如果消费者对价格很敏感，产品和服务的价格弹性较大，那么努力获取成本优势、成为行业中总成本最低的公司不失为一种好的竞争途径。总成本领先战略一般在以下情况时更容易获得成功：

市场上的产品或服务基本上是标准化的，而且产品或服务差异化的途径并不多；行业中各公司的价格竞争十分激烈；价格是决定顾客购买的主要因素，价格弹性较大；顾客转换供应商或品牌基本不需要什么成本，而且顾客有很强的价格谈判能力；竞争对手在相比之下，获得低成本的优势并不容易，而且也难以模仿到降低成本的方法。

总成本领先战略有两种基本方式，一是利用成本优势及产品、服务的价格弹性，以低于竞争对手的价格吸引顾客；二是保持现有的价格及市场份额不变，而是通过提高单位产品和服务的利润率来提高公司的总利润。像美国西南航空公司就是成功实施总成本领先战略的代表。

这一战略的确是许多公司攻城略地的有力武器，但它同时具有很大风险。这主要体现在：

一是容易被后来者模仿，使企业深陷价格战中不能自拔，导致极低的利润率；二是公司过分追求低成本，而忽视了对顾客需求趋势的关注与跟进，使得低廉的产品或服务再也难以吸引顾客，或者顾客转向那些差异化、高质量、高价值

的产品与服务，使得低成本优势失去意义；三是在向国际市场扩张时，外国政府为了保护本国市场，很可能对低价商品发起反倾销调查，近年来中国纺织品、鞋类产品、家具、家电等公司在国际市场遭遇的反倾销调查及配额设限就是明显的例子。

所以，总成本领先战略有利有弊，企业应在此基础上，尝试建立新的竞争优势，如通过产品、服务、技术或者经营模式的创新来提高公司的赢利能力与水平。但无论如何，不管企业实施何种战略，成本控制都是必需的。

第二，差异化战略。

差异化战略的核心是向顾客提供对顾客来说有价值的、与众不同的、具有独特属性的产品或服务。采取这一战略，企业需要确保自己的产品或服务的差异化特征必须是顾客认为有价值的，必须与竞争对手的同类产品或服务有明显且容易辨识的区别，而且这种差异化还不容易被竞争对手模仿或复制。

持久的差异化，尤其是建立在产品革新、技术创新、优质的顾客服务基础之上的差异化优势，跟公司的核心能力和竞争力往往有着密切的联系。

企业实行差异化的途径有很多种，例如，产品差异化、服务差异化、渠道差异化、采购差异化、制造差异化、形象差异化，等等。

在市场需求快速变化、顾客日益追求个性的现代社会，产品或服务的差异化战略已经成为许多公司追求的首选竞争战略。

第三，聚焦战略。

这一战略是指公司把力量集中在一个或几个范围相对较窄的细分市场上，在该特定市场建立起竞争优势，比竞争对手更好地服务于这一特定市场的顾客，并以此获取高的收益率。聚焦战略可以是聚焦于某一特定的顾客群，或是某一特定的市场区域，或是某特定用途的产品等。

尽管公司舍下整个市场，而取其中一个细分市场，但由于可以集中资源和精力向特定的顾客提供更好的产品和服务，因此公司仍然可以通过聚焦战略获得超过平均水平的收益率。在以下这样几种情况下，聚焦战略更容易获得成功：

公司所聚焦的目标市场足够大，而且具有较大的增长潜力，能够保证公司的赢利；行业中有多个细分市场，而且没有一家公司有足够实力全面进入各个细分市场；公司具备服务于某个特定聚焦市场的资源和能力；公司所聚焦的这块市场不是行业中主要竞争者的重点市场，或者这些竞争者在该市场没有很强的竞争优势。

在进入目标市场后，企业要尽快通过聚焦战略建立竞争优势，构筑一定的进入该市场的壁垒，以防御后来的挑战者和潜在的进入者。

"产品—市场"扩展的四步走战略

公司应该考虑： 在现有市场上，现有产品是否能够获得更多的市场份额（市场渗透战略）。之后，应该考虑的是能否为现有产品开发新的市场（市场开发战略）。然后，应该考虑的是能否在现有市场上开发出新的产品（产品开发战略）。最后，再去考虑是否存在为新市场开发新产品的机会，即多样化战略。

——科特勒《营销管理》

科特勒从产品和市场这两个维度，提出了四步走的战略——

第一步，市场渗透战略是指现有的产品在现有的市场上，思考如何以更积极的方法提高销量，例如，吸引竞争者的顾客，增加那些游离型顾客的消费忠诚度，或者鼓励增加顾客购买的次数与数量，等等。

第二步，市场开发战略是指企业以现有产品在新的市场中营销以提升销量，例如，开发新的地理市场，开发新的销售渠道，开发新的目标市场，或者实现不同目标消费者的交叉销售，等等。

第三步，产品开发战略是指在现有市场上推出经改良的或新的产品，以提高销量。例如，发展新产品特性或内容，创造不同等级品质的产品，改变原有产品模式或大小，或者将不同产品或服务进行捆绑销售，等等。

第四步，多样化战略是指开发新的产品并满足新的目标市场的需要。例如，开发与现有产品相关的新产品并吸引新的目标客户，或者跨行业多元化，等等。

这样一步步地推进，能让企业的发展更为平稳，不至于因为扩张过快、过度而跌入险境中去。而且，通过这样的四步走战略，能让企业充分发掘产品与市场中的机会。

有"中国品牌先生"之称的营销专家龚文祥先生，曾经列举过他在大学时代利用"产品—市场"四步走的战略经营一家家教中心的真实案例。

当时，龚文祥先生通过竞选成了武汉大学管理学院学生会下设的一个家教中心的主任。他为了将这个家教中心真正做起来，就用上了"产品—市场"扩展的战略，做到了在不投入任何资金的前提下扩大业务，实现赢利。

第一，市场渗透战略。

通常大学生找家教工作的方法就是做一个小广告，然后在人流量大的地方蹲守，吸引有需求的家长们的注意。那时，这样的蹲守摊点随处可见，怎样才能在现有服务、现有市场的前提下获得更多的家教业务呢？龚文祥的方案是这样的：

首先，利用"明星"效应。武汉大学有好几个省文理科状元，龚文祥请出他们现身说法拉家教，海报上打出鲜明的一条："省文科状元做你孩子的家教"。冲着"状元"两个字，望子成龙的家长纷纷涌过来。

其次，利用家长心理附加值竞争。当时武汉有报纸开始关注和报道大学贫困生的问题，龚先生在联系了一批品学兼优的贫困学生后，在家教海报上加上一条"名牌大学贫困生欲做家教"。很多家长反正总是要请家教，他们更倾向于请一个家庭确实有困难的大学生。因为这样的学生有生计的压力，在辅导孩子时会更尽心。

最后，直接争夺竞争对手的客户。凡是在其他摊点咨询过的家长，都是有意向请家教的，在他们咨询过不满意离开后，龚文祥这边再上前拉他们到自己这边的摊点来谈。凭武汉大学在武汉的名气，业务又大大提高了一步。

第二，市场开发战略。

龚文祥想到，同样是做家教业务，除了将业务在地理位置上从武昌扩大到汉口外，还可以拓宽几条销售渠道以大大增加成交量。传统的家教业务大都在商场门口摆摊设点，而龚文祥则在同学的帮助下，到其他的目标对象集中的地方摆摊设点拉业务：学校门口，摆摊时间设在家长接小孩放学时，还未放学的等待时间效果最好；大型菜场和集贸市场门口及住宅小区门口、公园门口等。

第三，产品开发战略。

传统的家教概念就是为中小学生请一个大学生来家里教课。当时在龚文祥所负责的家教中心登记的大学生有几百个，而能找到的家长有限，于是他思考如何针对中小学生扩大家教服务范围来增加业务，他是这么做的：

首先，开设钢琴、舞蹈、书法、绘画等兴趣类的专业家教项目。大学除了艺术系的大学生可以揽下以上专业方面的家教，校园里其他获得了各种等级证书的大有人在。而专业家教确实一直都是一个家长关心的热点。只需将这些大学生证书的复印件摆摊拿出来，就能吸引很多家长。

其次，开发"周日校园家教"项目。开发新的家教服务项目需要潜心关注市场的需要，并适时推出。比如龚文祥碰到的一个家长说他的小孩学习成绩很好，他只是想小孩从小就多感受名牌大学的气氛。于是他就推出了"周日校园家教"项目，改变了大学生上门服务的传统，将孩子们带到武汉大学来上家教课，顺便可以接受名校的熏陶，这个点子一推出就大受家长欢迎。

最后，开发奥林匹克竞赛等高端家教项目。一般家长只有孩子成绩不好才请家教，但也有一部分家长是为了让孩子优异的成绩好上加好，或者为了备战奥赛，而武大恰恰有很多在奥赛上拿过全国前几名的大学生，他们是最好的奥赛家教老师。这一类需求虽然不大，但是属于高端一类，家教的收费和中介费也是普通家教的好几倍。而且，这个业务一开展，几乎是供不应求。

第四，多样化战略。

家教多样化经营的关键是能跳出中小学家教的限制，吸引成年人这类新的目标客户。这类市场有着很大的商业价值。比方说，开发 TOEFL、GRE 等高端家教服务项目，开发小语种家教市场项目，开发自考、考研家教项目，等等。

通过这一系列的革新与拓展，龚文祥将这个家教中心做得风生水起，他因此成了当时武汉最大的家教中间商。

这个案例虽然只是一个小小的家教中心的发展经验，而且时间上也很久远了，但是，龚文祥在其中运用到的很多"产品—市场"扩展的战略战术以及思路模式都很有借鉴意义。一个家教中心在这四步走的战略指导下，都能想出这么多的良方对策，更何况是一个企业呢？只要用好了这四步扩展战略，企业就不愁没有生路。

小企业也能从健全的战略规划制定中极大地获益

对战略规划制定的许多讨论，都集中于有许多部门、许多产品的大企业。但是，小型企业也能够从健全的战略规划制定中极大地获益。尽管绝大多数小型企业开始时总会指定大量的业务和营销计划，但是当小企业发现其负债太多，或增长超过生产能力，或市场份额正丢失给价格更低的竞争者时，它该怎么办？战略规划制定能够帮助小企业的经理们预测这些情况，以及决定怎样避免或处理这些情况。

——科特勒《科特勒市场营销教程》

战略规划，对于大企业而言是必要的，对于小企业而言同样是不可或缺的。健全的战略规划能让小企业获益良多。科特勒曾举过俄亥俄州的金斯医疗仪器公司的例子。

这家公司经营的是核磁共振成像设备，也就是每套价值 100 多万美元的 X 光片拍摄仪器。威廉·帕顿博士是这家公司的顾问和"规划大师"。他指出，战略

第三章 营销战略与管理：为企业勾勒蓝图

规划是小企业成长和实现高额利润的关键。他说："许多书上都认为对小企业来说有至关重要的三点：现金流量，现金流量，还是现金流量。我同意这些都是非常重要的，但是还有另外三点也同样重要，即规划，规划，再规划。"在他的建议下，这家公司使用简单的战略计划工具每三年就会制定并修正一次公司的战略路线。这家公司的战略规划过程包括这样的6步：

（1）分析公司前几年经营所处的商业环境中的主要因素。
（2）依据公司在未来两到三年的目标来定义公司的任务。
（3）分析会影响公司任务的内部和外部力量。
（4）找出能指导公司未来的基本驱动力量。
（5）制定长期目标，用来指明公司在未来想成为什么样的公司。
（6）将长期目标分解，制定出行动计划大纲。

金斯医疗仪器公司正是通过这样三年一规划、三年一修正的方式实现了公司业务的持续稳定增长。

中小企业战略规划的制定的确不同于大企业，这是由其企业特点决定的。但这并不是说，战略规划对中小企业没多大意义。一提到企业战略规划，人们就觉得好像是大企业的事。由于自身在资金、人才等方面的不足，中小企业一般不轻易涉足退出障碍比较高的行业。一旦遇到市场风险，便匆匆地临时应对，实在没办法，就退出市场。很多中小企业缺少一个长远规划。据调查，中国中小企业与美国的中小企业相比，后者的平均寿命是7岁，而前者的平均寿命仅仅2.9岁。很多快速成长的中小企业由于战略定位不清晰都走向了高度多元化的道路，结果造成企业资源分散、缺乏市场竞争力。

在中小企业，许多老板集中了经营管理过程中所必需的各种决策权力，他们总觉得没有必要建立复杂的组织机构。同时，中小企业多处于创业初期。资金上的困难迫使中小企业保持组织结构的简单，并压缩开支。组织结构简单了，决策权就集中了。所有权与经营权被统一起来了。决策权、指挥权与监督权划分的不明确，使得企业在考虑长远战略规划时，受经营者的影响很大。如果经营者的能力有限的话，那么企业发展到一定规模时便会遭遇成长的天花板现象。

中小企业战略失败的主要原因，往往就在于企业领导对战略管理的价值认识不够和企业专业管理人员的缺乏，这种情况约占企业战略管理失败的60%以上。总的来说，国内的企业在战略规划上常见这样几大误区：

一是缺乏长远发展规划，战略变化太过于频繁。二是盲目跟风，追逐市场热点，使得企业的投资过度多元化。三是战略决策随意性较大，没有一个科学有效的战略管理和信息化管理体系。四是缺乏对市场和竞争环境的认识和分析，缺乏量化的客观分析。五是企业战略计划流于书面形式，没有明确的切实可行的战略目标。六是企业战略计划难以得到中高层的有力支持，也没有具体的行动计划。

小企业应避免这几点，不必盲目地效仿大企业去做战略规划，要从自身实际出发，结合自身的优势与长处，例如经营机制灵活、劳动力成本低、敢于冒险开拓等，来制定最适合自己的企业战略。

·第三节·
营销管理，把战略计划落到实处

从营销角度出发CEO可分成四种类型

根据经营一家公司时思考营销的不同角度，我把CEO（首席执行官）分成四种类型——"1P式CEO"、"4P式CEO"、"STP式CEO"、"ME式CEO"。

——科特勒《世界经理人》采访

科特勒从营销角度区分CEO类型的方法新颖而有趣。他认为，根据思考营销的不同角度，CEO主要有四种类型：

第一类CEO是"1P式CEO"，他们把营销看作1个P的职能，这个P就是促销，也就是通过各式各样的促销手段，例如拼价格、买赠、加大人员推销力度等方式来达成营销目标。这类型的CEO看待营销的视角是极为狭隘的。

第二类CEO是"4P式CEO"，他们能够制定较为完善的营销计划，重视产品、定价、渠道、促销这四者的每一个环节，这样的CEO已经具备了一定的营销水准。

第三类CEO则是"STP式CEO"，他们冷静而理性，在4P之前，他们会先对市场进行细分，选择最适合自己企业的目标市场，然后进行定位和差异化。这是睿智型的CEO，在他们眼中，战略性营销要优先于策略性营销。

第四种CEO是"ME式CEO"，"ME"代表"营销就是一切"（Marketing is everything）。这类CEO深知营销对企业的意义与分量，他们在运营企业时，一切以营销为先，一切以营销为重，他们会调动上下所有人员，为企业的营销目标服务，打造出全员营销型的企业。这样的企业在市场竞争中无疑会拥有更强的竞争力和更好的发展前景。

所有的CEO，如果想要企业获得长足的发展，在市场中有持续的、上佳的表现，就都应该从"1P式"、"4P式"向"STP式"、"ME式"转变，最终站稳在"ME式"的层级上。坚持这种"营销就是一切"的理念，CEO是有可能将一个企业带向全新天地的。

比方说，雅芳最令人瞩目的女性CEO钟彬娴，她在接掌雅芳帅印时，这家公司正遭遇巨大危机，业绩极度下滑，股票一落千丈，公司很不景气，原来的CEO查尔斯·佩林引咎辞职。

钟彬娴接下这个"烫手山芋"后，展开了一系列以营销为核心的变革，她亲自主导，大刀阔斧地重新创建雅芳的营销体系，除了雅芳的原则、价值和公司的诚信，钟彬娴几乎改造了一切，用她的话说就是："这个品牌，它的形象、生产技术、销售渠道、激励体制、价值链，以及企业更高效的运作方式、赢利方式都变化了，现金流也变化了。"

从营销入手的这一场大变革，使得雅芳这个百年公司重新焕发生机，它不仅走出了低谷，而且股价上涨达23%，年营业额超过60亿美元，还被《商业周刊》评为全球"最有价值的品牌"百强之一。

还有飞利浦公司也是如此。飞利浦旗下各个事业部都设立有一个首席市场官（CMO）。公司还规定，所有业务部门的主管都要有市场营销背景。

在中国市场，飞利浦专门成立了"飞利浦中国市场营销委员会"，由各个事业部总经理组成，高度重视市场，全力为顾客实现价值创新。在新技术革命的浪潮冲击每一个生产领域的时候，飞利浦能够抢先向市场提供新设备、新材料、新的消费品，并因此赢得顾客，赢得市场。在实施技术创新时，飞利浦坚持将技术与市场的需求，与顾客的要求相结合。

不管是意见和建议，还是抱怨或投诉，飞利浦都会真诚地听取这些来自顾客的声音，他们坚信，顾客所反映的正是公司需要寻找和解决的不足之处，搜集顾客的抱怨和意见来改进产品正是产品适应市场的过程。飞利浦会以最快的速度、最先进的技术来实现用户需求的满足。

营销是一切企业活动的核心。企业核心竞争力的构建和提升，离不开对市场的了解、开拓和占领，离不开消费者的喜好和认知。

企业的CEO应当以营销为中心，以市场为导向，以顾客价值的提升为方向，这样才能争取到更多的优质顾客，赢得企业的成功。

第三章　营销战略与管理：为企业勾勒蓝图

杰出营销的关键不在于做什么，而在于做成什么

一个杰出营销企业，它的杰出并不在于"它做什么"，而在于"它做成什么"。营销执行是一个将营销计划转变为具体任务，并确保按计划要求实现目标的过程。如果执行不力，一份出色的战略营销计划就毫无价值。

——科特勒《营销管理》

科特勒认为，在营销活动中，战略解决"是什么"（what）和"为什么"（why）的问题；而执行解决"谁"（who）、"何地"（where）、"何时"（when）、"如何做"（how）的问题。它们是密切联系的。有关管理实践的研究表明，持续的高绩效往往依赖于充分的执行能力、着眼于高目标的公司文化、灵活的组织结构和明确而聚焦的战略方案。

有一个真实的案例很多人都曾经听过：

一家工厂破产后被日本某企业收购。厂里的人都翘首盼望着日方能带来让人耳目一新的管理方法，让这家厂子起死回生。但出人意料的是，日本企业收购后什么都没有改变，制度没变，员工没变，机器设备也没变。日方只立了一个规矩：把先前制定的制度坚定不移地执行下去。结果不到一年，这家工厂就扭亏为盈。这其中的关键在哪里？两个字——执行，把已定的制度规则全部执行到位。

营销的战略制定得再怎么尽善尽美，没有有效的执行，它就只能是镜花水月。杰出的营销不仅要能明确做什么，更要能做成，能执行，能将战略和计划"兑现"。

杰克·韦尔奇有一次到中国演讲，台下的很多企业家听后觉得有些失望，好像没取得什么真经，没什么新意，就对杰克·韦尔奇说："你所说的这些常识我们都知道。"杰克·韦尔奇则回应说："你说得对，这些原则你们都知道，但我做到了。"

任何企业要发展壮大，必须在每一个环节、每一个阶段都做到一丝不苟，否则，一个环节、一个岗位、一个人员出了问题，就会像烂苹果一样迅速将箱子里的其他苹果腐烂掉，影响其他的环节，这样企业的发展也会被慢慢腐蚀掉。

企业中执行不力的"烂苹果"必须剔除，否则企业无法变强。杰克·韦尔

奇对待公司中的"烂苹果"就从不手软，他的做法是——每年，我们都要求每一家GE旗下的公司为他们所有的高层管理人员分类排序，其基本构想就是强迫我们每个公司的管理者对他们领导的团队进行区分。

他们必须区分出：在他们的组织中，他们认为哪些人是属于最好的20%，哪些人是属于中间大头的70%，哪些人是属于最差的10%。如果他们的管理团队有20个人，那么我们就想知道，20%最好的四个和10%最差的两个都是谁，包括姓名、职位和薪金待遇。

表现最差的员工通常都必须走人。将"烂苹果"挑出来，就是为了保证整个团队的执行力。

马云曾经说过："比起一个一流的创意、三流的执行，我宁可喜欢一流的执行、一个三流的创意。"什么是一流的执行力？按培训师余世维的观点，执行力就是保质保量地完成自己的工作和任务的能力。这中间有四个字最为关键，那就是保质保量。把战略和计划保质保量做下来，这就是执行力。

执行力是企业的核心竞争力。有执行力的企业会在市场竞争中获得成功。企业能够赢得市场，站稳脚跟，完美执行是其制胜的法宝之一。

执行不到位，营销战略就会打水漂；执行不到位，客户就会对企业失去信心；执行不到位，企业就难以将构想变成现实。"做成什么"比"做什么"，更能决定企业营销的成败，更能决定企业的生死。

企业应该在短中长三个规划期的视角下进行管理

我们认为，企业需要制定三个层次的规划：短期、中期（三至五年）和长期。在常态时期，每家企业都应该将其项目和措施放进三个方框里：短期、中期和长期。一家企业可能会将50%的项目放入第一个方框，30%放入第二个方框，20%放入第三个方框。如果第三个方框中一个项目都没有，它就不是一家拥有大胆创新意识的富有挑战性的企业！

——科特勒《混沌时代的管理和营销》

科特勒指出，在常态时期，很多企业都能准备好三个方框，做好短中长期的规划，但当企业受到动荡冲击时，许多企业可能就会改变这些比重。

惊慌失措的企业很可能会将全部资源都投入到短期项目中去，甚至会放弃很多短期项目，而对于中长期项目，他们则很难顾得上了；而冷静的企业在将主要精力投入短期项目的同时，可能会继续开展中期规划中的一些项目，但很可能没有时间去关注长期规划的项目了。只有那些明智的企业会继续原有的规划，在三个方框中都保留一些项目，尽管数量上会有所减少，但绝不会放弃中长期的规划。

科特勒认为，冷静的和明智的企业，特别是明智的企业，更有可能在动荡冲击之下生存下来，而且还会拥有长远而强劲的未来。

明智的企业会在短中长三个规划期的视角下进行管理。员工会被长期规划的愿景所激励，也会被中期规划的挑战所推动。不仅员工是如此，其他的利益相关者，像供应商、分销商、投资者等，也是如此。

有一位管理大师曾说过这样一句话："既要有'近忧'，又要有'远虑'。在做决策的时候，必须将长远发展与权宜之计通盘考虑。"

一个企业如果缺乏长期规划，其短期效益的取得未必能够给企业带来正面的影响，甚至有可能成为发展的包袱。

很多企业不缺长期规划，只是在忙于实现短期、中期规划的过程中，渐渐偏离了长期规划。时间长了，长期规划就变得模糊，甚至是面目全非了，结果有的企业就干脆放弃了长远规划，走一步算一步。

作为管理者，他的特定任务在于：

首先，他要规划出一个整体目标，并使得整体目标的绩效大于部门目标的总和，同时要保障整体目标的顺利实现。

其次，管理者要深入分析每一项决策和行动的可行性，并有效协调近期目标和远期目标，不能顾此失彼。

倘若管理者没有远虑，不能规划好企业的长期目标，那么企业在市场中很容易陷于被动地位。管理者在做出企业决策的同时，必须将长远发展与权宜之计通盘考虑。

管理者要将近期和远期作为两个时间维度，即使不能使两个维度的决策保持一致，至少要在两者之间找到一个平衡。

的确，有时候，企业不得不为了当前利益而牺牲未来，但必须把握好这种牺牲的尺度，如果当前的利益将为未来埋下巨大的隐患，甚至危及企业的长远发展，那么，这样的当前利益就不可取。

集中精力完成重要的短期目标，同时不断密切关注长期远景，这样的公司才能实现非凡的收入增长。

策略趋同：任何行之有效的营销策略都会被模仿

今天的市场没有永远的赢家。随着市场和技术变化日新月异，营销战略过时比以往快得多。任何行之有效的策略都会被模仿。正是这样的"策略趋同"造成了"策略无效"。公司必须向他们的竞争者和世界级的企业看齐以确保核心业务的竞争力。企业的战略思维不仅包括对现在境况的判断，更应包括对未来可能的情形及其对企业影响的设想。

——科特勒《科特勒说》

2011年科特勒考察三一重工时曾说过这么一句话："5年内，如果你在企业经营方式上一成不变，那么你最终将会被市场淘汰。"之所以会如此，是因为现在的市场、技术、环境变化太快了，尤其是网络发展起来后，基本上这一刻什么概念流行起来了，下一刻就有人跟风甚至超越了。就如科特勒所言"任何行之有效的策略都会被模仿"，有了"策略趋同"，就会造成"策略无效"。

伴随着技术的突破、新的竞争同盟、消费者需要和偏好的变化等等因素的多变，一个已经在市场上确立其地位的企业都有可能在一夜之间被挤垮。企业要在竞争中生存下来，在营销策略上创新是必需的，但仅仅创新又是不够的，因为很容易被别人跟风模仿，企业必须持续不断地对其营销策略进行创新，而不能停留在过去取得的一两次成绩之上。

有一个故事，流传很广，很多人对这个故事几乎是耳熟能详，但这个故事很能说明"持续创新"的重要性。

在某山区，乡民们很多都靠山吃山，开山为生，他们将山上的石块砸成石子运下山去，卖给建材商。而其中有一个年轻人却从不这么做，他直接把石块运到码头，卖给外地搞园林建筑的商人。因为这儿的石头总是奇形怪状，很有观赏性，他认为卖重量不如卖造型。于是，三年后，他成为村里第一个盖起瓦房的人。

后来，山区不许开山，只许种树，于是这儿又成了果园。等到秋天，漫山遍野的鸭梨招来八方商客，商客们把堆积如山的鸭梨成筐成筐地运往大城市，有的还通过港口销往国外。因为这儿的梨汁浓肉脆，鲜美无比，所以客商络绎不绝。就在村里人为鸭梨带来的小康生活欢呼雀跃时，曾经卖石头的那个年轻人却卖掉

第三章　营销战略与管理：为企业勾勒蓝图

果树，开始种柳。因为他发现，来这儿的客商不愁买不到好梨，只愁买不到盛梨的筐。五年后，他成为第一个在城里买房的人。

再后来，一条铁路从这儿贯穿南北，北到北京，南抵九龙。小山区更加开放，果农也由单一的卖水果开始涉及果品的加工及市场开发。就在一些人开始集资办厂的时候，这个年轻人在他的地头砌了一座三米高百米长的墙。这座墙面向铁路，背依翠柳，两旁是一望无际的万亩梨树。坐火车经过这儿的人，在欣赏盛开的梨花时，会清晰地看到墙上的四个大字——可口可乐。据说这是五百里山川中唯一的广告。这个年轻人凭着这墙，每年凭空多出了几万元的额外收入。

有一次，日本一家公司的负责人山田来华考察。当他坐火车路过这个小山村时，听到这个故事，他被主人公罕见的商业头脑所震惊，当即决定下车寻找这个人。当山田找到这个人的时候，他正在自己的店门口跟对门的店主吵架，因为他店里的一套西装标价800元时，同样的西装对门就标价750元；他标价750元时，对门就标价700元。一个月下来，他仅仅批发出8套西装，而对门却批发出800套。山田看到这情形，以为被讲故事的人骗了。但当他弄清楚事情的真相后，立即决定以百万年薪聘请他，因为对门那个店也是他的。

这个人所做的就是不停地在营销策略上进行创新。别人开山卖石子，他就卖整块的石头；别人卖鸭梨，他就卖柳筐；别人办工厂，他就做广告；就连开店，他都一明一暗开两家，抬着扛地卖。他的任何一步策略其实后来者都可以很快地加以模仿，但关键在于，他从不给别人模仿他的机会，他不断地更新自己的策略，不断地创新，别人想跟都跟不上。

企业也应该如此，如果是营销战略的引领者，那么，应不断地提升并尝试新的营销策略，不应止步不前；如果是营销战略的跟随者，那么，不能东施效颦，而应该借鉴性地学习，选择性地采纳。很多企业为了提升自身的营销能力，会以巨额的成本去购买一些领先企业的成熟制度或战略模式在本企业实施推广，但这样的标杆学习方式往往效果并不好。盲目地模仿别人的战略和策略成功率并不高。

策略趋同带来的结果就是竞争恶化，利润锐减，赔本赚吆喝。正是在这些策略趋同的悲剧下，使策略倡导者变成后来者的垫脚石，更使战略追随者变成了无头苍蝇，最终搅乱的是整个行业的氛围和风气。所以说，企业要根据自己的实际情况进行策略的创新，并且要不断地创新，真正做到"人无我有、人有我优、人优我新、人新我变"。

CEO不能做阿尔电锯，而要通盘考虑运营的每一环节

　　CEO们需要站在企业利益相关者的立场上，而不只是股东的立场，来看待公司的成功。否则，他会成为一位"阿尔电锯"（AL Dunlap），无情地削减成本和岗位，损害供应商和分销商的利益来获得额外的短期利益。长期来看，这会毁掉整个企业。

——科特勒《科特勒说》

　　科特勒所提及的"阿尔电锯"，其实是指一个人，他叫阿尔·邓洛普，是20世纪90年代美国工商界最富有传奇色彩的企业家。为什么他被称为"阿尔电锯"呢？这与他在经营阳光公司时所采取的一系列残酷手段有关。

　　阿尔·邓洛普曾经是阳光公司的掌舵人，当时阳光公司的经营状况不佳。他入主阳光公司后，首先对管理层和董事会进行了梳理，接下来，为了追求短期利益，他开始了一场狂风暴雨一般的精简计划。他关闭工厂，裁减员工，几乎有一半的员工被裁员，有超过一半的设备被关停。

　　这样大幅度的裁减计划，给许多家庭带来了毁灭性的打击，也给企业留下了致命的创口。邓洛普几乎成了工薪阶层的仇敌。而另一方面，华尔街的投资者们则将他视为英雄与宠儿，邓洛普刚上任，阳光公司的市值就上涨了5亿美元，而这种表面上的辉煌，则是以"电锯"式的裁减，以很多人的利益换来的。

　　邓洛普的这种快刀手一般的经营方法，虽然给阳光公司带来了短暂的表面成绩，但还是未能真正挽救阳光公司，这家公司最终走向了崩溃，邓洛普也被击倒了。这时候，再想祭起快刀手裁减的法宝，却发现阳光公司不但没有"肉"，连"骨头"都剩得不全了。

　　邓洛普之所以成为"阿尔电锯"，就是因为他过于注重短期的利益和表现，满足了投资者的要求，却忽视了其他企业利益相关者的感受。作为一个企业的领导者，要考虑到所有的利益相关者的立场，而不能仅仅照顾到股东、投资者的立场。明智的CEO知道企业的强大取决于其运营中最薄弱的环节，不满的员工、供应商、分销商、交易商和用户都可能给企业造成损害。

　　现在，越来越多的企业CEO们开始运用平衡计分卡来描述企业利益相关者的满意程度。平衡计分卡是哈佛大学教授罗伯特·卡普兰与诺朗顿研究院的执行长戴维德·诺顿提出来的。它体现了这样的一种管理思想：企业愿景的达成要考

核多方面的指标，不仅仅是财务要素，还应包括客户、内部运营、学习与成长。平衡计分卡超越了传统的以财务度量为主的绩效评价模式，兼顾了财务、客户、内部运营、学习与成长四个角度，以保证企业战略得到有效的执行。

在平衡计分卡中，股东与客户为外部群体，员工和内部业务流程是内部群体，而平衡计分卡的用意就是要平衡这些群体之间的利益关系，提升企业利益相关者的满意度。

回头看邓洛普的案例，他在执掌阳光公司的过程中，过于看重财务，而忽视了其他方面，最后导致了企业的失衡，也伤了企业的元气和根本。

CEO不能做"阿尔电锯"，不能一心只想着追求财务上的光鲜好看，追求短期的利润，进行盲目的精简和裁汰，而应该通盘考虑运营的每一环节，在满足股东、投资者的要求之外，还要充分考虑员工、客户、渠道合作伙伴等多方的利益。

聪明的企业应关注的是所有利益相关方的价值最大化

> 对于股东概念的理解，现在有一种新的观点，这种观点认为管理层要做的不仅是满足其股东的投资收益，聪明的企业应当关注的是所有利益相关方的回报。利益相关方是一个更宽泛的概念，其中包括消费者、员工、渠道合作伙伴、政府、非营利机构甚至广大民众，而不只是狭义的股东。
>
> ——科特勒《营销革命3.0》

科特勒认为，一家成功的企业绝对不仅仅是自己成功，它的成功源自于和所有利益相关方形成互利共赢的关系，它的成功源自于所有利益相关方的积极参与和投入。换句话说，如果企业能够满足利益相关方的利益回报，那会让企业拥有更长远的赢利能力；如果企业只关注如何使得股东的短期利润最大化，那么企业的发展只能是昙花一现。

企业是以赢利为目的而存在的，在很长一段时期内，"股东价值最大化"一直是很多企业的终极目标。但是，如今经济和社会的发展在潜移默化中改变了企业的原始面貌，包括"企业的目的到底是什么"。企业行为对股东以外的利益相关群体产生着越来越大的影响。如果现在的企业仍然一心追求"股东价值最大化"，那么很难得到员工、顾客、渠道合作伙伴、政府以及广大民众的支持，这样的企业也不可能走多远。

企业在经营过程中，着眼点不能仅仅停留在股东身上，还应关注其他的利益相关方。它们对企业的经营、生存与发展都起着至关重要的作用，忽视任何一种利益相关者的存在，都可能对企业产生严重的后果。利益相关者除了股东之外，还包括：

一是管理层与企业员工。管理层是企业经营权的实际控制者，能够在董事会的授权下进行经营活动。而企业员工则是企业经营与发展的原动力和主力军。管理层与员工在企业中工作，主要关心的是企业未来的前途、个人的发展机会及福利、待遇等，企业应尽可能满足他们在这些方面合理的要求，提高企业的凝聚力和向心力。

二是消费者。在企业的生产经营活动中，消费者扮演着极为重要的角色。企业所提供的产品或服务必须能满足消费者的需求，离开了消费者，企业就失去了存在的意义，更不用说企业的发展了。从产品的研究开发至生产销售的整个过程，企业都要对用户的需求、偏好、购买动机等进行分析，关注目标消费群体的需求与需要。

三是渠道合作伙伴。企业要正常地运营，就免不了要与供应商、分销商、代理商等打交道。要从源头上控制原材料的成本与质量，保证产品的竞争能力与企业的获利能力，企业需要加强同供应商的合作，与供应商建立长期互惠互利的关系。要为产品打开渠道和市场，企业需要倚重下游的合伙伙伴，如果企业为了短期利益大肆压榨分销商、代理商等渠道商的利润空间，那么，很容易引起渠道冲突，使得产品流通不畅，最终损及企业根本利益。

四是政府。政府的宏观调控政策对企业的发展也起着至关重要的作用。政府的货币政策、财政政策和税收政策是政府宏观调控的工具，但它却能直接作用于企业。另外，作为游戏规则的制定者，政府制定的各种立法，如经济法、环保法等等，都对企业产生约束力，企业必须遵照执行。现在很多企业都将政府公关视为公关工作的一大重点，与政府处理好关系、赢得政府的支持对企业发展是极为有利的。

五是其他利益相关者。除了以上列举的利益相关者之外，非营利组织、广大民众在某种程度上都是企业的利益相关者，企业的很多经营活动对他们也会有直接或间接的影响力。所以，企业在经营的过程中也不能忽视他们的存在。

现在的企业不再仅仅是一种利益最大化的工具，也不再仅仅是股东手中谋利的机器。曾被视为"股东价值"运动之父的杰克·韦尔奇甚至指出："从表面上看，股东价值是世界上最愚蠢的想法，股东价值是一种结果，而不是一种战略……你主要依靠的是你的员工、你的客户和你的产品。"现代企业不仅具有经济性特征，还有社会性特征，而企业的社会性特征要求企业作为社会成员更多考虑到利益相关者的利益。股东主义对应的是经济性，利益相关者主义对应的是社会性。

科特勒曾说："从旧的营销模式向新的营销模式的过渡中，营销者大多是旧模式的囚犯。他们往往没有意识到客户逐渐成长的能力、没有意识到渠道和其他利益相关者逐渐成长的能力、没有意识到新的社会媒体世界和他们逐渐增长的社会责任。"企业营销者的思想应该由"股东利益最大化"向"利益相关者利益最大化"转变，不仅要实现企业的经济价值，还要实现企业的社会价值。要超越股东至上，企业和企业家不仅要对"股东负责"，更要对"社会负责"，而且二者之间是密不可分的。

第四章

消费者：企业存在的目的与根基

·第一节·
顾客为什么购买：影响消费者行为的因素

消费者的购买行为受文化、社会、个人因素的影响

购买者行为受到三种主要因素的影响：文化因素（文化、亚文化和社会阶层）、社会因素（相关群体、家庭、角色和地位）、个人因素（年龄、生命周期阶段、职业、经济环境、生活形态、个性和自我观念）。所有这些因素都为如何更有效地赢得顾客和为顾客服务提供了线索。

——科特勒《营销管理》

科特勒指出，对消费者的购买行为影响至深的三大因素分别是：文化因素、社会因素和个人因素。

首先是文化因素。它的影响则是最为广泛和最为深刻的，它是影响人的欲望和行为的最基础的决定因素。低级动物的行为主要受其本能的控制，而人类行为大部分是学习而来的。在社会中成长的儿童通过其家庭和其他机构的社会化过程学到了一系列基本的价值、知觉、偏好和行为的整体观念。每一文化都包含着能为其成员提供更为具体的认同感和社会化的较小的亚文化群体，如民族群体、宗教群体、种族群体、地理区域群体等。

一个想打入中国市场的美国清洁剂厂商投放了一则广告，我们以该广告为例来说明：人们在兴高采烈地抛帽子，在所有帽子中，有一顶绿色的帽子特别起眼，因为它洁净如新，这顶绿帽子最后落到了一位男士头上。

第四章 消费者：企业存在的目的与根基

先不说这则广告能否体现产品的特色和卖点，能否达到传播效果，但从绿色这一色彩的使用，就足以预见这家厂商的产品在中国市场的命运。因为在中国传统文化中，人们以"被人戴绿帽子"暗示妻子的不贞。在这样的广告宣传下，即便其产品质量再好，哪位丈夫还愿买它，哪位妻子还敢买它呢？市场营销中的大量实例表明，色彩这一文化因素在营销中发挥着经济、政治、法律等其他因素所不能替代的作用，对营销的成败有着不可低估的影响。

色彩仅仅是文化因素中的一个小点。每个文化都包含小的亚文化，亚文化包括国籍、信仰、种族、地理区域等，理解亚文化可以帮助营销人员更具体地进行细分识别。当一种亚文化的影响力足够大的时候，公司通常需要设计特别的营销计划来为之服务。要读懂消费者群体的文化因素，企业需要下大力气去努力。

第二个是社会因素。消费者的购买行为总是受到诸多社会因素的影响。社会因素包括消费者所属群体、家庭以及社会角色和社会地位。每个人都在一定的组织、机关和团体中占有一定位置，每个位置也就是其所扮演的各种角色。例如一个男子不仅扮演父亲和丈夫的角色，而且还可能是公司的总经理、某个登山协会的会员等。个人角色不但影响一般的行为，还会影响到购买行为，而且多种角色的消费需求可能不一致。比如，作为父亲，会触发你的许多有利于儿子成长的消费需求；同样作为丈夫，会激起你源自对妻子关爱的一些消费需求；作为公司管理人员，则会使你产生维护自己与团队利益的一些消费需求。

社会阶层是由具有相似的社会经济地位、利益、价值倾向和兴趣的人组成的群体或集团。社会阶层具有四个特征：一是处于同一阶层的人，行为大致相同；二是人们都依其社会阶层而占有优劣不等的社会地位；三是一个人处于哪一个阶层，不是由某一种因素决定的，而是由一系列因素决定的，如职业、收入、财富、教育、价值取向等；四是一个人在其一生中，其社会阶层并非一成不变，而可能由高层跌入低层，也可能由低层进入高层。企业了解这些特征，可以专门生产和经营适合某个或某些社会阶层所需要的产品和劳务。

第三个因素是个人因素。购买者决策也受其个人特征的影响，特别是受其年龄所处的生命周期阶段、职业、经济环境、生活方式、个性以及自我概念的影响。消费者的购买行为会受其动机、感觉、经营和态度等方面的因素支配，而且随着经济的发展，个人因素对购买行为的作用会越来越大。不同的人用不同的方法同时看到同一事物的结论是不一样的，同样，同一个人在不同的时间用不同的方式看同一事物，结论自然也不同，这就是感觉的作用。

一个人的选择是文化、社会、个人这些因素之间复杂影响和作用的结果。其中很多因素是营销人员所无法改变的。但是，营销人员必须尽可能去了解它们，进而适应它们，引导它们，最后影响甚至改变它们。

核心价值观决定了消费者的长期决策和需求

消费者的决策受核心价值影响，核心价值观是指由消费者的态度与行为所构成的一个信念系统。核心价值观比态度或行为更深入存在于消费者心中，它决定了消费者的长期决策与需求。锁定消费者价值观的营销人员认为如果能吸引人们内在的自我，就能影响到他们外在的自我，即他们的购买行为。

——科特勒《营销管理》

消费者的行为是受其价值观支配的。有一个众所周知的故事很能反映不同国别的消费者在消费价值观上的巨大差异——两个即将走完一生的中美老太太碰到一起，中国的老太太说："我辛辛苦苦一辈子，攒了一辈子的钱，终于可以买房子了。"而美国的老太太说："我终于把住了一辈子的房子的贷款还清了。"同样买了一套房子，一个住了一辈子，一个还没有享受过，这两种截然不同的消费价值观反映了中西方消费观的差异。

核心价值观是在一段较长的时期内形成并被广泛持有的居于主导地位的一些基本的价值观念，这些观念很大程度上影响消费者的消费行为和习惯。受中国传统文化观念的影响，中国的消费者也形成了自己的核心价值观念，这些是营销人员一定要去发现并加以重视的。比方说，家庭至上的观念。在中国这个儒家思想根深蒂固的社会，家庭有着很深刻的含义。家庭的和睦、幸福、小康是很多人为之奋斗的目标。孝顺和尊敬父母也是传统的美德之一。像"孝敬爸妈还是'脑白金'"正是抓住了子女的软肋，抓住了一个"孝"字。很多商家在春节和中秋节等传统节日，都会大打广告，鼓励消费者向自己的父母送礼物，如营养保健品，来表示对父母的关爱。围绕家庭这个概念，营销人员能够作出很多的"好文章"。从家庭延伸开去，我们还能发现一种消费者对本土、本地的热爱。市场营销人员应该意识到，在消费者乐于尝试新鲜事物的同时，他们在内心深处更有一种对本土的文化、传统和品牌的认同。因此他们在购买东西时，很多时候，信赖和支持的还是本地品牌，希望本地品牌能够得到良好的发展。所以，品牌传播应注意到这一点，在本土、本地上发掘产品的卖点与特色。例如，非常可乐一直强调"中国人自己的可乐"，就是为了勾起消费者的本土、爱国观念。

还有，追求社会认可与尊重。根据马斯洛的需求理论，在物质需求得到满足之后，获得尊重和自我价值的实现成为追求。中国的消费者现在正在从物质层面向精神层面过渡，重视他人和社会的评价，追求外界的认可和尊重，譬如，买了辆好车需要炫耀，买了套名牌服饰需要更多人知道，请重要客人吃饭要去豪华饭店、要上好酒，等等，为了"面子"观念，很多消费者可以违背内心的真实想法，去迎合别人的看法，也正是这种"面子"情结，让更多的消费者喜欢买品牌的东西，喜欢买昂贵的东西。简单地打个比喻，就好比肚子饿了，要去吃饭，饿了是现实的需求，而选择去五星级酒店吃饭还是路边的大排档就是心理需求了。

如果仔细地观察，在很多家庭会发现这样一种现象，摆放在客厅的很多家电像电视机、音响等都是大品牌的，而摆放在厕所、阳台的一些家电，像洗衣机就很可能不是那么大牌了。这其中的原因很简单，客厅里的家电是朋友来可以看到的，是一个家庭的"脸面"，而摆放在偏僻角落的东西不是每个朋友都会去看的，相比之下，就要随意一些。从这样的一些小细节中，也可以看出面子观念对消费者的影响有多深。

现在的消费者思维与行为都变得越来越复杂，他们不会轻易相信营销人员的推销术语的。他们只相信"自己认为的事实"，只认可自己眼中的价值观。营销人员再也难以单纯地采用一招半式来征服消费者，而应该把准消费者的价值观念，并且迎合这种价值观，从而让消费者产生"自己认为的事实"。

营销者要关注消费者的人生大事或重大变迁

营销人员还应该考虑到消费者的人生大事或重大变迁，如结婚、生子、患病、搬迁、离婚、职业生涯改变、孤寡等都会导致新的需要；这些都能提醒服务提供者，如银行、律师、婚姻、求职、丧葬咨询机构等应当对他们提供协助。

——科特勒《营销管理》

购买者的决策也受到个人特征的影响，这些特征包括年龄、生命周期阶段、职业和经济情况、个性和自我概念、生活形态和价值观。这其中许多因素对消费者的行为具有很直接的影响。科特勒曾经在"科特勒（中国）战略营销年会"演讲中分享过这样一个案例：

　　有一个英国的公司，它是超市行业的第一，大家看看这家公司，能够学到很多的东西，特别是搞食品行业的，更能学到不少的东西。他给每一个客户发一张卡，然后这个公司就会了解这个客户今天买了什么，只要你在他的店里购物了，他就有一个清单，每周他都有记录，所以这个公司有一个非常非常大的数据银行，可以进行一些数据的处理。数据的整合、数据的处理可以帮助他们了解趋势，比如说是不是更多的人买了一些小的包装，而不是买这种大包装的食品，也许更多的人他们对那种蓝色的包装，而不是绿色的包装更感兴趣，另外他们也了解了一些买家的分类，这家公司基本上把客户分成了一千多个群体，你们可能觉得一家市场最多也就四五个分区，他们把市场分成了一千多个区。你这么想一想，如果说你现在在这个公司的信息部门工作，那你知道有一些家庭突然开始买婴儿食品了，这能告诉你什么？为什么会这样？那他们家里一定出了什么事情，他第一次买婴儿食品你会怎么想？那不是说他们突然想吃小孩儿食品了，那一定是他们家里有了新生儿。因此，这家公司就邀请了刚刚升级为母亲的人来聚会，来讲座，分享怎么样让婴儿进行营养的补充……这是信息的力量，如果你了解你的客户在买什么，你可以做很多事情，你可以进行分区、客户的细划，你可以建立各种各样的社区，就是说有很多人和你是合作伙伴，他们是消费者，从你这里获得价值。

　　科特勒所举的这个案例很有启发意义。这家超市从信息中挖出了很多的宝贵机会。一个家庭开始购买婴儿食品了，公司就针对这样的家庭开展一系列针对性的后续营销，既拴住了顾客，又提升了自己的销售额。可见，营销人员如果能关注消费者的人生大事或重大变迁，那么获益不仅丰厚，而且会是长期性的、持续性的。

　　比如在美国，有一代人非常有特色，他们被称为"婴儿潮"一代，二战之后，美国百废待兴，很多男性从战场返乡，结婚生子，从 1946~1964 年，这 18 年间婴儿潮人口高达 7800 万人，平均下来就是每位女性平均生 4 个小孩。这一代人在过去近 20 年内主导了美国社会的方方面面，特别是在 2005~2006 年之间到达了他们的消费巅峰，那个时候也是房地产泡沫的巅峰时期。

　　同样地，在中国，也有一代特殊的群体，他们就是"80 后"，80 后的人口数超过两亿,这一代人经历了互联网的兴起,被称为独生代或新新人类。而今,这个群体正走向成年,如果说10年前80后的"独立"、"叛逆"和"娱乐"精神带给中国社会一个思想的浪潮,那么,如今的80后已经从"思想新秀"开始走向"消费新秀"。今天的他们基本都已经走上社会、参加工作,年龄偏大的80后已经过了而立之年,正处于职场上的黄金阶段,不仅趋于成熟,而且有了一定经济实力,成为一股不可小看的消费生力军。从他们的消费特征上看,他们与70后、60后有着较大的差别,80后这一代追求多变、刺激、新颖的生活方式,不愿意拘泥于教条、固化和墨守成规。他们崇尚品质生活,对各类名牌产品如数家珍。很大一部分的80后将大量的精力和财力投入到网络上,网上购物日渐成为80后的主要购物方式。据淘宝网分析,未来随着这一人群的成长,他们将成为网络消费的主体力量,对整个社会的消费模式将产生深刻影响。更加值得一提的是80后的"提前消费"意识。他们是敢于"花明天的钱,圆今天的梦"的人群。正因为这样,他们常常被人们称为"月光族"。这一点,也使得他们迥异于70后和60后。

举"婴儿潮"和80后的例子,是为了说明,营销人员可以对目标消费群体进行这样的代际划分,不同的代际人群之间有着鲜明的差别,而同一代际人群之间又有着显著的共性。这种差别和共性能帮助营销人员设计出更符合某一代际人群的营销方案和计划。

消费者对彼此的信任要远远超过对企业的信任

营销3.0时代是一个消费者彼此进行水平沟通的时代,垂直控制对他们丝毫不起作用,企业只能靠诚实、特性和可靠来赢得消费者的青睐。如今,消费者对彼此的信任要远远超过对企业的信任,社会化媒体的兴起本身就反映了消费者信任从企业向其他消费者的转移。

——科特勒《营销革命3.0》

科特勒指出,如果说过去是一个企业对消费者进行"垂直控制"时期的话,那么,现今,这种控制方式的效力已经非常弱了,更多的消费者倾向于水平沟通,他们更信任彼此,而不是企业。

麦肯锡咨询公司曾发布一份调查报告,其中列出了2007~2009年金融危机之后商业发展的十大趋势，其中一个重要趋势是企业所面对的市场正日益转变为低信任度市场。实际上，这种信任感并没有缺失，它只是从垂直关系转化成了水平关系。根据尼尔森全球调查报告，现在几乎没有多少消费者真正把企业制作的广告当一回事，更不会以此来决定自己的购买行为，他们认为消费者之间的口碑作用往往比企业广告可靠得多。根据这份调查，约有90%的消费者相信朋友或熟人推荐的产品，70%的消费者信任网络上的顾客观点。有调查咨询公司的研究甚至发现，消费者似乎更愿意相信社交网络上的陌生人，而不愿听从产品专家的指导建议。

这些研究结果对企业而言如同警钟。它们表明，从某种程度而言，消费者已经对商业经营失去信心。有的营销人员或许会说，这是商业道德问题，已经超出了营销者的能力范围。但事实是，营销对此难辞其咎。营销在很多人眼中已经和销售画上了等号，它靠说服艺术来打动消费者，有时候甚至会操纵消费者。虽然，现在的市场营销活动越来越强调关注消费者，但营销行为有时还是难免会夸大、掩饰甚至是欺瞒，以此来实现销售。

这是一个强调口碑效应的时代，消费者信任圈子成员胜于信任企业，虚伪的品牌很难有生存机会。如今的企业面临的，不再是单个的弱势的消费者，而是具有集体智慧的消费者群体。企业的欺骗和谎言在这样的群体智慧面前很快就会被揭穿。

在运动用品行业，很多大公司都会花费巨额广告费用邀请一些明星来拍广告、做活动、搞推广，而有一家Lululemon Athletica的运动服饰制造商却采用了一种很草根的方式吸引了大量的消费者。

这家公司为了推广其100美元的瑜伽装，制定了一个"大使计划"，在某个区域市场，他们会招募当地运动员以及健身教练，不付代言费，只是为每个代言人提供价值1000美元的运动服装和器材，让他们体验产品，在学生面前穿着该公司的服装，以及在当地的店面里穿着这些服装上健身课。

该公司市场营销部主管说："我们的大使穿着我们的服装，无论他们去哪里都能为我们进行宣传。"这样的一种营销方式简单而卓有成效。该公司2012年的预计收入为10亿美元。有营销专家评价说："这些品牌大使和他们所处社区的联系十分紧密，通过这种方式扩大品牌影响力是十分有效的，并且能让人们感觉到这家企业正在对消费者进行回馈。"

Lululemon Athletica的这种营销方式，走出了传统的"垂直控制"，而是利用消费者之间的信任与口碑传播，以较低的成本却收到了最好的效果。

用消费心理及消费行为的理论解释，在消费者购买决策过程中，现身说法的案例可以刺激消费者觉察自己对产品的需要，并为消费者收集信息提供资料，尤其是身边的或熟悉的人购买或使用的感受对消费者的鼓动作用是非常大的。

现身说法策略就是用真实的人使用某种产品产生良好效果的事实作为案例，通过宣传手段向其他消费者进行传播，达到刺激消费者购买欲望的策略。

企业应找到一种方式，将自己的顾客变成品牌的推广者。营销不能小看普通人，普通人口口相传的力量比起名人推广或者大手笔的广告来，丝毫不逊色。一个品牌说自己很好是一回事，但是它的顾客说它很好就是另一回事，效果更好。

消费者对营销活动的抵制达到了前所未有的水平

消费者对营销活动的抵制达到了前所未有的水平。大多数消费者都对营销和广告表现出消极情绪：他们表示，他们会避免购买那些感觉过度营销的产品。

——科特勒《营销管理》

科特勒认为，现在的营销越来越难，因为消费者越来越占据优势地位，对营销活动的抵制达到了前所未有的水平，他们会避免购买过度营销的产品。

Yankelovich Partners 曾对 601 名被访者进行电话调查，发现消费者对于营销信息与活动越来越抱着抵制的情绪和否定的态度。65％的被调查者感到被太多营销信息轰炸，61％认为信息量已经失控了。更糟糕是，69％的消费者倾向于使用某种工具来完全跳过或阻止营销广告。

Yankelovich 进一步指出，被调查者中每 10 人中就有 6 人觉得营销人或广告商没有尊重顾客，59％的人认为大部分营销广告信息跟他们没有一点关系，65％认为对于营销广告应该有更多的规章制度进行限制。

面对铺天盖地、无孔不入的广告信息，消费者的确已经达到了营销耐受的极限。与传统的消费者相比，今天的消费者不再是被动、顺从的，营销者对消费者的任意操纵必将招致激烈的反抗和抵制。

在日常的消费实践中，存在着形形色色的消费者抵制现象。举一个很简单的例子，数字录影机这种功能之所以大受欢迎，就是因为它可以帮助消费者更便利地跳过商业广告。

消费者的抵制源自于现代的营销范式与消费文化之间的深层冲突。在很大一部分消费者看来，现代营销活动本质上是一种被扭曲的、不对称、不平等的交流形式，是一种操纵消费者的技术。

而对于日益具有消费主权意识和敏感性的消费者来说，这种交流形式是不能容忍的。正是这种积蓄日久的冲突和矛盾，最终导致了反营销的消费者抵制行动。

网络时代，信息以难以想象的速度传播，人与人之间、企业与消费者之间已经实现零距离的沟通，这种信息大爆炸在带给企业传播便利的同时，也像一把达克摩斯之剑悬在企业头上。

消费者正睁大眼睛在等着看，他们用选择和行动来维护心中崇高的品牌，叫得最响没用，拿出实际的真功夫来，消费者才认可，否则迎接企业的就是互联网的围追堵截。

营销人要意识到消费者对于其信息的这种抵触情绪，从而在目标市场定位上更加准确，并调整信息方式及内容，以适应被信息轰炸得筋疲力尽的消费者。

现在，正当营销泛滥、营销乏力的时候，一种"不营销"的理念正在发芽。所谓的"不营销"，并不是不做营销，而是一种横向联合、纵向穿插、利益共享的合作方式，是真正把"客户至上"放在心里，而不是挂在口头的切实行动。

美国"厕所大王"就是这样一个例子，它在美国为市民免费提供移动厕所，而后在卫生间墙壁上张贴广告，市民可以免费使用，自然聚集非常多的关注，这样，使用者也理解商家的用心，很乐意接受这种形式。使用者、提供者、广告客户，三方皆大欢喜。

这种厕所模式在中国也有类似的范例。江南春开创的楼宇电梯广告就是如此，他提出的价值观是"让等候电梯的人轻松快乐"。

目标客户等电梯的时间变得多姿多彩，而写字楼和公寓楼并不需要为楼宇电梯的液晶屏买单，这样的一个"空子"成就了一个响当当的分众传媒。

其实，消费者不是讨厌营销活动，他们需要的是有"度"的营销活动。铺天盖地、无孔不入，这样的营销只会让消费者烦不胜烦，甚至深恶痛绝。

现在的营销活动应该从新意与心意上多下工夫，不仅要赢消费者的眼球，更要赢消费者的心。

第四章　消费者：企业存在的目的与根基

消费者能从多种渠道获得丰富的信息资源

消费者的主要信息来源分为四种：个人来源、商业来源、公共来源和经验来源。消费者最多的信息来源是商业来源，即营销人员们所控制的来源。然而，最有效的信息通常来自于个人来源或属于独立权威的公共来源。

——科特勒《营销管理》

科特勒所指出的四大主要信息来源具体是指：

第一，个人来源：家庭、朋友、邻居、熟人等。个人来源很好理解，前面我们提到过，消费者之间的水平沟通比企业的垂直控制更有效，消费者更相信彼此，尤其是亲近的熟人，他们的推荐往往是最有分量的。

麦肯锡的研究表明，在中国，推荐的重要性比他们所研究的任何其他市场中都要大得多。对中国消费者来说，家人和朋友的推荐在信息来源中仍然排在前列，这意味着企业需要找到能使品牌、产品产生口口相传效应的方式。

第二，商业来源：即广告、网站、推销员、经销商、包装、展示等。商业来源一般是企业在"发声"，向消费者传递的信息，这也是消费者平时接触最多的。但是，近年来，这一类信息几乎泛滥成灾，而且一部分企业所发布的信息有违商业准则，带有欺骗成分，诸多原因使得这类商业信息的冲击力与影响力正逐渐减小，但是它们的作用依然不容忽视。

对企业来说，商业来源的信息是可以控制的，它有很强的针对性，既能向消费者普及知识、传达消息，还能刺激购买。

第三，公共来源：大众媒体、消费者评级机构等。公共来源的信息覆盖面广，且具有一定的公信力与权威性，对消费者有着极大的影响。特别是随着新媒体的兴起，媒体的形式变得日益多样且丰富，消费者接收信息的渠道更是趋向于多元化，一条新闻的获得在过去只有通过传统媒体如电视、报纸等才能获得，而在现在，消费者可以从互联网、手机等多种途径获取。

特别值得一提的是，好事不出门，坏事传千里，如果是有关于企业、品牌、产品的负面信息或者丑闻内幕，一旦曝出，更是有可能瞬间酿成满城风雨，人尽皆知。像三株口服液、南京冠生园、肯德基苏丹红事件、三鹿三聚氰胺事件、丰田召回门等等，这些事件一露出苗头，通过各类媒体的传播，立刻成为万人瞩目的事件，而其中的一些企业甚至因此而声誉尽毁，走向了穷途末路。

所以说，企业必须要维护好各类媒体关系，必须做好舆情监督，特别是网络舆情监督工作，通过媒体传递企业的正面信息和积极的形象。

第四，经验来源：是指消费者亲自接触、处理、检查和使用产品的过程中得到的信息。很多消费者使用某产品后感觉良好，就会对该产品、该品牌慢慢形成一种信赖，甚至是重复购买；还有的消费者如果对某产品使用感觉不佳，或者在体验过程中未能满意的话，很可能就会背离该产品及其品牌。这些都是经验来源的信息在发挥效用。

总的来说，商业来源的信息是最为直接的，也是消费者接触最多的，但是最有效、对消费者的购买决策影响最深刻的却并非这一渠道的信息，而是公共来源、个人来源以及经验来源的信息。

·第二节·
消费者的购买决策心理与行为

消费者典型的购买决策会经历五个阶段

营销研究者开发了一个购买决策过程的"阶段模型"。消费者会经历五个阶段：问题认知、信息搜索、方案评估、购买决策和购后行为。很清楚，购买过程早在实际购买发生之前就开始了，并且购买之后很久还会有持续影响。

——科特勒《营销管理》

科特勒总结说，消费者典型的购买过程包括这样几个步骤：问题认知、信息搜索、方案评估、购买决策和购后行为。对于营销人员来说，购买决定是导致购买行为的关键，但前三个阶段都能影响到购买决定阶段，即整个购买决策过程的阶段是环环相扣的，因此，营销人员需要关注的是整个购买过程，而不是只单单注意购买决定。

第一，问题认知。引发购买者的动机，是整个购买过程的开始。一个产品要能销售出去，首先应该能让消费者"注意"及"知道"这个产品的存在。所以新的产品推出时，沟通的目标就应该是帮助消费者认识这种产品。让消费者意识到自己的需要和需求，这既可以凭借内在刺激唤起，也可以借助于外在的刺激。比方说，一个人渴了、饿了，他会去主动寻找可以喝、可以吃的食物，而另一方面，饮食店通过色香味俱全的鲜美食物也可以刺激人的饥饿感。营销人员一方面要帮助消费者认识到其自身需求，另一方面更要主动地去激发、去引导消费者的需求。史玉柱当年在江阴市场推广脑白金的例子就很经典，他在深入走访江阴市场后，免费向市民派发出了大量的脑白金产品，市民们感受到效果后，纷纷去药店询问，而看到广告的市民也四处打听哪里可以购买。问的人多了，经销渠道自然就打开了。他走访市场，赠送产品，大打广告，其实就是为了培育这个市场，进而引发消费者的关注与追捧。引导消费者认识自身需求、认识产品，这是将产品营销出去的第一步。

第二，信息搜索。当消费者意识到自己有某方面的需求时，一般会主动地去获取信息，进行信息的搜索，以了解产品的特性、功能与价值。在这个过程中，消费者会多方面、多渠道地搜集信息，企业广告宣传、网络、熟人介绍，等等，都是消费者常用的信息渠道。

第三，方案评估。消费者在掌握了足够的信息后，会对这些信息进行分析、对比，以选出自己最为满意的方案。不同消费者评价产品的标准和方法会有很大的差别。就拿衣服来说，有人喜欢大品牌的，有人喜欢款式新潮的，有人喜欢布料安全无刺激的，等等。当消费者充分认识到产品的优点后，自然而然会对其进行评价，并与同类产品相比较，从而得出好或不好的印象。消费者可能喜欢某一产品，但并不特别偏爱，营销人员要做的就是设法建立消费者的偏爱。

第四，购买决策。消费者即使对自己的需求有了认知，也搜集了信息，并进行了评估，但未必就会将购买行为落实了。

营销人员要想促成消费者的购买行为，那么，一方面，要向消费者提供更多详细的有关产品的情报，便于消费者比较优缺点；另一方面是要通过各种销售服务给顾客提供方便，加深顾客对企业及产品的良好形象，促使其作出购买企业产品的决策。

第五，购后行为。消费者购买了产品，并不代表一切就结束了。就像科特勒所说"购买过程早在实际购买发生之前就开始了，并且购买之后很久还会有持续影响"。消费者购买产品后，往往会通过使用，通过家庭成员与亲友的评判，对自己的购买选择进行检验和反省，重新考虑购买这种产品是否明智、效用是否理想等，形成购买后的感受。

很多营销人员过于偏重售前，而忽视售后，这是一种典型的营销短视。消费者对企业真正形成印象往往是从购买了产品、使用了产品之后开始的，双方之间的信任关系也是从此刻才开始真正起步。

因此，销售圈子里有句话说："真正的销售是从售后开始的。"营销人员要重视消费者在购后的使用情况和感受，争取与顾客建立长期、紧密的合作关系。

第四章 消费者：企业存在的目的与根基

人类学研究，从宏观上把握消费者心理

人类学研究是一种特殊的观察方法，研究者通过使用人类学和其他社会科学领域中的一些概念和工具，能够对人们的生活与工作方式得到深层次的了解。这种方法的目的是研究者通过深入消费者的生活，以揭示用其他研究方法所不能清楚表示的消费者无法言传的需要。

——科特勒《营销管理》

科特勒所提及的人类学研究是一种新的研究方式，它把焦点放在观察人们的日常行为上，比方说，食品企业会去观察人们是如何吃饭喝饮料的，清洁用品制造企业会观察人们是如何清洁、打扫的，化妆品企业会去观察人们的肌肤问题并观察他们是如何应付的……人类学研究是观察人们在干什么，而不是问人们在干什么，这样能给企业带来最有益的信息。观察消费者的日常行为比收集客户对产品的主观反应和评价更能让企业获得突破性的启示和灵感。

很多成熟的企业在进行营销活动时，非常注重人类学研究这种方法，它们通过这种方式去了解最为真实的消费者群体。

美国某研究团队曾在香港电信、金山工业和摩托罗拉资助下对中国香港普通居民进行为期六周的生活观察。他们拍摄了数千张照片和居家生活的录像，包括居民们在烧菜、打电话、帮助小孩做作业、把工作带回家完成以及其他生活中的细节。尽管这些照片和录像第一眼看上去，很杂乱无章，然而，经过分析后的结果立即就显示，从这些资料中除了发现三个可预见的市场领域外，还发现了六个此前从未考虑过的潜在市场。让企业管理层最感兴趣的三个亮点是：家庭成员如何保持相互联系、购买新鲜食品和父母帮助小孩完成功课。

这些企业管理者惊讶地发现，这支对香港人生活毫无了解的团队在短短六周内就帮助他们找到了全新的潜在市场。当然，这些潜在市场的规模和可行性还有待验证，但如果不是这样的研究，企业管理层可能永远发现不了这些潜在的消费者需求，也可能永远不会考虑到这些市场。更让人惊讶的是，这六个新市场还都是没有竞争者涉足的，而另外三个预见到的市场，竞争者已如过江之鲫。

这个例子很有借鉴意义，仅仅是通过拍照、录像、观察，就发现了如此多的惊喜和机会。正像科特勒所说的那样"揭示用其他研究方法所不能清楚表示的消费者无法言传的需要"，很多时候，直接跟消费者面对面进行调研，虽然看起来

很有互动感、真实感，但是消费者未必就会把自己真实的一面完全展露出来，甚至有的消费者都不知道自己真正想要表达的是什么，所以，这样得来的信息准确率就需要打一个折扣了。而人类学研究更多的是在不惊扰到消费者的情况下，真实地记录消费者的行为、言语和反应，然后再去分析、去研究，虽然没有与消费者进行直接、深入的交流，但是，通过这种方式挖掘出来的信息更丰富，也更可靠。

2010年的时候，奥美任命了一位名叫麦克·格里菲斯的博士担任社会人类学总监，麦克博士加入其大中华区发现团队消费者洞察和趋势研究小组，致力于研究中国的社会文化，以求为客户创造更有效果、更能融合本土文化又兼具创意的作品。

"社会人类学总监"，这个职务对于大多数中国企业而言仍然是陌生的，但是，这从一个侧面反映了一些知名企业对社会人类学研究的关注和倚重。中国的企业也应该重视这种研究方法，通过这样一种新型的方式去更深入地了解一个更真实的消费者群体。

理性的行为其实并不是具有最后决定性的力量

我们发现理性的行为其实并不是具有最后决定性的力量。公司必须要在有关的品牌和公司之间增加一种感性的色彩，我们要构建一种感性，不仅能够触及人们的头脑，也能够触及到购买者的心灵。

——2009年科特勒启动天阶计划的演讲

科特勒认为，消费者并不总是以深思熟虑和理性的方式处理信息或作出购买决策。他指出，消费者在作购买决策时，会受很多不同的捷思以及偏误的影响。比方下面几种捷思。

可得性捷思，这是指消费者很可能会想起过去的存在于记忆中的一些先例。譬如，某女士曾在某个专卖店里买过一件衣服，结果穿了没多久，就开线了，那么，她再次想到这家店的时候，就会想起过去不愉快的购买经历，从而影响她现在的选择和决定。

代表性捷思，这是指消费者对某个产品有意向时，会不由自主地想到它的同类产品，会想到这些产品的共性。这就是为什么许多不同品牌的同类产品，在包装、容量等方面或多或少会有些相似之处的原因。

定锚与调整捷思，消费者在了解产品之后，会形成一个初步的印象和评断，这个印象与评断虽然深刻，但并不是不变的，消费者会根据后续的了解来调整第一印象。譬如，某顾客初次见到一位销售员时，可能会觉得这个人缺少经验，不太专业，但随着彼此了解的加深，顾客很可能会发现销售员的闪光点，比方说热情、细心、服务周到等，从而改变印象，加深好感。所以，营销人员应该从第一印象开始经营，让消费者第一眼就看着顺，这样才能在消费者后续的体验中占得一个更有利的角度和位置。

简单地说，顾客作决策的过程，并不是完全理性的，他们脑海里会有无数营销人员想象不到的想法和念头冒出来，或者干扰，或者推进其购买决策。

我们平时购买产品和服务经常会在不理性的情况下发生。例如，有的女孩子因为感情上受挫了，会大买零食，大吃大喝，结果长胖，这是不理性的；很多女性如果跟一群姐妹出去购物，会比自己一个人出去逛街买得更多，这是不理性的；很多人即便经济能力并不是很宽裕，仍会节衣缩食省下钱来去为一个限量品牌包埋单上万元，这是不理性的；因为某个特定事件的发生，人们纷纷抢购食盐、大蒜等，把价格推高好几倍，这也是不理性的……

通过分析这些不理性的过程，我们会得出一个理性的结论——当消费者心里觉得是对的时候，错的也会是对的，不理性的也会是理性的。可以说，在很多情况下，营销往往需要更多的"非理性"。营销人员不仅要能从理性上征服消费者，更要善于从感性上、从情感上打动消费者。

在营销中，有一个情感营销的概念。所谓情感营销，是指通过心理的沟通和情感的交流，赢得消费者的信赖和偏爱，进而扩大市场份额，取得竞争优势的一种营销方式。如果我们把这种最真挚的情感渗入进营销中，从营销模式上进一步沉淀或升华，一定会引发一场情感营销的革命。情感的影响力和心灵的感召力在营销过程中是一股可以颠覆结果的力量。

一个好的情感营销，必须是能引起消费者共鸣的，必须是能打动消费者心灵的。在情感消费时代，消费者购买商品所看重的已不完全是商品数量的多少、质量好坏以及价钱的高低，他们更是为了一种感情上的满足、一种心理上的认同。

这是一个情感经济的时代，情感正在创造财富，情感正在创造品牌，情感正在创造一切。情感营销时代，企业要摒弃饮鸩止渴式的价格战，创造有魅力的产品，营造有情感的品牌，要尽其所能打动消费者，使其对品牌"一见钟情"、"一往情深"。一个品牌如果能够充满丰富的感染力，与消费者进行情感上的交流，就会使品牌从冰冷的物质世界跨入到有血有肉的情感世界，也会使品牌"楚楚动人"、"风情万种"。

消费者购买决策追求的是价值最大化

顾客是寻求价值最大化的。他们形成一个对价值的期望并付诸实践。购买者将从他们认知的能提供最高顾客让渡价值的公司购买产品，顾客让渡价值是整体顾客利益与整体顾客成本之差。

——科特勒《营销管理》

顾客是如何做出选择的呢？科特勒指出，顾客会在有限的搜寻成本与知识、流动性和收入约束下，追求价值最大化。顾客在购买产品时，总希望把有关成本包括价格、时间、精神和体力等降到最低限度，而同时又希望从中获得更多的实际利益，以使自己的需要得到最大限度的满足。因此，顾客在选购产品时，往往会从价值与成本两个角度进行比较分析，从中选择出价值最高、成本最低，即"顾客让渡价值"最大的产品作为优先选购的对象。企业为在竞争中战胜对手，吸引更多的潜在顾客，就必须向顾客提供比竞争对手具有更多"顾客让渡价值"的产品，这样，才能使自己的产品为消费者所注意，进而购买本企业的产品。

人都是理性的，也都是自利的。顾客会估计产品或服务能够传递最大的认知价值并采取一些行动。这个产品或服务是否能够达到顾客的期望，是否能令顾客满意，这直接影响顾客的购买和再次购买的可能。

比如某顾客欲购买一台空调，现在该顾客将目标锁定在甲品牌和乙品牌之间。假设他比较了这两种空调，并根据款式、工艺及主要性能、参数等指标作出判断——乙品牌具有较高的产品价值。他也发觉了在与乙品牌人员沟通时，促销导购介绍产品耐心、知识丰富、并有较强的责任心及敬业精神，结论是：在人员价值方面，乙品牌较好。但在顾客的印象中，甲品牌的知名度、整体形象等方面优于乙品牌，同时甲品牌售后服务、承诺等服务价值也高于乙品牌。最后他权衡了产品、服务、人员、形象等四个方面，得出了甲品牌的总顾客价值高于乙品牌。那么，顾客就一定会购买甲品牌吗？不一定，他还要将两个品牌交易时产生的总顾客成本相比较，总顾客成本不仅指产品价格，正如亚当·斯密曾说过的"任何东西的真实价格就是获得它的辛劳和麻烦"，总成本还应包括购买者的时间、体力和精神费用。购买者将这些费用与产品价格加在一起，就构成了总顾客成本。

这位顾客要考虑的是，相对于甲品牌的总顾客价值，其总顾客成本是否太高，如果太高，他就不会购买甲品牌产品，我们就认为其让渡价值小。反之，相对于乙品牌的总顾客价值，若其总顾客成本较小，则这位顾客就可能会购买乙品牌产品，我们就说其让渡价值大。通常情况下，理性的顾客总会购买让渡价值大的产品，这就是顾客让渡价值理论的意义。

现在顾客除了关注产品的质量和价格外，也越来越注重产品的售后。比方说，相同质量的两个产品，一个服务态度恶劣，且经常断货缺货，甚至还需要客户支付邮费，保修时间也很短；而另一个服务态度友好，能保证准时免费送货上门，并且保质期较长，维修网点分布也比较合理。这时，顾客会选择哪个呢？答案很明显，没有谁愿意花费更多的时间、精力等成本。产品质量固然重要，但非质量因素对顾客同样影响很大。要想赢得顾客青睐，就必须要充分认识并满足顾客的让渡价值。

正常情况下，顾客都是成熟的、理性的，若某种产品的让渡价值大，则该产品对顾客的吸引力就大，购买该产品的可能性就越大。当然，让渡价值越大，顾客的实惠就越多，但公司方面的利润就会减少，所以，根据市场及竞争产品情况，合理定价至关重要，既要保证有吸引顾客的让渡价值，又要兼顾公司的利润。

顾客让渡价值概念的提出为企业经营方向提供了一种全面的分析思路。

首先，企业要让自己的商品能为顾客接受，必须全方位、全过程、纵深地改善生产管理和经营。企业经营绩效的提高不是行为的结果，而是多种行为的函数，以往我们强调营销只是侧重于产品、价格、分销、促销等一些具体的经营性的要素，而让渡价值却认为顾客价值的实现不仅包含了物质的因素，还包含了非物质的因素；不仅需要有经营的改善，而且还必须在管理上、服务上适应市场的变化。

其次，企业在生产经营中创造良好的整体顾客价值只是企业取得竞争优势、成功经营的前提，一个企业不仅要着力创造价值，还必须关注消费者在购买商品和服务中所倾注的全部成本。由于顾客在购买商品和服务时，总希望把有关成本，包括货币、时间、体力和精神降到最低限度，而同时又希望从中获得更多实际利益。

因此，企业还必须通过降低生产与销售成本，减少顾客购买商品的时间、体力与精神耗费，从而降低货币、非货币成本。显然，充分认识顾客让渡价值的含义，对于指导企业如何在市场经营中全面设计与评价自己产品的价值、使顾客获得最大限度的满意，进而提高企业竞争力具有重要意义。

组织市场与消费者市场相比有很大的不同

与消费者市场相比，组织市场一般包含人数较少且购买量较大的买主。供需双方关系密切，购买者地理区域集中。组织市场的需求派生于消费者市场的需求和业务周期波动的影响。此外，许多企业商品和服务的总需求相当缺乏弹性。组织市场的营销者除需要了解专业采购员和他们的影响者的作用外，还要了解直接采购、互购和租赁的重要性。

——科特勒《营销管理》

组织市场是与消费者市场相对的一个概念。消费者市场通常面向的都是最终的需求方，而组织市场则不然，这个市场的购买者大多是为了生产或加工出其他商品，以满足其他市场的需要。也就是说，组织市场购买者的需求是一种派生需求，组织机构购买产品是为了满足其顾客的需要，组织机构对产品的需求归根结底是从消费者对消费品的需求中派生出来的。比方说，皮鞋制造商之所以购买皮革，是因为消费者要买鞋的缘故。如果说消费者市场的购买方主要是普通大众的话，那么组织市场的购买方则以企业、组织机构为主。这是一块不容忽视的市场。

组织市场与消费者市场之间，既有相同的地方，也有不同的地方。

在共性方面，比方说，两个市场都存在买卖双方，存在购买者作出决策的过程。而不同之处很多，比方说，在市场结构与需求、购买单位的性质等方面都存在着一些明显的差异。组织市场客户要远少于消费者市场，但组织市场的每笔交易额一般都会远高于消费市场。消费者市场是企业商家与普通个人交易，而商业市场则是企业组织之间采购或租赁的交易。

组织市场具有一些鲜明的特征：

第一，购买者比较少，但购买量很大。组织市场的营销人员通常不会像消费者市场的营销人员那样，需要接触大量的购买者，他们要接触的是少但是大型的购买者。比方说，大型工程机械设备，这种产品就不是普通的消费者所需的，它针对的一般是从事工程建设的企业单位。而一旦成交，订单金额通常都小不了。

第二，购买决策过程复杂。组织市场与消费者市场相比还有个重要的差异点，那就是购买决策过程的差异，与消费品购买者相比，组织购买者的购买决策过程更为复杂，牵涉的人员也更多。组织市场购买过程要远复杂于消费市场。组织市场中购买者购买决策关乎一个组织的利益，而且其数量、金额都是消费市场上单笔交易难以比拟的。在组织市场交易中还会涉及一些复杂的技术和复杂的关系，因此，相比于消费品购买者决策过程，组织购买者决策过程是一个庞大的工程，需要花费更多的时间和资源来决定。购买决策过程的参与者往往不只是一个人，而是由很多人组成，甚至连采购经理也很少独立决策而不受他人影响。营销人员要对采购者内部的人际关系和组织架构进行细致的梳理和深入的了解。

第三，与客户关系更为紧密。组织客户数量虽然少，但采购金额大，而且影响力也大。企业针对这类型客户，一般会为其量身定做产品，定制服务，甚至提供一对一的服务。企业与组织购买者之间，往往会建立一种长期性的、互利的伙伴关系。比方说，一家造纸厂从化学制剂厂购买原材料，而这家化学制剂厂很可能也会反过来成为造纸厂的客户，购买其纸张。

在组织市场上，买方与卖方通常会更加相互依赖，因为每笔交易无论从数量金额上，还是战略性质，对双方来说都很重要，长期的合作关系也会为双方节省成本与精力。因此，组织市场的营销人员更应注重长远的合作利益，也就必须要满足客户需求，照顾其决策过程的方方面面。

第四，采购专业化。组织购买者通常会成立专门的采购部门，有专门的采购人员或者委托专业的采购代理。他们的采购流程非常专业化，从报价、招标到最后签合同以及交货验货等，都有着一系列的规定和操作方法。组织市场的购买通常都需要详细的产品说明、细致的供应商分析报告、书面的购买订单以及合同等，其过程活动还包括对供应商的调研、与供应商的谈判等，可见，其购买过程相对要正式化许多。很多专业采购者将其一生的工作时间都花在了学习如何更好地进行采购上。

第五，需求波动大。组织市场产品和服务的需求比消费者市场产品和服务的需求更易变。当消费者的需求浮动时，企业为了适应消费者的需求变动，往往会在产出以及所需的工厂和设备上做很大的调整。有时候，消费者需求仅上升10%，却可能使得组织采购者的需求上升200%，而当消费者需求下降时，对组织采购者的影响将更大。

环境因素对于组织市场购买者的影响是比较大的。比方说，经济环境不好的情况下，企业会倾向于采购相对低廉的原材料，或削减采购来减小生产规模；相反，经济环境强健时，则会扩张采购规模，甚至采购高级原材料来提升产品质量。

第六，直接采购。组织市场的采购者一般都会直接跟生产厂商联系，从厂家那里直接购买，尤其是那些技术复杂和昂贵的项目，避开中间环节能够为采购者节省更多的成本。

正因为组织市场的这些特点，所以企业的营销人员不能照搬对待消费者市场客户的一套工作方式来应对组织市场的客户。很多企业将这类客户称为大客户、VIP客户、战略性客户，根据二八法则，这些客户往往能为企业贡献相当大一部分的利润。因此，营销人员应充分重视组织市场的客户，努力为其提供定制化的产品和服务。

营销者不可能创造需要，但可以影响购买欲望

营销者不可能创造需要：需要优先于营销者而存在。不过，营销者和其他社会因素共同对人们的欲望产生影响。营销人员可能会激发为满足社会地位而购买奔驰汽车的需求。但是，他们并没有创造出购买者对社会地位的需要。

——科特勒《营销管理》

科特勒指出，需要是人类最基本的要求。不管是空气、食物、水、服装和住所，还是教育、娱乐等等，都是人们需要的。当市场上有具体的商品可以满足人们的需要时，需要就会转变为欲望。比方说，当一个人饿的时候，他就会对食物有欲望。但是仅有欲望是不够的，这个人还必须有足够的支付能力来满足这种欲望。举一个很简单的例子，很多人都希望能有房有车、安家乐业，但是只有一部分人具有这样的支付能力。

科特勒因此特别强调一点，企业不仅应该知道有多少人需要这些产品，更重要的是要测算出有多少人实际上能够买得起。有需要、有欲望、又有购买力的人才是目标客户群体。科特勒反对这样的说法："营销者创造了需要"或是"营销者诱使人们购买那些并不需要的产品"。他认为，市场营销不会创造需要，需要在营销之前就已经存在了。营销创造的是对可能满足需要的那些产品和服务的诉求。换句话说就是，营销者不可能创造消费者的需要，但可以影响消费者的购买

第四章 消费者：企业存在的目的与根基

欲望。

消费者的需求由浅入深，有三个层面：

一是现实存在的需求。消费者自己能够清楚地意识到这一类需求，而营销人员的工作就是发现它，结合自己现有的产品和服务，通过有效的营销活动去满足它。满足这类现实需求并不十分困难，因为消费者已经有了明显的需求，只要营销人员善加引导，就能将这种需求变为实际的购买行为。

二是潜在的需求。这一类需求存在于消费者内心深处，并未明显表现出来，或者这种需求尚处于萌芽状态，动机不是非常强烈。营销人员需要进一步地去激发、挖掘并满足这种需求。创新的产品服务或者创新的营销模式能够将消费者某种刚刚萌芽的需求和若有若无的需求强化，能够将消费者深层次需求牵引出来，成为表面的、可意识需求，并产生购买的欲望和冲动。

三是消费者未能意识到的需求。当消费者自己也不知道他的需求是什么，或者需求微乎其微，或者需求很难实现，这就像是福特所说的那样，当人们被问起需要什么时，他们会说需要一匹更快的马。对这一类需求，营销人员需要技术创新结合营销模式创新，技术创新和营销模式创新结合可以爆发出裂变式的力量，有可能从根本上改变行业的竞争环境。

科特勒认为，需要不可能凭空被创造出来。如果消费者根本不存在某方面的需要，那么营销人员无论花多大力气去培育和引导，都很难成功。营销人员应该去发现那些消费者尚未认识到的、满足得不充分的需求。在引导顾客需求的过程中，营销人员要注意这样几点：

一是要弄清楚，消费者需要的到底是什么。美国有位推销专家曾说："客户需要的不是钻头而是钻头打出的孔。"当消费者买化妆品的时候，她们买的并不是瓶子里膏状、液体状的东西，而是美丽和希望；当消费者购买房子的时候，他们买的也并不是那一栋建筑，而是一个家，是一种幸福和美满。营销人员必须要认识到消费者表面需求背后的东西，不能只见树木不见森林。如果只是一个劲地营销产品，那么效果是有限的，但如果能够透过产品去营销产品背后的深层涵义，那么效果会有极大的提升。现在很多产品的广告都是走这一路线的，比方说，凌仕男士香氛，它的广告就没有将重心放在介绍该产品上，而是重在突显使用此产品后男士在女性之中的魅力和吸引力的提升，意在向消费者灌输，使用该产品后，能拥有更旺的女人缘，这样的一种暗示对于产品的主力购买人群中青年男性是非常有效的。

二是区分要求和需求，有选择性地满足消费者。对消费者而言，他们希望以最小的成本买到最好的东西，恨不得白白拿走产品，如果可以，他们会提出数不清的要求。比方说，你的产品是一款售价在五六万左右的车，而消费者很可能会说"这车内部空间太小了，要是更宽敞一点就好了"、"应该再多两个安全气囊，这样更安全"、"发动机的性能还应该再提升下"，等等。如果营销人员真的拿客户的这些要求当需求了，那就很可能走进了误区。客户的要求并不一定都是需求，营销人员需要去判断，哪些是应该满足客户的，哪些是不大可能的，这种判断力是必不可少的。

· 第三节 ·
打造深度的用户体验营销

顾客期待从购买中获得理性、感官、社会和自我的满足

消费者总是期待从一个产品中得到以下四种回报之一：理性满足、感官满足、社会满足和自我满足。购买者可能通过三种体验形象化这些回报：使用后的结果体验，使用中的产品体验，附带使用体验。

——科特勒《科特勒市场营销教程》

科特勒认为，消费者期待从购买中获得的是理性的满足、感官的满足、社会的满足和自我的满足。比方说，"头屑去无踪"就属于使用之后理性的满足；而"滴滴香浓，意犹未尽"带来的则是使用过程中的感官满足；"喝杯清酒，交个朋友"体现的是一种社会的满足；"我的地盘我做主"体现的是一种自我的满足。

科特勒所总结的理性、感官、社会和自我这四大类满足，追根究底的话，跟马斯洛所提出的需求层次理论是非常契合的。理性满足对应的是生理与安全上的需求，感官满足对应的是情感与归属的需求，社会满足对应的是尊重的需求，自我满足对应的是自我实现的需求。

顾客是不会轻易满足的，他们的需求总是不断发生着变化，当基本需求得到充分满足后他们会去寻求更高一层的需要。而企业也需随着顾客不断提升的需求去完善并改进自己的产品和服务，以使顾客得到更大的满足。在这个顾客至上的商业环境中，谁能更好地满足顾客，谁就会在竞争中更胜一筹。

网上曾流传过一句很有意思的话——"人类已经无法阻止海底捞"。海底捞是一家绝不普通的火锅店。它的一家店面日翻台达7次，一家旗舰店年营业额达

5000万，一家店面6个月就可以完成从开店到回本的赢利周期。这样的成绩足以让其成为行业翘楚。它的案例曾经被《哈佛商业评论》收录，它的经验甚至吸引了餐饮老大百胜集团的区域经理们前来观摩学习。那么，海底捞为什么能取得这样出色的成绩呢？

本来，餐饮业满足的只是马斯洛需求层次最底层的生理需求，这个行业吸引顾客的传统方式就是食物的口味。然而，随着人们生活水平的提高，消费者对餐饮业的需求已经不仅仅满足于"吃饱喝足"，更希望能获得感官、社会以及自我的全面满足。

海底捞的高明之处就是在于看到了这之中的巨大市场空间。搞定了客户的心，就等于占有了市场份额。可如果想让顾客获得超乎寻常的满足，单靠标准化的服务方式显然无法做到。在海底捞，从一个洋溢热情的微笑、一句贴心的话语，到一块干净的毛巾，桌面上的一个小摆设，这些都让顾客感觉幸福和温馨。

几乎在每家海底捞都能看到一样的情形，等位区里等待人数几乎与就餐的人数持平。如果是在普通的饭店，等候就餐会是一件痛苦的事，而海底捞却将这变成了一种愉悦——顾客在等候的过程中，可以享用免费的水果、饮料、零食，可以打打扑克牌、玩玩跳棋等游戏，还可以在上网区上上网、听听音乐，或者也可以享受免费的美甲、擦皮鞋服务。这些服务虽然是免费的，可是海底捞从来不曾马虎。有顾客曾说，有一次美甲的时候，有个女孩不停更换指甲颜色，反复折腾了有5次，连旁边的其他顾客都看不下去了，可那位帮她美甲的阿姨却仍然耐心十足。

在客人就餐的过程中，服务员会更加细心。他们会为披着长发的客人递上皮筋和发夹，以免头发垂落到食物里；他们会为戴眼镜的客人送上擦镜布，以免火锅的热气模糊了镜片；如果你把手机放到了桌面上，他们会拿来小塑料套，帮你装好，防止油沾到手机上；每隔一刻钟左右，就会有服务员主动更换你面前的热毛巾；如果你带了孩子，服务员还会主动帮着喂孩子吃饭，陪他们在儿童天地做游戏；为了消除口味，海底捞在卫生间中准备了牙膏、牙刷，甚至护肤品；过生日的客人，还会意外得到一些小礼物；如果你点的菜太多，服务员会善意地提醒你适当减菜；随行的人数较少，他们还会建议你点半份；天凉的时候，客人打一个喷嚏，服务员马上就会从厨房端来一碗热热的姜汤；客人随口问一句有冰淇淋吗，服务员就会抽空跑到附近商店去买来冰淇淋；如果客人特别喜欢某个小菜，服务员还会细心地打包一份，在结账的时候交到客人手中；餐后，服务员会马上送上口香糖；店里的服务员都会向你微笑道别……

海底捞的这些服务被顾客们称为"花便宜的钱买到星级的服务"，在这里，顾客享用的不仅仅是饱腹的食物，还有感官的满足、社会的满足，以及获得关怀、重视、礼遇的自我的满足。这样的一种感受是顾客所渴望的，也是最能让顾客牢牢记住的，它带给顾客的是全面的"四合一"式的满足，这远远超越了美食所带来的满足感。

随着消费者自我意识的觉醒，企业很难仅仅凭借基础性的产品和服务取悦消费者。企业面对的会是一个越来越精明、越来越难被打动的顾客群体。顾客获得了理性满足、感官满足，还会进一步期待社会满足、自我满足。要赢得顾客的心，企业需要提升产品、提升服务，以最严苛的方式要求自己，这样才能让顾客更加满意、更加满足。

向顾客传达一种愉悦的体验比推销产品更重要

什么是体验营销？营销人应当更多地关注产品或服务的设计，要向客户传达一种愉悦的体验，而不仅仅是销售一种产品或者服务。营销商应当通过从客户的体验出发来考虑对其产品或服务的营销和在营销中增强客户的良性体验。

——科特勒《科特勒说》

在提及体验营销的时候，科特勒特别提到了星巴克咖啡，他认为，星巴克提供了一种独特的咖啡体验。顾客在这里可以享受到优雅的环境，可以欣赏到咖啡的制作过程，可以躲避外面的熙熙攘攘。

体验有这样一个定义——体验是企业和顾客交流感官刺激、信息和情感的要点集合。这种交流发生在零售、批发环节中，发生在产品和服务的消费过程中，发生在售后服务的跟进中，也发生在与用户的交流活动中。可以说，体验存在于企业与顾客接触的所有时刻。体验营销就是要打破过去那种企业与顾客之间的鸿沟与障碍，打破企业说、顾客听的"独角戏"状态，让顾客充分参与到企业的活动中来，通过这样的融合，让顾客感觉到，整个企业都是在为他特别服务。

在西雅图有个派克街鱼市场，这个市场并不在黄金地段，规模也不大，仅由不到20名员工组成，但市场的日均收入却高达5万美元，人均近三千美元！西雅图人口才58万人，可是每年到派克鱼市观光游览的人却多达1000万人。这个市场被称为"世界上最快乐的鱼市"。派克鱼市成名的原因不仅因为海鲜丰富，还因为鱼贩们身手矫健的"飞鱼"技巧和现场欢愉的气氛,更因为鱼贩工作态度中所蕴含的哲理。

只要你一进入派克市场,就可以看到身穿工作服和黑色橡胶长靴的年轻人,他们唱着歌,大声吆喝着"三条鳕鱼飞往华盛顿"、"五只螃蟹奔向堪萨斯",然后把不同的海鲜"飞"到顾客们的篮子里或者手中。各式海鲜像球一样在空中飞来飞去,鱼贩们的动作就像杂耍演员一样流畅而熟练。每个鱼贩都笑容高挂、歌声不断、合作无间,就如同正在游戏一般的快乐。

面对顾客的询问,他们耐心十足、经验老到、充满热情与诚意。要是有顾客带着小孩光顾,鱼贩们甚至会掰着鱼的嘴,让鱼嘴一张一合,然后自己装出小丑一样的表情和声音,逗得孩子们直发笑。在这里,看不到脸色沉重的人,无论是鱼贩,还是顾客,个个都面带笑容。顾客们只要到了派克鱼市,就鲜少空手离开的。

这个如今人声鼎沸、客流如梭的著名鱼市,在很多年前,却并不是这番光景。派克鱼市原本是一个死气沉沉、充满敌意的市场,每天,这里都充斥着吼叫声、叫骂声,有的员工偷窃、酗酒闹事、吸毒,还搞派系争斗。这样下来,生意自然不会好。到后来,大家都受不了了,于是决定做一些改变,卖鱼的时候唱唱歌、"飞飞鱼"、与顾客们逗笑一番,这样改变之后,大家发现不仅自己心情好多了,顾客们也跟着开心起来了,市场的生意简直可以用火爆来形容。

后来,斯蒂芬·伦丁得知这一故事,于是深入考察了这个市场,并且写出了一本畅销全球的书,书名就叫《鱼》,从此,派克鱼市成了西雅图的一大景,在全世界都享有极高的知名度。

派克鱼市吸引人的地方不是它的各式海产,而是它的气氛,是它带给顾客的那种轻松和欢乐。传达一种愉悦的体验比向顾客推销产品更重要,为产品融入文化、品位以及情感内涵,然后再传递给消费者,这就是派克鱼市的秘诀,也是体验营销的秘诀。

值得一提的是,完美的顾客体验绝不仅仅是营销部门或客服部门的事,要让顾客获得难忘的体验,企业必须找出哪些是影响顾客体验的因素,然后把这些因素分解,分解到每一个岗位、每一个职能,这样才能知道哪一环、哪些因素影响到了顾客体验。

例如,当顾客反映他买的东西没有按时到货时,企业就一定要分清楚,送货不及时是由什么因素引起的,是订单处理不及时,还是付款环节不及时,还是仓库里分拣不及时,还是物流运输不及时?总之要细化到每一个环节,一定要把一个大的问题分解到所有的环节里面去，最后才能找到给顾客造成不良体验的因素在哪里。

体验营销满足的是消费者的思想、成就感和自我表达

消费者将会受到以下三种动机的鼓舞：思想、成就感和自我表达。那些以思想为主要动机的人将会以知识和原理为指导。而以成就为动机的人会用产品和服务来向同伴显示自己的成功。而以自我表达为动机的人将会热衷于社交活动，追求多样化，敢于冒险。

——科特勒《营销管理》

科特勒认为，最能鼓舞消费者的是思想、成就感和自我表达这三种动机，而体验营销从本质上说，要为消费者创造的也正是这三方面的满足感——思想、成就感与自我表达。一个能和消费者进行沟通对话、能与消费者有双向交流的品牌，其影响力要远远大于只向消费者进行单方面宣传的品牌，因为，前者不仅凝聚了企业自身的努力，更融入了消费者的个人元素在其中，这样的品牌不单纯只属于企业，而是为企业与消费者所共有、所共享。

让消费者充分参与体验营销，充分参与到品牌活动中来，在这个过程中，消费者的思想、成就感和自我表达都会得到极大满足。消费者与品牌、企业之间的距离也会无限拉近。对一个品牌而言，最重要、最有分量的代言人莫过于消费者。

Method是旧金山的一家环保洗衣用品公司。当他们进军洗衣粉市场的时候，面临着巨大的挑战，他们烦恼的是，要怎样做才能改变消费者的购买习惯，才能使汰渍洗衣粉的忠实用户相信，Method这个仅仅500多克的洗衣液能够洗干净整整50桶的衣服。而且，他们的推广预算只有少得可怜的20万美元。Method的联合创始人兼品牌设计师雷恩最后提出了一个想法——要用最少的钱达到最佳的宣传效果，最好的办法就是寻求客户的帮助。Method最后雇佣了媒体代理公司Mekanism拍摄了一个众包广告。他们绘制了一个情节串联图板，邀请人们来自行拍摄这个图板上的具体动作，然后再将他们拍摄的素材提交给Method进行最终剪辑。这次活动共有332名消费者参与其中。当这条众人你一笔我一笔创造出来的广告最终成型之时，它成了YouTube上观看次数排名第93位的视频，这段视频也使得Method的Facebook粉丝数量增长了68%。一位营销界人士一针见血

地指出:"这条众包广告的美妙之处就在于,从这条广告完成之日起,它本身就构建起了一个分销网络。"

一般而言,企业推出的广告通常都是委托专业的机构制作,然后推向消费者群体,而Method从一开始就打破了这种固有传统,它将广告交付到消费者手中,让他们来主导广告的创意、内容与呈现方式。这样做的益处是多方面的。

第一,让消费者来制作企业的广告,这种形式本来就是一种开创式的革新,当消费者充分参与其中的时候,无论是那332名贡献了素材的人,还是"围观"的其他人,都会获得一种极大满足,这正是思想、成就感与自我表达的满足。

第二,消费者在参与制作或"围观"这段广告的过程中,势必要深入地去了解Method及其产品特点、特色,而这样的主动了解,比起企业"推"式的宣传,效果要好很多倍,他们在无形之中很可能就已经接受了这个产品,甚至喜欢上了这个产品,成了一个特殊的目标客户群体。这就是那位营销专家所说的"从这条广告完成之日起,它本身就构建起了一个分销网络"的含义所在。

消费者已经不再满足于充当"看客"的角色,他们希望能够有更高的参与度。谁能给他们带来最深刻、最精彩的顾客体验,他们就最有可能倾向谁、选择谁。

像星巴克,它从来不满足于仅仅向顾客提供一杯咖啡。星巴克咖啡就要求每一位服务生都掌握咖啡知识以及制作饮料的方法,并成为这方面的专家,他们可以详细地为顾客解说每一种咖啡产品的产地、特性、冲泡方法,而且很善于与顾客进行沟通。在某些城市的星巴克,还会有一项叫作"咖啡教室"的服务:如果三四个顾客一起来喝咖啡,星巴克就会根据顾客的要求,为他们专门配备一名咖啡师傅。顾客对咖啡豆的选择、冲泡、烘焙等方面有任何问题,咖啡师傅都会耐心细致、毫无保留地向他讲解,使顾客能在品尝咖啡的同时,也学到了星巴克的咖啡文化。如果顾客非常想要自己尝试冲泡咖啡,咖啡师傅也会从旁指导。这样的一家星巴克店,已经不纯粹是饮咖啡的场所了,而是顾客深入体验咖啡文化的一座殿堂。

很多顾客都有着与生俱来的强烈求知欲与好奇心,帮助顾客实现学习有关产品的相关知识、弄清产品原理或制作方法的愿望,这既是在为顾客制造乐趣,营造体验,满足其思想、成就感与自我表达的欲望,更是企业营销自己的最佳方式。

第四章 消费者：企业存在的目的与根基

企业必须深入开展与消费者的合作

消费者之间强调合作的趋势也开始影响到商业。如今，营销者已经无法全面控制自己的品牌，他们必须向日益强大的消费者团体妥协。企业必须和消费者合作，它表现出来的第一个特征是营销经理必须学会倾听消费者呼声，了解他们的想法，获取市场信息。当消费者开始主动参与产品和服务共建时，企业和他们的合作就会进入一个更深的层次。

——科特勒《营销革命3.0》

科特勒指出，消费者的传统角色正在发生大转变——他们不再是一个个孤立的个体，而是开始汇聚成一股股不可忽视的群体力量；在作出购买决策时，他们不再盲目地被卖方所引导，而是积极主动地通过线上线下多种途径搜集各种有关信息；他们不再被动地接受广告，而是主动向企业提出实用的反馈；他们不再是旁观者的角色，而是要求有更多的参与权甚至是主导权。

正是因为这种大转变，营销也就不可避免地发生演变。在过去，营销活动或者以产品交易为中心，强调如何实现销售，或者以消费者关系为中心，强调如何维系回头客并增加销售；而现在，营销开始演变为邀请消费者参与产品开发和信息沟通等活动。

当代商业大师普拉哈拉德及其同事克里施南教授曾提出一个"协同创新"的概念，他们认为，协同创新有三个层面：第一个层面，企业建立一个"平台"，可为消费者进行一般性产品的个性化定制；第二个层面，企业允许某个群体中的个体消费者为自己量身定制产品，以满足自己独特的需要；第三个层面，整合消费者的定制化信息，对其进行深入的研究分析，据此来丰富平台的内容。简而言之，就是给消费者以发挥创意的空间，让消费者可以充分地表达自己的意见、建议、创想，企业通过与消费者之间的这种合作，不断地改进、提升产品与服务。

宝洁公司在与消费者沟通和合作方面做得就很出色，它的营销策略彻底走出了传统的消费者调研和开发方式，更接近于海星模式。

海星模式是什么样的？如果你砍掉海星的一条腿，它还会长出一条新腿，就连那只砍掉的腿也会长成一个新的海星。《海星模式》的作者布莱福曼和贝克斯特朗认为，这种模式将是企业未来的营销发展方向，它"无头无尾，更像是一群努力协作的细胞"。

宝洁就是一个坚持开放创新计划的"海星",宝洁公司很多知名产品都是和消费者共同开发创建的,如玉兰油新生唤肤系列产品、速易洁除尘拖把和佳洁士电动牙刷等。外部创新计划对宝洁的营业收入贡献高达35%。正是因为与消费者之间的这种合作,使得宝洁在全球的管理者和供应商们都能源源不断地获取各种鲜活生动的营销创意。

消费者不仅能在产品开发上襄助企业,在营销方式上也能贡献他们的力量和灵感。多力多滋曾经向用户征集广告创意,最后采用的由用户制作完成的"多力多滋免费送"广告一举登上了第21届美国超级碗广告点播量榜首的位置,反响之强烈,让众多专业广告公司的作品都相形见绌。

有消费者合作参与的营销活动,往往更容易接近消费者,也更容易被消费者所认可和接受。让消费者参与产品共建,消费者可以借此展现自己的能力,满足自己的成就感,还可以以类似于"DIY"定制的方式打造自己想要的产品和服务,这个体验的过程能给消费者带来极大的愉悦与满足。

企业从这种合作中获益会更多,不仅能加深与目标用户群体的关系与信任,更能获得最真实的市场反馈和创意构想。企业应努力推进与消费者的合作,倾听消费者的声音。

如何让消费者从低介入度转变为较高介入度

我们可以将消费者介入度定义为消费者在购买过程中对于一些营销刺激的反映和参与程度。营销人员须使消费者由低介入度转变为高介入度。

——科特勒《营销管理》

科特勒曾举例说,有的产品品牌间无多大差别,价格也较为低廉,顾客在购买时一般都是低度介入的。比方说,食盐就是很好的例子。顾客去买盐,很大一部分人都是长期购买同一个品牌的食盐,与其说是出于品牌忠诚,倒不如说是出自于习惯。消费者的介入度低,那么对企业及其品牌也难以形成深刻印象与特别的偏向,所以,营销人员要做的就是想方设法将消费者从低介入度转变为较高介入度。

让消费者的介入度由低变高,主要有四种途径。

一是将产品与某些消费者关心的主题做关联。比方说,家居用品商宣传自己绿色无污染,节能灯具商宣传自己节能环保,等等。

二是将产品与某些涉及个人的具体情况做关联。比方说，某些饭店会推出这样的活动，如果顾客在生日当天前往就餐，可以打折。还有的商店会举行抽奖，例如，身份证尾数为3的顾客在某段特殊时期在商店消费的话可以获得礼品或打折优惠等。

三是将产品与消费者的价值观或自我保护的强烈情感做关联。比方说，将女性内衣产品与预防乳腺癌关联起来，向女性顾客宣传正确选择和穿戴内衣对于预防乳腺癌的意义。很多女性对乳腺癌心有恐惧，又缺乏了解，如果内衣店做这样的营销活动，是能够吸引很多女性顾客的。

四是在产品中增加一些重要的属性，引起消费者的关注。例如，LG竹盐牙膏就是凭借"竹盐"的文化内涵在竞争激烈的日用品市场夺得一片天地，还有采乐去屑也是因为在洗发液中添加了独特药物成分，并通过药房渠道顺利打开市场。

这些策略都可以将消费者的介入度提高。科特勒曾经说过这样一番话："如今营销沟通更像是一种公司和顾客之间的私人对话，并且这种私人对话的频率正在不断增加。公司必须搞清楚的不仅仅是'我们怎样才能接触到顾客'，而且还要弄明白'顾客怎样能够接触到我们'。"现在的消费者在营销的过程中，扮演的是较以往而言参与度更高的角色，这既是消费者的要求，也是企业的需要。

提高消费者的介入度，创造绝佳的用户体验，主要包含三个基本的方面．

一是多与用户进行交流。现在的大部分消费者不愿意再充当被动接受广告宣传和市场营销的目标。他们要求在公司或产品的市场营销活动中发挥更大作用。那些希望和顾客成为伙伴关系的公司需要改变他们一贯的做法，将营销策略由"从上到下"转变为"从下到上"，也就是说，不再单纯依赖有影响力的媒体力量，将对产品的正面宣传强加给公众，而是应该发挥顾客对所使用产品和所接受服务的体验、感受与宣传作用，在顾客群体当中建立起公司的口碑。

二是多关心顾客的感受。很多公司都推崇"产品至上"或"服务至上"的信条，他们致力于推出优秀的产品和周到的服务来吸引顾客。但是，现在这种信条和理念已经不那么实际了。许多消费者已经不再仅仅看重产品和服务，他们还关心自己所获得的体验，他们是否有愉悦的感受。提升客户的介入度和体验感受，要求营销人员站在顾客的角度去审视企业所提供的产品和服务，并尽可能使产品和服务给顾客带去美好的享受。

三是密切联系顾客。传统的营销策略和广告宣传方式是面向整个市场，向成百上千万的消费者发布信息。现在，越来越多的公司开始注意到顾客群体的力量。这些各自不同的顾客群有着共同的想法和感受，并且能与公司的营销活动建立联系。让顾客更多地介入进来，能够引发消费者群体的共鸣和更多关注，甚至达到"轰动"的营销效果。

向消费者营销企业使命或产品使命有三个步骤

想向消费者营销企业使命或产品使命有三个步骤，提出具有变革性的使命，围绕使命构思品牌故事，最后引发消费者积极参与。

——科特勒《营销革命3.0》

科特勒指出要想向消费者营销企业使命或产品使命，重在三点，一是明确使命，二是构思品牌故事，三是激发消费者的热情参与。

在明确使命时，企业应认识到，使命永远是排在第一位的，有了正确的使命，经济回报就会自然而然地产生。像阿里巴巴的使命"让天下没有难做的生意"，百度的使命"让人们更便捷地获取信息，找到所求"，联邦快递的使命"使命必达"，玫琳凯的使命"丰富女性人生"，等等，都称得上是"具有变革性的使命"。

接下来，要将企业确立的使命传播开去，最好的方式就是构思品牌故事。围绕品牌使命讲故事实际上就是建立故事特征和情节。要想说服消费者，那么这个故事必须真实可信，能激发他们来关注、谈论这个品牌。

品牌专家杜纳·科耐普曾说："品牌故事赋予品牌以生机，增加了人性化的感觉，也把品牌融入了顾客的生活。因为人们都青睐真实，真实就是品牌得以成功的秘籍。"从这句话可以体会出，一个卓越品牌的成长历程往往与许多动人的经典故事相随相伴，品牌如果能够通过故事与消费者进行深入的情感交流，那么就很容易融入消费者心中。

美丽动听而内涵深远的故事，总是能让产品和品牌带上感情色彩。看一看世界知名的奢侈品牌就知道了，这些品牌的背后无一例外都会有一些吸引人的故事，或者是关于产品本身，或者是关于创始者，或者是关于创立历程等等。产品如果没有内涵、没有故事，那么，它就很难树立起品牌，也很难吸引人们的眼球，至于卖出像奢侈品那样的价格就更难了。

人们总是充满好奇感的，如果想让品牌更具有价值，那就要给自己的品牌添加一些"故事佐料"，让品牌活起来，消费者会因为生动的故事而记得你的品牌。

提出了产品使命，构思好了品牌故事，营销人员还需要将这些信息传递给消费者，让消费者知晓，并且应以创造性的方式引起消费者的兴趣，让消费者可以积极参与进来，能够实现与消费者之间的这种活跃的互动，才能更好地将企业使命、产品使命"营销"给消费者。譬如下面的案例。

"微电影"是当前很火热的一种视频形式。一些企业开始尝试通过"微电影"的方式来讲述用户与产品、与企业、与品牌之间的点滴故事。温州有一家六维宠物用品公司就对这种新颖时尚的品牌营销模式进行了积极尝试。他们投入300多万元，启动系列"微电影"的拍摄，来推广其内销品牌"诗卡维"。

六维公司的"微电影"里会出现这样的场景——在一个忙碌的家庭，调皮捣蛋的小狗"诗卡维"不甘心被忙碌的主人忽视，它一会儿卖萌讨开心，一会儿把家里大人小孩的鞋子统统藏起来故意让大家着急，煮出笑话连连。很萌的动物、很搞笑的场景、很温暖的故事，这些都是六维"微电影"的主要元素。

为了获得更好的"微电影"创意，也为了让更多的消费者有参与感和点击欲望，六维还通过网络向众多网友征集6部"微电影"的剧本、主角，甚至邀请网友围绕相关的产品元素制作"微电影"。

将"微电影"运用到品牌营销中是一种创举。这类影片的片长一般就是五到十分钟，很适合忙里偷闲或上下班途中的网友观看，也就是说，手机、平板电脑等新媒体平台用户都可随时点击下载观看。这种形式的营销，既能将与企业产品和品牌相关的内涵故事以有趣的方式展现给广大用户，更重要的是，消费者不再是旁观者，而是可以充分参与其中，发挥自己的创造力，发表自己的看法与意见，这样更能使品牌深入人心。

第五章

STP 目标市场营销：多能不如一专

·第一节·
市场细分：舍大取小，分而制胜

地理细分：地域不同，消费习惯也会有差异

地理细分是指将市场分成不同的地理区域，诸如国家、地区、州、城市或者街区。公司可以决定在一个或几个地理区域从事经营活动；或者在所有区域内经营，但同时关注需求和欲望的地理差异。

——科特勒《市场营销原理》

科特勒说，现在有很多公司都已经对其产品、广告、促销和销售进行本土化尝试，进行地理细分，以适应各个地区、城市甚至是街区的需要。

地理细分是细分市场的一种简单明确的方式。公司在选取自己的目标消费市场时，第一步往往是根据目标市场所处的地理位置，如国家、地区、县市、城市或地段来用以区分。不同的地区所孕育的历史文化也各不相同，消费者的偏好与消费习惯自然也各有千秋。因此，地理细分已经成了一种很常见的细分方式。

科特勒举例说，有的食品公司总是会在靠近减肥中心的社区商店额外多配送几箱低卡路里的快餐食品；电子游戏公司会在全球范围内根据不同的区域市场创造和出售同一个游戏的不同版本；有的公司为了逃离竞争激烈的大城市，在郊区或者小城镇建立商店。例如，家得宝公司正在发展一种新的商店模式，这些商店只有其传统店铺一半的规模，主要针对那些不够支撑大规模商店的小市场和空白区域设计，旨在提供更加亲切方便的五金产品购物环境。还有沃尔玛，在那些不

足以新建大规模商场的地方，沃尔玛会开设小型的超市风格的街坊百货店与社区店，这类商店规模只有购物中心的十分之一左右，但足以满足当地的消费者需求。

地理细分抓住了消费者日益多样化这一特征，针对区域细分市场的地理特征和人文特征进行分析，进行个性化的市场营销设计，确保市场营销活动的利益最大化、风险最小化。这种细分方式要求营销人员深入了解某一地区的地理区域特征和消费群体人文特征，制定有针对性的战略策略措施，进行地理区域本土化市场营销运营。

麦当劳是国际餐饮巨头，创立之初，由于其创始人及时抓住了快速发展的美国经济形势下广大的工薪阶层需要方便快捷的饮食的良机，并且进行了准确的细分和定位，使得麦当劳一举成功。回顾麦当劳的发展历程就可以发现，麦当劳非常重视市场细分的重要性，尤其是地理细分。无论是美国国内市场，还是国际市场，都有各自不同的饮食习惯和文化背景。麦当劳因此进行地理细分，针对不同的地理单位采取不同的营销策略，从而做到因地制宜。

麦当劳每年都要投入大量的资金进行认真严格的市场调研，研究各地的人群组合、文化习俗等，然后再做出详细的细分报告，以便为每个国家甚至每个地区的本土化市场策略提供市场依据。

它在刚进入中国市场时，带来了大量的美国文化和生活理念，并试图让这些文化和理念在中国市场扎根，当时麦当劳希望以其主打产品——美国式的牛肉汉堡来征服中国消费者的"胃"。但事实却是，中国人更爱吃鸡，鸡肉产品比牛肉产品更符合中国人的口味，也更容易被接受。针对这种情况，麦当劳改变了原有的策略，打破了它在全世界从来只卖牛肉产品的惯例，在中国市场推出了鸡肉产品。这一转变正是针对地理因素所做的，也大大加快了麦当劳在中国市场的扩张步伐。

麦当劳的地理细分还给我们带来了另一重启示，在进行地理细分时，一定要提高研究所得的市场策略应用到实际营销活动中的效率。麦当劳虽然每年都投入甚多用于各个地理细分市场的研究，但应用效率却因为各种各样的原因不尽如人意。麦当劳在全球市场都领先于肯德基，唯独中国市场是个例外，落后于肯德基，这其中很重要的一个原因就是肯德基更加本土化、中国化。麦当劳在最初进入中国市场时对中国消费者的口味必然有所研究，但它一开始还是主推牛肉汉堡，直到后来才被动改变策略，主推鸡肉产品，这不能不说是市场研究与市场应用之间脱节的一种表现。

地理细分，一定要做好市场研究工作，并根据研究所得开拓市场。现在，越来越多的企业都意识到了地理细分的重要性。他们从产品设计、营销方案、市场服务等方面开始注重地理区域市场带来的差异，在营销差异化战略基础上，紧密结合地理区域特征，开展细分消费者市场的建设，走在了市场的前列。

需要注意的是，地理变量易于识别是细分市场应予以考虑的重要因素，但即便是同一地理细分市场的消费者在需求上仍是大有差异。就拿一个城市来说，它可以视为一个地理细分市场，但在这个城市里，有着几十万甚至数百万的人口，这些人群的需求有共性，但必然也有其差异性。所以，企业不能简单地以某一地理特征区分市场，还应该结合其他的细分变量综合考虑，去选择适合自己的目标市场。

人口细分：将消费者区分为有差异的群体

人口细分是将市场按年龄、性别、家庭规模、家庭生命周期、收入、职业、教育、宗教、种族、世代和国籍等人口统计因素分为多个群体。人口统计因素是最常用的市场细分基础。

——科特勒《市场营销原理》

科特勒指出，年龄、性别、职业、收入等都是人口统计学中的典型指标。将之应用在市场细分中，也就形成了人口细分方式。由于人口是构成消费品市场的基本要素之一，同时具有易区分、可衡量的可操作性，因而人口细分已成为市场细分最常用和最重要的标准之一。目前，企业中常用的人口细分变量主要有以下几个：

一是年龄和生命周期阶段。消费者的需要和欲望随着年龄的增长而变化。一些公司针对不同年龄和生命周期的消费者提供不同的产品，运用不同的市场营销策略。例如，一家食品公司为儿童提供一种充满趣味的儿童午餐，而为老人们提供的则是一种只需要用微波炉简单加热就能食用的热乎乎的、松软的新鲜三明治。

再比如，高露洁在生产牙膏和牙刷时，就分别建立了不同的生产线，以便能够为儿童、成年人和老年人提供产品；帮宝适将它的市场按月为单位分为不同的消费者市场；几乎所有奶粉企业都将奶粉划分为婴儿奶粉、幼儿奶粉、成人奶粉、中老年奶粉，而婴儿奶粉又按月划分为不同的阶段。

在运用年龄和生命周期细分市场时，营销人员要避免落入陈规俗套。比方说，一些老态龙钟的老人，他们的确上了年岁，可是，他们很可能比年轻人还要活跃，还要"年轻态"；还有，40多岁的中年人有的可能已经将孩子送入了大学，而有的则很可能刚刚开始组建家庭。也就是说，不能单纯地根据年龄去判断一个消费者的生命周期、财富、工作以及家庭情况、购买能力。营销人员需要透过表象看本质，对消费者加深了解。

二是性别。在服装、化妆品、日用品等市场，性别细分是很有必要的。男性与女性在很多产品的消费上，是有截然不同的需求和喜好的。比方说，宝洁推出过一个品牌叫"秘密"，这就是一个专门为展现女性魅力而设计的产品，无论是产品本身还是包装与广告都突出了女性的形象。在过去，男性是不大使用护理用品或化妆品的，但现在，随着男士越来越重视自身形象，一些专门生产女性化妆品的公司也开始营销适合男性使用的产品，例如，妮维雅推出的男士系列产品就将自己定位为"专为积极健康的男性而设计的护理产品"。

三是收入。收入水平直接决定着消费者的购买力，所以，根据收入进行细分也是不容忽视的。特别是汽车、服装、化妆品、理财、旅游等需要一定购买实力做支撑的产品，收入一直是一个重要的市场细分化变量。比方说，汽车就有针对富裕阶层的售价几十万甚至上百万的豪车，也有针对中产之家的定价在十几万、二十几万的车型，还有针对普通收入群体的定价在几万元左右的车型。在零售业，很多连锁商店瞄准中低收入群体，为他们提供物美价廉的商品，这些商店因为定位准确，能很好地满足占据人口大多数的中低收入人群，因此大获成功。

企业在进行人口细分的时候，要特别注意对人文变量的理解，营销策略如果触及了消费者群体的敏感神经，如宗教信仰、民族种族等，就很可能被市场所排斥，严重的时候甚至会威胁到企业的生存。

心理细分：心理模式影响购买行为

心理细分是根据社会阶层、生活方式或个性特征将购买者划分为不同的群体。具有相同人口特征的人，在心理模式上可能大相径庭。

——科特勒《市场营销原理》

消费者的心理模式对其购买行为有着直接且深刻的影响。即使是具有相同人口特征的人群，也可能表现出差异性极大的心理特性。所以，企业需要从社会阶层、生活方式以及个性特征等因素对消费者进行心理细分，具体而言是这样的：

社会阶层是指在某一社会中具有相对同质性和持久性的群体。同一阶层的成员往往具有类似的价值观、兴趣爱好和行为方式，而不同阶层的成员之间则会表现出较大的差异性。所以，识别不同社会阶层的消费者所具有的不同特点，可以为很多产品的市场细分提供重要的依据。

生活方式是指一个人怎样生活。人们追求的生活方式各不相同，如有的追求新潮时髦；有的追求恬静、简朴；有的追求刺激、冒险；有的追求稳定、安逸。生活方式不同，消费者所偏向的产品风格与类别自然也会有差异。

个性是指一个人比较稳定的心理倾向与心理特征。俗话说，千人千面，每个人的个性都会有所不同。通常，个性会通过自信、自主、支配、顺从、保守、适应等性格特征表现出来。因此，企业可以对消费者按照性格特征进行分类，从而为企业细分市场提供依据。在这方面最为知名的例子，就是万宝路，它塑造了西部牛仔这一形象，吸引了无数崇尚自由野性、洒脱阳刚、粗犷豪迈的消费者群体。

人们的心理状态直接影响他们的购买趋向，特别是在具备一定购买力的顾客群体中，他们购买商品已经不限于满足基本生活需要，心理因素左右购买行为的情况更为突出。美国斯坦福咨询中心曾经进行过深入的调研，并将美国的成年人的心理模式划分为八大类，分别是改革者、有思想者、成就者、尝试者、有信仰者、斗争者、生产者和挣扎者。这些群体每一类之间都有着很大的差距，对他们有必要进行心理细分，进而采取针对性的营销策略。

国内的消费者同样也是如此，在心理模式上是有很大差异的。比如《老男孩》的火热就是因为它把准了中青年一代人浓厚的怀旧心理。

特殊的经历与背景会造就特殊的心理情结，而有着共同经历与背景的群体很容易对同样的事物产生同样的癖好、同样的看法与心理，对于那些能够契合他们心理、引发他们共鸣的东西，他们会产生一种普遍的认同感、偏爱感和亲切感。所以说，根据消费者的心理模式来细分市场是一种行之有效的方法。

国内的长虹彩电在很早之前，就将心理细分市场这种策略运用得恰到好处。早在长虹推出彩电之时，它就抓住了人们强烈的爱国情结，打出"以民族昌盛为己任"的口号，不仅取得了消费者的认可，甚至得到整个社会的肯定，不但提升了市场销售量，更是极大地提升了品牌价值。这句口号在那个特定的年代，落在那个时代的消费者心里，就会收到意想不到的效果。

从这也可以看出，人们的心理模式是处于不断变化之中的，每个人在每个不同时期的心理状态是大不相同的。企业要深入地了解消费者，掌握他们的心理"密码"，然后根据消费者的不同心理模式对市场进行细分。

行为细分：建立细分市场最好的出发点

行为细分是根据人们对产品的了解、态度、使用情况或反应，将购买者划分为不同的群体。许多市场营销者认为，行为变量是进行市场细分最好的出发点。

——科特勒《市场营销原理》

科特勒指出，消费者的行为变量——如时机、利益、使用者状况、使用率、购买者准备阶段、忠诚状况及态度等——是建立细分市场最好的出发点。

第一，购买时机。营销人员可以根据消费者产生购买意图、采取实际购买行动以及使用所购买的产品的时机来细分市场。就拿我们身边的例子来说，城市公共机车运输公司就可以根据上下班高峰期和非高峰期乘客的需求特点来划分不同的细分市场并制定不同的营销策略。再比方说，航空公司就可以按照消费者的购买时机大致划分为公务、休假、家庭旅游这样几类。

通过购买时机细分市场还有助于帮助企业扩大产品的销量。例如，在母亲节、父亲节、情人节、圣诞节等节日，商家会对很多产品进行大力的推广和促销，但除了这些广为重视的节日之外，其他的一些小节日或者普通的假日也可以通过创意性的营销运作，对产品进行营销推广。可口可乐公司就曾推出过主题为"早上好"的宣传运动，它将软饮料宣传为一种适宜清晨饮用的提神饮品，从而提高健怡可乐的销量。

第二，追求的利益。消费者购买某种产品总是为了解决某类问题、满足某种需要。然而，产品提供的利益往往并不是单一的，而是多方面的。利益细分就是根据消费者从产品中追求的不同利益，将他们划分为不同的群体。比方说，同样是购买汽车，有人看重的是安全性，有人看重舒适感，有人看重驾驶的快感，有人看重档次与品位，还有人看重的是性价比。营销人员就可以根据消费者所追求的主要利益的不同，对他们进行细分。

第三，使用者状况。营销人员还可以根据使用者是否使用产品以及使用的频次情况，将消费者分为非使用者、曾经使用者、潜在使用者、首次使用者和经常使用者。市场营销者希望巩固和留住经常使用者，吸引目标市场的非使用者，以及重建与曾经使用者的关系。

第四，使用率。根据消费者使用产品的量的大小也可以对市场进行细分。通常会有大量使用者、普通使用者和轻度使用者。大量使用者的人数虽然不多，但其消费量在企业全部营收中占的比重是非常大的。美国有一家啤酒公司发现，其80%的啤酒产品被50%的顾客消费掉了。因此，公司决定将啤酒重度饮用者作为目标市场。那么，这部分群体有哪些特征呢？经调查发现，重度饮用者大多是蓝领工作者，年龄在25~50岁之间，喜欢看体育节目，每天花在看电视上的时间不少于3~5五个小时。显而易见，根据这些信息，企业就可以在其定价、广告传播等方面改进策略和思路。

第五，用户忠诚程度。有的消费者对企业非常忠诚，在较长时期内他们就专注于某一个或者有限的几个品牌，有的消费者却经常变换品牌。根据用户的忠诚程度，企业可以对用户的忠诚程度进行细分，针对不同忠诚程度的用户采取不同策略；同时，企业还可以从中去了解，为什么有的消费者忠诚于本企业，而另外一些消费者却忠诚于其他的竞争对手。

第六，购买的准备阶段。消费者对自身需求还有对产品的认识程度是不一样的。有的人尚未能察觉到自己对某类产品有需求；有的人能够意识到自己的需求，但还不知道该使用哪些产品；还有的人知道产品的存在，但对产品的价值、特性等等还缺乏了解；还有一些消费者则可能已经在考虑是否要购买。所以，从消费者所处的购买的准备阶段，企业可以进行细分并采用不同的刺激和引导策略。我们可以来看一个例子。

国外有一家高档厨房和烹饪用品零售商，它看准了一个特殊的消费者群体，那就是新婚人士与年轻情侣，为了向他们推广其产品，该公司在《新娘》杂志登了一则插页广告，广告上展示是年轻的情侣在公园散步，还有在厨房中亲密交谈的画面，在广告中，女孩问道："现在我已经找到了爱，我还缺什么呢？"广告画面中，在显眼的位置，就是该公司的刀具、烤箱、平底锅、碗等产品的精美图片，给人以强烈的暗示意味。该零售商还邀请新人们登记信息与需求。此次营销的结果是，登记信息的新人们几乎有一半成为该品牌的新顾客，而在未来，开始新的家庭生活的他们将会购买更多的厨房和烹饪用具。

这家零售商就是从消费者购买的准备阶段入手来进行市场细分和目标市场选择的，他们瞄准了年轻的情侣与新婚夫妇，刺激他们的需求和购买欲望，引导其消费。

第七，态度。不同消费者对同一款产品的态度可能会有很大不同。有的人持肯定态度，有的人持否定态度，还有的人则是无所谓的态度。企业可以根据顾客对产品所持的态度来细分市场，并在广告、促销等方面采取不一样的措施。

上述的这些行为变量能够直接地反映消费者的需求差异，因此被很多营销人员视为市场细分的最佳出发点。

大众营销日渐衰落，微观营销日益兴起

在大众营销中，卖方为所有的购买者提供单一产品，并进行大批量的生产、分销和促销。大众营销的倡导者认为，大众营销能够创造最大的潜在市场，从而实现成本最低化，进而可以转化为更低的价格或更高的利润。然而，许多批评者指出，随着市场的日益分化、广告媒体和分销渠道的多元化，想要接触到大量的受众也变得越来越困难，费用也越来越昂贵。有人声称大众营销正在衰亡，许多公司已经开始转向微观营销。

——科特勒《营销管理》

大众营销就是卖方试图对同一种产品用同一种方式进行市场营销并卖给所有的消费者。在这一营销战略上，亨利·福特是一个典型。他所领导的福特汽车生产出了一种黑色的T型汽车，这款汽车给福特汽车带来了荣耀与辉煌，然而，当人们的需求和品位日趋多元化的时候，亨利·福特却始终认为他的黑色T型车才是"王道"，拒不做其他的尝试。这一决策让福特汽车错失了很多机会，也失去了在行业中一方独霸的王者地位。

与大众营销相对应的就是微观营销，也就是企业打破原有的标准化营销模式，使自己的产品和营销策略与地理、人口、心理和行为变量等因素相适应和匹配。微观营销主要包含了这样四个层次：细分营销、利基营销、本地营销和个体营销。细分是在一个市场上识别各种群体。利基是进一步细化那些被确定的群体。在本土化层次，营销人员为特定的市场区域或者消费群体定制其营销活动。

大规模的、无差异的大众营销的确提高了效率，降低了成本，可是，同时也降低了对人个性的关心，降低了对人情感与爱的关注。科特勒所著的《市场营销原理》一书曾经在开篇之中就提醒人们："大众营销的普及模糊了消费者一直作为个体服务的事实。"

随着消费者获取信息渠道的增多、知识的增多、辨别力的增强和要求的增加，企业要面对的市场变得越来越分化和动荡。大多数的营销人员已经认识到，消费者

之间并不完全相同——他们在人口统计、态度、需求、地位和社会归属方面存在着很大差别。细分市场是必然的趋势，而微观营销的兴起也是难以阻挡的。

微观市场营销发展到极致就是大规模的定制，即为大量的顾客提供个性化服务、定制化服务。

著名的里兹-卡尔顿饭店有一个极其细致的数据库，里面记录了每一位入住过该饭店的客人的喜好，如果某位客人在某城市的里兹饭店入住时要了一床防过敏的羽绒被，那么，几个月后，甚至是几年后，当他入住全球其他任何一家里兹饭店时，都会有一床防过敏的羽绒被在等着他使用。

还有一家名为"软件运动服饰"的公司，它可以利用特殊的计算机软件为顾客定制泳衣。一台与照相机相连的电脑会量出顾客的尺寸并列出适合该顾客的泳衣式样，还会从前、后、两侧展示出顾客穿上泳衣之后的样子，顾客可以从150多种样品中挑选衣料并将设计送到生产车间，只需几天时间，用户便能拿到为自己量身定制的泳衣。

微观营销给企业带来了希望，但同时也带来了挑战。对多个微观市场进行差异性的营销与对一个市场进行标准化营销，这两者比起来，前者的难度与复杂性不言自明，而且在制造成本和营销费用上，前者的投入也要更大。尽管如此，大多数的营销人员仍然坚信，微观营销是一个全新的市场营销时代的开始，企业用一种促销手段有效地将产品推销给所有消费者的时代已经一去不返了。

细分营销：更细、更精、更快、更好

细分市场是由具有相似需要和欲望的顾客组成的群体。营销人员需要做的是识别出细分市场，并确定哪些细分市场将作为目标市场，而不是创造细分市场。通过细分营销，企业可以更好地对产品或服务进行设计、定价、宣传和分销，而且也可以更好地对营销计划和营销活动进行调整，从而更好地应对竞争者的营销活动。

——科特勒《营销管理》

细分营销能够帮助企业更细、更精、更快、更好地开展营销。这主要体现于以下几方面。

第一，通过细分市场，确定目标市场，企业把人力、物力、财力集中投入目标市场，可以形成经营上的规模优势，取得理想的经济效益。

第五章 STP目标市场营销：多能不如一专

第二，在市场细分之后，企业可以面对自己的市场，生产出适应消费者需求的产品。只要产品能够满足该细分市场上的消费者需求，就能加速商品流通，提高资金利用率，从而降低销售成本，提高企业经济效益。

第二，细分后的市场小而具体，营销人员可以深入细致地探求每个细分市场中的潜在需求，研究该市场的发展趋势、潜在需求量的大小、需要提供什么样的产品和服务等等，然后，企业可以根据潜在市场的需要，有针对性地去开发新市场，使潜在需求尽快地转化为现实需求。这样，既能为企业带来新的顾客，达到扩大销售、增加赢利的目的，又满足了潜在消费者的需求而受到消费者的欢迎，实现企业的社会效益。

细分营销到底能产生什么样的效果，我们可以看一看维达的案例。

多年来国内的生活用纸巾市场一直以价格战和终端战为主。近年来，为了抢夺年轻消费者这一黄金巾场，各大厂商都下足了工夫，尽力迎合年轻人的潮流品位。像恒安就推出了吉米系列，将漫画形象搬上了包装；而洁柔则重金聘得小S担当形象代言人，推出百花、古龙等多种香味的产品，来迎合消费者的感官需求。而定位于中高端市场的维达，该如何从这些眼花缭乱的"品牌战"中突围呢？从《功夫熊猫》、《喜洋洋》的热播中，维达找到了突破口。

维达对市场进行了细分，划出了0～12岁、青少年以及时尚白领这样几个细分市场，展开了产品和营销攻势。

其中，维达棉柔系列主要面向0～12岁市场，该系列传承了"喜羊羊"活泼向上、开心快乐的精神，以"轻松、童趣、酷尚、快乐"的产品设计吸引儿童以及年轻妈妈群体。

维达"功夫熊猫"系列则面向青少年群体。这个系列的产品是维达与全球顶级动画公司"梦工场"跨界合作的结晶。《功夫熊猫》在国内的票房成绩十分惹眼，阿宝憨态可掬的形象以及乐观风趣、柔韧自强的精神与维达的品牌理念很好地融合在一起。影片的热映也带火了维达"功夫熊猫"系列产品的销售，树立了品牌的年轻形象，受到了青春一族和动漫爱好者的青睐。

维达"FEEL"系列则是针对白领市场，该系列产品以时尚潮流的包装设计打破了传统产品沉闷守旧的形象。"FEEL"系列以年轻女性为目标消费群，这一群体个性鲜明，时尚触觉敏锐，对生活品质要求高，注重社交，对纸巾这样的贴身用品，她们要求能反映其审美、个性以及情趣。而"FEEL"系列恰恰迎合了年轻时尚白领的这些心理需求。

为配合品牌内涵的整合，维达还在传播手段上下了很多工夫，考虑到目标消费群体的特征，维达抛开了传统的媒体形式，而是启用了新兴的媒介传播手段，主要通过网络来进行整合营销推广。其中的一个活动叫"DIY属于你我的幸福纸巾盒"，活动很简单，用户只要上传四张照片，就可以自动生成以这些照片为画面的纸巾盒，DIY的纸巾盒可以进行3D（三维）预览，可以打印，更可以分享到SNS（社会性网络服务）、微博，供网友欣赏、投票。最后得票最高的一批用户，可以获得由维达为其精心制作的DIY纸巾盒。这个轻松温馨的小活动备受网友喜爱，仅一个月时间内，就有上千参赛作品上传，点击量超过40万。

这一系列营销策略给维达带来了丰厚的回报，据维达2011年财报显示，其营业收入为47.65亿港元，较上年增加32.3%；利润12.97亿港元，比上年增长22.1%。这份出色的成绩单表明，维达的细分市场策略和多品牌跨界整合营销是卓有成效的。无论是维达对STP战略的有效执行，还是传播手段的整合与创新，都是很有借鉴性的。维达不仅使自身的品牌内涵与形象得到提升，而且成功赢得了细分市场消费者的青睐。

在未来，消费者群体还会进一步分裂，市场也将进一步细分，企业必须调整营销策略，着眼细分市场，并选择自己的目标市场，开展差异性的细分营销。

· 第二节 ·
目标市场：选定最适合自己的区域

评估细分市场时，企业必须考虑三大因素

市场细分有助于公司识别细分市场的机会。随后，公司必须评价各个细分市场并决定自己能够最好地服务于哪些细分市场。在评估各种不同的细分市场时，公司必须考虑三大因素：细分市场的规模和增长潜力、细分市场的结构吸引力，以及公司的目标和资源。

——科特勒《市场营销原理》

科特勒指出，企业要确定目标市场，首先要对细分市场进行评估。具体来说，要评估的是三方面的因素：

首先是评估细分市场的规模和增长潜力。公司应收集和分析各个细分市场的资料，包括细分市场当前的销售量、增长速度和预期的赢利性等。大企业对于较小的市场，往往不屑一顾；而小企业对于较大的市场，又缺乏足够的资源来进入，而且也难以在大市场上与大企业竞争。如果细分市场的规模狭小或趋于萎缩状态，那么企业进入后就难以获得发展，无利可图。只有选择具有恰当规模和增长空间的细分市场，企业才能更好地发挥。

其次是评估细分市场的结构吸引力。该细分市场中是否已经有了很多强大的竞争者，是否有许多现有的或潜在的替代产品，是否有足够的具备一定购买能力的顾客等等，这些都会影响到细分市场的吸引力。无论是大企业，还是小企业，都在寻找赢利潜力超过平均水平、成长前景看好的细分市场。市场吸引力取决于他们比对手更好地利用这些特性的能力。每一细分市场的成长前景取

决于未被利用的机会。即使是成熟的市场也可能存在着非常重要且未被人注意的增长潜力。

最后是评估企业的目标和资源。某个细分市场即使很有吸引力，但它很可能与企业的长期目标不相符，或者说，公司缺乏在该细分市场立足所必须具备的资源和实力。如果进入这样的细分市场，非但不能推动公司实现发展目标，甚至还会分散公司的精力。如果企业实力雄厚、资源充裕、具有较多高素质的生产技术人员和经营管理人员，当然可以选择较大的市场作为服务对象。相反，如果企业资源有限，人力、物力、财力不足，则需集中使用有限的资源，也不要妄想"狮子大开口"地吞下过大的市场。只有选择那些公司有条件进入、能充分发挥其资源优势的市场作为目标市场，公司才能成功地实施其营销组合计划。

此外，产品的特点、生命周期阶段、供求趋势，还有竞争对手的策略等等，都是企业在选择目标市场的时候不得不考虑的一些因素。

企业选择目标市场时应综合考虑上述各种因素，权衡利弊，方可作出决策。

提起内衣店，很多人第一印象里想到的大都是女士内衣店，这样的内衣店大街小巷比比皆是，竞争非常激烈。有个人创业的时候就选择了开一个内衣店，不过，他选择的是男士内衣。很多人劝他，男士内衣相对于女士内衣来说，市场要小很多，做起来恐怕会很困难。这个人却仍然坚持，他在选址时没有选择传统的商业街，因为成本太大了，他在商业街后面的另一条普通街上选择了一个店铺，成本要低很多。他店里的男士内衣，样式多种多样，还有一些稀奇古怪的。而且，每一条内裤的定价至少都在50元以上，好的需要几百块。旁人看他店里的内裤款式奇特，都以为他的主打顾客群应该是年轻人，可事实却是，他店里的购买主力是35岁以上的中年男性，这部分顾客占到80％左右。年轻顾客也有，但是看热闹的居多，购买的少。

经营不到一年时间，这个人就连开了四家分店，生意相当不错。在谈及该店的定位时，这个人说，店里这些款式新奇的内衣在一开始的确定位在年轻人，他试过很多方式，如打折、促销、减价，这的确能吸引来年轻顾客，但是动辄百元的价格即使打折过后，年轻顾客仍然难以承受。而相比之下，中年顾客群体则大不相同，他们买的时候并不注重价格，更在乎样式和质量，注重产品的内质与舒适度，而且，这些顾客很容易培养出忠诚度，他们只要穿得舒服，下一次还会继续购买，而且很多顾客还会给这家店做免费的口碑传播。所以，内衣店的生意才蒸蒸日上。

第五章　STP目标市场营销：多能不如一专

这个例子说明，找准目标市场是多么重要。如果一开始就找错了目标消费群体，那么，即便营销手段再高明，也只能争取到本来就只占小份额的那一部分顾客，而真正的消费群体却没有办法被这些营销手段打动。上面例子中的店家，在目标市场的选择上，就非常明确，他锁定的就是35岁以上有一定经济基础的中年顾客群体。

在STP战略中，目标市场的选择是非常关键的一步。目标市场的确定意味着营销对象的确定，也意味着对营销战略规划具有直接指向性的影响。企业的营销战略必须适应目标市场的地理环境与人文环境，必须迎合目标消费人群的习惯和爱好，以满足其特定的需求。目标市场策略应有相对的稳定性，但这并不意味着目标市场策略一经确立就不能改变，当企业的内、外条件发生重大变化时，目标市场策略也需进行调整和转变。

企业理智的做法应该是一次进入一个细分市场

公司的明智做法应该是一次进入一个细分市场，并将全盘计划保密，不能让竞争者知道本公司下一步将要进入哪个细分市场。

——科特勒《市场营销原理》

科特勒提醒企业，在确定细分市场时，最好是一次进入一个细分市场，并做好全盘计划的保密工作。企业一次进入多个细分市场，很大程度上是为了分散风险、增加赢利，他们认为，同时在多个市场经营，即便有几个市场的表现比较失败，但总会有一两个市场能给企业带来丰厚的回报。但事实上，同时开辟多个细分市场，会给企业带来不小的风险，会造成企业资源的紧张、成本的增加，最终会给管理带来很大的挑战。

企业如果一次只进入一个细分市场，那么就能集中优势力量，实行专业化生产和销售，降低成本，提高企业和产品的知名度，提升企业在细分市场的地位和竞争力。

日本尼西奇公司最初是一家生产雨衣、尿布、游泳帽、卫生带等多种橡胶制品的小厂，由于订货不足，面临破产。当时的日本，正值经济复兴，人民生活日益提高，生活方式也在逐渐发生变化。尼西奇的总经理多川博在一个偶然的机会，从一份人口普查数据中了解到，日本每年约出生250万个婴儿，这个数据让他惊讶，要知道250万新生婴儿，如果每个婴儿用两条尿布，一年就会有500万条尿布的广阔市场。于是，多川博当机立断，先放弃尿布以外其他产品的生产，将公司所有资源都投放到尿布的专业化生产上来。

尼西奇公司为了满足日本生育高峰而带来的对婴儿尿垫的需求，集中力量大力发展婴儿尿垫和尿布的生产，不断研制新材料，开发新品种，在激烈的竞争中站住了脚跟。其他服装公司也在生产尿垫，但他们与尼西奇公司相比，在专业度上要相差很多，因此，在竞争中纷纷败给了尼西奇。

尼西奇公司认为，作为一个中小企业，财力、人力、技术都有限，如果什么都想做，到头来很可能样样都做不出成绩来，只有扬长避短，先把自己最有把握的产品经营好才会有出路。婴儿尿垫虽然是小商品，但它却是人们生活中不可缺少的东西。

经过十几年的努力，尼西奇公司的婴儿尿垫在日本可以说和丰田汽车一样有名，甚至赢得日本皇室的高度赞誉。几乎所有的大百货公司、超级市场、儿童用品商店里都陈列着尼西奇的产品。它的年销售额高达120亿日元，现今日本市场上的婴儿尿垫70%以上是尼西奇公司生产的。这个资金、人员都有限的企业，不仅是日本的"尿布大王"，而且是世界上最大的尿布专业公司。现在，西欧、美洲、大洋洲、非洲以及东欧市场上都出现了大量尼西奇公司生产的尿垫，而且每年销售额仍以20%的速度递增。

尼西奇公司的发展史充分证明了一点：因为专注所以专业，因为专业所以成功。中小企业无论是资源实力，还是抗风险能力都是难以跟大企业相比的，与其四处出击收效甚微，不如突破一点取得成功。

不仅中小企业是如此，其实许多知名的大企业在制定长期发展计划时也是如此步步为营的。

比方说，百事可乐公司在挑战可口可乐公司时，首先是向可口可乐公司的食品杂货市场进攻，接着是自动售货机市场，然后是快餐市场，它总是在吃透一个市场之后才会转向下一个市场，不疾不徐，稳打稳扎。

还有丰田公司，它先是主攻小型汽车（如雄鹰和花冠），然后再推出中型汽车（如凯美瑞、亚洲龙），最后推出的是豪华型汽车（如雷克萨斯）。

联想老帅柳传志先生在形容联想的做事风格时曾打过这样一个比喻："先撒上一层土，夯实之后，再撒上一层土夯实，然后再一步一步走。"一次只进入一个细分市场，就正如这比喻所言，是先撒土，夯实之后再撒另一层土，沉稳扎实地经营好细分市场。

第五章 STP 目标市场营销：多能不如一专

选定超级细分市场，而不是孤立的细分市场

公司应设法在超级细分市场中营销，而不是在孤立的细分市场中经营。超级细分市场是指一组有相同开发价值的细分市场。例如，交响乐队的目标是有广泛文化兴趣的听众，而不仅仅是参加音乐会的常客。

——科特勒《营销管理》

科特勒指出，企业在明确目标市场的时候，应选择超级细分市场，而不应选择孤立的细分市场。

在强生公司大部分婴幼儿洗护产品上，我们都可以看到这样一句广告词"宝宝用好，您用也好"。这是一句很乖巧的宣传语，更是一种高明的超级细分市场营销的范例。就这样一句话，轻轻松松地将多个具有相同开发价值的细分市场串了起来。

我们都知道，婴幼儿专用的洗护用品品质佳、注重安全，而很多成人在呵护自己的肌肤时，都会想：婴幼儿用的产品，我能不能用呢？我用了是不是也会有婴幼儿的那种效果呢？而强生特别印上去的那句广告语恰恰起到了绝佳的暗示作用，它等于是在告诉非婴幼儿，但又对强生产品有兴趣的消费者，强生婴幼儿产品不仅孩子们可以用，大人也可以用。于是，产品的受众范围一下子从婴幼儿扩大到了更广大的人群。大人也开始用强生婴儿沐浴露作为自己的沐浴露，用强生婴儿洗发液洗自己的头发，用强生婴儿润肤油滋润自己的肌肤……哪怕这些人只是偶尔用用，强生公司仍然取得了原本并不属于他的一部分产品消费份额。

除了强生公司之外，还有许多公司也都运用了这一营销策略，如有一种洗洁精在瓶身上注明"本品可作洗手液，保证不伤手"，这就等于偷偷占据了一部分洗手液的市场。

这些例子都足以说明超级细分市场的价值和意义。如果企业选择的是孤立的细分市场，那么就等于把鸡蛋完全放在了一个篮子里，风险是极大的。一来，只困守这么一个孤立市场，利润和发展空间都有限；二来，一旦企业在该市场遭遇不利，想要换一个战场重新起跑会很艰难。而超级细分市场就能帮助企业降低很多风险，不仅能够给企业带来更多的营业收入和利润，同时还能给企业留下"后路"，进可攻，退可守，不至于被困死在一个狭窄的细分市场之中。

在零售百货业中，有一部分市场嗅觉敏锐的领先型企业，现在越来越关注一

类特殊的群体，他们被称为准富裕阶层。什么是准富裕阶层呢？在传统的分类中，零售百货业常将消费者群体按收入水平划分为富裕阶层和中低收入阶层，他们对应的就是高端与中低端定位。而随着近年来消费者收入水平越来越高，"准富裕"阶层应运而生。这部分消费者的收入水平要高于大众化的消费群体，但是又低于富裕阶层。他们虽然无力承受富裕阶层的高消费，但是大众化的消费品同样很难令他们满足。他们既不适合归入高端顾客，又不适合纳入中低端顾客。市场上现在还比较缺少专门针对这部分消费者群体的市场，但他们又是绝对不能忽视的，他们的购买力与潜在价值甚至超越中低端顾客群，也超越高端顾客群。像这样的一个消费者群体就是一个很有潜力的超级细分市场。

沃尔玛、家乐福这样的大型连锁超市主要瞄准的是大众化的市场，而一些精品商场则定位为高档，这样一来，针对于准富裕阶层就出现了空白，这部分群体大有一种有钱花不出去的意味。为了吸引这部分群体，一些领先企业开始在营销策略上做一些转变，就拿沃尔玛来说，沃尔玛已经开始开设专门针对这一阶层的"店中店"，以充分挖掘准富裕阶层的消费潜力。在以后，必会出现更多的适合于准富裕阶层的产品以及零售渠道模式。

所以说，当企业受困于一个孤立的细分市场时，应有危机感，要重新审视细分市场，找出不同细分市场的共同点，以共同点为基础，将不同的细分市场进行整合，扩大自己的生存发展空间。

选择目标市场时必须考虑道德与社会责任问题

市场目标的选择应该尽量避免消费者的激烈反对。社会责任营销要求市场细分和目标化的服务不仅要考虑公司的利益，也要考虑整个目标市场的利益。营销者要在选择目标市场时考虑道德与社会责任问题。

——科特勒《市场营销原理》

科特勒提醒企业，在确定目标市场时，除了要重点考虑目标市场的规模和增长潜力外，还有一点是不容忽视的，那就是必须考虑道德与社会责任问题，要尽量避免消费者的激烈反对。

明智的目标市场选择可以使公司得以聚焦于最有利可图的、最有发挥空间的细分市场，并向特定的消费者群体提供能满足其需求的产品。但是，目标市场的选择有时也会引发消费者的争议和担心。最大的问题通常涉及对那些容易受到影响、处于不利地位的消费者提供具有争议的或者有潜在危害的产品。

在我们身边，其实就存在很鲜明的例子，比如烟草业、酒业、网络游戏、快餐食品等等，这些行业是很容易引发争议与道德责任问题的。很多国家都对烟草广告、酒业广告严格管控，为的就是尽量减少这些广告对大众，尤其是对青少年的影响。

现在针对成人的很多产品的市场营销已经有意或者无意地倾入青少年的细分市场，也引发了新的问题。比方说，世界知名的内衣品牌维多利亚的秘密，曾针对18～30岁左右的年轻女性推出过年轻嬉皮又性感的产品，定名为"红粉佳人"，产品上市后备受女性欢迎。由于维多利亚的秘密出色的设计以及一系列营销活动的影响，不仅年轻女性喜欢，一些未成年少女甚至是10来岁的小女孩都为之吸引，她们纷纷购买"红粉佳人"产品，引起了家长和社会的担忧。

科特勒曾经提到说，在美国，十几岁的女孩可能将其低腰牛仔裤低到可以露出花里胡哨的短裤。法国的女士化妆品、吊袜带，都有适合十几岁青少年的规格。芭比娃娃也有采用露背吊带衫和高跟靴子的"亮闪闪的奢华"风格。不到12岁的女孩高声宣扬着："难道你不想自己的女朋友像我一样火辣？"这样的早熟让人不由得不忧心。

这些问题在国内的消费市场同样存在。青少年的身心健康引发的是全社会的关注。比方说一直以来人们对于网络游戏的批评与担忧。我国约有超过2000万的网游少年，其中网游成瘾者有几百万。在网络游戏玩家之中，16～25岁的人占了四分之三左右，青少年更是其中的主体。网络游戏市场在显示出其超凡的吸金能力的同时，游戏中的色情、暴力元素也暴露出来，让很多青少年沉溺其中，难以自拔。网游几乎成了引诱青少年堕落的代名词，一些青少年因沉迷网游而抢劫、强奸、杀人的新闻也屡见不鲜。这些问题及其社会影响力都是企业在选择目标市场时不得不考虑的。

此外，像环境保护、食品安全、信息安全等问题都是消费者群体所共同关注的，稍有不慎，都会酿成大问题。企业在选择目标市场时，要审慎对待这些因素，有一些底线是不宜触碰的，否则，会给企业的形象和声誉带来至深的影响。

在目标市场营销中，真正的问题不在于以谁为目标，而在于如何选择目标市场和为什么选择。当市场营销者试图以目标市场为代价换取赢利时——即不公正地以易受影响的细分市场为目标，或者向他们推出有问题的产品或营销策略时，就会引发争议。具有社会责任的市场营销要求，细分市场和目标市场选择不能只考虑公司自身的利益，还要考虑目标顾客的利益。

企业可供选择的五种目标市场模式

企业在对不同细分市场评估后，可考虑五种目标市场模式：单一细分市场集中化，选择性专业化，产品专业化，市场专业化，整体市场覆盖化。

——科特勒《营销管理》

科特勒指出，企业可以根据自身的规模实力和实际情况，考虑以下五种目标市场模式：

一是单一细分市场集中化。采用这种模式的企业，一般集中力量推出一种或少数几种产品，采用一种或少数几种市场营销组合手段，对一个或有限的几个市场加以满足。

单一细分市场集中化，有利于企业发挥特长，集中力量为某一市场服务，增强竞争力；同时，实行专业营销也可以大大节约营销费用，相对提高市场占有率。企业通过单一细分市场集中化，可以更加深入地了解该细分市场的需要，可在该细分市场建立巩固的市场地位。另外，企业通过生产、销售和促销的专业化分工，可以获得许多经济效益。如果在细分市场上获得领导地位，企业还可以获得高报酬。

当然，不足之处便是潜在的市场风险比较大。因为企业把生存、发展的希望全部寄托在一个或几个特定市场上，一旦这一目标市场情况突变，如顾客需要和偏好发生变化或者出现了更大的强有力的竞争对手时，企业就可能陷入毫无回旋余地的困境，甚至会面临全军覆没的危险。

因此，这种模式比较适合于一些资源有限、实力一般、不可能多面出击与大企业相抗衡的小企业。当然，一些大企业在初入某个细分市场时也可采用此种策略。采用单一细分市场集中化模式的企业，必须密切关注目标市场的变化，以便及时应对，减少经营风险。

二是选择性专业化。选择性专业化与单一细分市场集中化不一样，它是在若干个细分市场经营。每个细分市场都有吸引力并符合公司要求，也都有赢利的潜力。企业进入多细分市场，可以有效地分散风险。

三是产品专业化。这是指企业集中力量生产一种产品，并将其推向几个不同的细分市场。企业专注于该产品的生产与营销，并在业内树立起极高的专业度和声誉。但是如果这种产品被一种全新的技术或替代品所替换，那么企业就会失去赖以生存的根本，面临破产的危局。

四是市场专业化。市场专业化是指企业专门为满足某个顾客群体的各种需求而服务。企业只专注于这一个顾客群，一切产品和营销方案都是为了更好地服务这个群体。因为这种专注，企业可以获得顾客的认可与长期合作。但是，这种模式的缺陷在于企业对顾客方的依赖性过强，如果顾客方出现问题，企业必受影响。

五是整体市场覆盖化。这是一种全面开花的模式，企业通过多种产品来满足各种顾客群体的需求。通常而言，只有大企业才具备足够的资源和实力采用完全覆盖市场的战略。要覆盖整个市场，企业可以采取无差异化营销和差异化营销两种形式。

无差异化营销就是不考虑细分市场之间的区别，让产品通过广泛的渠道和大规模的营销宣传走向整个市场。而差异化营销则是指将整个市场加以细分，为不同的细分市场设计不同的产品和营销方案。

拓展者必须设计打破封闭市场的方法

一个公司的拓展计划常常受到封闭市场的阻挠。因此拓展者必须设计打破封闭市场的方法。

——科特勒《营销管理》

科特勒提出，当企业选择了一个较为封闭的目标市场的时候，必须要有宏观营销的意识，也就是说要从经济、心理、政治和公共关系这些宏观方面入手，做好战略协调，全力争取有关各方的支持配合，从而打破这个封闭市场，获得市场的准入权。百事可乐公司就是利用这种宏观营销的方法开辟印度市场的。

20世纪70年代末，可口可乐在印度苦心经营20年后，仍然难以融入当地市场，并因为与政府之间的秘密贸易争执而无奈撤离印度市场。

其后，百事可乐开始琢磨如何进入印度市场。百事可乐明白，要成功进入，就必须消除当地政治力量和商业力量的抵抗情绪。百事可乐认为，要做到这一点，就必须向印度方面提出一项他们难以拒绝的援助。百事可乐与印度本土企业集团合资，跳过了印度国内软饮料厂商和反跨国公司立法机关的反对。百事可乐提出帮助印度出口一定数量的农产品，以弥补印度进口百事可乐的浓缩软饮料。百事可乐还提出帮助印度发展农村经济，转让食品加工、包装和水处理技术，从而赢得印度政府的支持。百事可乐提供的这一系列利益赢得了印度各利益集团的支持，最终百事可乐顺利地在印度市场站稳了脚跟。

科特勒曾经在产品、价格、促销与销售渠道的 4P 基础上特别添加了另外两个 P，就是"政治力量"和"公共关系"。对于有的目标市场，企业即便将 4P 做到再好，产品适销对路，价格、渠道和促销都到位，也难以打进市场，这种时候就必须用到"政治力量"和"公共关系"，百事可乐开辟印度市场就是这样一个鲜明的例子。

在谈及营销者的素养时，科特勒有这样一番话："好的营销部分取决于营销人员的遵守规则，而卓越的营销却往往依靠营销人员打破规则来达成。"在面对一个封闭的目标市场的时候，企业要有效突破，就必须要有打破规则的魄力和智慧。

"不创新，就死亡"。这句话已成为企业生存发展的真实写照。越是封闭的市场，越是难以跨越的目标，就越需要勇气，需要创新。只要能够突破传统思维的束缚，那么很可能就会产生非凡的效果。

在开拓市场的过程中，营销人员应始终相信这样一句话——"方法总比问题多"，要尽量避免模式化思考，不要管别的企业是怎么做的，传统上是怎么做的，要跳出常规的营销理念与传统，大胆地去尝试新点子、新方法，进行一些创新甚至是冒险的活动，很有可能就能推开一扇机会之门。

20 世纪 60 年代的世界首富"石油怪杰"保罗·盖蒂曾经说过一句话："真正成功的商人，本质上是一个持异议的叛徒，也极少满足于维持现状。"打破规则，其正面意义包括挑战既有的标准和惯例，绕开陈腐的规章制度来提升效率。从本质上说，跳出思维定式更能带来新的产品发明、新的生产工艺，开辟新市场，赢得宝贵的市场机会。

・第三节・

市场定位：定义在消费者心目中的形象和位置

成功的营销战略关键在于：聚焦、定位和差异化

成功的营销战略关键在于：聚焦、定位和差异化。企业必须仔细地界定其目标市场；建立独特的产品定位并将其有效地通过沟通传达给消费者；制定差异化市场供给品，使竞争对手很难完全模仿。

——科特勒《科特勒说》

在科特勒看来，成功的营销战略有三点至为关键，那就是聚焦、定位和差异化。

聚焦是指集中力量于某几个细分市场，主攻某个特殊的顾客群、某产品系列的一部分或某个地区市场，而不是在整个市场范围内进行全面出击。这样可以使企业以更高的效率、更有特色的产品和服务满足某一特定的战略对象的需要，以便在狭窄的市场范围内实现低成本、差异化或者二者兼得的竞争优势。

定位是指企业把针对目标市场细分开发出的产品特性传达给消费者。也就是要令自己的企业和产品与众不同，形成核心竞争力，让品牌在消费者的心智中占据最有利的位置，努力使品牌成为某个类别或某种特性的代表品牌。这样当消费者产生相关需求时，便会将该品牌视为首选对象。

差异化是指企业努力发展差异性较大的产品系列和营销项目，努力树立起企业的独特形象，以成为同行业中的领先者，以此获得产业中的竞争优势。

在这三点之中，定位是很关键的一环，营销定位需要解决三个问题：满足谁的需要？满足什么样的需要？怎样满足这些需要？这可以归纳为三步定位法。

第一步，找位，也就是解决"满足谁的需要"这一问题。这相当于对目标市场的聚焦。

在市场分化的今天，任何一家公司和任何一种产品的目标顾客都不可能是所有的人，同时也不是每位顾客都能给他带来正价值。事实上，有一部分企业的营销成本并没有花在能带来最大价值的顾客身上，大量的资金和人力被浪费了。因此，企业有必要对顾客进行甄别，理清楚到底为谁服务、要满足谁的需要这样一个大问题。

第二步，定位，也就是解决"满足什么样的需要"这一问题。

产品定位过程是细分目标市场并进行子市场选择的过程。这里的细分目标市场与选择目标市场之前的细分市场不同，后者是细分整体市场，选择目标市场的过程；前者是对选择后的目标市场进行细分，在选择一个或几个目标子市场的过程。

对目标市场的再细分，不是根据产品的类别进行，也不是根据顾客的表面特性来进行，而是根据顾客的价值来细分。顾客在购买产品时，总是为了满足自己某方面的需求，获取某种产品的价值。产品价值组合是由产品功能组合实现的，不同的顾客对产品有着不同的价值诉求，这就要求企业搞清楚自己应该"满足什么样的需要"，进而提供不同诉求的产品。

第三步：到位，也就是解决"怎样满足需要"这一问题，执行并落实既定定位的过程，差异化则是其中一个有效的手段。

在确定满足目标顾客的需要之后，企业需要设计一个营销组合方案并实施这个方案，将定位落实到位。这不仅仅是品牌推广的过程，也是产品价格、渠道策略和沟通策略有机组合的过程。整个营销过程就是一个找位、定位再到位的过程。

我们可以先来看一看美国西南航空公司的案例。

西南航空公司将自己牢牢定位为提供短程、低价航空服务的公司，它的口号就是"不奢华，但却廉价而有趣"。西南航空堪称高效低成本经营的典型。

例如，乘坐西南航空公司的班机是没有正餐提供的，只有花生。所有飞机上都没有头等舱，只有三人座。乘客不用预订座位，只需拿着登机卡，先到先得，每30个人一起登机。西南航空公司与其他航空公司相比，能达到更高的准点率。西南航空公司以短程航班为主，它吸引的是本来要开车或者坐公共汽车的旅客。比方说，该公司推出的路易斯维尔至芝加哥的航线，单程机票只要49美元，而竞争对手的价格是 250 美元。结果，两个城市间航空旅客每周总运输量从 8000 人次增加到了 26000 人次。西南航空公司的航班飞行时间一般为一小时左右，单程平均费用也只花费顾客 76 美元。

西南航空严格控制成本，砍掉不必要的服务，但这并不意味着西南航空的服务单调乏味，相反，乘客们在短短的旅途中还能享受到不少乐趣。西南航空公司会精心带给乘客大量好玩的、健康的娱乐。比方说，空乘人员会把自己装扮成爱尔兰守护神节的精灵和复活节的兔子，而在万圣节就几乎什么都有。空姐把安全事项用好玩的形式表演出来，有乡村音乐、布鲁斯和说唱音乐，让旅客互相做自我介绍，相互认识并交谈。他们用这些方法给旅客带来惊喜和娱乐，就连公司首席执行官都曾经化妆成猫王和顾客打招呼。

这家公司不仅给自己立下了准确的定位，更实实在在地做到了"廉价而有趣"，这使得西南航空获得了极高的口碑与赞赏，也助其战胜主要竞争对手，成为美国名列前茅的航空公司。

西南航空作为后起之秀，能从群雄逐鹿之中胜出，在很大程度上就得益于其准确的定位和出色的执行。短途的航线、低廉的价格、优质的服务，自然能够吸引顾客、留住顾客。

不同的消费者在不同情况下需求也各不相同，企业需要认清自己的定位，明确到底要满足谁的需要、满足什么样的需要以及怎样满足这些需要。只有定位清晰了，企业才能在竞争中立于不败之地。

定位的目标在于将品牌留在消费者心中

定位是指设计公司的产品和形象以在目标市场的心中占据一个独特位置。目标是要将品牌留在消费者的心中，以实现公司的潜在利益最大化。一个好的品牌定位能够通过阐明品牌精髓、该品牌能帮助消费者达成何种目标以及如何以独特的方法来实现，来帮助指导营销战略。

——科特勒《市场营销原理》

定位的终极目标就是要将品牌留在消费者心中，占有消费者心智资源，在消费者心智中完成"注册"。

比方说，提起耐克，人们想到的是"Just do it"；提起高露洁，人们想到的是"没有蛀牙"；提起宝马，人们想到的是"驾乘乐趣，创新极限"；提起 M&M

S巧克力，人们想到的是"不溶在手，只溶在口"……这些品牌通过定位在消费者心中占据了一席之地，所以它们成功了。国内的众多品牌中，也有一些得益于精准的定位，而确立了自己在市场中的地位和根基，加多宝王老吉就是一个很好的例子。虽然，2012年以来，加多宝王老吉深陷于品牌之争当中，最终失去了这一商标的继续使用权，但其过去的经验仍然是非常值得借鉴的。

2002年以前，红色罐装王老吉是一个表现很不错的品牌，在广东销量稳定，赢利状况良好，销售业绩连续几年维持在1亿多元。发展到这个规模后，加多宝管理层自然想要把企业做大，走向全国。然而，想要做大做强的王老吉，却不得不面临一个现实的定位难题——王老吉到底是当"凉茶"卖，还是当"饮料"卖？

在广东，传统凉茶因下火功效显著，被普遍当成"药"服用，不需要也不能经常饮用。而"王老吉"这个具有上百年历史的品牌就是凉茶的代称。因此，王老吉受品牌名所累，并不能很顺利地让广东人接受它作为一种可以经常饮用的饮料，销量大大受限。另一方面，加多宝生产的王老吉配方源自香港王氏后人，是经国家审核批准的食字号产品，其气味、颜色、包装都与广东消费者观念中的传统凉茶有很大区别，而且口感偏甜，"降火"药力不足。红罐王老吉拥有凉茶始祖王老吉的品牌，却长着一副饮料化的面孔，让消费者觉得"它好像是凉茶，又好像是饮料"，陷入认知混乱之中。

2002年年底，加多宝请来专业的营销顾问公司，开始对红罐王老吉进行新的品牌定位。营销顾问公司发现，广东的消费者饮用王老吉主要在烧烤、登山等场合，对王老吉并无"治疗"要求，而是作为功能饮料购买，购买的真实动机是"预防上火"。再进一步研究王老吉的直接竞争对手，如菊花茶、清凉茶等，由于缺乏品牌推广，仅仅是低价渗透市场，并未占据"预防上火的饮料"的定位。而可乐、茶饮料、果汁饮料、水等明显不具备"预防上火"的功能，仅仅是间接竞争。而王老吉的"凉茶始祖"身份、神秘中草药配方、175年的历史等，显然是有能力牢牢占据"预防上火的饮料"这一定位。

在研究一个多月后，王老吉的品牌定位基本形成：首先明确王老吉是在"饮料"行业中竞争，竞争对手应是其他饮料；其品牌定位是——"预防上火的饮料"，独特的价值在于——喝王老吉能预防上火，让消费者无忧地尽情享受生活：吃煎炸、香辣美食、烧烤、通宵达旦看足球……

确立了王老吉的品牌定位，就明确了营销推广的方向，所有的营销努力都将遵循这一标准，从而确保每一次的推广都对品牌价值进行积累。从此，王老吉连续几年保持高速增长，2008年销量突破100亿元大关，成为"中国饮料第一罐"。

真正的品牌定位是找到在消费者心智中区别于竞争对手的定位，而不是盲目跟风。企业必须通过定位给消费者一个理由，一个为什么要购买企业的产品而不是竞争对手产品的令人信服的理由。

定位要求定义和传达品牌之间的相似点和差异点

定位要求定义和传达品牌之间的相似点和差异点。特别是定位的决策要求通过识别目标市场和竞争状况，以及共同理想点和差异点的品牌联想来确定参考框架。

——科特勒《营销管理》

科特勒指出，定位要定义和传达出品牌之间的相似点与差异点。相似点是指那些并非品牌所独有，而是与其他品牌共享的一些属性。而差异点则是指能够把自己与竞争对手的产品区分开来的属性与利益点。

要准确地定义并传达品牌之间的相似点和差异点，营销者应该首先问一问自己这样三个问题：

第一，企业是否确定了一个品牌参照系。

品牌参照系简单地说就是要明确品牌处于一个什么样的参照系之中。选择合适的参照系具有重大意义，因为参照系决定了消费者将会对品牌产生哪些联想，而这些联想就构成了品牌的相似点和差异点。参照系可能是同一类产品中的其他品牌，例如，百事可乐的竞争对手是可口可乐。还有的情况下，参照系可能来自于不同的产品类别，例如，百事可乐、脉动、冰红茶分别属于软饮料、运动型饮料和冰茶，但它们都在解渴饮料这同一个参照系内。

要确定品牌处于一个什么样的参照系中，需要重点考虑的一个因素是产品在生命周期中所处的阶段。如果是一种新推出来的产品，那么，它通常会把竞争产品选为参照系，以便让消费者迅速了解产品是什么、能做什么；而越到产品生命周期的后期，新的增长机会和威胁就会出现在该产品类别之外，这时候，就有必要调整参照系了。

第二，企业是否充分利用了相似点。

如果想要让消费者认为企业的产品在某个品牌参照系内是合理的，并且值得信任，那么，该产品必须与参照系内的其他同类产品具有一些相似点。打个比方说，如果你的产品是洗衣粉，可是却不能对衣物产生任何的清洗效果，那么，消费者不会把你的产品当洗衣粉；如果一家餐馆不能提供饭菜食物，那么，它也就不能被归入餐馆这一类中。只有具备了某些基本的相似点，消费者才会对企业的产品有一个基本的、初步的认可。

第三，企业是否构建起了具有强大效力的差异点。

品牌定位必须构建起强有效的差异点，这样才能将品牌与同一个参照系里的其他品牌区别开来。这种差异可以从品牌性能上、品牌形象上以及消费者洞察上去寻找切入点。让顾客看到产品的不一样，并且让顾客感觉到这种不一样对他们而言是极为有利、有用的，这种强烈、独特又能给顾客以良好联想的差异，才是产品真正吸引顾客的地方。

以手机产业为例，有两个品牌很值得一提，一个是OPPO手机，它以宋慧乔为形象代言人，打出了"音乐手机"的鲜明旗帜，仅用三四年时间就坐上了国产品牌的第一把交椅。另一个则是小米手机，它的定位是最优性能的平价智能手机，瞄准的是伴随互联网成长的发烧友、理性消费的中低收入年轻白领，售价仅1999元，却是业内首款双核1.5GHz的智能手机，当得起"国产神机"、"性价比之王"的称号。这两个品牌凭借准确的定位与差异点塑造在竞争惨烈的国内外手机品牌搏杀中突出重围，收获了极高的人气和利润。

企业可以用来成功定位的五种价值主张

品牌的整体定位被称为该品牌的价值主张，价值主张直接回答顾客的问题——"我为什么要购买你的品牌？"公司可以用来成功定位的五种价值主张是：优质优价、优质同价、同质低价、低质更低价、优质低价。

——科特勒《市场营销原理》

在科特勒看来，品牌的价值主张体现的就是一个该如何与顾客沟通的问题，它不是简单地说服顾客，而是要引起顾客的共鸣。科特勒曾经说过这样一番话："要找出核心定位、价值定位、全价值主张，先要让公司描述出其整体贡献度比竞争者高的理由。然后公司再运用这些结果，建立强势的品牌认同，传递出潜在顾客期望得到的价值描绘。"他指出，公司可以通过五种价值主张来进行成功定位：

一是优质优价。

优质优价的定位是指提供优质档次的产品和服务，同时收取高额的价格，这一类里最有代表性的就是奢侈产品了。它们一般都拥有优异的品质、手工打造、持久耐用、卓越的性能或独特的风格,并有与之相匹配的高昂价格。消费者购买这类产品,买的不仅是上等的品质,还有优质优价品牌所代表的声望、地位以及高档的生活方式。

几乎在所有的产品和服务类别中,我们都可以找到这样的精品品牌,从酒店、餐饮、时装、化妆品,到汽车、房子、电器等等,不胜枚举。当一个产品类别中出现一个优质优价品牌的时候,消费者往往会感到惊讶、惊喜。像苹果公司推出设计与质量比传统手机优越得多的iPhone时,尽管价格不菲,可仍然吸引了无数"果粉"的疯狂追捧。

企业如果选择优质优价的价值主张,需要注意这样两点,其一,优质优价品牌因为利润丰厚,很容易吸引大批的模仿者,他们号称自己可以以更低价格提供同样质量的产品,这是企业需要提防的;其二,优质优价品牌在经济良好时期一般都能有不错的销量,但遇到经济低迷时期,当消费者开始捂紧钱包的时候,就可能会跌入低谷。

二是优质同价。

优质同价的定位是指以较低的价格引入提供相同质量的品牌来攻击竞争者的优质优价定位。例如,丰田的雷克萨斯产品线就是采取这一价值主张与梅赛德斯、宝马等品牌竞争。在美国市场,它打出的口号是:"只需3.6万,不是7.2万,就能买到更好的车,有史以来第一次!"丰田发布的广告里,将雷克萨斯和梅赛德斯的性能逐项进行比较,以突显雷克萨斯的优秀品牌;丰田还公布消费者调研结果,指出雷克萨斯经销商能提供更好的销售服务。结果是,雷克萨斯吸引了梅赛德斯的很多准客户,而且,雷克萨斯的重购率达到60%,是业内平均水平的两倍。可见,优质同价对于优质优价能产生十足的威胁力。

三是同质低价。

同质低价比优质同价更强大,因为很少有人不喜欢价廉物美,同样的质量之下,大部分人都会选择价格更实惠的那一种。像沃尔玛、百思买就是如此,它们提供的产品并不特别,但是,它们凭借卓越的采购能力和低成本的运营,使得产品价格相比之下更便宜些,这就足以吸引顾客了。还有的企业为了抢夺市场领先者的市场份额,会研发出相似的产品,以更低价格出售,像AMD之于英特尔,就是采取这种战略。

四是低质更低价。

低质更低价是指以更低的价格满足消费者较低的性能或质量要求。尽管现在的消费者越来越重视质量，越来越追求品质，但不可否认的是，有一些质量不太好、价格也不高的产品仍然有一定的市场空间。在很多情况下，消费者愿意为了一个低廉的价格，放弃最佳效能或花哨的特点。比方说，一个旅行者急需找到住宿之地时，他很可能会就近选择一家普通旅社，以极低的价钱凑合一个晚上。

五是优质低价。

优质低价是一种成功的价值主张。质量更优、价格更低，这样的品牌，消费者很难不动心。很多企业确实在实践这一点，从短期来看，它们的表现是很不错的，但是，从长期来说，要保持这种定位会很困难。提供更优的质量意味着要增加不少成本，而这些成本又使得低价的承诺变得很难兑现。这是企业应该多加考虑的一个问题。

每一个品牌都必须采用针对其目标市场需求的定位战略，优质优价的价值主张会吸引某一个目标群体，而低质更低价也会吸引其目标群体。企业通过不同的定位、不同的价值主张，找到属于自己的发展空间。重点在于，企业必须根据自己所选择的目标市场和目标群体，确定恰当的定位战略。

定位就是要在同质化的基础上做到差异化

定位就是要在同质化的基础上做到差异化。我们喝咖啡，可以选择在麦当劳，也可以去星巴克。但星巴克的咖啡却很贵，为什么可以生存下来？因为星巴克卖的不是咖啡，卖的是体验。所以，在同质化的基础上做到了差异化，这也是普通营销员和一个伟大营销员的区别。

——2011年科特勒《21世纪》采访

科特勒认为，定位首先要明确的就是产品的类别，然后再指出其与该类别的其他产品相比有什么不同之处。将品牌归于某个具体的产品类别之中，是因为它们彼此间存在共性，而让这个品牌从众多同类中脱颖而出的就是其优越性，即差异化。科特勒曾说，营销者必须相信，你可以让任何产品差异化。在品牌差异化方面，最经典的案例莫过于宝洁公司。宝洁公司的差异化是典型的通过产品功能与文化的不同而区分形成的差异化。

宝洁是世界上最大的日用消费品公司。每天，宝洁公司的品牌同全球的广大消费者发生着三十亿次的亲密接触。宝洁公司拥有众多深受信赖的优质、领先品牌，包括帮宝适、佳洁士、汰渍、碧浪、舒肤佳、飘柔、潘婷、海飞丝、威娜、玉兰油、吉列、博朗等。

宝洁旗下品牌众多，却分类明确。宝洁针对商品功能的理性诉求，将旗下产品分为：洗发护发用品，宝洁拥有飘柔、潘婷、海飞丝、沙宣、润研以及收购而来的伊卡璐系列；个人清洁用品也拥有舒肤佳、玉兰油及激爽三个不同的品牌。

宝洁的各个品牌之间独立核算费用，鼓励品牌之间的相互竞争，在管理上也同样实行品牌管理方式，采用"一个品牌，一个品牌经"。对每一个产品进行差异化的品牌定位，从而形成产品自身的品牌个性。

以洗发用品为例，宝洁各品牌间寻找产品差异化时的立足点是头发质量的本身，例如男女性别差异、头发质量差异、头皮种类的差异。由于洗头护发是洗头产品的一项基本功能，产品功能的延伸也是在对头发质量的改善上。飘柔的二合一很显然是给生活节奏忙碌的都市人提供的产品定位，而柔顺体现的心灵关怀在头发上得到了展示；海飞丝是宝洁发现有一些消费者头发有头皮屑而开发的产品；潘婷强调修复功能，注重对头发的营养保健；沙宣的发廊级造型有专卖做示范；伊卡璐的小资定位与草本精华功能描述有力。这些实际可见的效果让消费者能从众多的品牌中一眼发现最投自己心意的品牌。

每一种品牌应该在其选择的利益方面成为"第一名"。"第一名"的定位包括"最好的质量"、"最佳的服务"、"最好的设计"、"最安全的"、"最快的"、"最顾客化的"、"最创新的"、"最可靠的"或是"最著名的"、"最低的价格"、"最高的价值"。这个寻求并明确产品之"最"的过程，其实就是一个在同质化的基础之上谋求差异化的过程。如果一家公司能坚持不懈地反复强调某一定位，凸显其差异化，并且令人信服地进行传播，它就可能凭借这样的差异性赢得顾客，并取得优势。

执行既定定位要比提出好的定位战略难得多

公司常常发现，执行既定定位要比提出好的定位战略难得多，建立或者改变定位通常需要花费很长时间。相反，历经数年树立起来的定位却可能毁于一旦。一旦公司建立起理想的定位，就必须通过一致的表现和沟通来小心维持。

——科特勒《市场营销原理》

科特勒指出，执行一个既定的定位要比提出一个好的定位战略还要困难得多。公司必须采取有力的措施向目标顾客递送和沟通既定的定位。公司所有的市场营销组合策略必须给予该定位战略有力的支持。

定位战略就好比在地上圈定了一个点，而执行定位则是要将这个点挖成一个又大又深的洞，把企业做大做强。定位需要切实的行动，而不仅仅是高谈阔论。如果公司定位于提供更好的质量和服务，就必须按照该定位向目标顾客递送优质的质量和服务，公司必须生产高质量的产品，选择优质的经销商分销，在高质量的媒体做广告，雇用和培训高水准的服务人员，寻找服务声誉好的零售商，设计能够传播其卓越服务品质的促销和广告信息。这样才能将既定定位战略落到实处。

我们来看猫人集团是如何执行其定位战略的。

在保暖内衣行业里，猫人集团是一家非常重视品牌战略的企业。早在2001年猫人进入保暖内衣行业时，正是各大品牌大打"质量战"、"价格战"、"口水战"的时候，在这种形势之下，如果不能通过有效的品牌定位战略来实现品牌差异化，那么猫人就只能被动地随着市场竞争及环境的改变而调整、变化。消费者也很难对这个品牌形成鲜明独特的认识和印象，品牌的建立也就无从谈起。

猫人认识到，随着生活水平的提高，人们对时尚会越来越看重。因此，猫人提出了"时尚内衣"的品牌定位，并相应地进行了一系列营销整合，例如，选择时尚的舒淇为代言人，并在渠道上不再依循保暖内衣简陋、呆板的终端形式，而是引入了化妆品终端的做法，在全国建立起强大而且整齐划一的"时尚"形象专柜。

但是，当深入地研究猫人的产品和营销组合及其如何具体体现并支持其"时尚"定位时，就会发现，即使是猫人集团的营销人员，也不能清晰、一致地进行说明。猫人主打的保暖内衣的产品介绍上也只是提及："猫人热力卡保暖内衣：正反两面采用不同面料，里层是采用来自日本三菱的新兴材料，其本身不能产生热量，但能够吸收人体体温来产生热量，提高1℃～4℃，外层是澳洲羊毛。同时，面料中加入了莱卡，使衣服有一定的弹性，羊毛中加入了其他的成分，使表面摸起来十分光滑、手感好。"

显然，猫人虽然极为重视品牌战略，但并未能将"时尚内衣"的定位真正落实到产品上。为了寻求突破，猫人开始与专业的品牌运营机构合作，对其品牌定位及执行环节进行深入研究。通过市场调研发现，"时尚内衣"的品牌定位是有价值的，人们已不满足于过去的大棉袄、老棉裤、几件羊毛衫叠穿的臃肿装束，而是需要那种既能保暖、舒适,又能展现个人时尚风采的服装,即使是保暖内衣也不例外。当时的几大行业领先品牌,都有一个共同点,那就是注重"保暖"功效,而忽视了"时尚"元素,很多品牌的保暖内衣膨松、臃肿,既不便于活动,又缺乏美感。而消费者对保暖内衣样式的关注集中在"领型"、"色彩"、"剪裁"三个方面。在"领型"上,中低圆领最受欢迎;而颜色上,不同消费者有不同选择;在"剪裁"上,消费者普遍提出越紧身越好搭配外衣,其顺序依次为束身、贴身、随身、宽松。

在"时尚内衣"定位之下,猫人结合"时尚+保暖"的复合需求,提出"贴身抗寒"概念,产品相应地命名为"贴身型抗寒内衣",简单易懂,立意明确,充分体现了"时尚"的定位。

具体到产品设计上,猫人新推出的保暖内衣保暖性不比业内领先品牌的产品差,而且更轻薄,并充分考虑到目标人群的身形,不紧绷,利用腰线、胸线等辅助。除大众色彩外,还小批量生产颜色鲜艳的内衣。同时,主打中低圆领,高度以不露出衬衫、羊毛衫领为限。

在价格方面,猫人内衣更为时尚,产品更优越,而且运用了澳洲羊毛、日本发热纤维等新型面料,所以定价高于保暖内衣的平均价格。

在渠道方面,因为猫人过往的产品以女性内衣居多,而此次新推出的产品不仅有女款,也有男款,因此,陈列上更注意男装、女装的适当组合,让消费者注意到有男士内衣出售。

在终端的推销中,导购小姐的解说词主要扣住这样一些要点——以"来自香港的时尚内衣,跟传统保暖内衣有很大不同,更能搭配时装,贴身不臃肿,适合搭配衬衫,穿在衬衫里面不显形,也不影响外面衣服的款型"来凸显"时尚",以"外层是澳洲羊毛,柔软,里层是日本三菱公司专利防寒纤维,特别保暖,最适合在气温0℃以下时候穿"来凸显"保暖"。

在宣传推广方面,猫人将广告语定位"今冬不做企鹅人",并依次只做了电视广告,发动了广告宣传,舒淇的代言更是为广告增色不少。

这一系列营销活动,直击消费者"时尚+保暖"需求,及时迅速地拉动了销售,并一点点加强了消费者的认知,逐渐为品牌建立起独特而长期的定位——"时尚内衣"。猫人通过这一系列改变,也赢得了丰硕的战果,其在中国十个以上的城市已经做成了销售第一的业绩,挺进行业前三甲,不仅摆脱了业内的价格恶战,更重要的是确立并落实了"时尚内衣"的品牌定位战略。

品牌定位不应是空中楼阁,真正的定位战略也应该是真正的行动指南。

只有当品牌定位落实到了企业的产品开发、营销推广以及任何可以着力的地方并得到贯彻时，才可以说，品牌定位是成功的。消费者需要企业证明给他们看，企业必须能够支撑得起自己的概念，能够将既定的定位战略完美地执行到底。

第六章

超竞争时代：比竞争者做得更好一点

·第一节·
识别、分析、选准自己的竞争对手

识别竞争者：从产业和市场出发，克服"近视症"

相比于将竞争定义局限于产品类别的做法，从产业和市场的角度去研究竞争能揭示更广泛的实际和潜在的竞争者群体。营销人员必须克服"营销近视症"，不能再用传统的产品类别来定义竞争。

——科特勒《营销管理》

科特勒认为，营销人员应该从产业和市场两个角度来研究竞争。产业是由一群可以提供同一产品或同一类别产品的公司所组成，这些产品之间有着极强的替代关系。营销人员可以根据销售者的数量，产品差异化的程度，进入壁垒、流动性以及退出壁垒的有无，成本结构，垂直整合的程度以及全球化程度来对产业进行分类。

而从市场角度出发，竞争者可以定义为满足相同的顾客需求的公司。给公司以直接威胁的竞争者是那些满足同样的顾客及其需求并提供类似产品的公司。但公司更应该重视的是那些采用其他方法或新方法来满足同种需求的潜在竞争者。因为很多公司都会患上"营销近视症"，它们只关注同行业显现的竞争者，而忽视了隐蔽的竞争者，从而造成竞争失败。如果公司忽视了这些潜在的竞争对手，那么当他们的实力足够壮大的时候，将会给公司带来致命的威胁。

例如，可口可乐公司曾经因为专注于软饮料，而放松了对咖啡吧、新鲜果汁吧市场的关注，最终使得其软饮料业务受到重大的冲击。还有，像新媒体对传统电视媒体、数字出版对传统纸质出版，都是一种潜在的威胁，甚至已经升级为明显的、直接的威胁。如果你制造玻璃瓶，那么那些生产塑料瓶、铝罐和纸板盒的制造商都可能是你的竞争对手。要识别来自行业之外的潜在入侵者，企业需要搞清楚什么资源是在自己的细分市场内获胜的基础，以及在所处的细分市场和行业之外，有哪些企业拥有的资源无论是在类型还是在数量上都符合这一要求。

从不同角度出发，我们可以对竞争者进行分类。

如果从行业的角度来看，企业的竞争者可以分为：

一是现有的竞争者，也就是行业内已经存在的与本企业生产同样产品或者从事同类业务的企业；

二是潜在进入者，只要一个行业前景乐观、有利可图，就会引来新的竞争企业，使该行业的市场份额和主要资源进行重新洗牌和分配。还有一些多元化经营的大型企业也常会利用其资源优势从一个行业侵入另一个行业。

三是替代性的竞争者：与某种产品具有相同功能、能满足同一需求的不同性质的其他产品，就属替代品。只要有替代品出现，行业内的所有企业都将面临与生产替代品的其他行业的企业的竞争。

如果从市场的角度来看，企业的竞争者可以分为：

一是品牌竞争者，也就是同一行业中以相似的价格向相同顾客群体提供类似产品或服务的其他企业。比方说，个人电脑市场中，惠普、戴尔、联想、华硕、明基、宏基等就互为品牌竞争者。品牌竞争者之间的产品相互替代性较高，因而竞争非常激烈，各企业均以培养顾客品牌忠诚度作为争夺顾客的重要手段。

二是行业竞争者，也就是提供同种或同类产品，但规格、型号、款式不同的企业。所有同行业的企业之间存在着彼此争夺市场的竞争关系。如迪奥、兰蔻、雅诗兰黛、倩碧、雅芳、玉兰油、丁家宜等品牌，虽然定位的层次不一样，但却是行业竞争者的关系。

三是需要竞争者，是指提供不同种类的产品，但满足和实现消费者同种需要的企业。举个最简单的例子，长途客车、火车、飞机、船舶都能满足人们出行的需要，如果火车票票价上涨，或者难以购得时，利用飞机、长途客车出行的旅客就可能增加，它们之间就是需要竞争者的关系。

四是消费竞争者，指提供不同产品，满足消费者的不同愿望，但目标消费者相同的企业。比方说，一些高收入群体，他们既可以花钱旅游，也可以投资，还可以购车购房等等，虽然目的不一样，但必然会激发不同企业相互争夺这些消费者购买力的竞争关系。

如果从企业所处的竞争地位来看，竞争者的类型可以分为：

一是**市场领导者**，也就是在某行业中占据第一位的企业。这类企业在产品开发、价格变动、分销渠道、促销力量等方面往往处于主宰地位。

二是**市场挑战者**，它们在行业中处于第二、第三甚至更低的次要地位。

三是**市场追随者**，它们在行业中居于次要地位，并安于次要地位，在战略上追随市场领导者。

四是**市场补缺者**，它们多是行业中相对较弱小的一些中、小企业，专注于市场上被大企业忽略的某些细小部分，在这些小市场上通过专业化经营来获取最大限度的收益，在大企业的夹缝中求得生存和发展。

总的来说，企业要克服"营销近视症"，不能轻易放过任何一个可能的竞争者，要从不同的角度识别自己的竞争对手，关注竞争形势的变化，以更好地适应和赢得竞争。

分析竞争者：每一个细节都不要放过

如果要准备一个有效的营销战略，除了要了解实际和潜在的顾客外，公司还必须了解自己的竞争者。公司一旦识别了其主要竞争者，那么它就必须查明这些竞争者的目标、战略、优势和劣势。

——科特勒《营销管理》

分析竞争对手，这是营销中的一个关键性环节，也是公司能否在竞争中制胜的一个很重要的影响因素。科特勒认为，公司在确定了自己的主要竞争者后，要对其做全面的了解和深入的分析，尤其是下面这三点，更是要认真地做出研究判断：

第一，竞争者的目标。

了解竞争者的目标，可以帮助公司更好地判断并预测竞争者的战略以及对外部事件或者对其他公司的战略举动可能做出的应对。

竞争者的目标会受许多因素影响，例如公司规模、发展历程、管理现况、财务状况等。竞争者的目标是追求成长、利润还是现金流？这些都需要公司去摸底探清。公司特别要监测并关注竞争者的扩张计划。

第二，竞争者的战略。

竞争者会采取什么样的战略与策略来实现其营销目标，会以什么样的方式应对竞争，这些都是很关键的情报信息。只有尽可能多地掌握这类信息，公司才能做更全面的准备与规划，防备竞争者，在竞争中获得更主动、更强势的优势。

第三，竞争者的优势和劣势。

竞争者的优势和劣势将决定它发起或应对战略行动的能力以及处理所处市场环境中事件的能力。公司要对此进行实事求是的评估，既不高估而怯战，也不低估而轻敌。除了优势和劣势，公司还要监测竞争者的市场份额，这不仅仅包括竞争对手在目标市场中所占的实际份额，还应包括竞争对手在消费者群体之中所占据的心智份额、情感份额。

对于竞争对手，是对抗他，超越他，还是学习他？这是公司能否在市场之中站稳脚跟必须做出的选择。要想战胜竞争对手，要想生存发展，一个重要的手段或者说一个重要的课题就是尽可能多地去了解竞争者。

比尔·盖茨曾说："一个好员工应分析公司竞争对手的可借鉴之处，并注意总结，避免重犯竞争对手的错误。"微软有一个团队，专门分析竞争对手的情况，包括什么时间推出什么产品，产品的特色是什么，有什么市场策略，市场的表现如何，有什么优势、什么劣势，等等。微软的高层每年都要开一个会，请这些分析人员来讲竞争对手的情况。微软这样做的目的就是为了更接近竞争者，知己知彼，百战不殆。

阿瑟·D. 理特咨询公司曾经对一家企业在目标市场中所处的竞争地位做了这样的划分：

主导地位。行业中占主导地位的企业支配着其他竞争对手的行为，并且在策略选择上有着广泛的余地。

得势地位。属于得势地位的企业可以独立运作，并且不会危及本企业的长期市场地位，无论竞争者如何行动，它们都能保持自己的长期地位。

有利地位。这类企业有力量执行特定的策略，并且拥有较多的机会来改善其市场地位。

足以维持。这类企业自身经营得当，足以维持营业。但它们的存在是在那些占有优势地位的企业默认许可下的，改善其自身市场地位的机会较少。

弱势地位。这类企业的经营状况不佳,但仍不乏改善的机会,它们必须进行革新,否则将被迫退出市场。

难以维持。这类企业经营状况极差,难以维持正常运营,而且没有转机。

居于主导地位的企业不能因为自身所占据的优势、强势地位就放松对身后追赶者的监控。而居于主导者之后的其他企业更要高度关注身边的竞争者,既要看到前面的领先者,也要看到身边的同行者,同时还要提防那些力量暂时不够强大的企业。

商场如战场,任何一个战场上都缺不了斥候。营销人员对企业而言,就是身在一线的斥候,必须要像侦察兵一样,去刺探、了解、分析自己的竞争对手,了解同行的经营目标、产品开发、市场营销、人才战略等情况,了解竞争对手的战略和目标、优势和劣势,这样才能提出相应的应对策略与对手周旋、竞争,使自己的企业不被对手蚕食、吞并、打垮,并确立行之有效的竞争战略和营销策略。

选择竞争者:强与弱,近与远,良与恶

在对顾客价值和竞争者进行细致全面的分析之后,企业就可以全力出击,对付下列类型的竞争者:强与弱,近与远,"良性"与"恶性"。

——科特勒《营销管理》

科特勒认为,任何一个企业,它要面对的竞争者很多,规模与实力都不一样。企业要从中去判断哪些竞争对手是对自己最具有威胁力的。科特勒提出了三种竞争对手的类型:

一是强与弱。很多企业将目标瞄准弱小的竞争者,通过与它们的竞争来稳固自己的市场地位,由于强弱悬殊,因此每获得单位市场份额只需要较少的资源投入。但企业更要警惕在行业内占据较大市场份额的强大的竞争对手,即使是行业内的强者,也会有其软肋,并非像表面上看起来那样的不可战胜。

二是近与远。近距离的竞争者是指与本企业在业务上有直接竞争关系的企业,例如,对雪佛兰来说,福特要比法拉利更有威胁力,福特就是近距离的竞争者。在此同时,企业也应识别远距离的竞争对手,比方说对于美国钢铁公司,贝特勒海姆钢铁公司可以说是它的近距离竞争者,而令它更担心的是生产塑料、铝

等产品的远距离的生产者。

三是"良性"与"恶性"。几乎在每一个行业中，都会有"良性"与"恶性"竞争者之分。"良性"企业按照行业规则行事，并根据成本来制定合理的价格，它们促进了行业的健康成长。而"恶性"竞争者则喜欢走捷径，通过价格混战、渠道混战以及对其他企业的产品或策略进行恶性打压或排挤来抢夺市场份额，它们本身就有很大的风险性，很容易破坏行业内的平衡状态，搅乱整个行业秩序。对于严重威胁市场竞争的"恶性"对手，企业有必要给之以打击，甚至是淘汰它们。

在选择竞争对手时，企业既要将竞争能力构成因素逐项与竞争对手相比较，也要拿产品的主要特性和竞争对手的产品进行比较分析。这样，才能全面地明确本企业产品的优势和劣势，为制定市场竞争战略提供具体依据。

在考察对手的综合竞争能力时，有很多要点是不能疏忽的，比方说市场占有率、销售人员数量及其配置情况、销售渠道、销售服务体系、制造成本、产品价格、产品质量、研发能力、品种齐备性、广告宣传能力、综合收益能力，等等。

企业可以就这些指标与竞争者进行一一对比，这样，可以很清晰地发现企业相对于竞争者优势何在，劣势何在。对比之下，企业也可以更加理性地找准自己的竞争对手。

不管竞争对手是强与弱，近与远，还是良与恶，企业都应有一个良好的竞争心态。生物界有一个共识，那就是没有天敌的动物多半会灭绝，而敌人越强大，其进化速度则越快，适应能力也更强。动物世界如此，商业世界更是如此。现在的商业竞争已经进入了一个竞合时代。竞合时代与竞争时代相比，前者最大的特点是在竞争中实现双赢，实现强强联合，取长补短，通过规模优势加强整体的竞争实力。

比方说宝马和奔驰，我们可以看到，奔驰的每一个车系其实都能在宝马的阵营中找到影子，但又绝非仿造雷同。宝马与奔驰在相互学习的过程中保持了自己惯有的风格。可以说，它们共同拱卫着豪华车的领地，抵御第三者的入侵，可以说是"两夫当关，万夫莫开"。在它们的竞争过程中，没有价格战的硝烟，而是各凭竞争优势寻求差异化的品牌策略，构建起了良性的竞争环境。所以，尽管这二者的市场定位和目标客户群高度重合，但它们却没有生产过任何一款同质化产品。"开宝马，坐奔驰"，前者强调驾驭乐趣，后者强调乘坐舒适，这已经成了消费者心目中对这两个品牌鲜明的品牌印象。

通过竞合组成攻守同盟的不光是宝马与奔驰,像麦当劳与肯德基、可口可乐与百事可乐、宝洁与联合利华、阿迪达斯与耐克、中国移动与中国联通……他们既是敌人,却更是领导行业并驾齐驱的两架马车。他们通过彼此间的竞合,使得市场容量大增,使得行业进步,更实现了各自的扩张与增长。

没有永恒的敌人,只有永恒的利益。竞争者既是如芒在背的威胁者,也是最好的磨刀石,企业要理性睿智地选择竞争者。对手就是镜子,可以让企业清楚地认识自己的优劣势,有了参照物,才会更加清醒,更加勤奋。

企业要取得成功,必须构建核心竞争力

从传统的意义上讲,企业往往拥有和控制着企业在某一个领域中展开经营活动所需要的大部分资源——人力、原材料、机器、信息和能源,但是,现在情况已经发生了变化。目前,只要有可能,许多企业都是从外部来获得质量更好或成本更低的非核心资源。此时,关键是掌握和培育企业开展经营活动所必需的核心资源和能力。

——科特勒《营销管理》

科特勒所说的核心能力是指能为企业进入目标市场提供潜在机会的能力,是能借助最终产品为目标顾客利益作出重大贡献的、不易为竞争对手所模仿的能力。从这句话中,可以看出,核心能力应该具有这样三个典型特征:第一,它是竞争优势的源泉,并能够对顾客感知利益作出重大贡献;第二,在市场上具有广泛的应用性;第三,竞争者很难模仿。

在科特勒看来,企业生存发展的关键是掌握和培育出核心的资源和能力,而其他非核心的资源完全可以从外部获取。最鲜明的例子就是耐克,它自己并不生产鞋子,但是标有耐克标志的鞋子却享誉世界,这正是因为耐克在鞋的设计和营销方面培育出了强大的核心能力与优势,至于鞋子的生产,它完全可以交给那些生产能力强、制造成本低的厂商。

核心竞争力是一种能力,而不是一个产品,更不是产品的一种属性。企业核心竞争力是企业的生命线,是企业运行、发展的动力源,是企业战略的核心部分。这种核心竞争能力的打造不是一蹴而就的事情。一个企业要取得成功,就必

须为顾客提供比竞争者更高的价值和满意。所以，企业不能仅仅适应目标消费者的需求，还必须通过在消费者心目中建立比竞争对手更强势的定位来获得战略优势。

美国学者弗雷德·克劳福德和瑞安·马修斯，通过对世界知名的公司进行研究，总结出这些企业成功的共同特征：产品稳定、价格诚实、购买便利、独特体验和服务践诺。这基本上与营销的4P要素相吻合。更令人惊奇的是，调查结果显示：最出色的公司也只是在五个属性中的某一个属性方面有绝对优势，在另一个属性上保持领先，而在其他三个属性上保持平均水平。

换句话说，每一家公司面临着选择：把哪些属性做得最出色，把哪些属性做得优秀，而把哪些做成平均水平。这是一个取舍的过程，也是营销定位的过程。营销定位成功的例子比比皆是，像戴尔电脑成功于直销优势，星巴克成功于独特体验，沃尔玛成功于价廉物美，而他们的产品并非与别人有多大的不同。企业构建自己的核心竞争优势可通过以下三大步骤来完成：

第一，识别可能的竞争优势。消费者所选择的总是那些能给他们带来最大价值的产品和服务。因此，赢得和保持顾客的关键是比竞争对手更好地理解顾客的需要和购买过程，以及向他们提供更多的价值。通过提供比竞争对手低的价格，或者提供更好的质量和服务，企业需要找到机会使自己的营销区别于其他企业，从而赢得竞争优势。企业一般从产品差异、服务差异、人员差异和形象差异等方面进行区别。

第二，选择合适的竞争优势。对企业而言，并不是所有的品牌差异都是有意义或有价值的，也不是每一种差异都能成为很好的区别因素。每一种差异都有可能在给顾客带去利益的同时增加企业的成本。因此，企业必须仔细地挑选区别于竞争对手的竞争优势。

比方说同仁堂，这个品牌最吸引人的地方就是它的秘方，它的生产技艺都是师傅徒弟手把手地教，一代一代地传，客观上限制了商品的大规模生产和被模仿，这对竞争对手就构建起了难以逾越的壁垒，让他们很难超越。除了同仁堂，像内联升的千层底儿鞋制作工艺、全聚德的烤鸭手艺、宫廷御厨的菜谱等，这些老字号都是靠着秘方与传承打造出了自身的核心竞争力。

第三，经营自身核心的竞争优势。企业确立了自己的核心竞争优势之后，更要用心经营，一方面，要将这种独特竞争优势准确地传播给潜在顾客，使顾客了解、知道、熟悉、认同、喜欢和偏爱本企业的市场定位，并在顾客心目中留下深刻印象；另一方面，要不断加强、巩固并提升这种核心竞争优势，防范竞争对手的追赶与超越。

现在各行各业竞争如此激烈，企业如果不能找到自己的优势与长处，不能形成自身核心竞争力，那是极其危险的。企业应对自身的优势和劣势有清醒的认识，从自身优势中去提炼并打造企业的核心竞争力。

世界上不存在适合所有企业的所谓"最佳竞争战略"

世界上不存在适合所有公司的所谓的"最佳竞争战略"。每个公司都应该根据自己的规模以及与竞争对手相比自己在行业中的地位，选择最适合自己的竞争战略。

——科特勒《营销管理》

科特勒认为，世界上并没有一种放之四海而皆准的"最佳竞争战略"，同样的一种竞争战略能使这家公司成功，却很可能让另一家公司惨败。每个公司都应该根据自己的实际情况并结合市场环境选择最适合自己的竞争战略。

在行业中，居于领先地位的大公司可能会运用一些其他企业所无力承担的战略，但是，仅有规模是不够的，有的战略的确可以使大公司获胜，但也有可能让它们深陷泥潭。而小公司尽管实力规模有限，但同样可以采用大公司难以实施或者不屑于实施的灵活型战略，从而获得高回报率。

从总体上来说，公司通常运用的竞争战略有三种：

一是总成本领先战略，也就是最大努力降低成本，通过低成本降低商品价格，维持竞争优势。要做到成本领先，就必须在管理方面对成本严格控制，尽可能将降低费用的指标落实在人头上，处于低成本地位的公司可以获得高于产业平均水平的利润。在与竞争对手进行竞争时，如果能够将成本有效控制住，那么当对手已没有利润可图时，公司还可以获得利润。

二是差异化战略，也就是走别具一格的路线，提供差异化的产品或服务，如果能够实现这种战略，公司在行业中就很可能赢得超常收益，能建立起有竞争力的防御地位。差异化经营好了，客户对品牌的忠诚建立起来了，公司在所在的细分市场中就能更主动、更强大。

三是集中化战略，或者说是目标集中战略、专一化战略。它是指公司选择某个特定的客户群，或者某产品系列中的一个细分区段，或者是某一个地区市场。实行这种战略的前提是，公司能够以更高的效率、更好的效果为某一狭窄的战略对象服务，从而超过在更广阔范围内的竞争对手。这种战略具有赢得超过行业平均水平收益的潜力。

企业要选择最适合自己的竞争战略，就要进行这样的三步评估：

第一步是评估资源。

资源的评估主要指的是两方面：一是资产，也就是指企业内的人、物、财等，资产大多是可以量化的、具体存在的，像厂房、设备、自有资金、销售人力、销售网络，等等；二是能力，也就是指企业如何满足客户及胜过竞争对手的专有能力，这多半是不能量化的，例如企业家的创业精神、凝聚力与影响力、市场的专有诀窍、信誉、技术、创新能力，等等。

这两种资源对于企业而言是立根之本，企业的目标达成缺不了这些资源。对这两方面的资源进行评估，企业可以对自身实力有一个较为理性的认识。

第二步是评估企业的优势与长处。

对企业资源进行评估的过程，同时也是一个挖掘企业优势与长处的过程。企业的优势与长处是指企业拥有的超越对手的某方面的资产和能力，企业对其进行某种组合后便能产生力量，达到企业的目标。反之，企业如果忽视了这种优势和长处，不能让这种资源充分发挥作用或者组合不当，就难有成效。

比方说，埃克森石油公司想利用该公司在财务、资金上的优势进入办公自动化这个行业，结果因为缺乏其他配合的能力和资源，这次尝试以失败告终。看清自己的长处所在，并坚定不移地加强它、善用它、经营它，这样企业才能构建起独特的优势来。

第三步是评估企业的长处与弱点对未来的影响。

企业的长处能在未来创造什么样的价值，企业的弱点在未来会造成什么样的后果，这些是企业必须要评估的。企业的经营就是要把企业长处的价值充分发挥，那些能够增加企业的竞争力或满足潜在消费者的长处会带给企业未来发展更大的机会。同时，企业要对自身弱点有深刻认知，是隐藏它，防范它，还是弥补它，或者采取别的方式，总之，对这些弱点不能掉以轻心，因为，一个微不足道的弱点很可能会在某个关键点上给企业带来沉重的打击与莫大的损失。

在这三步评估的基础之上，企业可以从实际出发，从自己的优势长处出发，选择最为适合的竞争战略。

第六章 超竞争时代：比竞争者做得更好一点

获胜的企业往往在引导着自己的竞争者

忽略了竞争者的公司往往会成为绩效差的公司，效仿竞争者的公司往往是一般的公司，获胜的公司往往在引导着自己的竞争者。

——科特勒《市场营销原理》

科特勒从如何对待竞争者的这一角度，将企业划为三个层次，最低的层次是忽略竞争者，这样的企业很容易在竞争中落败；层次稍高一点的企业，对竞争者做得较好的地方，会积极地效仿跟进；而那些获胜的企业，它们所做的则是引导自己的竞争者，引导行业规则。

科特勒的这种观点跟商界的一句经典语大有相通之处，那就是"三流企业做产品、二流企业做品牌、一流企业做标准"。在传统的工业生产中，是先有产品后有标准，标准仅仅作为企业生产合格产品的依据，但在知识经济时代，在经济全球化的今天，则是标准先行。标准之争其实就是市场之争，谁制定标准，谁就掌握了话语权；谁掌握了标准，就意味着先行拿到了进入市场的入场券，抢占了市场的制高点。卓越的公司往往就是在"做标准"，在引导整个行业的风向，它们是行业内当之无愧的标杆与领头羊。其他的竞争者只要在这个行业，就得按这个行业的游戏规则来做，所以说，做标准的企业有着绝对的领先优势，它们可以通过提高门槛、提高标准来限制其他企业的准入，削弱对手的优势。

凡事做标准，凡事有标准，很多人、很多企业就是靠着"标准"二字确立自己在行业中的地位的，例如，西方科学管理鼻祖泰勒就是始于标准化的研究；福特汽车第一条自动生产流水线源自于各部位的标准化；风行全球的 ISO 质量体系，其本质就是由标准展开；微软的操作系统软件目前占据了国内操作系统市场 95% 的份额，已经形成了事实上的垄断；瑞典利乐公司控制了国内 95% 无菌软包装市场，占绝对垄断地位，伊利、蒙牛、光明、三元等国内乳业巨头都在使用利乐的无菌灌装生产线及相应的包装材料……

在未来，不管商业环境如何变化，概念如何翻新，根本的内核都是不变的，那就是做好标准。能够引领标准、引领行业、引领竞争者的企业，最有可能成为行业内的霸主。在一个行业内要成为领先者，就得把握标准，标准就是话语权，就是行业法则。企业掌握了标准，就有足够的实力和影响力去引导行业内的其他竞争者。

有人说，营销高手需要做好两件事，一是"攻心"，让消费者喜欢上你的企业或品牌；二是"洗脑"，让消费者接受你所灌输的理念和标准。比方说，我们一提到德国制造，就会有"精细"、"品质好"、"严谨"、"耐用"等印象；我们一提起咖啡，就会想起雀巢。这种下意识的联想，其实就是一种长期"洗脑"所造成的结果。

什么样的标准最难打破？人心中的标准！企业如果想要在行业中占据绝对优势地位，就必须从标准入手，引导竞争者，引导消费者，成为做标准的一流企业。

· 第二节 ·
十面埋伏，竞争无处不在

企业面临着五股竞争力量的威胁

企业面临着五股竞争力量的威胁，分别是：行业竞争者、潜在进入者、替代者、购买者以及供应商。

——科特勒《营销管理》

科特勒认为，无论在行业中处于何种地位的企业，都随时面临着竞争，这不仅仅指行业内其他企业的挑战与威胁，还有来自其他多个方面的竞争。在传统观念中，企业研究竞争环境时，往往只着眼于那些直接发生竞争的企业，但是在今天，竞争已经不仅仅是竞争对手之间的战斗，而更多地被看作顾客获取所需价值的各种可行途径之间的竞争。随着不同行业之间界限的模糊化，这一点也显得特别重要。

企业现在面临着五种竞争力量的威胁，它们是：

（1）同行业的直接竞争者。在同一个行业当中，如果已经有了众多、强大或者竞争意识强烈的竞争者，那么该细分市场就会失去吸引力。如果该市场处于稳定期或者衰退期，而生产能力不断大幅度扩大，将导致固定成本过高，撤出市场的壁垒过高。

（2）供应商。供应商有两个手段可以威胁到企业的发展，一是提高供应价格；二是降低供应产品或服务的质量，从而使下游行业利润下降。如果企业无法通过价格结构消化增长的成本，它的利润就会因为供应商的行为而降低。

（3）顾客的讨价还价能力分析。企业追求的是更高的投资回报率，而顾客追求的是以最小的支出获得最好的产品和最优质的服务。为了减少支出或降低成本，顾客通常会讨价还价，寻求更好的产品、更多更好的服务以及更低的价格；同时，行业内企业之间的竞争，也会让买方坐收渔翁之利。

（4）替代品。如果企业所服务的市场存在着替代品或潜在替代品，那么该市场的吸引力就会大大降低。替代品是指那些来自不同行业的产品或服务，这些产品或服务的功能与该行业的相同或相似。一般说来，如果顾客面临的转换成本很低甚至为零，或者当替代品的价格更低，或质量更好，性能相似于甚至超过竞争产品时，替代品的威胁会很强。

任何企业都应密切注意产品的价格趋向，如果在这些替代品行业中技术有所发展，或者竞争日趋激烈，就有可能导致该细分市场的价格和利润下降。在顾客认为具有价值的地方进行差异化，如价格、质量、服务、地点等，可以降低替代品的竞争力。

（5）潜在进入者。潜在进入者是指那些可能加入这个行业，成为企业直接竞争对手的企业。当某一行业，尤其是新兴行业获得高额利润时，资本就会大量流入，不仅行业内现有的企业会增加投资以提高生产能力，而且行业外的企业也会被吸引到该行业进行投资。例如，在房地产如火如荼的时候，受到高利润的吸引，很多有一定资本实力的企业纷纷涌入，试图从这个市场分一勺羹。

可见，企业除了要防范行业内的直接竞争者，还要对其他四股竞争力量提高警惕，这五种竞争力量对企业都有一定的威胁力，对其中的任何一个，企业都不能掉以轻心。

行业竞争者：细分市场的容量是有限的

如果一个细分市场已经有大量强大的激进的竞争者存在，那么它不会有吸引力。如果该细分市场已经稳定甚至衰退，工厂生产能力不足，固定成本和退出壁垒高，或者竞争者在细分市场中投资很大的话，那么这个市场更不具有吸引力。

——科特勒《营销管理》

科特勒认为，一个细分市场的容量是有限的，如果有太多的企业争夺这一片市场，就很可能导致惨烈的价格战、广告战、渠道战等，使得参与竞争的代价很高。像手机市场就是由于细分市场的竞争关系导致竞争异常激烈。

很多人都听过这样一个故事：

第六章 超竞争时代：比竞争者做得更好一点

一天，一个犹太人来到小镇上。他发现这个小镇很有潜力，所以投资开了个加油站。过了一段时间，第二个犹太人也来了，发现加油站生意很不错，人气越来越旺了，所以投资开了个餐馆。又是一段时间，第三个犹太人来了，开了个酒店，第四个、第五个……不久之后，小镇就成了一个经济繁荣的小镇。

而中国人发现一个有潜力的镇子会怎么做呢？当第一个人投资开了加油站，获得不错的收益时，第二个人也会立马跟进，开一家新的加油站，第三个人来了，继续开第三家加油站，然后是第四个人、第五个人……

这个故事并不夸张，在很多行业里，我们都能看到这种同质化的竞争。很多公司做生意都喜欢一窝蜂，当看到某个行业某种生意能成功赚钱，那么，不出一两年，市场上绝对会有一批新的竞争者争相进入，引发恶性竞争。

放眼市场，我们很难找到一种没有竞争对手的行业，一条街上，一个社区里很容易就能找出三四家洗衣店，五六家便利商店，七八家美发店，十多家餐厅，二十几家小吃摊……没有一个行业没有竞争对手。

有句话说，同行是冤家，这句话从某种程度上来说确实反映了现实。要避免与较强的竞争对手相抗衡，企业需要采取一定的区隔策略，比方说，选择不同的区域市场，避开和主要竞争对手的面对面搏杀，这是市场区隔；选择不同的目标群体，这是对象区隔；在产品上实行差异化，针对不同对象提供不同产品，这是产品区隔……通过这些区隔策略，企业可以为自己留出一块相对而言较稳定、竞争不那么激烈的市场空间。

面对强大的同行业竞争对手，竞争是残酷的，如果势不两立，必定两败俱伤，最好的办法是谋求共赢。共赢有利于自身的发展，只有竞争才会有进步。竞争还有利于行业的发展，一木难以成林，当一个行业有良性竞争时，相关品种会增多，产品的结构也会丰富，这样能推动整个行业的进步，提高整体产销量。与竞争对手合作也有利于产业链的共同发展，一个产品成熟了，相关的配件配套设施会更完善，更有利于企业的发展。此外，同行联手能够共同抵抗外来产品的入侵，提高整体抵抗力。

对于行业内领先型的竞争者，学习它们的成功模式可以减少市场风险，也可以让企业少走很多弯路。如果能够模拟出竞争者成功的根本模式，并结合企业实际加以运用，可以避免很多最初阶段很难逃过的风险。

对于行业内的一些搅乱正常市场竞争的对手，企业应更警惕。市场竞争就是大鱼吃小鱼，但几乎在每一个市场，都会有一些小鱼小虾，它们图的不是长远的发展，而是一时之利，为了获得利润和市场份额，它们可以置市场规则于不顾，采取无所不用其极的手段，比如一味地挑动价格战，或者生产假冒伪劣产品，等等，这种非正常的竞争会破坏整个行业的内在结构与外在形象。企业对这一类型的对手，应该联合行业内的其他企业，强势压制住或者清理掉它们。

总之，竞争是无处不在的，要想在竞争中胜出，企业要有打持久战的准备。同时，也不应该把竞争对手视为敌人，没有竞争就没有市场，没有市场便无法生存。理智分析对手，寻求共赢，谋求差异化之路，这样企业才能在竞争中活得更好。

潜在进入者：有利润，就会有跟风

所谓潜在进入者，可能是一个新办的企业，也可能是一个采用多元化经营战略的原从事其他行业的企业，潜在进入者会带来新的生产能力，并要求取得一定的市场份额。潜在进入者对本行业的威胁取决于本行业的进入壁垒以及进入新行业后原有企业反应的强烈程度。

——科特勒《营销管理》

潜在进入者指的是暂时没有对企业构成威胁但是具有潜在威胁力的竞争对手。当某一行业发展较为迅速的时候，该行业便不可避免地会吸引更多竞争对手加入其中，有时候这种冲击甚至可以动摇整个行业。

潜在进入者会直接影响到行业的竞争强度和赢利性。具体而言，它们的存在会加剧行业对下游市场需求量的争夺和分流，同时也会加剧对上游资源的争夺和分流。潜在进入者对行业是利是弊，不能一概而论，而是与行业的发展周期有着密切的联系。通常，当行业处于导入期时，随着潜在进入者的进入，行业生产量不断扩大，行业生产能力随之提高，单位产品生产成本会较快降低，行业赢利能力将提高。在这个时期，潜在进入者更多地起到培育市场的作用，能够推动行业的发展。

当行业处于成长期时，由于需求量增长迅速，潜在进入者一般会对需求进行细分分流，这从表面上看似乎不利于行业内竞争者，但由于需求量迅速增长，行业内现有生产能力可能并不能满足快速增长的需求，如果没有新的加入者，需求未被满足的消费者可能会寻求替代品，替代品行业的激活可能会颠覆对现有行业的需求，影响行业赢利能力。所以说，成长期进入的潜在竞争者对整个行业是有其积极意义的。

当行业进入成熟期时,需求量增长缓慢,竞争更加激烈,行业吸引力开始下降,潜在进入者通常不大可能选择进入。但成熟期虽然需求量增长缓慢,但需求总量很大,从现金流角度看,对某些潜在进入者仍是有吸引力的。

当行业处于衰退期时,需求量急剧萎缩,行业资本收益率下降,部分行业内的企业都会选择撤资退出,而潜在进入者如果要进入该行业,更是会慎之又慎。

在成熟期和衰退期,潜在进入者的威胁可能并未减小。少数实力很强的潜在进入者仍可能选择这个时机进入,并通过并购、重组等手段,以低廉价格得到相关资产,凭借自身优势对行业内企业形成很大冲击。

潜在竞争者是否会进入某个行业,主要取决于以下几大因素:

第一大因素是进入该行业的可能性,这主要取决于该行业的发展前景。如果该行业增长速度快,赢利潜力大,那么潜在竞争对手进入该行业的意愿就越强。但是,竞争对手能否顺利进入该行业还要看该行业的进入壁垒的强弱程度。

第二大因素是进入壁垒的强弱程度,进入壁垒是指新企业进入一个行业所必须负担的生产成本以及所面临的一系列不利因素和障碍,主要反映产业内现有企业和待进入该产业的潜在企业之间的竞争关系。新进入者在进入一个行业之前,必须评估自己是否有足够的实力应对目标市场中的种种风险和阻碍。

第三大因素是预期的报复,这指的是该行业的现有企业对于潜在进入者所持有的态度以及可能做出的反应。现有企业的反应越激烈,潜在进入者面临的阻力就越大。为了维护共同的利益,行业内现有的企业甚至会联合起来,一致对外,阻止新的进入者。

综合这些因素,潜在进入者进入某个行业需要做充分的调研和评估,谨慎决策。而行业内现有的企业则可以通过上面所述的各种方式,来提高行业的进入壁垒,从而防范并抑制新进入者。

替代者:比现有竞争对手更具威胁力

存在实际的或潜在的替代品的细分市场不具有吸引力。替代品对价格和利润设置了限制。在这些替代品行业中,如果技术进步或者竞争激烈了,那么价格和利润都可能下跌。

——科特勒《营销管理》

科特勒认为,竞争不仅仅包括所有的现实竞争对手、潜在竞争对手,还包括购买者可能考虑的替代产品。

比方说，如果一家汽车公司打算购买钢材来制造汽车，那么就可能有几个层次的竞争。这家公司可以从美国钢铁公司购买钢材，同时它也可从众多外国钢铁公司那里购买钢材，或者本着节省成本的目的从纽克公司那样的小型钢铁厂采购。除此之外，它还可以从阿尔钦公司购买铝，代替钢材来做相应的汽车零部件并减轻汽车重量，或者也可以从其他公司购买工程塑料。很显然，如果美国钢铁公司只将其他的钢铁公司视为自己的竞争对手的话，那就太过于狭隘了。事实上，从长远来说，未来对该公司造成最大冲击的，很可能就是那些生产替代产品的生产厂家，而不是那些行业内的其他钢铁企业。

同行竞争很好理解，但是即便是两个处于不同行业中的企业也可能会由于所生产的产品互为替代品而产生相互竞争行为，这种源自于替代品的竞争会以各种形式影响行业中现有企业的竞争战略。

首先，现有企业产品的售价以及获利潜力，会因为存在着能被用户方便接受的替代品而受到极大限制；其次，由于替代品的存在，使得现有企业必须提高产品质量，或者通过降低成本来降低售价，或者使其产品更具有特色，否则其销量与利润增长的目标就有可能受挫；再次，源自替代品生产者的竞争强度，受用户的转换成本高低的影响，如果转换成本足够低，那么用户可以自由地在企业产品与替代品之间选择，这样一来，替代品对企业产品的威胁就极大。总之，替代品价格越低、质量越好、用户转换成本越低，其所能产生的威胁力就越强。

替代者的隐蔽而又强大的竞争力，为企业参与竞争提供了另一种视角。企业如果跳出行业看行业，跳出产品看产品，就会发现，其实竞争分两种，一种是完全同类产品之间的竞争，是你死我活的竞争，一方要把另一方打压下去，以使自己生存下来，这种竞争充满了血腥之气。而另一种则显得比较温和，它是不同类产品间的替代，很多时候都是静悄悄地发生的，当替代者成功后，被替代的竞争对手眼看着品牌已经长大，往往束手无策。事实上，可口可乐当初也是运用了替代思维才把市场充分放大的。

20世纪80年代的时候，可口可乐就已经占据了美国软饮料市场35%的市场份额，当时几乎所有人都认为市场已经足够成熟，而百事可乐正奋起直追，对可口可乐造成了极大的冲击。很多证券分析家都快给可口可乐唱挽歌了，他们认为在这样一块如此饱和而竞争又如此激烈的市场，可口可乐不可能有更大的发展。

就在这时候，时任总裁的罗伯特·格祖塔提出了一个振聋发聩的见解——在"人们的肚子里"，可口可乐的份额是多少？他说："我不是说可口可乐在美国的可乐市场占有的份额，也不是说在全球的软饮料市场占有的份额，而是在世界上每个人都需要消费的液体饮料市场所占的份额！"他的话让大家都醒悟过来，在"人们的肚子里"，可口可乐的市场份额少到几乎可以忽略不计，自然就还有无限大的发展空间。

罗伯特·格祖塔给可口可乐带来了观念的革新，他认为，可口可乐的敌人不是百事可乐，而是咖啡、牛奶、茶、水，等等。可乐行业巨大的市场空间超出任何人的想象，可口可乐拥有无可限量的市场前景，至此，可口可乐迎来了它历史上新的发展高峰。

在传统营销观念中，相同的产品构成同一的市场，在这个市场中，消费者是固定的，市场的容量也是固定的，你得到的多，那我得到的就必然少，因此竞争常常是针尖对麦芒，伤敌一千，自损八百。而在新的营销观念中，相同的需求构成同一的市场，企业可以通过不同的产品去满足同一种消费者需求。譬如，上网可以通过电脑，还可以通过手机，就看谁能为消费者创造更大的价值，更好地满足其需求。这样一来，企业的重心就集中到了满足消费者的需求上，在竞争中，注意力也会集中于消费者的满意度和忠诚度上，而不是单纯地关注竞争对手出了什么招，用了什么方法，这样更能形成一种健康的行业氛围。

购买者：与越来越精明的顾客博弈

如果购买者拥有强大的或不断增长的议价能力的话，该细分市场不具有吸引力。当购买者更加集中或有组织，或者产品在购买者的成本中占较大比重，或者产品是无差异化的，或者购买者的转换成本低，或者购买者由于低利润而变得价格敏感，或者他们能够整合上游时，购买者的议价能力得以提高。

——科特勒《营销管理》

科特勒认为，买方的议价能力在一个行业中有举足轻重的地位，如果买方议价能力强大，或者占据优势地位的话，那么，这样的行业对卖方而言，就有了一定的难度和壁垒。买方议价能力是指买方采用压低价格、要求较高的产品质量或索取更多的服务项目等竞争手段，从卖方与竞卖者彼此对立的状态中获利的能力。

买方的议价能力受到下列因素的影响：相对于供应商数量的买主数量、购买量、可供备选的替代产品数量、买方选择替代产品的成本以及购买者所掌握的信息量的多少等等。比方说，汽车厂家比起一个小汽配修理厂来说，就具有更强的议价能力，因为它是大买家，而且一般有多个供应商可供选择，其替代成本相对而言比较低。再如，在个人电脑行业，电脑生产商相对操作系统软件商微软的议价能力就很低。

在什么样的情况下，买方会拥有更强大的议价能力呢？

（1）买方大批量采购，或者买方采购的数量占卖方生产总量的一个比较大的比例。

（2）卖方固定成本高，必须在充分使用生产能力的基础上实现赢利。

（3）卖方存储成本高。

（4）买方为购买产品所付出的占了成本的很大部分。

（5）对买方而言，有大量的替代产品可供选择。

（6）买方转向其他产品或替代品的成本很低。

（7）买方有足够实力向下整合，也就是由买方变为卖方。

（8）购买者掌握充分的信息。

消费者总是希望以最小的成本获得最大的利益，因此，讨价还价的价格谈判几乎是任何交易中所不可缺的。有的时候，为了在卖方面前占据更强势的谈判地位，买方会联合起来，组成一个团体，与卖方议价。

2012年，搜狐视频、腾讯视频、爱奇艺这三家视频网站联合宣布，将共同组建"视频内容合作组织"。这个组织以"联合购买，联合播出"为理念，三方约定将对国内外优质视频版权内容进行联合采购及联播，而对于三方各自已经采购的影视剧资源，则开展置换合作，以应对影视剧飙涨的版权价格，推动整个视频行业形成可持续的良性发展。

有数据显示，影视剧的新媒体单集版权价格从2009年的数万元上涨至2011年的上百万元。专家认为，这在很大程度上是因为对版权内容缺乏理性的判断，信息不透明，各个网站"恐慌性出价"，不管内容好坏，一律往高了报价，结果导致版权价格出现远远溢出平均价值的泡沫。

海量的内容是一家视频网站生存的根本，而价格的飙升对视频业来说无疑是致命的。这三家视频网站的联合合作，就是为了让版权价格尽量回归理性。三家通过合作能实现多方面的利益：第一，可以很好地把控成本，与版权方进行价格谈判，也有了更大的优势；第二，可以通过合作采购的形式购买差异化的内容；第三，这种强强联手的联盟式竞争既能对行业内的龙头老大产生强烈冲击，又能抬高网络视频业的行业壁垒，进一步压缩中小型视频网站的生存空间。

当版权价格急剧飙涨居高不下时，作为版权的购买方，视频网站是非常吃亏的。而三家联盟能大大提升购买方的议价谈判能力，各家都能以相对较低的成本获得更为丰富的版权内容。

不仅企业之间可以通过这种联盟合作来提升自己作为买方的谈判力，消费者同样也可以。例如曾经红极一时的团购，其本质就是消费者联合起来，形成一个数量庞大的群体，从而令卖方降低价格，给出更大的优惠，而如果是个体的消费者去争取，这样的优惠是很难争取得来的。

供应商：上游不安，下游不稳

如果公司的供应商能够提高价格或者减少供货数量的话，那么该细分市场不具有吸引力。如果供应商集中且有组织，或者他们鲜有替代者，或者供应的产品是非常重要的投入要素，或者转换供应商的成本高，或者供应商能够整合下游的话，那么供应商的议价能力就会变得较强大。当然，最好的防御方式就是与供应商建立双赢关系，或者使用多家供应商。

——科特勒《营销管理》

科特勒认为，供应商的状况是决定一个细分市场是否具有足够吸引力的重要因素之一。细分市场中供应商的威胁将影响细分市场的吸引力，一般情况下，供应商的市场威胁越大，细分市场的吸引力也就会越小。企业需要对细分市场中已有供应商进行分析，判断供应商威胁的大小，从而最终判断细分市场的吸引力。供应商的市场威胁主要取决于其议价能力、信誉及稳定性。供应商的议价能力越大，信誉、稳定性越差，其市场威胁也越大。

举一个最典型的例子，欧佩克即石油输出国组织，就是由11个石油生产国和输出组织共同组成的，它的成立是协调和统一各成员国的石油政策，进而以最适宜的手段来维护它们各自和共同的利益。这些国家联合起来就等于拿住了全球石油供应的命脉，能够保证各成员国在任何情况下都能获得稳定的石油收入。欧佩克就是一个强大的供应方联盟。

一般情况下，供应商常处于弱势，而买方企业处于强势，供应商几乎是追着买方、希望买方能够采购自己的产品，但是，也有反转的情况，像欧佩克的例子，就是买方处于弱势，而供应方处于强势。

如果一个行业内，资源的供应集中掌握在少数几个公司手中，那么，当较为零散的买方从这些供应商手中采购时，在价格、质量及交货期上就很可能受制于人。

早年，我国 VCD 影碟机价格普遍较高，其原因就在于生产 VCD 影碟机的关键元件——解码器，是由美国 C-CUBE 公司独家提供的。元件供应掌握在这样一家垄断企业手中，当时的 VCD 制造商从该公司购买解码器，单价高达 90 美元，这样一来，VCD 机制造商为保证相应的产品利润，就不得不高价出售 VCD 影碟机。后来，荷兰飞利浦公司也开始生产解码器，供应市场的垄断格局被打破，C-CUBE 公司失去了垄断优势，其议价能力也随之降低。

在经济全球化的今天，供应商和企业的关系已经不再是单纯的买卖关系，供应商作为企业的一种宝贵资源，越来越得到企业的重视，企业间的竞争已经延伸到对优秀供应商的竞争。企业要确保产品品质，同时有效控制成本，就必须用心经营与供应商之间的关系。

在以竞争为基调的供应商管理模式中，企业与供应商之间的关系是一种短期的、相互之间视为交易对手的关系。买方总是试图将价格压到最低、降低成本，而供应商总是以特殊的质量要求、特殊服务和订货量的多少等为理由尽量抬高价格、增加利润。哪一方能取胜主要取决于哪一方在交易中占上风。当买方的实力强大，购买量很大，而且可以从多家供应商里自由选择时，在这些情况下，买方会占上风，反之，则有可能是供应商占上风。总之，供应商与买方企业之间在价格上的争议会非常激烈。

而在以合作为基调的供应商管理模式中，买方和卖方均视对方为伙伴，双方保持一种长期互惠的关系。买方与卖方在一个确定的目标价格下，共同分担成本，共享利润，共同保证和提高质量，共享信息。买卖双方都认识到不良产品会给双方都带来损失，因此能够共同致力于提高质量。一旦出现质量问题，买方会与供应商一起分析原因、解决问题。双方之间建立起了一种信任关系，互相沟通产品质量情况，当这种信任足够深厚时，买方甚至可以对供应物料不进行检查就直接使用。

科特勒说："最好的防御方式就是与供应商建立双赢关系，或者使用多家供应商。"以合作为基调的模式比以竞争为基调的模式具有更多的优势。在当今市场需求多变、竞争激烈的环境下,与供应商合作更有利于企业的内外稳定和竞争力的提高。除了与供应商保持长期合作关系,企业为了防备万一,可以同时与多家供应商合作,这样能大大降低风险,同时还可以提升企业的议价能力。

· 第三节 ·

市场领导者：第一不是那么好当的

一步领先不等于步步领先

虽然领先品牌在消费者心中具有独一无二的地位，但是除非该优势企业享有合法的垄断性，否则还是需要时时保持警惕。竞争对手可能紧接而来，危及领导者地位。要保持市场领先，领先者就必须寻求各种方法来扩大市场总需求、努力保护现有市场份额并尝试将其进一步提高。

——科特勒《营销管理》

科特勒曾经对企业在目标市场中所扮演的角色做了一个大致的划分，他认为，通常情况下，40%的市场份额掌握在市场领导者手中；30%由市场挑战者所掌握；20%在市场跟随者手中，他们不愿打破现状，只想保持现有的市场份额；而剩下的市场份额则掌握在市场利基者手中，他们专注于大企业无暇顾及的利基市场。

市场领导者通常在企业所处的目标市场中占有统治地位。这类企业往往占据相关产品最大的市场份额。许多行业都有一个被公认为市场领导者的企业，像微软、英特尔、宝洁、麦当劳，等等，它们在各自的行业中就是居于领导者地位的。

市场领导者有这样的特点，它们在新产品开发、价格变动、分销渠道和促销力量等方面处于主导地位，其主导地位为同行业其他企业所公认；它们既是市场竞争的导向者，也是其他企业挑战、效仿或躲避的对象。市场领导者的地位是在竞争中自然形成的，但并不是固定不变的。除非占统治地位的公司享有合法的独占权利，否则它会时时受到威胁。处于市场领导者地位的企业必须时刻保持警惕，因为其他企业会不断向其优势发起挑战，或者企图抓住其弱点，另一方面，市场领导者还可能会因为其自身的庞大规模和组织结构的膨胀而变得臃肿、迟钝、不灵活。

市场领导者一定要有时时刻刻的警惕心，不能满足于当前的市场地位和市场份额，而应该有深重的危机感。

早在 2000 年，华为的销售额就突破了 220 亿元，利润达 29 亿元，居全国电子百强企业之首。当时业内的形势可以说是"一片大好"，"网络股"泡沫破灭的寒流还未侵袭中国，国内通信业增长速度保持在 20% 以上。可是就在这"形势大好"的时候，任正非发表了《华为的冬天》，预言"冬天"即将来临，并且呼吁华为全体员工要警惕潜藏的危机和失败。他这样说道："'沉舟侧畔千帆过，病树前头万木春'，网络股的暴跌，必将对两三年后的建设预期产生影响，那时制造业就惯性进入了收缩。眼前的繁荣是前几年网络大涨的惯性结果。记住一句话'物极必反'，这一场网络、设备供应的冬天，也会像它热得人们不理解那样，冷得出奇。没有预见，没有预防，就会冻死。那时，谁有棉衣，谁就能活下来。"

任正非发表《华为的冬天》后不到一年时间，整个电信行业就步入了严峻的"冬天"，由于中国电信分拆及产业重组，同时欧美电信市场迅速饱和致使国际光纤通讯产品大量涌入国内，使国内光纤通讯市场缩小许多，华为公司本打算传输产品销售额 200 亿元的计划落空，最后不得不缩减为 80～90 亿元。

在这个时候，人们不能不佩服任正非的预见性，"华为的冬天"背后隐藏着的含意确实发人深省。作为行业领先者，在顺风顺水的时候，能够对潜藏的风险和危机保持清醒的认识，这是难能可贵的。

行业领先者不仅要对大环境保持关注和警醒，同时也要提防紧随身后的竞争者，它们虽然目前在行业中的地位稍逊一筹，但是，未必就没有后来者居上的可能。

科特勒曾说："市场领导者就好像象群里最大的头象，它经常受到蜜蜂们的骚扰，其中一只最大最危险的蜜蜂紧紧地围绕着它，并不断发出嗡嗡的叫声。可口可乐必须经常提防百事可乐，索尼必须提防三星，丰田必须提防本田，柯达必须提防富士。"一步领先不等于步步领先，即便是实力强大的领导者，如果忽视了身后的追赶者，那么这些竞争者很可能危及甚至直接颠覆行业领导者的地位。

保持领先最具建设性的策略就是持续创新

市场领先者如何才能保卫其领地不受侵犯呢？最有建设性的回答就是持续创新。市场领先者应该引领行业不断开发新产品、提供新的顾客服务、致力于资源的有效分配及成本的持续降低。只要能够提供全面的解决方案，企业就可以不断增加其竞争优势和顾客价值。

——科特勒《营销管理》

科特勒认为，市场领导者要保持持续领先的优势，需要采取三方面的行动：首先，公司应该找到扩大整体市场需求的方法；其次，公司必须采取得当的攻守策略来保护原有的市场份额；最后即便是市场容量保持不变，公司也应该尽可能增加其市场份额，而这所有的行动，都离不开一点，那就是创新的推动。

海尔有一个著名的竞争理念叫"浮船法"。所谓浮船法，是指企业在激烈的市场竞争中，产品不一定要尽善尽美，但一定要比竞争对手棋高一招，总是保持市场领先的水平。张瑞敏先生曾说："其实当你的成果受到市场欢迎的时候，就说明很快要被别人超越了，而且别人怎样超越你，你永远也不会知道。既然如此，从成果出来的那一天起，你就只有自己否定自己，再开发一个更新更好的产品，永远战战兢兢，永远如履薄冰。我们的'小小神童'出来后马上有人模仿，我们也打官司，但太耗费精力了。所以我们很快推出第二代，不等你学第二代，又推出第三代，后来开发到第十二代'小小神童'，没有这十二代的不断超越，怎么可能有小小神童洗衣机的上百万台销量？而且如果被动地打官司的话，不一定能打赢，打赢了也不一定能执行。"

尽管已经是中国家电行业的标杆型企业，但海尔始终认为，只有建立自主创新技术进步机制，才能巩固自己的领先地位，才是企业在竞争中自我发展、自我完善的治本之方。由于海尔集团坚持不懈地进行技术创新，使产品有了强大的应变能力，其技术创新呈现出无穷的魅力。通过技术人员的技术创新，海尔始终保持了企业产品的技术优势和市场优势，从而将企业引入一种"独享山水风光"的高度。

不管在哪个行业，龙头老大的座椅从来不是固定为某一家企业所设的，如果行业领导者不能持续创新，不能巩固自己的地位，那么，被超越是迟早的事。

第六章　超竞争时代：比竞争者做得更好一点

在计算机领域，有一个人所共知的"摩尔定律"，它是由著名的芯片制造厂商——英特尔公司创始人之一戈登·摩尔经过长期观察后，于1965年4月19日提出的。

"摩尔定律"具体是指：集成电路芯片上所集成的电路的数目，每隔18个月就翻一番；微处理器的性能每隔18个月提高一倍，而价格下降一半；用一个美元所能买到的电脑性能，每隔18个月翻两番。

"摩尔定律"所阐述的趋势一直延续至今，且仍不同寻常地准确，它印证了英特尔公司高速成长的辉煌历程，也成为许多相关产业对于产品性能预测的基础。从"摩尔定律"，我们还可以得出一个启示，那就是行业是不断变化，不断向前的，能不能跟上这种变化，跟上行业前进的脚步，决定着一个企业在行业中的地位甚至是存亡，这对行业领先者来说尤其是如此。

比尔·盖茨就曾有一句名言，也是跟"摩尔定律"一再提及的"18个月"大有关系。即使是在微软最鼎盛的时期，比尔·盖茨都不忘强调这样一句话："微软离破产只有18个月的时间。"想要继续保持自己在行业中的优势，就必须学会创新。事实上，微软一直没有放松创新的脚步，它把创新这个本身抽象的概念内化成可行性措施，让创新成为公司的核心文化，让每一个人走入自己可以创新的领域之内，发挥自己最大的才干。

在比尔·盖茨的眼中，每一项新技术的发展对于微软来说都是福音。因为利用这些新技术、新产品，微软可以通过研发新软件的方式快速进入这些新的领域。比尔·盖茨说："微软的成功秘诀之一就是在条件允许的情况下提速，走到别人的前面去。"

《摩尔定律》一书在提及微软革命时道出了这样一句话："你永远不能休息，否则，你将永远休息。"在微软应对市场变化的各种举动中，一种声音可能更能通俗地表达出比尔·盖茨心中的想法。这句话也是比尔·盖茨非常喜欢的微软公司文化中的一条内容——"每天早晨醒来，想想王安电脑，想想数字设备公司，想想康柏，它们都曾经是叱咤风云的大公司，而如今它们都烟消云散了。一旦被收购，你就知道它们的路已经走完了。有了这些教训，我们就常常告诫自己——我们必须要创新，必须要突破自我。我们必须开发出那种你认为值得出门花钱购买的Windows或Office。"微软的危机感使得它找到持续发展的必由之路，那就是持续创新。

作为企业，创新永远是生存必不可少的手段。要满足消费者需求，企业需要不断设计、生产出符合市场需求的各种新产品。一个企业能否持续不断地进行技术创新、产品创新，开发出适合市场需求的新产品，成为决定该企业能否实现持续稳定发展的重要问题。尤其是在科学技术发展日新月异、产品生命周期大大缩短的新经济时代，企业产品面临的挑战更加严峻，不及时更新产品，就可能导致企业的灭亡。特别是对处在科技前沿的企业来说，对科技潮流的把握是他们制胜的前提，持续创新是它们必须拥有的能力，也是最实用的能力，这种能力会帮助它们打破持续发展的瓶颈。

扩大总体市场，将市场蛋糕做大

当总体市场扩大时，市场领先者通常获利最多。市场领先者应该寻找更多的新顾客或者使现有顾客加大产品使用量。

——科特勒《市场营销原理》

科特勒指出，市场领导者要维护自己在行业内的地位和收益，需要采取的一个重要措施就是扩大总体市场。当市场这块整体蛋糕做大了，那么，作为领导者，当然会从中受益。举个简单的例子说，亨氏番茄酱是深受很多美国家庭喜爱的产品，如果美国人消费更多的番茄酱，那么，亨氏将会是其中最大的受益者，因为，它的销售量占到了全美番茄酱市场的三分之二。

要扩大总体市场，企业可以从两个方面入手：一是寻找更多的新顾客，二是使现有顾客加大产品使用量。另外，营销人员还可以通过识别新的使用机会，或者开辟更多的使用用途，加大产品使用量。

比方说，将产品与某些节日、节事或者一些特殊的时间、事件联系起来，在九九重阳节（又称老人节），商家就可以将这个节日与一些老年人需要的产品联系起来，促进这类产品的销售。

除此之外，公司还可以对产品加以改进，以开辟产品的新用途，比方说，吉百利史威士公司以口香糖产品著称，该公司在口香糖的基础上继续创新与拓展，开发出了能够美白健齿的营养保健品。

作为市场领导者，必须有一定高度的眼界和境界。扩大总体市场，需要的不仅仅是魄力，还有创新。在这一点上，不得不提柯达，尽管2012年百年柯达走到了悲情的破产边缘，但在早期，柯达的很多营销方略的确是值得学习的。

柯达曾推出"拍立得"相机，这种相机因为使用方便大受欢迎。当时柯达一共设计了8种机型，有一半的定价都在50美元以下，定价如此低，超乎人们预料。更出人意料的是，在柯达相机备受欢迎、销售量直线上升之际，柯达公司竟然宣布："柯达相机，人人都可以仿造。"为了保证全球各厂家仿造的质量，柯达将10年研究出来的技术图纸免费提供给同行。

起初大部分人都认为柯达疯了。然而，没过多久人们就明白过来了，原来，柯达早就考虑到随着照相机销量的增加，胶卷和冲印服务肯定会有更大的需求。于是，当同行竞相生产"拍立得"相机的时候，柯达已将重点放在了胶卷的生产和冲印上。果然，随着全球各照相机厂家开足马力生产，"拍立得"相机的销量增长了90倍，而柯达胶卷销量更是增长了300倍。这么多的柯达相机，每天都会"吃掉"大量胶卷，大量拍摄过的胶卷就必须进行冲印，于是柯达几乎垄断了全世界的冲印市场，获得了超凡的利润。

柯达在推广其"迷你型"相机时，也采取了同样方法，降低价格，使人人都买得起，结果柯达的胶卷、照相机以及相关器材的销量扶摇直上，尽管富士、樱花等企业不惜血本降价，但总敌不过柯达胶卷的销售量。

柯达的这种策略很高明，将相机的技术图纸免费提供给同行，看起来匪夷所思，可却扩大了相机的市场覆盖率，进而，奠定了柯达在胶卷和冲印市场的垄断地位，这种舍小局做大局的经营方式，实在是妙不可言。

处于市场领导者地位的企业，往往在行业内有着比较大的市场占有率，在产品价格变动、新产品开发、市场覆盖率的变化中及销售方式的选择等许多方面起着相对支配或者领先的作用。当一种产品的市场需求总量扩大，收益最大的往往是处于领导者地位的企业，所以促进产品总需求量不断增长、扩大整个市场容量是领导者企业维护竞争优势的积极措施。

保护市场份额，巩固领导地位

作为市场领先者，即使它不展开攻势，也必须谨防任何主要侧翼被攻击。企业必须清楚，哪些重点领域应不惜任何代价加以防守，哪些领域可以放弃。

——科特勒《市场营销原理》

科特勒指出，市场领先者的地位不是一劳永固的，在市场领导者企业面临的竞争对手中，总会有一个或几个实力雄厚者。市场领先者要防止和抵御其他企业的强攻，维护并扩大自己现有的市场占有率。

通常而言，对居于领先地位的企业，有两种有效竞争策略：一是进攻，即在降低成本、创新产品、增强薄弱环节方面主动出击；二是防御，即根据竞争的实际情况，在企业现有阵地周围建立不同防线，如构筑企业目前的市场和产品的防线。构筑不仅能防御企业目前的阵地，而且还能扩展到新的市场阵地，作为企业未来新的防御和进攻中心的防线等。防御战略的目的在于减少受到攻击的可能性，将攻击的目标引到威胁较小的领域，并设法减弱攻击的强度。

通过建立难以逾越的障碍，市场领先者可以让竞争者打消进入该细分市场的念头。阻止竞争对手进入的屏障可以分为两种类型，一种是稳定型的屏障，另一种则是移动式的屏障。

稳定型的屏障是防御者建立的防御要塞。任何企业要想进入市场，就必须攻克这个要塞。这些屏障可以建立在企业经营的任何领域，如市场营销、财务、会计、制造等。

移动式屏障指的是针对竞争者的行动与策略所展开的活动。比方说，阶段性地投放新产品，或者在有特定意义的时间点上进行大幅度的促销活动，等等。当产品升级后，能够更好地满足顾客需求并增加利润时，企业应主动更新在市场上销售的产品，而不能让竞争者以它的产品来替换你的产品。这样做是为了以不断创新来打击那些尚无法确认自己能否跟上竞争步伐的潜在入侵者。这些方法可弹性应对攻击，是一种可行的主动出击策略。要建立有效的移动式屏障，企业要对整个价值链进行评估，而不仅仅是产品核心，要探索可以打造出更大客户价值的创新之路，同时，还要确保这种创新是竞争对手难以模仿的，否则它就不能成为有效的屏障。

企业所构建的屏障既可以是有形的，也可以是无形的。比如，可口可乐就以有形的稳定型屏障阻止入侵。可口可乐公司采用果糖玉米甜味剂替代蔗糖，从原料上就节约了20％的成本。为了阻止竞争者跟随，可口可乐公司与果糖的供应商们签订了一个长期的采购合同，锁定了大部分的供应，这就给竞争者设置了很难突破的壁垒。

而无形的屏障，比方说，顾客忠诚就是一个很好的方法，如果行业领先者能够经营好客户，用心构建起牢不可破的顾客忠诚度，那么，这会成为阻止入侵的最坚固的无形壁垒。反之，如果没有这道屏障，即便企业领先很多，市场份额很大，但仍然很有可能被身后的追赶者所颠覆。

企业建立这种阻止入侵的屏障，第一步就是要设法制造入侵者的法律或技术困境，比方说专利、政府制定的行业准入标准与相关法律法规，等等。第二步则是提高市场份额，市场规模扩大了，成本降低了，有了更好的市场形象，与供应商和零售商的关系进一步加强，企业的市场地位才能越稳固。比方说，在当初宝洁以汰渍进攻被联合利华旗下的奥妙品牌所牢牢控制的南欧市场时，因为联合利华在当地建立了强大的分销渠道，而使得宝洁历尽艰辛，才得以打开市场。

科特勒说，即便市场领先者不展开攻势，也必须做好防御，要明确哪些重点领域是绝对不能放松的，而哪些领域又是可以放弃的，巩固企业的长项，使之牢不可破，这样，领先者的地位才能更加稳固。

阵地防御，占领最大的消费者心智份额

阵地防御意味着占领最大的消费者心智份额，使得品牌形象坚不可摧，例如，宝洁公司就做得非常成功：在消费者心中，汰渍洗衣粉是用于衣物清洗，而佳洁士牙膏用于防蛀保健，帮宝适尿片则实现健康干爽。

——科特勒《营销管理》

在科特勒看来，阵地防御防守的不是企业所获得的市场，而是消费者的心智份额，是要让更多的顾客记住并忠诚于企业的品牌。与进攻并争夺新市场相比，保卫自己已有的市场份额要容易得多。

这首先是因为进攻者的不利之处恰恰是防御者的有利之处，防御者可能已经是市场的佼佼者，其品牌与顾客心仪的产品是联系在一起的。其次，即使情况有所不同，防御者仍有其他优势胜于进攻者，例如它可能拥有更多的有关供应商、技术和消费者心理学的市场秘诀等。再次，大多数消费者不愿冒险尝试新事物，当人们还拿不定新产品是好是坏时，总是趋向坚持使用已经用过的产品。新进入者必须有更强的说服力，例如更低的价格、更好的质量、更快的送货服务等，才能劝服消费者改变。让顾客忠诚于一个经常购买的品牌产品，比让他们喜欢上一个新兴品牌的产品要容易得多。

占领最大的消费者心智份额，这就是最好的阵地防御。作为行业领先的企业，必然要面对前赴后继的追赶者，如果将精力放在应对这些攻击者上，那只能暂时阻挡攻势，并不能从根本上巩固自己的地位。而将精力放在顾客身上，用心做好服务顾客的每一个环节，将顾客留住，让品牌形象深入人心坚不可摧，才能真正增强企业的竞争力，让企业保持持续领先的优势地位。

虽然阵地防御从字面上去理解，就是集中大量的人力、物力和财力在现有的

市场上建筑防御工事，保护现有市场份额的意思，但是，防御并不意味着保守，简单地防守现有地位或产品是一种营销近视症，是一种消极退缩政策。

拿可口可乐来说，可乐是其标志性产品，尽管可口可乐的产品目前几乎占到了世界饮料总产量的一半，但其品牌经营者并不把可乐作为未来发展和赢利的主要来源。可口可乐现在在积极开发其他的市场，比如收购果汁饮料公司、尝试生产海水淡化设备和塑料制品，等等。这就是一种阵地防御，守住可口可乐，并向其他可能的方向拓展。

尽管在较量中，防御者常常处于有利之势，但是，如果进攻者实力强大，且掌握了一定的规则和机会，仍可能大获全胜。所以，与其被动地放手，作为防御方的企业还必须努力削减进攻者的成功机会，要向进攻者发出强有力的警告信号。

发出信号的主要目的当然是为了警告对方不要进入你的市场，从而不战而胜。如何发出这种信号？比方说，企业可以扩大生产规模，制造一种盛况，让竞争对手感觉到一旦它进入市场，面临的将会是大规模生产所带来的很占价格优势的产品的阻击。举个例子，小米手机还没有面市之前，就已经展开了大规模的宣传活动，其出色的配置与功能、低位的价格对市场中的消费者构成了很大的冲击力，可以防止相当一部分消费者在产品发布之前购买竞争对手的同类型产品。

企业发出警告信号，要确保信息能够传达到竞争企业那里，这不仅指那些已经在细分市场之内的直接竞争对手，还包括处在同一产业却不在同一细分市场的间接竞争对手。企业还要把信息传达给那些虽然不在同一行业，但拥有一些资源，随时可能进入行业参与竞争的企业。

侧翼防御，保护薄弱的前线阵地

尽管阵地防御很重要，市场领先者也应该建立一些侧翼以保护其薄弱的前线阵地或者作为可能的战略反攻基地。

——科特勒《营销管理》

科特勒认为，市场领先者对于其自身的薄弱之处，应采取侧翼防御。侧翼即弱点，对竞争企业而言，领先者的弱点就是最好的突破点。所以，领先型企业要注意在其弱点建立防御阵地，以抵挡竞争品牌的进攻。

数字设备公司就曾经向IBM公司发起侧翼攻击，它推出了一种小型电脑，人

第六章 超竞争时代：比竞争者做得更好一点

们称这种新产品为"迷你电脑"，该产品针对的正是 IBM 公司的大型电脑。这就是一种极具杀伤力的侧翼攻击。

美国赫布莲酒业公司旗下的斯米诺品牌占据了全美 23% 的伏特加市场，定价在中高档，该品牌遭到了低价竞争对手沃尔夫·施密特的攻击，面对对手打出的低价格杀手锏，赫布莲非但没有对产品实施降价，反而提高了售价，并将增加的收入用于广告投放。与此同时，赫布莲迅速推出了一个新品牌瑞斯加与沃尔夫施密特进行旗鼓相当的竞争，并且还引进了一个售价更低的品牌——波波夫。这个战略既没有损害斯米诺的品牌形象，又有效地打击了沃尔夫施密特，同时也保护了赫布莲的侧翼。

还有美国饼干公司，它是饼干市场的领导者，它引进了低脂肪的饼干线——斯奈克威尔，当时正是全民风行低脂肪的健康理念，因此这种低脂的饼干大受欢迎，其销售额在两年内就达到了 4 亿美元。受此影响，很多企业纷纷涌入，不少企业跟风生产无脂肪饼干。就在竞争者纷纷推出了无脂肪饼干的时候，美国饼干公司扩大了斯奈克威尔的侧翼力量，拓展到新的领域，比方说冰激凌、冷冻食品以及烤饼，等等。

侧翼阵地是力量最为薄弱的地方，在竞争者而言，他们不会将自己的"伞兵"空投到行业领导者"机枪阵地"的高地上，也很难把侧翼战的产品直接送到领导者在市场上已经站稳脚跟的产品的"虎口"中，他们最可能采取的措施就是选准一个薄弱的突破口，以创新、独到的方式切入禁区。一个有实力的竞争者如果瞄准这样的薄弱点，发起强势的冲击，那么，即便是领先型的企业，也很可能会吃大亏。

侧翼战跟传统的进攻战有很大不同，进攻战可以估计得到，但最成功的侧翼战几乎是不可预测的。突袭力量越强大，侧翼阵地越薄弱，行业领导反击和收复失地所需要的时间就越长，甚至根本就很难保住侧翼的阵地。侧翼战能够产生巨大的能量，竞争对手要想阻止这种进攻是极其困难的。所以说，行业领先者，无论当前所拥有的竞争优势有多强大，无论自己的地位有多牢固，都要对一切潜在威胁认真对待，多加分析，不能草率行事。

杰克·特劳特曾经提出过这样一个观点——"最佳防御就是要有勇气来攻击自己"，这句话的意思是说，市场领导者对于企业的薄弱点，要主动进行防守防御，要有勇气自己挑战自己、攻击自己，避免弱点成为竞争对手的突破点。在防御战中，攻击自己，就意味着要不断去研发能为顾客创造更大价值的新产品，要不断有新的想法产生。如果只是墨守成规，那么，侧翼终究会有被攻破的一天。

比方说，柯达没有发展数码技术，因为他们不想放弃传统业务，反而导致自己走上了破产之路。索尼的WALKMAN（随身听）被苹果的iPod所打败，也是因为索尼未能及时抢占新的数字技术时代。

所以说，科特勒建议市场领先者，应该以预见性的眼光建立起侧翼力量来保护自己某些薄弱的前线阵地，同时，也可以作为可能的战略反攻基地，给进攻者以强力的反击。

第七章

产品、服务和创新：引领市场更得人心

·第一节·
产品是最关键的市场提供物

一个伟大品牌的核心是一个伟大的产品

一个伟大品牌的核心是一个伟大的产品。产品在市场供应中是一个关键因素。市场领先者通常出售能提供卓越顾客价值的高品质产品和服务。

——科特勒《营销管理》

科特勒认为，一个成功品牌的核心是伟大的产品或服务，再配以精心的规划、大量的长期承诺、富有创意的设计和营销执行。产品永远是企业与品牌的"基本功"。产品是品牌的载体，是品牌的一个基础元素，只有质量过硬、外观优美或能够完美地满足消费者需求的产品，才具备构建品牌的基础。

产品质量是一个综合性概念，其内涵极其丰富，它包括产品的性能、功能、寿命、安全性、可靠性、适用性、维修性、经济性和环境等多方面的内容。名牌产品的质量特点在于它除了满足这些质量要求外，还在此基础上从市场需求出发，进一步了解消费者对质量的实际需要，从而抓住重点进行突破，形成名牌产品的质量特色。因为对于不同的产品和产品质量的不同方面，消费者的需求是不相同的，往往有所侧重。名牌产品非常善于在消费者最注重的质量方面集中精力，下大力气，更充分地满足消费者需求。这是名牌产品拥有非凡的质量魅力的秘诀。

很多著名的品牌都有一个共同点，那就是对产品精益求精，致力于打造最优秀的产品。像蓝色巨人 IBM 公司，它是世界知名的跨国公司，其产品畅销全世界。该公司成功的秘诀就在于：它把追求尽善尽美、服务顾客、尊重个人作为公司的三大原则，几十年如一日，从不动摇。为了向这个目标努力，公司制订了"满意标准"，用以指导和衡量产品与服务的质量。还有德国的宝马轿车驰名世界，被视为身份和地位的一种象征，这种品牌效应的取得来自于该公司的宗旨："力臻完善，永不罢休。"再比方说，苹果公司，它的产品之所以能让全世界的苹果"果粉"疯狂，与其在产品设计上所追求的极致完美是密不可分的。

产品是联系生产者与消费者、企业与客户的纽带。市场经济运作的实质就是产品及其价值在生产者与消费者、企业与顾客之间的循环。因此，开发和生产出色的产品成为企业最为重要的任务。如何更全面地认识和理解产品，进行更为科学合理地产品开发与营销，也成为提升企业竞争力、树立品牌的关键。

一个好产品的质量是经过多道工序、多个环节、众多员工共同努力形成的。从原料的选择、加工、制作到产品制成出厂，无不是精益求精的过程。只要其中稍有差错，企业辛辛苦苦打造的品牌和信誉就有顷刻间坍塌的危险。因此，企业要想创品牌，从创业之日起，就要树立起强烈的质量意识和明确的奋斗目标，有不创出品牌誓不罢休的雄心壮志。这是企业创品牌的先决条件。

好的产品人见人爱，它对消费者的吸引力来自其非凡的质量魅力。品牌产品追求的不应该是一般的质量，而应该是超群的、让用户无可挑剔的质量，是最高层次的质量。

营销是基于产品质量之上的活动

作为一个品牌，产品质量和道德是最为重要的因素，营销是基于产品质量之上的活动。然而，如果营销建立在劣质产品之上，其恶名也会被快速传播，这并不利于企业的发展，甚至会导致企业的死亡。

——科特勒 2011 年出席 GMC（环球制造商）制造商联盟活动时采访

科特勒到访中国与企业交流时曾经说过这样一番话："产品质量低劣的坏影响很多，甚至可以把行业拖垮，导致公众信心崩溃。在中国迅猛发展的电子商务行业中，企业的诚信问题尤为显著，甚至可以说，企业诚信和信用问题是制约电子商务持续发展的瓶颈。"

事实上，产品质量问题、企业诚信和信用问题不仅是制约电子商务行业的瓶颈，而是制约所有行业和企业的一大瓶颈。

"营销是基于产品质量之上的活动"，对于企业来说，营销固然重要，却不是最关键的。再好的营销，要想取得预期的收益，都必须建立在过硬的产品质量上。如果没有值得信赖的品质，再好的营销方式与推销手段，也会成为空谈。一个质量不过关的产品，可以蒙骗顾客于一时，却不可能永远蒙骗所有顾客，一个不被顾客看好、不被顾客信任的产品是没法在市场中立足的。

所以说，产品品质才是最基础的，营销只是为更快获得利益、使产品更加畅销的一种附加手段，是建立在品质基础上的。

有的企业会说：我们有抓产品质量啊，我们把确保质量写进了企业战略，写进了企业制度，写进了广告宣传，打出了宣传口号……实际一点地说，这些都是流于形式、泛于表面的。

产品质量不是说出来的，更不是吹出来的，关键是要坚持不懈地把质量安全贯彻到企业运营的全程，用实际行动，踏踏实实生产出高质量的产品。

而且，产品质量的好坏，并不是由企业自己说了算的，而是由消费者用购买行为来投票的，消费者对产品质量的好坏有自己的判断，并由此决定是否购买该产品。

所以，企业要想生产出高质量的产品，关键是要深入质量管理的核心，一步一个脚印，把质量作为生产、销售的头等大事、企业运营的源头和基础。

还有的企业寄希望于可以走捷径，"短平快"地打造出品牌，通过铺天盖地的广告宣传砸出品牌，这样做的确能在一段时间内提高知名度，但是，却难以保持下去。从来没有企业在缺乏稳定质量的条件下，能够在市场中建立起自己的品牌。凡事要逐本溯源，质量是根本，稳定的产品质量是营销的关键。

就拿国内的很多老字号来说，他们能够经受住市场考验，使得招牌能够数百年而不倒，与他们注重产品的质量是分不开的。比方说，我国著名的医药企业同仁堂，三百年来始终坚守"炮制虽繁必不敢省人工，品位虽贵必不敢减物力"的古训，从一个普通的药店发展成为我国最著名的医药企业之一，并已成为医药领域最负盛名的老字号。

品牌不可能一蹴而就，产品的卓越性能和超群出众的精细品质才能赢得消费者的认同。做营销、树品牌，都得从产品的品质开始，没有这个基础，品牌就是无源之水、无根之本。

服务是一种特殊的无形产品

　　一个公司提供的服务质量无时无刻不在受到检验。服务是一种特殊的无形产品，是企业取得竞争优势的主要手段之一。事实证明，消费者更喜欢从服务较好的企业购买产品。

——科特勒《科特勒市场营销教程》

　　科特勒指出，服务是一种特殊的产品。为了销售产品给顾客，使产品能满足顾客的需要，企业须提供给顾客若干支持性的服务。支持性的服务常根据顾客需要和竞争情境而定，比如，许多企业为顾客提供安装、维护、送货、信用、保证、训练等种种售前和售后服务，都可视为产品的支持性服务。

　　服务是产品最重要的组成部分之一，消费者买的不仅仅是产品实体部分。就像人们坐在任何一家麦当劳店里面，不仅仅是为了吃一个汉堡和喝一杯可乐。麦当劳凭借优质服务带来良好声誉和源源不断的客流，几十年来长盛不衰，这就是一个服务创造价值的明证。

　　好的服务是产品品牌一张绝佳的名片。很多企业认识到，虽然生产优质产品是企业的起码要求，但世界上没有十全十美的产品。由于设计、生产、运输、使用等方面因素的制约，任何一个产品都可能存在这样或那样的问题，有待于不断改进和完善，因此服务就显得十分必要。

　　服务包含的范围很广泛，主要可分为售前服务、售中服务、售后服务。很多人常把服务等同为售后服务，其实不然。销售的不同阶段有着不同特点，在不同的阶段需要做好不同特点的销售服务。

　　1. 售前服务。这是指通过研究消费者心理，在顾客购买产品之前为顾客提供的各种服务。常见的售前服务有提供产品信息、提供导购服务、帮助顾客进行购买分析和权衡利弊等。售前服务的目的在于方便顾客，激发顾客的购买欲望，强化顾客的购买动机。

　　2. 售中服务。这是指从与顾客洽谈生意、签订购销合同，到产品发运、货款结算完毕为止全过程的服务。售中服务包括接待顾客时礼貌热情，洽谈和签订合同时真诚坦率和认真负责，产品出库时认真进行质量检验，产品发运时做到准确、齐全等。售中服务的目的在于影响顾客的购买心理感受，增强顾客的信赖感，促进成交。

3.售后服务。这是在产品销售以后,根据顾客要求继续提供的各种服务。售后服务已经成为产品的延伸,被看做产品的组成部分。常见的售后服务包括送货上门,产品的安装、调试和指导使用方法,产品的退换和维修,零配件的供应等。售后服务的目的在于保证顾客所购商品使用价值的充分发挥,解除顾客购买产品的后顾之忧,提高顾客的满意程度,以促进顾客重复购买。

可以说,服务贯穿于企业与顾客联系过程的始终,任何一个环节的疏漏与不足,都可能会给顾客留下负面的印象,影响到企业与顾客之间的关系。而反过来,优质的服务也能够吸引顾客、留住顾客,这些忠诚的客户将成为企业未来销售收入的丰沛来源。优质服务所节省的最大成本,就是为挽回那些不满意的老客户所需投入的成本,这也就是优质服务的"节流"效应。

当一个企业的市场占有率达到一定程度时,优秀的服务就胜过营销的运作了。产品竞争的实质最终将变成服务的竞争。顾客在购买产品时,无法从表面来判断产品的质量和性能,但是却可以真切地感受到服务质量的优劣,所以,服务在很大程度上影响顾客的决策。科特勒提醒企业,应该把扶持产品的服务当作是取得竞争优势的主要手段,消费者更喜欢向服务较好的企业购买产品。

产品层次与顾客价值层级

在规划产品时,营销人员需要考虑五个产品层次——核心利益、基本产品、期望产品、附加产品、潜在产品。每个层次都增加了更多的顾客价值。这五个产品层次构成了顾客价值层级。

——科特勒《营销管理》

科特勒指出,产品不仅仅是一件简单的商品,营销人员需要从五个层次去审视产品的概念。

产品最基本的层次是核心利益,也就是顾客真正购买的基本服务或利益。顾客真正想要购买的是什么?他们购买的绝不是某种产品的各种构成材料,而是为了满足某种特定的需求。比方说,人们买食物,并不是为了食物本身,而是为了填饱肚子,或者享受美食;人们买汽车,不是为了汽车本身,而是为了在交通上更加方便快捷自由一些,或者说是为了体现出身份与地位的需要。营销人员在与顾客沟通的时候,产品的核心利益是沟通的重点。

产品的第二个层次是基本产品,也就是产品的基本形式。营销人员必须把能满足消费者需求的核心利益转化为实际产品。产品形式一般通过质量水平、产品特色、款式、包装和商标五个特征表现出来。如麦当劳针对顾客"填饱肚子"这一需求，做出了汉堡、可乐、鸡块等饮食产品，这些就是围绕核心利益所转化出来的实际"产品"。

产品的第三个层次是期望产品，也就是购买者在购买产品时期望获得的一组属性或条件。同样以麦当劳为例，除了为顾客提供饮食，麦当劳更是致力于为顾客创造更加愉悦的就餐环境，因此，在店里顾客还能用到舒适的座椅，干净的卫生间、洗手池，还有轻快的音乐、热情的服务，等等。

产品的第四个层次是附加产品，这是在基本产品的基础之上增加的服务和利益。对现代企业来说，竞争更多发生在产品的附加层次，这是因为对于产品的前三个层次，很多企业都可以很好地达成，而产品的附加层次具有更高的价值。产品的附加层次使得营销人员必须正视用户在获得、使用、修理和处理产品等方面存在的问题和要求。还是以麦当劳为例，在其餐厅中设立的儿童乐园、顾客生日时送上的特别小礼物等，这些附加的产品和服务能够增加顾客对品牌的好感，进而吸引更多的顾客。

附加产品包括了各种售后服务，如提供产品使用说明书、保证、安装、维修、送货、技术培训等。

在日益激烈的竞争环境下，通过附加产品给顾客带来附加利益，已成为竞争的重要手段之一。

企业需要在包装、服务、广告、顾客咨询、资金融通、运输、仓储等附加产品上增加自己的竞争力，能够正确发展附加产品的企业更有可能在竞争中获胜。

产品的第五个层次就是潜在产品，即该产品最终可能会实现的全部附加部分和将来可以转换的部分。企业从这个层面寻找新的方式，来更好地满足顾客需求。比方说，电视机可发展为录放映机或者电脑终端机等。

这五个层次的每个层次都增加了更多的价值，对顾客也更具吸引力。随着生活水平的提高、消费的升级，过去的消费者购买产品看重的是它的核心利益和基本产品，但现在的消费者已不仅仅满足于产品质量、款式等，他们更看重使用产品所带来的愉悦心情。

不难预见，产品概念的这种外延趋势还会随着社会进步、消费需求的发展而进一步扩展，企业营销的重点也应由内层转向外层，企业所提供的期望产品、附件产品、潜在产品在市场竞争中的地位将越来越重要。

第七章 产品、服务和创新：引领市场更得人心

企业的三种基本的产品策略

企业有三种可能的策略：提供一种产品给所有人（无差异化营销），提供不同的产品给不同的市场细分（差异化营销），专门为一个市场细分提供产品（聚焦营销）。

——科特勒《科特勒说》

科特勒指出，企业可以在无差异化的产品营销、差异化的产品营销和聚焦的产品营销三种基本的产品策略中选择最适合自己的一种模式。

在采用无差异化的产品营销时，企业通常不需考虑细分市场之间的区别，用一种产品来满足整个市场，来吸引最大多数的购买者。这种模式可以凭借广泛的销售渠道和大规模的广告宣传，在消费者的心中为该产品树立一个超级印象。这样做的好处在于，它易于实现标准化的大量生产和大量分销，它可以大幅地降低成本费用，这可以说是其最大的优点。标准化和大批量的生产以及专注于单一产品的广告营销，这都能为企业节省大量的费用，尤其是在实现了规模效应之后，更能显出成本优势。

无差异化的产品营销也会有局限性，最为突出的就是在这样一个消费者需求多样化、个性化的时代，用一个产品去满足所有人，已经变得非常困难，而且，这种模式缺乏强有力的竞争力，很容易被竞争者模仿，当竞争者创造出更有特色和价值的产品与服务时，企业很可能会一败涂地。

在采取差异化的产品营销时，企业需要经营几个细分市场，并为每个细分市场设计不同的产品，比方说，雅诗兰黛就针对顾客的不同品味以及年龄来推出差异化的产品：原有的旗舰品牌雅诗兰黛针对的是年龄较长而且具有一定经济实力的顾客，倩碧针对的是中年女性的需求，而 M.A.C 主要迎合的是年轻人。此外，悦木之源针对的是追求天然成分化妆品的消费者。

通过这种差异化的模式，企业以不同的服务产品、不同的营销策略在不同的细分市场满足不同的消费群体。与无差异化不同的是，差异化能够更好地满足多样化的消费者需求，增强消费者对于企业的满意感和信任感，吸引重复购买，培养更多的品牌忠诚消费者。差异化的产品营销还可以分散企业的经营风险，有利于扩大企业的销售额。当然，走差异化路线，投入也是比较大的，从市场调研、产品研发、上市推广到营销宣传，等等，都需要资金支持，所以，这种模式比较

适合具备一定规模实力的企业。

聚焦营销，是指企业为某个细分市场，专门设计出独特的产品，凭借独特的品牌定位，以聚焦的形式进行统一的、整合的市场推广和宣传，不断地反复强调，打动和影响消费者，并在他们的心智中抢占一个独特的位置，最终成为这类产品之中的领导品牌。像格力，几十年来，只做一件事，那就是做空调，做好空调。这种聚焦使得格力成为这个领域最有竞争力的王者品牌。

对企业来说，没有最佳的策略，只有最适合的策略。无差异化的产品营销、差异化的产品营销和聚焦的产品营销，这三者各有利弊，企业应该根据自己的定位、目标市场以及目标消费群体的特征，还有产品的特点，来选择最适合的产品营销策略。

· 第二节 ·
每个产品都有其生命周期

产品生命周期可以分为四个不同的阶段

大部分产品的生命周期曲线都呈钟形,这种曲线将其典型地分为四个阶段:导入期、成长期、成熟期和衰退期。产品生命周期的每个阶段要求不同的营销战略。

——科特勒《营销管理》

每一种产品进入市场后,它的销售量和利润都会随时间推移而改变,呈现一个由少到多、由多到少的过程,就如同人有"生老病死"一样,由诞生、成长到成熟,最终走向衰亡,这就是产品的生命周期现象。按科特勒的说法就是"产品销售和利润在整个产品生命期间的变化过程"。产品的生命周期可以分为导入期、成长期、成熟期和衰退期。

产品的生命是有限的,企业在不同的阶段都会面临不同的挑战,产品的利润有上升的时候,也会有滑落的时候,企业需要运用产品生命周期概念,设计出不同生命周期阶段不同的营销、财务、制造、采购与人力资源等策略。

具体来说,产品生命周期的四个阶段分别具有下面的特征:

(1) 导入期。

产品刚进入市场,销售额增长较慢,产品投入相当大,因此,在这一阶段,企业几乎可以说毫无赢利可言。

导入期是新产品上市之后的最初销售时期,通常只有少数创新者和早期采用者会尝试购买产品。销量小,促销费用和制造成本却比较高,因为前景尚不明朗，竞争也就不是非常激烈。这一阶段企业营销策略的思路是，把销售力量直接投向最有可能的购买者，让这些具有领袖作用的消费者来帮助企业扩大新产品的影响力，缩短导入期的时间。

（2）成长期。

产品逐渐为市场和消费者所接受，销量开始攀升，利润也比较可观。

成长期的产品，性能基本稳定，且已经有了较为广泛的消费者认知，销量快速增长的同时，竞争者也不断涌入，市场竞争激烈。企业要维持产品的成长，就必须做出多方面努力，如改进和完善产品、寻求新的细分市场、改变广告宣传的重点、适时采取促销策略等。

（3）成熟期。

产品销售额的增长速度放缓，目标消费群体大都已经接受了产品，而市场竞争也更加激烈，企业的销售利润保持平稳或者下降。

在产品成熟期，企业的营销策略应该是主动出击，尽量延长成熟期，具体来说，可以进行市场改良，也就是开发产品的新用途或者寻找新用户来扩大产品市场；可以进行产品改良，通过提高产品质量，增加功能，改进款式、包装，提供新的服务等方式来吸引消费者。

（4）衰退期。

产品经过极盛时期后，开始由盛转衰，产品销量下降，利润大幅减少。在严重的情况下，产品甚至会被淘汰，退出市场。

当产品进入衰退期后，是取是舍，是维持，是转移，是收缩，还是放弃，企业必须当机立断，不然的话，衰退的产品会成为企业很大的一个负累。

需要注意的是，并不是所有的产品都会遵循这样的生命周期。有的产品进入市场不久就"水土不服"立刻消失了；有的产品能持续保持成熟期的状态；有的产品进入衰退期后，由于企业采取了得力的营销举措，又回到了成长阶段；还有的产品展现出了"基业长青"的生命力，比方说可口可乐、美国运通、富国银行等等，历经百年，它们仍在各自领域保持强劲势头。

所以说，企业需要掌握产品的生命周期，但又不能死板地被产品生命周期牵着走，比方说，当产品销量由盛而衰，变得很不景气时，有的企业会认为产品已到衰退期，就贸然地将产品放弃，这种"营销近视"很可能会让企业错失一个仍存在市场价值的好产品。产品步入衰退期，并不代表无法再生，如果采取合适的改进策略，企业很可能再创产品新的生命周期。

第七章　产品、服务和创新：引领市场更得人心

导入期：开拓者的优势和风险

开拓者优势何在呢？如果产品能够令人满意的话，那么早期用户就会记住开拓者的品牌名称。借由追求多样化的战略，警觉的开拓者能够永久性地保持它的领导地位。导入期开拓者的风险则在于要谨防后来的进入者超过自己。先行者也要提防所谓的"第二波进入者优势"。

——科特勒《营销管理》

新产品一经推出，导入期便开始了，科特勒认为，企业在导入期要有一定的耐心，这个阶段需要花费一些时间，销售增长也比较缓慢。现在一些知名度极高的产品，像速溶咖啡、速冻产品甚至是汽车，在进入快速成长阶段之前，都经历了很多年的"慢生长"。

在产品的导入期，由于新产品刚刚投放市场，企业存在两方面的困难。一方面，消费者与经销商对新产品不了解、不信任，存有戒备心理。只有少数追求新奇的顾客可能购买，销售量很低。为了扩展销路，企业需要大量的促销费用，对产品进行宣传。另一方面，这个时期的新产品生产无论是所使用的设备、工艺，还是工人操作技术的熟练程度与规范，都还未定型，存在着许多问题。此时的产品质量不稳定，成本偏高。这也反过来增加了消费者与经销商对新产品的不信任。总之，在导入阶段，企业可能面临较大的阻力。许多新产品在这一阶段夭折了。

将一个新产品导入一个新市场的企业，担当的是一个开拓者的角色，如果企业能够让这个产品站稳脚跟，那么，就能形成先入者优势，如规模经济、技术领导地位、专利、稀缺资源的所有权，以及其他进入壁垒等等，如果企业一开始就采取了正确的策略，就有可能抓住时机建立并保持市场领先地位。

然而，开拓者并非总能占据优势、守住市场，后进者超越开拓者的例子比比皆是，例如，掌上计算器的开拓者是Bowmar，掌上电脑的开拓者是苹果Newton，网页浏览器的开拓者是网景，便携式计算机的开拓者是Osborne……可是到现在，还有多少人记得这些曾经风行的企业和品牌？他们都被后来者所超越，所湮没。

有专家曾经深入研究了后进者超越开拓者的20多个产业，研究发现开拓者的失败是因为其存在的很多缺点，主要有：新产品过于粗糙；产品定位不准；或

者入市时机过早，强劲需求尚未迸发；产品开发及推广成本耗尽了开拓者的资源；遭遇实力强悍的大企业的追赶；管理不善等等。当开拓者暴露弱点的时候，成功的后进者就可以以更低的价格、更优秀的产品、更蛮横的市场力取代开拓者的位置。

所以说，新产品的导入是典型的"第一个吃螃蟹"的行为，风险与利益共存，企业应努力做到：投入市场的新产品要有针对性；进入市场的时机要选准；将销售力量和资源集中投向最有可能的购买者，促使市场尽快接受产品，以缩短导入期，加快进入成长期。此外，在开拓市场的同时，企业应积极地构建竞争壁垒，防止后来者居上，抢夺市场。

成长期：在高市场份额和高当前利润之间取舍

成长期的特征就是销售额迅速攀升。早期采用者喜欢这个产品，其他消费者则开始购买它。受这种良机所吸引，新的竞争者进入。他们推出新的产品特色，并扩展分销渠道。一家处于成长阶段的公司面临高市场份额和高当前利润的权衡取舍问题。

——科特勒《营销管理》

新产品如果能够很好地满足市场需求，就将进入成长期。新产品经过市场导入期以后，消费者对该产品已经熟悉，消费习惯也已经形成，销售量迅速增长，这些特征都说明产品已经进入了成长期。

进入成长期的产品，开始积累了一些重复购买的老顾客，并且也有了越来越多的新顾客。产品在这一时期销售量激增，企业利润迅速提升。随着销售量的增大，企业生产规模也逐步扩大，产品成本逐步降低，新的竞争者会投入竞争。

成长期是赢利的良好阶段。由于市场需求上升，竞争者还不多，企业可维持一个相对较高的价格和利润，成长期的价格通常较高，销量较大，平均利润水平应高于导入期、衰退期，甚至成熟期。

在成长阶段，企业应注重定价策略和定价技巧的运用。比如，在导入期实行高价策略的产品，这时可适当降价，以吸引潜在的消费者；或是在导入期实行低价策略的产品，如果知名度提高了，可以把价格提起来，获得较高的单位产品利润。

在产品成长期，企业营销策略的核心是尽可能延长产品的增长期。具体说来，可以采取以下营销策略：

一是狠抓产品质量，在"好"字上下工夫，完善质量保证体系，并以良好的包装装潢与完善的服务与之配合，争创优质名牌产品，使产品更具竞争力，以满足顾客更广泛的需求，巩固自己的顾客群体。

二是进一步寻找新的细分市场，扩大销售网点，渗透市场，开拓市场，适应广大顾客的需要，增加销售量。

三是加强广告宣传，广告宣传的重心应从介绍产品转向树立产品形象，进一步扩大产品知名度，争创名牌，加强销售服务。

四是适时降价，降价策略可以激发那些因为对价格敏感而采取观望态度的消费者，促使他们采取购买行动。

企业采用这些市场扩张策略，可以增强产品的竞争能力，但也会相应地加大营销成本。因此，在这一阶段，企业面临着"高市场占有率"或"高利润率"的选择。一般来说，实施市场扩张策略会减少眼前利润，但加强了企业的市场地位和竞争能力，有利于维持和扩大企业的市场占有率，从长期利润观点来看，将更有利于企业的发展。

成熟期：良好的进攻才是最好的防守

在某个点上，销售额成长率会减缓，产品则进入一个相对成熟的阶段。这个阶段通常比前一阶段持续时间更长，对营销管理也提出更大的挑战。营销人员不应仅仅随遇而安地听之任之或者一味保护其成熟产品——良好的进攻才是最好的防守。他们应当考虑调整市场、改进产品以及调整市场营销组合。大部分产品都是处于其生命周期中的成熟阶段。

——科特勒《营销管理》

科特勒认为，市场上大多数的产品其实都处在生命周期的成熟阶段，成熟期又可以进一步细分为三个阶段，分别是成长、稳定和衰退成熟。

在第一个阶段，销售额以及利润率都出现下滑，新的竞争力量出现；第二个阶段，市场饱和，大部分消费者已经试过该产品，产品未来销量如何在很大程度上受制于人口增长和替代需求；第三个阶段，销售状况明显恶劣化，顾客开始转向其他的产品，这个阶段企业将面临最大的生死挑战，市场开始洗牌，实力薄弱的竞争者不得不退出，行业最终会由竞争中胜出的少数几家巨头主宰，它们可能是质量领先者，也可能是服务领先者或者成本领先者。企业在产品成熟期最主要的任务就是努力成为这几大巨头之一。

良好的进攻才是最好的防守。在成熟期，企业如果无所作为，那么，产品就很难刹住衰退的趋势。销售增长的放缓会导致整个行业的生产能力过剩，这又会直接加剧竞争。竞争者纷纷谋求出路，或者降低产品价格，或者扩大广告和促销投入，或者增加研发预算，以试图进一步改进该产品。而这些举措都意味着利润的减少。在这种激烈的竞争中，弱势的企业会很快出局。所以，企业为了生存，必须要组织良好的进攻。企业可以通过调整市场、调整产品和调整营销组合的策略，使成熟期延长，或使产品生命周期出现再循环。

第一，调整市场。

这种策略不是要改变产品本身，而是发现产品的新用途或改变推销方式等，以使产品销售量得以扩大。

举个例子，有一家生产保鲜膜的企业，为了扩展产品的新用途，它专门设立了一个网站，网站主题就是："1000种用途，哪一种适合你？"该企业吸引并鼓励用户在网站上来发表各种与保鲜膜使用相关的奇思妙想，并进行交流和分享。通过这一活动，该企业发现，消费者的创意让他们惊喜不已，在消费者手中，保鲜膜不仅仅用来覆盖食物，有人用保鲜膜来保护电脑键盘不进灰尘，或者铺在户外的长凳上，或者用于园艺中……经过这样一番营销互动之后，该企业的保鲜膜不仅拓展了新用途，更吸引了大批新顾客。

第二，调整产品。

这种策略是以产品自身的改变来满足顾客的不同需要，吸引有不同需求的顾客。整体产品概念的任何一层次的改进都可视为产品再推出。比方说，麦当劳就曾经一改传统薯条的样子，推出了扭扭薯条，这一改变，给顾客以新鲜感，吸引了众多顾客来尝鲜。

第三，调整营销组合。

即通过对产品、定价、渠道、促销四个市场营销组合因素加以综合改革，刺激销售量的回升。比如提高产品质量、改变产品性能、增加产品花色品种的同时，通过特价、早期购买折扣、补贴运费、延期付款等方法来降价让利；扩大分销渠道，广设销售网点，调整广告媒体组合，变换广告时间和频率，增加人员推销，加强公共关系等，多管齐下，进行市场渗透，扩大影响，争取更多的顾客。

通过这些调整、改进和提升，企业能增强产品在市场中的竞争力和适应力，能更好地融入市场，从而让产品可以保持持续、旺盛的生命力。

第七章 产品、服务和创新：引领市场更得人心

衰退期：保留，调整，或者放弃

大多数产品形式和品牌的销售最终都会走向衰退。这种衰退也许很缓慢，也许很迅速。销售甚至可能下降为零，也可能在一个低水平上维持很多年。这就是衰退期。

——科特勒《市场营销原理》

科特勒认为，大多数的产品与品牌最终都会走向衰退。引发这种衰退的原因很多，比方说技术进步、消费者口味变化，还有竞争日益加剧等等。竞争的加剧、利润的衰减，使得大批企业退出市场，留存下来的企业会通过减少产品供应、放弃一些细分市场、砍掉赢利不佳的渠道、削减预算、降低价格等方式来自保。

维持一个衰退的产品并不是一件容易的事，它需要企业付出很大的代价，不仅要牺牲利润，还要担起很多隐性成本。如果企业将这些资源抽出来用于"健康"的产品或者新产品的话，可能会有更大的收获。产品的衰败会动摇消费者对企业的信心，更严重的是，如果始终坚持一个没有前景的衰退期产品，会延误企业寻找替代产品、新产品的工作，会削弱企业未来发展的基础。

产品的生命周期取决于市场，而不是取决于产品本身的品质。如果市场已经不需要某种产品，那么即使它是刚刚生产出来的，即使它的品质十分优良，它也已经没有生命了。举个简单的例子，现在的都市，奔跑着的是汽车，如果你生产的是马车，在都市就必然没有生命力，哪怕你的马车非常漂亮、质量非常过硬。因此，企业必须对进入衰退阶段的产品作出合理的决策。

企业在处理衰退期产品时，主要面临着三大决策任务，即确定处在衰退期的产品，然后决定是维持、收回还是放弃这些产品。

首先，企业要确定衰退期产品。确认产品是否进入衰退阶段，要认真地进行市场调查，注意可能存在的一些假象，正确判断产品是否进入衰退期。

其次，企业要确定衰退期产品的策略。有的企业希望竞争对手主动退出该行业，而自己则继续维持该产品，这时企业可采取三种策略。

一是连续策略。连续沿用过去同样的市场、渠道、价格和促销活动，把销售维持在一个低水平上，使产品自行衰退，直至自动结束。

二是集中策略。将原来投入的资源集中于一些最有利的细分市场和分销渠道

中，缩短经营战线，以便在最有利的市场上获得尽可能多的利润。

三是榨取策略。大幅度地降低营销费用，以增加眼前利润。这样做也就加速了产品的衰退进程。

最后是经过再三权衡之后作出是否放弃的决策。有的企业决定从产品系列中放弃该产品，这时它面临着进一步的决策，要决定是把产品出售还是转让给别人或者完全抛弃，要决定是迅速还是缓慢地放弃该产品，要决定为从前的顾客保留多少零部件的库存和维修服务，要决定是否做广告以通知顾客。

总的来说，企业必须通过定期审查产品的销售、市场份额、成本和利润走势，及时地识别出那些处于衰退阶段的产品。然后，企业必须根据实际情况，作出维持、收回或放弃某一衰退产品的决定。

企业的定位和差异化战略要依循生命周期变化

一家公司的定位和差异化战略应该在产品生命周期中随产品、市场以及竞争者的变化而变化。

——科特勒《营销管理》

科特勒指出，每一种产品都会经历一定的生命周期，产生、成长、成熟，继而随着另一种能为消费者创造更多价值的产品而走向衰退。这样的生命周期给企业带来了两大挑战，其一，由于产品最终会走向衰退，企业必须努力地开发新产品去替代过时的产品；其二，企业必须在产品所处的不同的生命周期阶段，根据消费者需求的变化、技术的革新以及竞争的环境来调整企业的营销战略。

产品生命周期的存在，意味着企业必须不断地创新和规避风险。无论目前的产品线多么成功，为了持续的成功，企业必须熟练地管理现有产品的生命周期。同时为了成长，企业必须开发能够给顾客带来新价值的、稳定的新产品。

我们可以看一个"无声小狗"皮鞋的案例。

美国澳尔·费林有限公司，曾是一个皮革、皮鞋的供应商，后来通过开发猪皮来制作鞋子。猪皮制作的鞋穿起来比较舒服，并且防汗、耐潮，不易变质，更重要的是猪皮资源充足。所以费林公司凭借已有制作各种皮革的经验，率先采用猪皮来制鞋。他们生产的男式便鞋，向农村和小镇试销，非常成功。

为了树立品牌，公司给鞋子起名为"无声小狗"，意指此鞋穿上去十分轻便，走起路来没有任何声响。同时，该公司还设计了一个长着忧郁的眼睛、耷拉着耳

第七章 产品、服务和创新：引领市场更得人心

朵的矮脚猎狗作为广告标志。从此，这一新产品诞生了。

一般来说，产品在投入期遇到的困难是知名度不高，市场占有率和销售增长率都很低。"无声小狗"也遇到了这一困难，同时，它还面临着目标市场和渠道转变的困难，因为该公司原来的产品主要是马皮鞋，卖给农民，鞋子的特点是结实、抗酸。现在"无声小狗"则强调舒适，消费对象是城市和郊区农民，因而原有的销售点、销售网及推销员都不能适应这种文化。

对此，费林公司采取了正确的促销策略。首先，它加强了广告宣传。将广告刊登在发往35个城市的《本周》杂志上，并通知销售经理：如果6周内能在35个城市设立600个新零售点，公司即批准拿出销售额的17%用作其广告预算。从打开销路到成为名牌，"无声小狗"用了3年时间。在这3年中，公司的广告费用剧增，平均广告费用为销售额的7%，终于将"无声小狗"打造成了家喻户晓的名牌。

出名的"无声小狗"开始供不应求了，费林公司对产品进行了提价，又新开发了儿童的各式便鞋，同时确定了重点经销商。尽管提了价，可公司产品依然供不应求，工人一天三班倒着干活，采购人员忙着采购更多的原材料。

这样的热销持续了三四年时间，销售额的增长率趋缓，产品开始跨入成熟期，公司和广告商开始较详细地调查消费者购买"无声小狗"便鞋的资料。通过调查，他们发现有61%的成年人知晓"无声小狗"便鞋，但只有10%的成年人购买过。买主的平均收入较高，也有较高的文化水平。购买者很多都是专业人员或技术工人，购买的主要原因是由于"无声小狗"穿起来舒服、轻便和耐穿。

于是，针对消费对象，公司采取了以下策略：第一，继续扩大广告范围。在多种报纸杂志上大力宣传，将影响进一步扩大到新的目标市场。第二，强调"无声小狗"鞋的特点是舒适，打出"穿上无声小狗便鞋，使人行道变得更柔软"的宣传主题口号。第三，继续拓展销售渠道，发展新的零售点。它开拓了1.5万个零售点，主要是鞋店和百货公司，同时还使一些实力非常强的竞争对手也成了费林公司的最大买主，"无声小狗"便鞋通过它们的零售店出售。

在这一阶段后期，由于成本提高，产品价格又上涨了两美元，但由于鞋子的质量好，比竞争对手的成本低，总销售量仍然上升，"无声小狗"的售卖和利润都达到了巅峰阶段。

然而，随着竞争的加剧，还有原料成本上涨，更重要的是消费者很少重新购买，该公司的鞋子质量很好，不易穿坏，因而影响了再次购买率。

该公司的经理们为销量的下降伤透了脑筋，他们仍认为"无声小狗"便鞋的

特点似乎应该是舒适,根据以前的促销经验,他们对重新唤起人们的购买热潮仍有信心,但采用什么样的广告形式还得考虑,有一点是肯定的,即产品款式是一定要更新了。费林经营者认识到,应该开发新的品种了,也许是"无声大狗"也许是"有声哈狗",不过有一点是肯定的,原有的"无声小狗"已经退出历史舞台了。就这样,费林人一步一个脚印,在"无声小狗"成长、成熟和衰退的过程中,赚足了该赚的钱。

产品投入期,"无声小狗"通过广告宣传,提高产品的知名度,打开销路;产品成长期,它通过广大产品线推出女鞋、儿童鞋,而且扩大广告范围使"无声小狗"成为美国名牌;产品成熟期,"无声小狗"又增加电视广告,增加零售网点,使它虽然成本增大、价格上涨仍然利润很高;产品衰退期,无能为力,只好放弃,这也是一个很好的策略。费林正是按照产品生命周期各个阶段采取了不同策略,最终实现了可观的利润。

产品的生命周期取决于市场,而不是取决于产品本身的品质。如果市场已经不需要某种产品,即使它是刚刚生产出来的,即使它的品质十分优良,它也没有生命力了。

· 第三节 ·
新产品开发决定着企业未来

产品与服务的改进和更新对企业有决定性影响

公司需要通过不断地开发新产品与新服务以及开拓新市场来增加收入。新产品开发决定着公司的未来。产品及服务的改进和更新对保持或增加公司的销售具有决定性影响。世界性的新产品与新服务可能会改变整个行业、整个企业，乃至改变生活。但是，新产品与新服务开发的低成功率也意味着更多的挑战。

——科特勒《营销管理》

科特勒曾说，在现代竞争的情况下，若不发展新产品，则必无法生存。新产品无论对消费者，还是对企业来说，都是很重要的。由于生命周期，任何产品都避免不了被市场淘汰的命运。如果一个企业只经营一种商品，随着产品的衰退，企业的生命也就随之结束了。

新产品开发对企业的意义主要体现在：

一是有利于企业巩固和扩大市场份额。随着市场竞争的白热化，产品的生命周期开始变得越来越短。因此，企业必须不失时机地开发新产品并快速地推向市场，才能在激烈的竞争环境中更具优势。

二是有利于企业开拓新的经营领域。企业通过开发新的产品可以谋求进入新的领域，寻求新的发展空间。很多世界知名的企业往往涉足许多行业，通过这种方式扩大企业规模和市场份额。

三是有利于企业快速响应竞争。如果企业拥有快速推出新产品并抢占市场的资源能力，那么即便竞争对手意想不到地突然开发出新产品并进入了市场，企业也可以快速地作出适当反应,至少可以减少作为一个滞后者所带来的竞争劣势。

四是有利于企业创立行业标准。企业推出创新型的新产品,抢先进入市场,如果能够立稳脚跟的话,那么就可以享有制定本行业标准的优先权,掌握了这一优先权,可以给竞争对手制造进入壁垒,延迟业内竞争的到来。

在消费者的需要和口味不断变化、技术日新月异、产品生命周期日益缩短、产品越来越容易被淘汰的当今市场,不开发新产品的公司正在承担很大的风险。企业为了生存,唯一的办法就是持续地开发新产品。但新产品的开发是一项风险性很大的工作,很多企业流行着这样一句话:"不搞开发等死,搞了开发找死。"对于这种观点,科特勒有不同的看法,他认为只要找到系统的开发程序,新产品开发就会取得成功。

一个公司赢得市场、获得消费者青睐、击败竞争对手的法宝之一就是不断推出新产品,并使之适应市场需求。任何产品在市场上都不会长盛不衰的,因此,企业必须不断开发新产品,这样才能真正在市场竞争中立于不败之地。

很显然,企业的一切生产经营活动都是围绕着产品进行的,即通过及时、有效地提供消费者所需要的产品来实现企业的发展目标。从这个意义上讲,企业成功与发展的关键在于产品满足消费者需求的程度以及产品策略的正确与否。实质上,也可以说产品决策就是实施营销策略的战略工具。

另外,由于产品价值的实现是企业获利的基础,也是企业战略目标的根本。因此,产品决策的好坏直接会影响到营销战略的实施。细节决定成败,注重产品决策的每一环节,营销战略的实施才能如鱼得水。

产品创新和有效的营销计划能让企业保持竞争优势

产品创新和有效的营销计划使这些公司不断地扩大自己的"地盘范围",保持竞争优势。

——科特勒《营销管理》

科特勒指出,持续不断的创新往往可以更好地满足消费者的需求,从而迫使竞争对手陷于赶超游戏之中。他认为,所有新产品之中,大概只有10%~15%的产品属于真正创新或者新问世的产品。它们对公司和市场来说是崭新的,它们往往背负着极高的成本和风险。这种激进创新在短期内可能会伤及公司的利润,但这类创新的新产品却可以创造出比普通产品更具有持续性的竞争优势。

第七章　产品、服务和创新：引领市场更得人心

如果企业想要保持长久的生命力，就必须不断对产品进行创新，否则产品生命周期会不断缩短，最终企业将无法保证自己的立足之地。一些全球知名的品牌之所以长盛不衰，就在于它们注重产品的创新，不断努力向市场推行新的理念，并提供更高质量和更为方便的产品。在这方面，3M公司堪称典范。

3M是全球著名的高科技企业，它有6万多种产品，涉及感光材料、光电产品、医疗设备和航天材料等数十个高技术领域。这家公司的目标是每年销售量的30%从前4年研制的产品中取得。而更令人吃惊的是，它通常能够成功。3M产品升级换代速度极快，平均每年有200多种新产品推向市场，被公认为高技术企业中的"产品领袖"。在科学技术各分支领域交叉渗透日益加剧的今天，许多先进的科研理念都出自3M公司，因此人们把它公认为最具有"创新力"的公司。它那传奇般的注重革新的精神已使3M公司连续成为美国最受人羡慕的公司之一。

3M公司对科研给予了高度重视。从20世纪80年代中期以来，3M公司迫于竞争压力，曾多次裁员以减少开支。但科研经费却从未削减过，科研经费一直占到销售额的7%以上，每年保证有近10亿美元的经费用于技术开发。这相当于一般公司投资研究和开发费用比例的2倍。

为加速产品的升级换代，3M公司有一条硬性的规定。各独立的分支机构必须实施新产品营销策略，推向市场不到5年的产品销售额必须占到销售总额的25%以上，如连续两年达不到这一指标，该分支机构经理将不能留任。

3M公司每年都有450万美元的新创意开发基金。只要拥有新的设想并通过专家小组的考核评审，该创意的提出人就可获得5万美元的初期研发经费，即使开发不成功，公司也不予追究。这一基金的设立大大激发了员工创新的热情。

3M公司在时间方面也对科研人员的创新给予制度上的保证。公司规定，所有雇员无论其本职工作是否与科研有关，都可以在每周拿出工作时间的15%，用于新产品的开发。工作地点可以是公司的实验室，也可以是自己的家里。既可以自己单独攻关，也可以与志同道合者一起研究。工作时间的灵活安排，使3M公司的员工较好地保持了科技创新的状态。而且当产生一个有希望的构想时，3M公司会组织一个由该构思的开发者以及来自生产、销售和法律部门的志愿者组成冒险队。该队培育产品，并保护它免受公司苛刻的调查。队员始终与产品待在一起，直到它成功或失败，然后回到原来的岗位上或者继续和新产品待在一起。有些冒险队在一个构思成功之前尝试了3次或4次。每年3M公司都会把"进步奖"授予那些新产品开发后3年内在美国销售量达200多万美元或在全世界销售达

400多万美元的冒险队。

为了防止陷入闭门造车和井底之蛙的境地，3M公司特别注重与外界的交流和沟通。公司每年召开数百次各种形式的研讨会，邀请各个领域内的顶尖专家参加。公司还派人参加全球范围内各种形式的博览会。与外界的密切联系使3M公司的科技创新永远处在世界的最高水平上。

在执着追求新产品的过程中，3M公司始终与其顾客保持紧密联系。在新产品开发的每一时期，都对顾客偏好进行重新估价。市场营销人员和科技人员在开发新产品的过程中紧密合作，并且研究和开发人员也都积极地参与开发整个市场营销战略。3M公司知道，为了获得最大成功，它必须学会尝试成千上万种新产品的构思。它把错误和失败当作创造和革新的正常组成部分。事实上，它的哲学似乎成了"如果你不犯错，是因为你可能没有做任何事情"。但正如后来的事实所表明，许多"大错误"都成了3M公司最成功的一些产品。

企业要满足消费者的需求，就必须不断创新，推出新产品，打造好产品品牌。开发一种新产品，就生产者来说是要赚取利润，而对消费者来说却必须能满足其欲望或需求。企业赚取利润要靠市场，所以新产品的开发要从购买者即消费者的观点来思考，而不应以销售者或生产者的立场来确定，也就是要"为顾客寻找产品"，而不是"为产品寻找顾客"。

新产品开发过程起始于产品创意的搜寻

新产品开发过程起始于产品创意的搜寻。有些营销专家深信，发现最可能的、未被满足的顾客需求或技术创新往往可以为公司带来最大的机会，最有可能开发出成功的新产品。新产品创意可能源自于不同团队的互动，也可能是运用激发创意产生的技术。

——科特勒《营销管理》

科特勒指出，新产品开发过程主要包括八大阶段，分别是：创意的生成、创意的筛选、概念开发与测试、营销战略制定、商业分析、产品开发、市场测试和商品化。新产品开发过程的第一个阶段就是寻找产品创意。企业可以产生成百上千的产品构思，并要从中选出最好的创意。

像IBM公司就举办过"创新即兴大讨论"，这是一个在线的活动，它邀请全世界的顾客和员工来为新产品和服务出谋划策。这场覆盖全球的头脑风暴活动在

3天之内就收到了来自160多个国家和地区的15万人贡献出的近5万个构思。而IBM从中精挑细选，圈定了10种产品、业务和服务计划做进一步的开发。

管理大师彼得·杜拉克说："行之有效的创新在一开始可能并不起眼。"而这不起眼的细节往往就会造就创新的灵感，从而能让一件简单的事物有了一次超常规的突破。产品的创意正是如此，很多了不起的创新都起源于不起眼的创意。

红遍全球的智能手机游戏软件"愤怒的小鸟"（Angry Birds），就是一个成功案例。"愤怒的小鸟"由芬兰一个12人的团队所设计。在近年来以众多角色、复杂剧情为主的网络游戏热潮中，这款"愤怒的小鸟"却是个例外，它的角色简单，只有几只鸟与猪，剧情简单，游戏的内容就是用弹弓发射愤怒的小鸟去攻击猪。可这么简单的游戏却红遍Android与iOS两大系统手机，全世界超过5亿次下载，年营业收入超过1亿美元，不仅成为最受欢迎与获利最高的手机游戏软件，更让"愤怒的小鸟"游戏角色肖像成为热门的授权商品。

所以说，产品创意不一定要有多复杂、多新鲜、多高级，只要它能抓住用户的心理，赢得用户的喜爱，它就是好创意。

企业要设计出一个富有创意的产品概念，可以分三步走：

第一步是寻求创意。所谓创意就是开发新产品的设想。虽然并不是所有的设想或创意都可变成产品，寻求尽可能多的创意却可为开发新产品提供较多的机会。所以，企业都非常重视创意的开发。科特勒提醒企业，必须系统而不是任意地搜寻创意。

新产品创意的主要来源有：员工、顾客、科学家、竞争对手、企业推销人员和经销商、企业高层管理人员、市场研究公司、广告代理商等。此外，企业还可以从大学、咨询公司、同行业的团体协会、有关报刊媒体那里寻求有用的新产品创意。无论创意来源于何处，最终落实到产品上，都是以满足客户的需求为目标。

第二步是甄别创意。取得足够创意之后，要对这些创意加以评估，研究其可行性，并挑选出可行性较强的创意，这就是创意甄别。创意甄别的目的就是淘汰那些不可行或可行性较低的创意，使公司有限的资源集中于成功机会较大的创意上。甄别创意时，一般要考虑两个因素：一是该创意是否与企业的战略目标相适应，表现为利润目标、销售目标、销售增长目标、形象目标等几个方面；二是企业有无足够的能力开发这种创意，表现为资金能力、技术能力、人力资源、销售能力等。

第三步是建立产品概念。产品概念的建立是指将有价值的构思进一步转化为具体的产品形态,这种形态主要是从顾客的角度来观察。它可以用文字、图形、模型等给予体现。同一构思可以转化为多种产品形态。就拿补钙这一构思来说,可以通过钙片来补,也可以通过液态奶来补,还可以通过糖果、饮料等形式来补充。

企业在建立产品概念时,要以整体产品概念为基础,从产品核心功能、实体形式、包装、服务等各方面加以考虑。产品构思的概念化,是企业对此构思的解释,也可以看成是顾客心目中对此构思的理解,所以企业在进行这阶段工作时,要以潜在顾客的需求为标准,决定产品应是何种形象,哪些部分要重点突出,以及开发是否要停止在该阶段。

新产品开发的六个创新策略

新产品开发的六个创新策略:基于调整的创新,基于规格的创新,基于包装的创新,基于设计的创新,基于"配料"的创新,基于"减少投入"的创新。

——科特勒《水平营销》

消费者的需求和品位不断变化,开创性技术也不断涌现,竞争环境更是瞬息万变,企业必须持续地开发新产品。新产品开发的创新策略很多,科特勒总结归纳为六大类:

一是基于调整的创新,这主要是通过强化或者弱化产品或服务的某些特征来实现。比方说,一些网上电子商城为了吸引顾客购买、提升顾客满意度与忠诚度,会做出"24小时送达"、"7天无理由退换货"、"价格差额双倍补偿"等保障性服务,这就是在原有的、通行的行业服务规则之上所做的强化调整,是一种提升,也是一种创新。

二是基于规格的创新,也就是改变产品或服务的容积、大小、数量、频率等。像饮料行业,在其成本上升不得不采取应对措施时,有的厂商会担心直接提价会引起消费者的反感与抵制,于是会换一种方式,改变产品的规格,原来500ml的瓶装饮料现在"瘦身"为450ml,而价格不变,这种改变较为微妙,不易引起消费者的觉察。

三是基于包装的创新,也就是改变容器或者包装方式。拿牛奶来说,它的包装形式可以是袋装、瓶装、利乐枕包装、杯装,等等。还有众多的产品在春节的时候会进行"换装",采用喜庆的大红包装,突出节日气息,吸引顾客购买,这也是产品的创新。

四是基于设计的创新,对设计进行改进,提升用户体验。很多新产品开发的创新都是从这个角度入手的。设计者可以令产品具有更高性能、更多功能、更多趣味、更多样式,等等,从而使产品更具有吸引力,更能满足顾客的需求。

比方说,美国通用汽车公司推出"网络汽车"时,就曾引起业内、业外的不小轰动,这是一种高性能化的超前产品。这种汽车能声控上网,人们只要发出口令,无需动手或转向,即可实施多种功能,其高性能化使其他品牌汽车自愧不如。驾驶这种汽车,人们可以在汽车中上网以收发电子邮件、查询股市行情、了解天气情况或收听新闻。

再比如,现在的消费者越来越注重个性化,企业如果只单纯注重产品功能的冰冷形象就远远不够了,设计者必须重视产品的趣味与个性,使消费者既可得到产品功能上的满足,又能得到来自产品的精神享受,增加产品的艺术性、工艺性和装饰性。在这方面,苹果公司的产品就是很好的例子。

五是基于配料的创新,这是指在配料、成分上进行增减创新。比方说,有的方便面厂家在生产桶装面时,会在某些桶装面里加一个卤蛋或者一根火腿肠,然后在包装上注明这种特殊形式的奖励以及中奖率。这样做,一来可以吸引顾客,刺激购买;二来那些幸运买到有奖桶装面的顾客会获得更大的满足,对该产品和品牌可以增加一定的好感。

六是基于减少投入的创新,这是说尽量减少顾客在购买过程中的投入,无论是时间、精力还是费用,都可以是突破口。

比方说,设计者可以让产品更便携,使产品适合消费者携带和安置,也可以使产品重量大大减轻,更适合消费需要。

此外,还可以从便利性上入手,使用方便、操作方便、维护方便是消费者对产品的一种普遍需求,在产品开发中如能实现产品的便利化,不仅可以使成本下降,而且便于消费者使用和维护,更受消费者欢迎。

现在,节能也是一个趋势,由于能源的紧张,节电、节煤、节油、节水、节气的节能性产品不仅利于环保,而且能为消费者节省费用开支,因此此类产品创新也很受欢迎。

需要注意的是,很多营销人员认为,产品创新需要对产品进行大的调整或变革,而事实上,大多数的产品创新都是对现有产品进行的改进。比方说,索尼有八成的新产品都是在现有产品的基础上稍加改进来实现的。

从产品创意中提炼出独特的产品优势

　　为了成功地开发出新产品，公司应该怎么做呢？成功的首要因素是从产品创意中提炼出独特的产品优势。这类产品的成功率为98%，而较占优势产品的成功率只有58%，具有较小优势产品的成功率只有18%。

——科特勒《科特勒市场营销教程》

　　科特勒指出，在形成了大量的产品创意之后，下一阶段的任务就是精挑细选，逐步削减这一数量。企业需要综合考虑产品或服务构思计划、顾客价值主张、目标市场以及竞争状况，并大致估计市场规模、产品价格、开发时间和成本、制造成本以及收益率等等，从而判断哪些创意是好的，哪些创意是不可取的。

　　在这里，有三个概念是需要加以区分的，那就是产品构思、产品概念和产品形象。产品构思是指企业想要提供给市场的一个可能产品的设想，产品概念是详尽描述出来的构思，而产品形象则是消费者感知到的实际产品或者潜在产品的特定形象。营销人员的任务就是要提炼出产品概念，并增强其对消费者的吸引力。

　　产品概念从本质上说就是产品卖给消费者的是什么利益点，即满足消费者的是什么需求点。任何产品都有其市场存在的理由，这些理由是因为消费者对该产品的利益存在着一定的需求。确定新产品的创意后，企业需要将有价值的构思进一步转化为具体的产品形态。

　　如今的市场竞争越来越激烈，企业需要对产品作出更加个性化的规划，才能确保产品在激烈的市场竞争中立于不败之地。

　　世界制鞋业巨头麦尔维尔—高浦勒斯公司就是一个很好的例子。这家公司的产品畅销全球，年销售额高达60亿美元。其产品如此畅销，除产品质优价廉外，还与公司领导人费兰西斯·诺利注重对消费心理学进行研究，使每一双鞋充满人情味有很大关系。

　　这家公司的产品在诺利上任之前在很长一段时间里都处于滞销状态，对消费心理学有过深入研究的诺利担任总经理后采用新的营销手段，赋予产品以感情色彩，终于使公司转危为安，并且还创下了不俗的销售业绩。

　　诺利认为市场既是企业之间交战的战场，也是企业和消费者进行感情交流的场所。而要战胜对手，获得消费者的青睐，企业就必须赋予产品以情感。当今很多消费者购买鞋子已不仅仅出于防冻和护脚的需要，而更多是为了显示个性和生活水准。"价廉"、"质高"的老一套经营方式已不是产品畅销的唯一法宝了。所以，要促进鞋的销售，必须使鞋子像演员一样体现出不同的个性、不同的情感，以其独特鲜明的形象、独特的魅力吸引众多的"观众"。

因此，诺利实施了一种人性化的营销模式。首先，要求公司的设计人员彻底改变传统的单一的设计风格，而将设计风格引向多元化。后来，该公司的设计人员推出了"男人味"和"女人味"、"狂野"和"优雅"、"老练"和"青春"等不同风格的鞋子，在款式、色彩的配置等方面使鞋子的风格趋于多元化。同时，麦尔维尔公司还给每双鞋取了独特的名字，诸如"爱情"、"愤怒"、"欢乐"、"眼泪"等，使每一双鞋都充满生命和情感，满足了不同消费者的需求。

该公司的产品，因为这种人性化的特殊印记，被世界制鞋业视为"奇迹"和"异类"。它所生产的"情感鞋"，恰似有生命的物体，令人耳目一新，回味无穷。"给产品赋予感情色彩"，这就是麦尔维尔鞋的独特优势。

一般来说，要从产品创意中提炼出独特的产品优势，企业可以从以下几个方面做尝试：

一是突出产品特色。企业应该刻意宣传其产品中最有特色的方面，舍弃与竞争产品的共性，使自己的产品与竞争产品拉大距离。

二是突出地域优势。某些产品的产地或原材料来源地与产品的质量和特色有密切关系，如香味纯正的"哥伦比亚咖啡豆"、晶莹剔透的"泰国香米"等。在消费者看来，原产地盛产此种优质原料，生产的产品从质量上来说，应该高于市场上的同类产品。

三是突出性能优势。产品本身的优越性能以及由此获得的利益能使消费者认可它的定位。像曾经的霸主柯达有一句广告词"你只要按下键钮，其余的事由我负责"。这就是性能优势。

四是突出消费者类型。生产不同用途或性能的产品，以适应不同类型使用者的需求，使之定位于不同的消费者群体。

五是突出使用差异。比如液态奶按照使用的差异，就可以尝试分为早餐奶、睡前奶等。

六是突出产品创新。在多数情况下，产品的生产并不是要和某一特定竞争者竞争，而是要和同类产品互相竞争。当产品在市场上是属于新产品时，不论是开发新市场，或是为既有产品进行市场扩张，都可用这种方法来为产品定位。

在试销中不断对新产品进行改进

如果产品通过了概念和产品测试，接下来就进入试销阶段。在这一阶段，企业将新产品及其营销计划置于更为真实的市场环境中。在大规模投入生产之前，营销测试可以使营销人员提前了解产品正式上市时可能出现的具体情况，以检验产品和营销计划，包括目标市场选择和产品定位策略、广告策略、分销策略、定价策略、品牌策略、包装策略以及预算水平。

——科特勒《市场营销原理》

科特勒指出，新产品的原型准备好以后，必须通过一系列严格的功能测试和消费者测试。不同的产品进行营销测试的规模也不一样。做这样的测试，花费是不小的，而且如果测试时间过长，保密工作又未能做到位的话，那么，很容易让竞争对手捷足先登，占到便宜。有的企业研发新产品的费用很低，而且对新产品有足够的了解和把握，这种情况下，可以不经过营销测试。还有一些产品是在现有成功产品之上所做的延伸，或者是模仿竞争对手的成功产品，这样的情况，一般也不会进行营销测试。

营销测试的确需要企业付出一定的成本，但是与新产品推出失败带来的损失相比，这种成本是值得的。当然，即使通过了这样的测试，也不能保证产品就一定能在市场中有出色的表现。

企业进行营销测试，有三种主要的方法：

一是标准市场测试，也就是选择一些具有代表性的城市来全面试销产品。通过店面的销售记录、分销商掌握的数据以及消费者的反馈，来检测产品的市场表现。从试销的情况来预测整个市场预期的销售利润，并从中发现潜在的问题，及时地调整整体的市场营销计划。这种测试方法的缺点在于成本高、测试时间长，很容易引起竞争对手的注意以及追赶。比方说，当企业在某些城市试销时，竞争者很可能会在这些城市进行降价或者其他的促销活动，甚至恶意地买断测试产品。这样，竞争者就会有充足的时间制定防御战略，甚至抢在企业的新产品全面推广之前就采取措施。

二是控制市场测试，这是指企业安排一些受控的店面，给对方一些费用，让他们来经销新产品，然后，企业来全程地监控这些店面的消费者对新产品的反应以及购买行为。这种方式，可以观测到每个消费者购买行为的所有的详细信息，从而能够进行深入的诊断，包括重复购买分析、消费者人口统计特征等。控制市场测试的花费通常要比标准市场测试低，而且，时间上也能更快地完成，测试的结果更精确。但这种测试方法潜藏的问题在于，测试中所涉及的有限的几个店面或市场也许不能代表真实的产品市场或目标消费者，用小范围的测试结果去预测整个市场的情况，可能会有较大的偏差。

三是模拟市场测试，这是在模拟的购物环境下进行新产品的测试。企业或者企业所委托的调研方向接受测试的消费者付费，请他们去一个真实的商店或者实验场地购买商品，从而观察他们的购买情况，了解有多少人购买新产品，多少人购买竞争者的产品。然后，测试人员向消费者询问其购买或者不购买的原因，过一段时间后，再去了解消费者对产品的态度以及使用情况和重复购买的意向。模拟市场测试花费比较低，而且能很快获得测试结果，可以较为有效地避开竞争者的视线。但是，因为选择的样本有限，而且又是在虚拟的购物环境下，所以，它所得出的结果也很难像真实测试那样准确和可靠。

试销是提高产品上市成功率的关键一环。将产品投入市场测试，观察市场反应，进而采取纠偏举措。在试销过程中，企业要重点收集这些情报：销售量，市场占有率，消费群体的购买频率与对产品的反应，广告促销对产品的影响，营销战略对产品销售情况的影响，经销商的经营情况，竞争对手的反应等等。

第八章

品牌：企业最持久的无形资产

·第一节·
品牌的价值比一切都贵重

品牌在企业发展中处于核心战略地位

品牌是企业最持久的资产，比企业具体产品或生产设施的生命都要长。品牌是企业强有力的资产，它在企业发展中处于核心战略地位，需要妥善地经营和管理。

——科特勒《市场营销原理》

科特勒认为，品牌是企业最持久也是最强有力的资产，在企业发展中处于核心战略地位。科特勒曾援引桂格前CEO约翰·斯图尔特的一句话："如果一定要分开这个企业，我愿意放弃土地和厂房，只保留品牌和商标，我依然会做得比你好。"麦当劳的一位前任CEO也曾说："如果我们拥有的每一项资产、每一座建筑以及每一套设备都在一次可怕的自然灾害中被摧毁，只要还有品牌，我们就可以再融资，使这一切重新恢复。品牌的价值比这一切都贵重。"从这些可以看出，品牌对一个企业而言，它的价值胜过一切。

"品牌"这个词源于古挪威文字，其本意是"烙印"，它非常形象地表达出了品牌的含义——如何在消费者心中刻下烙印？品牌是一个在消费者生活中，通过认知、体验、信任、感受建立关系，并占得一席之地的、消费者感受的总和。

市场竞争可以分为四个高低不等的层次，分别是价格竞争、质量竞争、创新竞争，最后是品牌竞争。品牌竞争是最高层次的竞争。在科特勒看来，营销的最高境界是品牌经营。他非常推崇"耐克",他认为耐克最成功之处是让激动与成就感附着于产品之上,拥有"耐克"的顾客会有成就感,这就是品牌的力量。消费者在选择商品时,品牌是一个关键的考虑因素,品牌浓缩了一切、集中了一切。企业要真正在市场中树立自己的地位和形象,进行品牌营销是最重要的一步。品牌能给企业带来实实在在的价值和利益,它的魔力体现在:

(1) 聚合效应。

拥有知名品牌的企业或产品更容易获得社会的认可,社会的资本、人才、管理经验甚至政策都会倾向名牌企业或产品,使企业能够聚合人、财、物等资源,形成并很好地发挥名牌的聚合效应。

(2) 磁场效应。

企业树立起品牌,拥有了较高的知名度,特别是较高的美誉度后,会在消费者心目中树立起极高的威望,消费者更容易在这种吸引力下形成品牌忠诚,反复购买,帮助其宣传,而其他产品的使用者也会在品牌产品的吸引下开始使用此产品,并可能同样发展成为此品牌的忠实消费者,这样品牌实力进一步巩固,形成了一种高效益的良性循环。

(3) 衍生效应。

品牌积累、聚合了足够的资源,就会不断衍生出新的产品和服务,品牌的衍生效应能使企业快速地发展,并不断开拓市场,占有市场,形成新的品牌。比方说,海尔集团就是首先在冰箱领域创出佳绩,成为知名企业、知名品牌后,再逐步将其聚合的资本、技术、管理经验等延伸到空调、洗衣机、彩电等业务领域。

(4) 内敛效应。

品牌会增强企业的凝聚力,它有助于在企业内形成一种企业文化和工作氛围。品牌的内敛效应可以聚合员工的才干、智慧与精力,使企业有一种积极向上的面貌。

(5) 宣传效应。

品牌树立起来后,企业可以利用名牌的知名度、美誉度传播企业名声,宣传地区形象,甚至宣传国家形象。比如,可口可乐就一度被赞为"装在瓶子里的美国精神",它所传输、所代表的正是活力、激情、创造、享受等美国精神。

(6) 带动效应。

品牌的带动效应是指品牌产品对企业发展的拉动,品牌企业对城市经济、地区经济甚至国家经济都具有强大的带动作用。品牌的带动效应也可称为龙头效应,名牌产品或企业像龙头一样带动着企业的发展、地区经济的增长。另外,品牌对产品销售、企业经营、企业扩张都有一种带动效应，这也是国际上所谓的"品牌带动论"。

（7）稳定效应。

当一个地区的经济出现波动时，品牌的稳定发展一方面可以拉动地区经济；另一方面起到了稳定军心的作用，使人、财、物等社会资源不至于流走。

一个品牌一旦打败另一个品牌，被打败的那个品牌很可能就会渐渐没落直至不复存在了。在很多行业，外资企业进入中国市场后，采取的一个重要的竞争手段就是品牌竞争，先吞并国内企业的品牌，然后再占领其市场，继而让吞并过来的品牌销声匿迹。举例来说，当年，国外曾有著名厂家与海尔谈合资，开出了天价，提出的条件是美方控股，打美方的品牌，张瑞敏的回答是："其他条件可以随意，但必须是海尔控股，打海尔的品牌。"从这个例子也可以看出，品牌于企业而言，是居于核心战略地位的，企业要用心地创造、经营、保护并提升自己的品牌。

品牌是把 4P 结合到一起的黏合剂

塑造品牌非常重要，当你最终发展出品牌概念，它就变成把 4P 结合到一起的黏合剂。品牌陈述成为设定 4P 的基础。一个品牌是你必须要履行的一个承诺。

——科特勒《世界经理人》采访

科特勒认为，品牌是把 4P（Product 产品、Price 价格、Promotion 促销、Place 渠道）结合到一起的黏合剂，一个品牌的崛起离不开最基本的 4P。对企业来说，只有强大的营销力才能托起强大的品牌，而提升营销力的过程其实就是打造 4P 的过程，企业有什么样的 4P，就拥有什么样的营销力。

然而，随着传播的发展，品牌与 4P 有渐渐脱节的现象。现在，仅仅从品牌知名度已经不足以客观、真实地评价企业能力，但如果将视角转向 4P，则评价更能贴近真实情况。可以这样说，所有企业的崛起都能从 4P 中找到理由，所有品牌的衰败也都能从 4P 中找到缘由。

早年的孔府宴酒、秦池酒、爱多等重金砸出来的"标王"，就是典型的品牌与 4P 脱节的例子，虽然通过巨额的广告投入将品牌树起来了，但是 4P 并没有同步跟上，结果便是快速地打出名气，又快速地没落了。不仅国内企业如此，很多呼风唤雨的国际知名品牌，由于其 4P 出现这样或者那样的问题，也遭遇了折戟沉沙的命运，这样的例子并不少见。比方说，诺基亚在智能手机上落后了一步，结果却令这个昔日手机业的第一品牌走到险象环生的境地。

现在，人们看到的更多的是品牌对于4P的影响，却容易忽略4P对一个优秀品牌的支撑甚至是决定作用。

产品是品牌最直接的支撑。没有竞争力强大的产品，就难有永续的品牌。曾经有很多企业通过大打广告，打响了名声，但是产品却缺乏质量保证或者缺乏持续的创新，最终仍然难以在市场立足，更不用说保住自己的品牌。产品不是因为有了品牌才优秀，恰恰相反，是因为产品优秀了才有了品牌。

从表面上看，似乎是品牌决定了价格，有品牌的产品要比无品牌的同类产品价格高，优秀品牌的产品要比普通品牌的产品价格高，但这只是一种表象。实际上，同样知名的两个品牌，有时候价格会相差很大，其原因并非在品牌本身，而是与企业塑造价格的能力密切相关的。品牌只能将企业分级归类，但在相应的层次里，关键仍在企业现实的作为，比如产品品质与创新能力、市场营销能力，等等。

渠道是生产商与终端用户之间的桥梁。做市场，说白了，就是利用产品做渠道。在4P之中，产品、价格、渠道这三者是最稳固的组合，而促销则正是为了确立和强化它们的组合。

在大多数人看来，企业做营销最终得到的是品牌，但换一个角度，也可以这么说，企业最终得到的是渠道。渠道出现问题，要比产品出现问题严峻得多、要命得多。

特别是有形产品，渠道正发挥越来越大的作用。渠道因为贴近顾客，所以有了更多的话语权。可以说，渠道是品牌的根基。

很多人将4P视为一种战术，其中一个最主要的原因就是"促销"。人们对"促销"的理解太狭义化，将其等同为"销售促进"，促销本来应该是指对产品、价格和渠道的推广，却被狭义地视为是对顾客的"销售促进"。促销本来应该是4P组合中最有创意、最具灵气的部分，但在现实中，它却成了最功利、最随意的部分。如果我们说产品、价格和渠道是品牌建设的硬件的话，那么，促销就是品牌建设的软件。如果营销者不能从狭义的"促销"观念中走出来，正确认识"促销"的话，那么，很难打出一场漂亮的品牌建设战。

总体来说，还是回到了科特勒所提及的观点："品牌是把4P结合到一起的黏合剂。"4P不是单纯的战术，而是品牌的实际支撑与根基。

对消费者而言，品牌意味着价值和信任

> 对消费者而言，品牌意味着价值和信任。品牌不仅仅是一个名称或者一个象征，它是企业与顾客关系中一个关键的要素。品牌表达了消费者对某种产品及其性能的认知与感受——该产品或服务在消费者心中的意义。所以，有营销者说："在工厂里创造产品，在头脑中创造品牌。"
>
> ——科特勒《市场营销原理》

"品牌意味着价值和信任"，科特勒这句话揭示了品牌之于消费者的意义。为什么消费者在购买时只要经济能力许可，大都会偏向于品牌美誉度高的产品？为什么当一个备受消费者喜爱的品牌出现质量问题或负面新闻的时候，消费者会气愤不平，有被欺骗和被背叛的感觉？这些都可以从科特勒的这句话中摸索到答案。

"在工厂里创造产品，在头脑中创造品牌"。的确，品牌存在于消费者的头脑和心智之中，对消费者来说，品牌不仅是一个名称、一个标志、一个象征，它更是产品与服务在消费者心中所留下的投影与烙印。

品牌之所以在消费者的心目中占有着重要的地位，科特勒有他自己的看法，他认为品牌暗含着产品与顾客之间的关系，暗示着顾客所期望的一种特质与服务。品牌最大的好处在于使消费者在成千上万种产品中购买自己的产品。而品牌的成功又取决于营销人员如何将它根植于消费者的头脑中。

在我们身边，品牌很多，但"真品牌"却不多。真品牌具有强大的生命力和很高的市场溢价。真品牌的根本就是顾客的信任。这种信任是企业和顾客之间的一种关系，既可以是有关产品质量的，也可以是有关产品性价比的，还可以是有关产品品位的。所以，真品牌不一定只出自于知名的大企业，也不一定只出自于奢侈品。奔驰、宝马是真品牌，麦当劳、沃尔玛也是真品牌，它们都赢得了顾客非同一般的信任和信赖。

在企业界，常听到这样的说法，中国缺少过硬的大品牌、真品牌，其实，这只是表象，真正缺乏的是顾客信任。要建立起强大的真品牌，企业非要在信任上下工夫不可。很多企业喜欢通过参与各种认证、评比，并拿认证的结果、评比的奖项来为自己的品牌加码，但事实上，真品牌只能在市场竞争的磨砺中诞生。正因为真品牌的基础与核心是信任，所以，企业急功近利是做不来的，真品牌需要

时间的考验。

品牌最持久的含义是其价值、文化和信任，这是品牌的实质。建立品牌其实就是建立信任。从拥有知名度、创建美誉度到形成品牌信任是很漫长的路，这个时间可能需要几十年甚至上百年。所以，任何急功近利以为打造知名度就是打造品牌的行为，都是短视和幼稚的。很多知名度很高的企业和牌子，因为丧失了渠道的信任和消费者的信任，就再难站起来了。一个品牌在市场中获胜，并不仅仅是因为它传递了特殊的利益或者可靠的服务，而是因为它与顾客建立了深厚的联系。

品牌是保障竞争优势的强有力手段

品牌暗示一定水平的质量，所以满意的购买者很容易再次选择这种产品。品牌忠诚为公司提供了对需求的可预测性和安全性，同时它建立的壁垒使得其他公司难以进入这个市场。尽管竞争者可能复制制造流程与产品设计，但是它们还是难以取代品牌经由长年的营销活动和产品经验而在个体和组织心目中留下的持久印象。从这个意义上说，品牌是保障竞争优势的强有力手段。

——科特勒《营销管理》

科特勒曾经在一次题为"打造中国企业品牌力"的演讲中谈到，从一个优秀的品牌之中，公司可以获得的实际利益有：高价格，高销量；避开价格战；高客户忠诚度和保留率；获得最好的零售商；最好的货架位置；销售人员的优先推荐；品牌延伸等等。品牌成了保障竞争优势的强有力手段。

品牌为王已经是市场上不争的事实。顾客购买和消费的不仅是单一的产品和服务，更有来自品牌的感觉、认知、归属、荣耀等附加价值。那些成熟的、知名度极高的大品牌企业，它们的品牌地位和无形价值是无价之宝。为一个好的品牌，顾客愿意支付更高的价格，这一价格甚至要高出竞争品牌20%～25%。

大卫·奥格尔曾经说："任何一个傻瓜都可以做成一笔生意，而创造一个品牌却需要创意、信仰和坚忍不拔的努力。"对一个企业而言，品牌的意义和价值体现在：

第一，品牌是产品竞争的有力武器。品牌与产品形象、企业形象密切相关。一个好的品牌是提高企业声望、扩大产品销路的"开路先锋"，是参与市场竞争的好帮手。可口可乐、索尼、松下等品牌之所以在世界商业史上长盛不衰，靠的都是响当当的品牌。

第二，品牌有助于产品促销。好的品牌可以稳定并逐步扩大企业产品销路。另外，品牌对新产品上市有极大的帮助作用，消费者更容易接受已有良好声誉的品牌。

第三，注册商标受法律保护。经过注册的商标具有严格的排他性，注册者有专用权。一旦在市场上发现假冒商品，注册企业可依法追究、索赔，保护本企业利益不受侵犯。这也是增强企业竞争力的有效途径之一。

第四，品牌有助于监督、提高产品质量。企业创立一个品牌，要经过长期不懈的努力，才能在消费者心目中树立牢固的信誉，要维护品牌形象，必须不断巩固和提高产品质量。因此，品牌是企业进行自我监督的一种重要手段。

第五，形成无价的品牌资产。好的品牌是企业宝贵的无形资产，具有极高的价值。在企业内部，品牌对于提高员工的凝聚力、增加其自豪感、调动员工的创造性和工作热情有着不可估量的作用。

品牌是企业综合竞争力的凝结。品牌具有很强的累积效应和蓄势效应，它体现了企业长期以来竞争优势的聚集。因此品牌具有"进入壁垒"的性质。品牌竞争优势上的深厚历史沉淀，是消费者品牌偏好与品牌忠诚的一个重要原因。名牌之间的竞争主要集中在技术创新与广告宣传两个方面。一般而言，名牌企业的技术创新投入占销售额的3％～5％之间，高的可达8％；广告投入占销售额的3％～10％，平均为5％。名牌的成长依赖于企业的规模以及企业的资本实力。

在品牌竞争时期，品牌地位在某种程度上就意味着市场地位，龙头品牌的地位象征着高居市场统帅地位。创国内、世界一流品牌已成为新竞争形势的要求，也是每个市场行为主体的竞争目标和必然选择。

伟大的品牌唤起的是形象、期望和承诺

伟大的品牌唤起的是形象、期望和对性能的承诺。品牌具有人格，我们提到麦当劳、苹果电脑、斯沃琪手表时，脑中都会产生相应的品牌联想。

——科特勒《科特勒说》

科特勒认为，一个伟大的品牌，能够唤起形象、期望和对性能的承诺。简单地说，当我们想起某个熟人的名字的时候，脑海中就会浮现出这个人的模样、他

第八章　品牌：企业最持久的无形资产

曾经说过的话、做过的事，等等。品牌同样也是如此，品牌是具有人格的。比如，提起肯德基，就会想到山德士上校的头像；提到沃尔玛，就会想到价廉物美；提到联邦快递，就会想起使命必达……

品牌对于买方来讲，代表着一种承诺，是信任的保障，也是买方选择产品的标尺之一。一个强有力的品牌应该具备这样几点：一是品牌应该给人留下产品特性、风格等属性方面的联想。二是品牌应该具备一个或多个特别突出的特点，比方说，沃尔沃意味着安全，而苹果产品意味着时尚、人性化、创意性。三是如果品牌是一个人的话，我们必须可以将这个人的特点视觉化，例如百事可乐就通过多种营销、宣传途径将自己定义为一个年轻、朝气蓬勃的形象。四是品牌需要反映出企业的价值观，例如创新、客户服务至上、社会责任感强等。五是品牌应体现用户群体的特征，是年轻热情、充满活力，还是年长持重、内敛稳重等。在塑造品牌时，营销者必须考虑到品牌的每一个因素，以造就一个更加协调统一、更加完善的品牌。

品牌树立起某种鲜明的形象，还只是品牌建设的第一步，更重要的是当树立形象、做出承诺之后，企业要能坚持下来，也就是言与行要合一。比方说，如果一个企业的品牌号称绿色环保，却被爆出了产品不合格，或者原材料存在污染等负面新闻的话，那么无异于是在砸自己树立起来的牌子。企业如果在品牌建设上"言行不一"，是要付出巨大代价的。

在品牌建设过程中，道德的底线只是一个企业或品牌生存的最低标准，在此之上的行为的确不会遭到道德与法律的谴责，但是，要打造一个强大的品牌不能仅仅以道德底线为基础，还应为自己树立更高的标准。越是成功的大品牌，他们在做宣传、做承诺时往往越谨慎，而在履行承诺的时候，则会做到尽可能地好上加好，这样一来，能让消费者获得非常满意的体验，进而渐渐形成对品牌的忠诚。

企业的品牌承诺不仅仅体现于广告语和宣传中，更体现在一些容易被忽略的细节上，有时只是企业无意间流露出的一点讯息，却可能给消费者带来重大的影响。举一个很简单的例子，现在很多公司会在企业的车辆特别是送货车上喷涂品牌或者企业的标识与宣传语等，这的确是一种很理想的流动宣传广告。但是仔细观察一下，有的企业的送货车，车身非常脏，满是灰尘泥土，甚至还有污渍。送货员甚至企业自身或许都不觉得这有多严重，可是在消费者看来，这对品牌却是一种抹杀。假如这是一家食品企业的送货车，那么，即便广告宣传中该产品显得色香味俱全、令人垂涎欲滴，可消费者看到送货车后，想必胃口会大受影响。

还有一种情况是，企业本身在品牌建设上做得较为不错，但是在一些无法有效掌控的环节，却常常会出现严重的纰漏。例如合作伙伴，这就是一个企业很难插手管理可又实实在在会影响到企业形象的环节。现在有很多品牌的售后服务都是与一些地区性的维修机构签订特约维修或售后服务合作协议的，企业对这些机构如果缺乏管理能力和监控能力，那么很容易出现各种各样的问题，给消费者留下不好的印象，造成期望值的落差。即使是那些非常注重用户营销体验的企业，也很可能会因为这些不易被发现的环节造成疏漏而前功尽弃。

企业在品牌建设中，要做好每一个环节，这包括了合作伙伴的管理与规范。只有这样，才能给顾客留下完美的形象，才能超越顾客的期望，才能不负对顾客做出的承诺；也只有这样，才能打造出伟大的品牌。

·第二节·
什么造就了一个伟大的品牌

最强的品牌定位能够触动消费者的情感深处

营销人员需要在目标顾客心目中为其品牌进行清晰的定位。最强的品牌定位层次超越了强调产品属性或者产品利益,通过强有力的信仰和价值观进行品牌定位。这些品牌强调一种情感冲击。营销者应把品牌同时定位到消费者的思想和精神中去,这样才能打动他们的内心。

——科特勒《市场营销原理》

科特勒认为,营销人员可以从三个层次上对其品牌进行定位:

首先,最低层次,是通过产品属性来进行品牌定位。比如,宝洁公司推出的"帮宝适"一次性婴儿纸尿裤,早期的营销重点就集中在吸水性、舒适性和一次性上。一般来说,产品属性是品牌定位最不可取的层次,因为竞争者可以很轻易地加以模仿,更重要的是,消费者从根本上而言,对企业产品的属性本身并不感兴趣,他们更关心的是这些产品属性能为自己带来什么样的利益。

其次,在产品属性之上,企业可以将品牌名称与某种顾客渴求的利益联系起来,进行更好的定位。同样以帮宝适为例,帮宝适超越了产品的技术属性,而将重心放在皮肤健康上。"因为我们,全世界婴儿潮湿的屁股更少了",这样一句话,显然比单纯的产品属性更能打动消费者。通过强调利益而成功打造出品牌的企业很多,如以安全著称的沃尔沃、以绿色无害著称的美体小铺、以"使命必达"为宗旨的联邦快递,等等。

最后,比利益更高一个层次的是围绕产品给消费者创造的情感体验来定位品牌。还是拿帮宝适的例子来说，这款产品对于父母们而言，并不仅仅意味着防漏和保持干爽，更意味着全面的婴儿护理。宝洁的首席市场官吉姆·斯登戈尔曾说："回想过去，我们经常在基本利益上思考我们的品牌。现在我们开始近距离地倾听消费者的声音，我们想要成为一种品牌体验，我们想要伴随着孩子的成长和发展来支持父母和孩子。当我们把帮宝适从保持干爽转变为帮助妈妈关注孩子的发展后，我们的婴幼儿护理业务才开始快速增长。"

最强的品牌定位就是要超越产品属性或产品利益，直抵消费者的情感深处，将品牌定位到消费者的思想和精神中去，打动他们的内心。像星巴克、维多利亚的秘密、苹果等公司，就是这方面的代表，它们围绕着产品为消费者创造出来的那种惊喜、激情、兴奋来定位。我们来看一个大众银行的案例。

大众银行曾经推出过一系列"不平凡的平凡大众"的广告，轰动一时。其中热度最高的两段广告分别是《母亲的勇气》和《梦骑士》。

《母亲的勇气》以一个淳朴的阿嬷蔡莺妹的真实经历为蓝本，这位阿嬷，不会外语，普通话也说得不好，她千里迢迢从中国台湾飞到委内瑞拉，就是想看看女儿嫁得如何，看看自己的外孙，再照顾刚生二胎的女儿坐月子。这则广告的旁白是这样的：

从台南出发，要如何才能到达哥斯达黎加呢？首先得从台南飞至桃园机场，接着搭乘足足十二小时的班机，从台北飞往美国；接着，从美国飞五个多小时到达中美洲的转运中心——萨尔瓦多，然后才能从萨尔瓦多乘机飞至目的地——哥斯达黎加。她曾在拥挤的异国人群中狂奔摔倒，曾在午夜机场冰冷的坐椅上蜷缩，也曾在恍惚的人流中举着救命的纸条卑躬屈膝……这一切的一切，不过只是想亲眼看看自己的女儿。这是一位真实而又平凡的中国母亲。她名叫蔡莺妹，67岁，生平第一次出远门，不会说英文，不会说西班牙语，为了自己的女儿，独自一人飞行整整三天，从台南到哥斯达黎加，无惧这三万六千公里的艰难险阻。她让我们看到了一位母亲因爱而萌发的勇气。这种匿藏在母性情怀中的勇气，从始至终都不会因距离和时间而改变心中的方向。

奥美将这个故事制成了大众银行的广告宣传片，大众银行希望借由这个故事传达中国台湾人民坚韧、勇敢、真实且善良的一面，做"最懂中国台湾人的银行"。这则广告特地选在2010年农历年节合家团圆的时候播出，让更多的人记住了这位阿嬷，也记住了大众银行。

《梦骑士》这段广告也是由真实故事改编，广告一开始便是一句意味深长的

第八章 品牌：企业最持久的无形资产

"人为什么活着"，接着是昏暗的隧道，仿若彷徨的人生旅程，接下来镜头中陆续出现几位老人，要么痛失老妻，要么病痛缠身，都是凄惶无比。随后基调一转，随着猛然的一声："去骑摩托车吧！"背景音乐变为激昂的"On Your Mark"，几位老人骑着摩托车驶出隧道，带着对友人与爱人的思念，梦骑士开始新的征程。"5个中国台湾人，平均年龄81岁，1个重听，1个得了癌症，3个有心脏病，每一个都有退化性关节炎，6个月准备，环岛13天，1139公里，从北到南，从黑夜到白天，只为了一个简单的理由。"朴实而厚重的广告词深深触动人心。

这两则广告中的故事都发生在和我们一样普通但又不平凡的人身上，这恰好契合了大众银行所要传达的"大众"理念，很符合大众银行的品牌定位。品牌宣传广告的内容不一定非要跟公司的产品和服务相关，而只是要给目标受众留下一个深刻的印象，传达某种关怀、价值、信念层次的正面讯息。就像大众银行的品牌广告，并没有告知该银行的任何产品服务的信息，可是，它却以生动感人的故事，引起了所有"大众"深层次的情感共鸣。当有一天，某个顾客需要银行服务，而他只要想起这两段广告，想起大众银行，那么，这两段品牌广告就成功了。

品牌共鸣：顾客的思想决定了品牌的强势程度

共鸣是顾客与品牌之间心理纽带的强度或深度，同时也反映了这种忠诚造成的行为水平。品牌共鸣模型认为品牌建设是由一系列上升的步骤组成的，要创建有效的品牌资产就必须达到品牌金字塔的顶端或塔尖，只有把恰当的品牌创建模块放在金字塔模型的合适位置才能实现。

——科特勒《营销管理》

科特勒提出过一个品牌共鸣模型，他认为，品牌共鸣自下往上有这样几个层次，最初级的层次是企业的品牌能为消费者所识别，当消费者产生某种需求时能够想到这个品牌；在此基础上更进一步的层次是，将大量有形无形的品牌联想植入消费者心中，在这块心智阵地上稳固地建立起品牌的独特意义；再往上一层，则是引出消费者对品牌的正面反应，并将这种反应转化成消费者与品牌之间紧密而活跃的忠诚关系。一个品牌的强势程度取决于消费者对该品牌的理解和认识程度，也就是说，消费者的思想决定了品牌的强势程度。

共鸣这个词的原始含义是指物体因共振而发声的现象，即两个振动频率相同的物体，其中一个振动了，另一个在激发下也会振动发声。引申一下，是指由别人的某种情绪引起的相同的情绪。品牌共鸣则是指由品牌所有者与品牌消费者或者品牌消费者彼此之间，以品牌为媒介所产生的不同心灵之间共同的反应。其实质体现的是消费者与品牌之间紧密的心理联系。通过与品牌之间进行的情感互动，消费者可以感觉到该品牌能够反映或者契合自己的情感，并且可以就这个品牌与他人进行交流共享。品牌共鸣能增强消费者对品牌的认同与依赖，使企业收获较高的品牌忠诚度。

戴比尔斯在营销其钻石时，并不着力于宣扬其钻石如何珍贵稀有，而是赋予它爱情的魅力——钻石恒久远，一颗永留传。人们购买的就不仅仅是钻石本身，而是对爱情的坚贞与执着。新加坡一家名为"面包新语"的连锁面包店所生产的面包与其他企业大同小异，但其独特之处就在于给每种面包都取了非常好听的名字，编出了非常动人的故事。这样一来，消费者买面包，不仅满足了一般的营养需求，更走进了一种特定氛围中，很容易产生情感共鸣。

还有知名的耐克公司，它在男性市场上牢牢站稳脚跟后，转而集中火力进攻女性市场。为了赢得女性用户的偏爱，它在深入了解女性内心世界的基础之上推出了非常独特的广告。广告作品采用对比强烈的黑白画面，背景之上凸现的是一个个交织在一起的"不"字，广告词更是意味深长，充满一种令人感动的希望：在你一生中，有人总认为你不能干这不能干那；在你的一生中，有人总说你不够优秀，不够强健，不够天赋；他们还说你身高不行，体重不行，体质不行，不会有所作为。

耐克的广告完全不像一个体育用品商的销售诉求，而更像一则呼之欲出的女性内心告白。这则广告获得巨大成功，广告推出后，许多女性用户致电耐克说："耐克广告改变了我的一生……"，"我从今以后只买耐克，因为你们理解我"。这些结果也反映在销售业绩上，耐克女性市场的销售增长率超过了其在男性市场的表现。

这几个例子的共同之处就在于，品牌引发了消费者的强烈共鸣，已经超出了商品的意义，而成了消费者的情感寄托。就像品牌策略专家史考特·泰格所言："能房获你的心的品牌就能够促成行动，能够屡获你的感情的品牌就能够获得青睐。"情感对心理的刺激比普通思考对心理的刺激要快3000倍，在大多数购买行为中，在理智采取行动之前，情感已经在开始运转了。一个品牌如果能令消费者产生共鸣，那么，就等于抓住了消费者情感的阀门。

18世纪法国启蒙思想家狄德罗曾说："没有感情这个品质，任何笔调都不可能打动人心。"品牌同样也是如此，"攻心为上"，品牌需要通过感情传递、感情交流、感情培养，让消费者产生心灵上的共鸣，这样企业的产品才更容易为顾客所理解、所喜爱、所接受。品牌就是心灵的烙印，烙印是美丽还是丑陋，是深还是浅，决定着品牌力量的强弱、品牌资产的多寡和品牌价值的高低。

高度一致的"品牌＋定位＋差异化"才能实现成功营销

在信息爆炸和社区网络化的时代，消费者的权力变得越来越大，企业必须采取高度一致的"品牌＋定位＋差异化"手段才能实现营销目的。

——科特勒《营销革命3.0》

科特勒认为，在营销3.0时代，营销应该被定义为品牌、定位和差异化这三者所构成的等边三角形。在消费者水平化时代，品牌只强调定位是远远不够的。消费者或许能牢牢记住某个品牌，但这并不表明这是一个良好的品牌。这个时候的定位纯粹是一种主张，其作用在于提醒消费者避开虚假品牌。没有差异化，营销的等边三角形就是不完整的。从根本上来说，差异化只有和定位一起发挥作用，才能创建出良好的品牌形象。

要实现高度一致的"品牌＋定位＋差异化"，企业需要做到品牌标志、品牌道德和品牌形象三者的完整融合。品牌标志能让品牌区别于其他品牌，在市场信息繁杂的今天，要让消费者一眼就注意到某个品牌、记住某个品牌，品牌标志必须鲜明深刻，品牌定位必须新颖独特，同时，它们还必须和消费者的理性需求和期望相一致。而品牌道德是指营销者必须能够达成在品牌定位与差异化过程中所提出的主张。企业能否实现承诺，能否让消费者信任自己的品牌，这都将由品牌道德来决定。品牌形象是指品牌与消费者之间所形成的强烈的情感共鸣。

营销的巅峰在于品牌标志、品牌道德和品牌形象三大概念的完整融合。也就是说，营销所要完成的就是要清晰地定义企业独特的品牌标志，然后用可靠的品牌道德强化它，最终建立起强大的品牌形象。

企业品牌战略的核心在于品牌规划，这关系到一个品牌未来的前途命运。而品牌规划的首要一步就是对品牌进行科学、合理的定位，也就是告诉消费者"我是什么"。解决了"我是什么"的问题，其实就解决了"卖给谁"的问题，也就解决了品牌的目标消费人群定位问题。

奢侈品的定位是尊贵，目标消费人群是有身份、有地位、有经济实力的人，既然如此，那么，产品价格自然不会便宜，产品品质也必然精益求精，广告传播的对象也一定是"有身份有地位的成功人士"。

在确定了品牌定位之后，企业需要通过品牌差异化为品牌在消费者心目中占领一个特殊的位置，以区别于竞争品牌的卖点和市场地位。品牌差异化比产品差异化要难得多。品牌差异化是在品牌概念、品牌个性上与竞争对手做区隔，例如，中国移动动感地带"我的地盘我做主"，主打年轻人群体，就是一种品牌差异化的例子。

品牌差异化定位的目的就是将产品的核心优势或个性差异转化为品牌，以满足目标消费者的个性需求。成功的品牌大都具有一个差异化特征，明显区别于竞争对手，符合消费者需要，并能以一种始终如一的形式将品牌的差异与消费者的心理需要连接起来，通过这种方式将品牌定位信息准确传达给消费者，在潜在消费者心中占领一个有利的位置。

就拿矿泉水来说，一瓶矿泉水卖到几十元，有可能吗？有可能。虽然在矿泉水市场中，像娃哈哈这样一线品牌的矿泉水也不过1.5元一瓶，进口矿泉水也就三五元，而依云矿泉水是个例外，其主要原因就在于，依云树立了丰富并吸引人的品牌文化——依云矿泉水来自高山融雪和山地雨水汇聚的阿尔卑斯山脉腹地，经过长达15年的天然过滤和冰川砂层的层层矿化与自然净化，最终形成了独一无二的依云水。

1789年的某一天，有一位患有肾结石的法国贵族散步到此地的一个小镇，无意间饮用了当地的泉水，觉得口感甜美滑润，于是取了一些当地的水坚持饮用，一段时间后他惊奇地发现自己的肾结石奇迹般地消失了。这桩奇闻迅速传开，专家们对依云水专门做了分析研究并且证明了它的疗效。从这以后，大量的游客涌到了依云小镇，亲自体验依云水的神奇，医生们更是将它列入药方。拿破仑三世与皇后对依云镇的矿泉水更是情有独钟，1864年，正式赐名该地为依云镇，依云矿泉水也随之走向了全世界。

这就是品牌差异化定位所带来的奇效。品牌＋定位＋差异化，三者合一，达到高度的一致，不仅能吸引消费者注目，更能将品牌根植到消费者心中，如此才能造就一个成功的品牌。

能在顾客心中产生正面联想的品牌才能成为强势品牌

只要品牌能在顾客心中产生正面的联想，那么这种品牌便可称得上是强势品牌。

——科特勒《营销管理》

科特勒认为，品牌如果不能让人产生认知，那么，品牌就不可能成功。一个没有联系能力的品牌，就没有拓展品牌关系的能力。品牌由于依附于某种特定的产品和企业而存在，所以通常他也就成为这种产品和企业的象征。当人们看到某一品牌时，就会联想到其所代表的产品或企业的特有品质，联想到在接受这一品牌的产品或企业时所能获得的利益和服务。因此，每一个企业打造自身品牌的时候，首要任务就是建立品牌在消费者心目中的正面联想。

品牌联想不仅存在，而且具有一定的力量。消费者积累了许多次视听感觉和使用经验后，会加强同品牌的联系。科特勒提醒企业，在建立品牌联想时，应该注意把品牌的负面联想降到最低。同时，建立正面的品牌联想要注意差异化，才能在消费者心中形成更深刻的印象。如果麦当劳的联想和其他竞争品牌相同，那它的品牌便会毫无价值。

科特勒认为，企业要为品牌建立起多元的正面联想性，应该考虑可以传递正面联想的五个方面，即特质、利益、公司价值、个性和使用者。

一是产品特质。品牌首先使人联想到产品的某种属性。例如，一提茅台酒就使人想到它的工艺完备、昂贵、酒香浓郁、口感醇厚、尊贵等。企业可以采用一种或几种属性为产品做广告，如茅台酒一直作为众口皆碑的"国酒"而身价不菲。

二是产品利益。消费者买产品，最终目的不是购买产品的某一属性，而是要获得某种利益以满足自身需求。属性需要转化为功能性或情感性的利益。譬如，"昂贵"的属性可以转化成情感性利益，昂贵能让消费者感到尊贵与被尊重；"工艺完备"的属性也可以转化为功能性利益，工艺佳则品质有保证、口感有保证。

三是企业价值。品牌也能够体现一部分生产者的价值。例如，茅台酒代表着高技艺、声望、自信，等等。品牌营销人员必须对此加以分辨，甄别出对此感兴趣的用户群体。

四是产品个性。品牌也能反映一定个性。如果品牌是一个人或者某样物体，那么会使人联想到什么呢？例如，提到万宝路，人们第一时间想起的就是西部牛仔。品牌联想的衍生物是否符合用户的审美观，会直接影响到顾客的购买行为。顾客如果向往西部牛仔那种狂野与自由，那么，他很可能就会钟情于万宝路。

五是产品使用者。品牌还暗示了购买或使用该产品的消费者群体的特征，也就是使用某品牌的用户是什么类型的人。当这种暗示在社会上形成风气与公论，就会吸引更多具有或希望具有此种特征的用户来购买。例如，有句话说"开宝马坐奔驰"，意指宝马具备运动性，能让人享受驾驶过程，而奔驰具备舒适性，坐起来很舒服。消费者在选车时，多多少少会受到这种"公论"的影响。

科特勒强调，品牌必须要能在顾客心中产生正面的联想，引发品牌共鸣，这样才称得上是强势品牌。营销人员在设计品牌时不能仅仅设计一个名字，还要设计一整套品牌含义，营造正面的联想，这样的品牌才是深度品牌。

品牌化的根本就是创建产品之间的差异

品牌化是赋予产品或者服务以品牌的力量。它的根本就是创建产品之间的差异。营销者需要通过赋予名称以及其他识别元素教会消费者产品是"谁"，它是干什么的，消费者为什么要在乎它。

——科特勒《营销管理》

科特勒曾说，品牌化其实就是在消费者身上创建一种心智结构，也就是要让消费者确信在该品类的产品或服务中，品牌之间确实存在有意义的区别。这需要通过差异化来实现。

提炼一个高度差异化、个性化的品牌核心价值并以非凡的定力坚持它，这已经成了许多国际一流品牌的共识，也是打造百年金字招牌的秘诀。看一看世界商业史上的那些成功品牌，它们无一例外地都有一个共性，那就是它们都拥有个性鲜明独特的差异化的品牌核心价值。例如，舒肤佳的"除菌"，大众甲克虫汽车的"想想还是小的好"等。

通过差异化来构建品牌，"维多利亚的秘密"也是一个很好的例子。

在"维多利亚的秘密"诞生之前，大多数美国妇女都在百货商店购买内衣，而当时能够作为"内衣"的产品并不是很多。

莱斯利·韦克斯纳在欧洲亲眼看到妇女们从小型时装用品店购买昂贵的、作为时尚品的内衣后，他认为这种类似的商店模式在美国大有市场前景，尽管这和当时一般购物者在百货商店里所看到的大不相同。

韦克斯纳认定美国妇女会爱上这种欧洲式的内衣购买体验。他认为，女性不仅需要内衣，更需要真正的女性内衣，需要时尚的、能带来完美体验的内衣。

事实证明韦克斯纳的判断是正确的。在他收购"维多利亚的秘密"并将欧式的购买体验引入之后，"维多利亚的秘密"的顾客平均每年购买胸罩8～10个，而其他品牌的平均水平为2个。

为了维护品牌的高端声誉和迷人魅力，该公司邀请了高知名度的超级名模在广告和时尚秀中做代言。"维多利亚的秘密"已成为极受女性欢迎的知名品牌。

"维多利亚的秘密"在购买方式以及产品本身上都实现了差异化，这个品牌因此而别具一格，吸引了大批品牌忠诚度极高的用户。

拿日化行业来说，像宝洁，尽管它旗下有众多的洗发水品牌，如海飞丝、飘柔、潘婷、伊卡璐、沙宣，但每一个品牌都有着自身差异化的优势，个性鲜明，定位精准，完全能够覆盖不同消费者的个性化需求，再加上宝洁娴熟的品牌运作手段，使每个品牌都具有很强的竞争力。

还有联合利华，它推出清扬男士洗发水，一开始就明确告诉消费者，清扬是专门针对男性消费者去屑的，联合利华投入5亿元的推广费正是为了将这一点烙刻在消费者心中。

而相比之下，本土的品牌在品牌差异化上就还有一段差距。品牌核心价值模糊、差异化不明显已成为许多品牌难以做大做强的通病。有的企业虽然也投入巨资来做广告、做推广，但打出来的广告语与诉求点却并没能真正体现差异化，缺乏鲜明独特的个性，显得空洞化，这种空洞的品牌很难俘获消费者的心。

品牌也有个性，它会吸引有同样个性的消费者

在分析消费者品牌选择时，个性是一个很有用的变量。品牌也有个性，它会吸引有同样个性的消费者。消费者经常选择和使用的品牌是那些与自己的真实自我概念（实际上如何看待自己）相一致的品牌，虽然有时候可能是根据理想自我概念（希望如何看待自己）或者他人自我概念（别人如何看待自己）。

——科特勒《营销管理》

科特勒指出，品牌也是有个性的，并且它还能吸引具备同样个性的消费者。品牌的个性可以是坦诚的、兴奋的、优雅的、粗犷的，等等。很多著名品牌都有着各自强烈的特质，比方说，锐步的野性、年轻、活力；微软的积极、进取、自我；李维斯的年轻、叛逆、可信和美国化。这些品牌个性不但吻合了目标消费者群体的个性，征服了很多潜在消费者，而且它们的品牌个性也表现出强烈的排他性，使竞争对手无法模仿、难于抗衡。

在品牌建设过程中，很多企业往往比较注重品牌的外在内容，通常把品牌名称、品牌标识、产品属性、广告宣传作为品牌打造的重点，甚至很多企业不惜重金片面地营造品牌的知名度，可是却忽视品牌个性的塑造。正如品牌大师奥格威说："最终决定品牌的市场地位的是品牌本身的性格，而不是产品间微不足道的差异。"他所说的品牌性格就是品牌个性。

品牌建设不仅仅是建设好品牌的外在的东西，最主要的是建设好品牌的内在的东西。其实品牌个性并不是什么神秘的东西，也并不复杂，它就是品牌的性格，是品牌人格化所显示出来的一种独特性的东西。在品牌个性的塑造方面，最为经典的案例当属"万宝路"。

"万宝路"的品牌形象和品牌个性深入人心，有人曾说过："如果一个美国人想欧洲化，他应该去买一部奔驰；但如果一个人想美国化，那他只需抽万宝路，穿牛仔服就可以了。"可见，"万宝路"已不仅仅是一个企业产品中的名牌，而且已成为美国文化的一部分。

早在20世纪20年代，美国处于一个"迷惘的时代"。经过第一次世界大战的冲击，许多青年都自认为受到了战争的创伤，只有拼命享乐才有冲淡创伤的可能。于是，他们或是在爵士乐中尖声大叫，或是沉浸在香烟的烟雾缭绕之中。无

第八章 品牌：企业最持久的无形资产

论男女，嘴上都会悠闲地衔着一支香烟。女性是爱美的天使，她们抱怨白色的烟嘴常常沾染了她们的唇膏，她们希望能有一种适合女性吸的香烟。于是，"万宝路"问世了。

"万宝路（MARLBORO）"其实是"Man Always Remember Lovely Because Of Romantic Only"的缩写，意为"只是因为浪漫，男人总忘不了爱"。其广告口号是"像五月的天气一样温和"，意在争当女性烟民的"红颜知己"。然而，"万宝路"从1924年问世之后的20多年里，始终默默无闻。它温柔气质的广告形象似乎也没有给女性消费者留下多少深刻的印象。

经过沉痛的反思之后，该公司求助于当时美国广告界最有名的大师之一，也是世界广告学奠基人之一的李奥·贝纳，请他帮助策划。李奥·贝纳经过周密的调查和深思熟虑，大胆提出将万宝路香烟重新定位，改变为男子汉香烟，并大胆改变万宝路形象，采用当时首创的平开盒盖技术，以象征力量的红色作为外盒的主要色彩。

万宝路既然不再以女性为主要诉求对象，广告中就必须强调男子汉气概，吸引所有喜爱、欣赏和追求这种英雄气概的消费者。按照李奥·贝纳的设想，这种理想中的男子汉形象应该是：目光深沉、皮肤粗糙、浑身散发着粗犷和原野气息、有着豪迈气概。他的袖管高高卷起，露出多毛的手臂，手指间总是夹着一支冉冉冒烟的万宝路香烟，跨着一匹雄壮的高头大马驰骋在辽阔的美国西部大草原。

这种涤尽女人胭脂味的广告问世后，立刻给公司带来了巨大的财富。仅一年多时间，万宝路销售量就提高了3倍，一跃成为全美第十大香烟品牌。世界上每抽四根烟，其中就有一根是万宝路。该公司投入了千百万美元的广告费，终于在人们的心目中树立起了"哪里有男子汉，哪里就有万宝路"的名牌形象。那粗犷豪放、自由自在、纵横驰骋、四海遨游的牛仔代表了在美国开拓事业中不屈不挠的男子汉精神，而该精神正是万宝路的形象。可以说，万宝路的成功主要应归功于其塑造的独特而强烈的品牌个性。

从根本上来说，品牌个性的目的就是帮助消费者认识品牌、区隔品牌，从而让消费者接纳品牌。因为品牌个性是品牌核心价值的集中表现，最能代表一个品牌与其他品牌的差异。尤其在同类产品中，许多细分品牌虽然定位差异性不大，但只有通过品牌个性才会使之脱颖而出，表现出自己与众不同的感觉，从而实现品牌区隔。

一个人如果没有个性，是很难让别人记住他的，而一个个性鲜明的人则很容易在第一印象的时候就被记住。品牌也是一样的。一个品牌如果没有人格化的含义和象征，那么这个品牌就是没有个性的，也就不可能成为一个脍炙人口的品牌。品牌个性对品牌的生命来说是十分重要，没有个性的品牌是没有生命力的。

·第三节·
品牌难立易毁,开发管理需谨慎

品牌强化:让品牌不断向前避免贬值

  作为公司主要的持久性资产,品牌需要被小心管理才不至于贬值。强化品牌资产要求在数量和种类上提供持续的营销支持。品牌必须不断向前,但是要朝着正确的方向,有新的、令人喜爱的产品及营销方式。那些止步不前的品牌,它们的市场领导地位在不断退缩甚至消失不见。

——科特勒《营销管理》

  科特勒指出,企业应该谨慎地管理自己的品牌。品牌资产必须妥善地加以管理才不至于贬值。品牌不能止步不前,而应该朝着正确的方向不断向前。在管理品牌资产时,企业最重要的是做好两点,一是加强品牌、强化其意义。比如,对产品进行改进,使之更受欢迎,或者发起富有创意的广告战役等;另一个则是发挥现有品牌资产的杠杆力,以收获一些财务利益。总而言之,品牌树立起来了,并非一劳永逸,如果不能让品牌得到持续的强化,那最终会削弱品牌意义和品牌形象,甚至让一个本来响当当的品牌逐渐没落。

  品牌强化,最重要的不是重金砸广告,而是为顾客创造完美的品牌体验。现在的顾客可以通过广泛的联系接触点来了解某个品牌,这既包括广告,也包括对该品牌的亲身体验、口碑传播、企业网页以及很多其他方式。企业要强化自己的品牌,就必须管理好这每一个接触点。管理好顾客的品牌体验可以说是建立品牌忠诚的最重要的要素,顾客每一次满意的体验,都能够对品牌起到强化作用。

企业还必须让全体员工都参与到品牌强化这个长远的工程中来，开展内部品牌建设，帮助员工理解企业的品牌承诺，并对其保持热情。更进一步，企业还可以培训和鼓励分销商和经销商为顾客提供优质服务。

品牌强化需要企业付出持续不断的努力。我们可以看一个美赞臣的案例。

在中国的奶粉行业，雀巢曾经是这个行业的第一品牌，居于绝对的领导地位，但是，现在的雀巢并没能保持在奶粉业的这种辉煌，拱手让出了第一的位置。而同样来自美国，美赞臣却是一个很惹人注目的品牌，它可以说是一枝独秀，始终在高端婴儿奶粉领域位居领先地位。

这两个品牌在全球市场都是鼎鼎大名的，但二者的经营方式有很大差别，结果也就很不相同。雀巢在奶粉领域几乎覆盖了所有的品类和价位，甚至连与奶粉相近的豆奶粉都做。然而，"全面开花"的策略并没能让雀巢获得决定性胜利。相比之下，美赞臣就不同了，它进入中国后，一直锁定高端婴儿奶粉市场，雷打不动，并且不断强化其"益智"的品牌定位。这种长期的聚焦与建设最终让美赞臣尝到了甜头。虽然从营业额上看，美赞臣远不及雀巢，但在奶粉领域的利润总额，却不容小觑，它几乎可以称得上是中国奶粉行业最会赚钱的品牌。

品牌强化是一场持久战，它需要企业在品牌定位和传播方面不断地坚持，去传播品牌的理念，让品牌深入人心。要让消费者记住一个品牌的核心理念是需要时间和巨大的传播费用的。坚持核心品牌主张在一定时期内持续不变的情况下，在传播策略和方法上不断进行微创新，这才是品牌传播之道。

品牌活化：让衰退品牌焕发新颜

通常，品牌活化的第一步是要了解品牌资产来源于什么，那些积极的品牌联想丢失了它们的强项以及独特性了吗？有没有消极的品牌联想与品牌产生关联？然后决定是否坚持原来的定位或者重新定位，如果是后者的话，新的定位如何？

——科特勒《营销管理》

科特勒指出，消费者品位和偏好的变化、新的竞争者和新科技的出现或者是营销环境的任何新发展都可能影响到一个品牌的命运。科特勒说，很多曾经著名的、受尊敬的品牌都曾经历过困难时期甚至因此消失，但经过品牌活化，其中的

第八章 品牌：企业最持久的无形资产

一些品牌得以重新归来，并散发出重生一般的新活力。像瑞士四大钟表制造商之一的真力时（Zenith）还有大众等都曾经经历过低谷，而最后也都成功扭转了其品牌命运。

科特勒建议企业，当品牌走到"山重水复疑无路"的境地时，不妨考虑"重回基础"，也就是回到最初的定位上，重新起步；如果原有的定位不再可行，那么企业可以尝试着进行"重新创造"，也就是根据实际情况和企业的发展规划，来确定新的定位。无论采取哪种方式，其最终的目的都是一样的，那就是让品牌重新"活"起来。

品牌的活化，有多种方式。比方说，更新包装，旧貌换新颜，除了帮助消费者杜绝假冒、认清识别以外，还能突出激活在消费者中原有的品牌形象，刺激消费者购买欲望，像三精的"蓝瓶"，就是这样的例子。企业还可以更换形象代言人，形象代言人确实能为品牌增色不少，但是用久了，或者用得不到位，消费者就容易产生感官麻木、视觉疲劳，这是值得警惕的。此外，企业还可以尝试转换渠道，如果现有的渠道无法为产品打开销路，那么，更换渠道，大胆尝试，或许能找出一条"活路"。

事实上，激活老品牌的办法很多，消费者在不断演变，品牌也必须不断求新求变，要跟得上市场背景和消费者的消费行为。就像迪士尼公司的一位前任CEO所说的那样，品牌是一个有生命的独立体，它会随着时间流逝而逐渐衰弱。要让品牌摆脱或者延缓这种衰老的趋势，企业就必须在品牌活化上下工夫。

品牌延伸：利用已建立的品牌推出新的产品

当一个公司想要利用已建立的品牌来推出新的产品时，这个产品叫品牌延伸。品牌延伸一般可分为两类：产品线延伸和特许商品。潜在的延伸必须判断现有品牌对新产品发挥杠杆作用的效益如何，同时反过来这种延伸对现有母品牌的影响如何。

——科特勒《营销管理》

科特勒指出，品牌延伸就是使用一个已有的品牌在新产品类别中推出新产品或者改进的产品。这种策略可以帮助企业将自己的知名品牌或者具有市场影响力的成功品牌扩展到与成名产品或者原产品不尽相同的新产品上，借着成功品牌的名气来推广新产品。

很多企业都在运用这种品牌延伸策略，例如，金佰利就将其居于市场领先地位的"好奇"品牌从一次性的婴儿纸尿裤延伸到洗发露、润肤露、湿疹膏、浴巾、一次性纸巾等儿童个人护理用品上。还有宝洁，在打响其家庭清洁先生的品牌名气后，又推出了清洁坐垫、浴室清洁工具、家庭汽车清洁套装，还有以清洁先生冠名的汽车清洗液，等等。

品牌延伸一般有两种形式，一是产品线延伸，也就是借助母品牌在目前已经形成的产品类别中增加新产品，这可以通过改变风味、形式、颜色、成分或包装等来实现。比方说，一个方便面品牌旗下可推出不同口味的产品，如老坛酸菜牛肉味面、鲜虾鱼板面、老坛泡椒牛肉面、红烧牛肉面，等等。

第二种形式是特许商品，这是指企业的品牌特许给实际生产某产品的其他制造商使用，例如吉普公司，拥有600种左右的产品和150家被特许的商家，从婴儿车到服装都有吉普公司的特许商品。

品牌延伸策略具有多种优势，借助于已经成功的品牌，可以让新市场迅速接受新产品，从而达到吸引新用户、扩充经营范围的目的。日本索尼公司前总裁盛田昭夫就深谙此道，他将所有新的电子产品皆冠以"索尼"之名，产品一上市就可以快速赢得消费者认可，因为消费者早已熟悉索尼这个品牌，并将索尼的品牌与质量可靠、功能先进等特征联系在一起，形成了极强的品牌忠诚度。这使得索尼公司在后来的发展过程中得以迅速扩充实力，不断占领、开发新市场，一举成为世界知名企业之一，品牌延伸策略的效力之强可窥一斑。

品牌延伸为营销者提供了一个品牌增值的新途径，它可以节省用于促销新品牌所需的大量费用，它还能使消费者迅速认识新产品。对企业来说，打造一个品牌是一个长期的、艰巨的任务。企业为了市场的推广需要，常会采用"一顶帽子大家戴"的品牌延伸策略，尤其对于资源有限的中小企业来说，这是一个让新产品尽快进入市场的好方法。但是，品牌延伸策略也不可以滥用，就像龙永图先生曾经说过的："一顶帽子大家戴也不能够瞎戴，瞎戴可能会砸了你这个品牌。'一顶帽子大家戴'是一个必须慎重运用的策略。"

营销者需要从多个方面对品牌延伸进行谨慎衡量，包括消费者的哪些需求尚未得到满足，品牌的现有认知状况和潜在正面和负面认知情况，以及品牌的长期发展战略等等，要站在消费者和市场前景的角度去作出理性的判断和决策。

第八章　品牌：企业最持久的无形资产

联合品牌：强强联合的"1+1＞2"效应

营销人员通常会以多种方式把自己的产品和其他公司的产品联合起来。联合品牌又称双重品牌或品牌捆绑，即两个或更多知名品牌被组合用于一个共同的产品上或者以一些方式共同进行营销活动。

——科特勒《营销管理》

科特勒指出，企业可以将旗下的某个品牌与自己的其他品牌或者其他公司的品牌捆绑起来，形成联合品牌。联合品牌最大的优势是一个产品身上可能会聚了多个品牌的优点，因而更能吸引消费者，也更能让消费者信服。

品牌联合是在瞄准同一市场，但没有构成直接竞争的企业间进行战略整合。它通过把时间、金钱、构想、活动或演示空间等资源整合，为任何企业，包括家庭式小企业、大企业或特许经营店提供一个低成本的渠道，去接触更多的潜在客户。

品牌联合需要寻找和企业服务同类顾客的其他企业，统一战线，以合作的方式来更好地吸引现有和潜在的顾客，更好地开拓共同的市场。

两个企业建立联合品牌伙伴关系，能使各自的潜在客户量翻一番。这种策略是一种省钱省时、颇有成效的营销方式。

2012年，一部《复仇者联盟》的电影横空出世，掘金能力不俗，被影迷戏称为"妇联"。

这部影片的特色在于，它将众多知名影片中的超级英雄集结在一起，一部影片融合了钢铁侠、美国队长、绿巨人、雷神、鹰眼、黑寡妇等角色，他们组成了强大的"复仇者"团队，共同惩恶扬善，为和平而战。

可以说，《复仇者联盟》席卷全球的票房风暴，来得并不意外，一次性打包多个超级英雄，能迎合影迷的不同口味，并巧妙地利用了这些超级英雄已经建立起来的知名度。

其实，从营销角度而言，《复仇者联盟》是一个很好的联合品牌营销的典范，这个"复仇者"团队中的每一位英雄无一不是成功的荧幕形象，可以说每个人都是响当当的一块招牌，而将他们集结在一起，这部新片就完全不用担心怎样塑造知名度和影响力，因为它是众多优质"品牌"的大联合。

在商业竞争中，联合品牌的运用更是广泛，它既可以是同一家公司的品牌联合，也可以是合资的联合品牌。

举例来说，像通用电气和日立共同推出电灯泡；花旗银行和美国航空公司共同推出信用卡；摩根大通和美国航空联合创造的大通美国旅行卡；苹果、IBM和摩托罗拉发起的一次性技术联盟Taligent；耐克和苹果联合创造了"耐克＋iPod"运动套装，跑步者可以将其耐克鞋与iPod Nano连接起来，从而实时记录好，加强跑步效果。

通过品牌联合，一个品牌可以嫁接另一个品牌的优势，一个企业可以跟另一个企业强强联合进行互补，由于原来的品牌在不同的产品类别中已经打下了一定的基础，所以联合后的品牌将创造对消费者更强的吸引力和更高的品牌资产。

联合品牌还可以使企业将现有品牌扩展到新产品类别中，比起单独进入某个新市场，难度和风险都降低了很多。

需要注意的是，品牌联合在很多情况下意味着两个原本并无交集的企业要进行多方面的融合与磨合，所以，是存在一些问题和风险的。要达成这种联合，企业必须考虑这样几个问题：

第一，目标消费者是否具有共性。

每个企业或者品牌都有属于自己的消费群体，如果进行联合营销的品牌没有共同的消费者资源，那么这样的联合一定会失败。

第二，品牌追求是否一致。

品牌不仅仅是一个符号，它体现着消费群体对文化、利益等方面的追求。如果进行联合的品牌没有一致的品牌追求，那么，就很难凝聚在一起。

第三，品牌联合需要通过法律合同或许可证书来保障，这样能对企业形成约束力，能为品牌联合保驾护航。

把自己的品牌交给别人使用或者与别人共同开发，这就如同将自己的孩子交给他人一样，需要力保"孩子"交出去后能得到最好的照顾。

进行联合的两个或多个品牌必须周密地协调其广告、促销和其他营销努力，一旦开始采取合作品牌策略，双方都必须精心呵护对方的品牌。

第八章　品牌：企业最持久的无形资产

成分品牌：为产品创建足够的知名度和偏好

成分品牌是联合品牌的一个特例。它为材料、成分、零件和部件创建品牌资产，而这些又是其他品牌产品所必须包含的东西。

——科特勒《营销管理》

科特勒指出，成分品牌是一种比较独特的联合品牌的形式。它不是为某个产品创建品牌资产，而是为产品的材料、成分或者零部件创建品牌资产。比方说，杜邦就很善于经营成分品牌，它做出了很多创新，像莱卡、尼龙、特弗龙涂层、凯芙拉纤维、等等，这些都是其他公司生产产品的重要成分，而它们的开创者却是杜邦。其他知名的成分品牌，譬如食品业的利乐、音响系统的杜比，等等。

从本质上而言，成分属于生产的中间投入，它隐藏在最终产品之中，并不直接与最终用户接触，所以在大多数情况下，消费者关注的往往是产品和产品利益，而对成分则并不会刻意留心。而成分品牌化则打破了这一常规，它将成分从生产的后台推到销售的前端，让最终用户对产品所含的某种成分产生印象乃至偏好。最终形成这样一种理想情况——该成分将逐渐成为最终产品行业的标准成分，如果某产品含有该成分，那么消费者会觉得产品是可信的；而如果不含有该成分，那么消费者就会对产品的质量和信誉产生怀疑，通常不会购买这种产品。比方说英特尔的例子。

CPU，中央处理器，是一台计算机的运算核心和控制核心，作为一种复杂的电脑部件，如何让计算机的终端消费者像车主知道汽车的发动机一样熟悉计算机的中央处理器？英特尔做到了这一点，它第一次把电脑部件直接与终端用户连接起来，创造了"Intel Inside"的品牌标志，显示品牌的"品质、可靠、技术领导"。

自1991年6月开始，英特尔发起了"Intel Inside"的品牌推广运动。"Intel Inside"项目通过在授权的计算机制造商的系统上粘贴注册的英特尔公司商标和"Intel Inside"标识，以使消费者知晓系统采用的是英特尔生产的微处理器，从而获得先进技术和优秀品质的保证。

"Intel Inside"品牌推广运动持续十余年，在全球的广告投入超过70亿美元，参与的机构已达2700家，对整个产业的品牌管理和营销产生了巨大的影响，改变了市场价值链上各个环节的传统平衡，使CPU而不是计算机的品牌成为消费者的关注对象。提起CPU，消费者必然想起英特尔，提起英特尔，消费者必然想起"Intel Inside"。有了如此之高的知名度与认可度，英特尔在计算机行业取得了"挟天子以令诸侯"的地位。

"Intel Inside"不仅是英特尔公司的奇迹，更创造了营销史上的奇迹。它造就了400亿美元的品牌价值。在"Intel Inside"这个强大的成分品牌羽翼下，英特尔又推出了Pentium、Celeron、Xeon等产品品牌，并大获成功。曾任英特尔首席执行官的安迪·格鲁夫认为，"Intel Inside"计划是英特尔公司有史以来的一项最佳投资。

成分品牌能给企业带来很多利益，它可以提升成分的品质认知度，提升产品的售价，构建行业标准，提高成分的价格，等等。

成分品牌固然能带来很多利益，但任何事物都有两面性，成分品牌也存在一些隐患。当某种成分成为行业标准时，那么，成分供应商就等于与该成分被绑定在了一起。一旦成分出现任何问题，那么成分供应商将被推到风口浪尖之上，而产品制造商也会受到波及。另外，要成功打造一个成分品牌需要大量的投入，这不是一般的小企业所能承受的，从英特尔公司的案例中就可以看出这一点。而且，成分品牌的推而广之，离不开产品制造商的协助推广，要让制造商看得到合作之后的品牌发展前景，他们才会认可并参与到成分品牌的共同建设中来。

品牌接触：让每个接触点上都产生正面关联体验

品牌并不是仅仅通过广告建立的。顾客通过一系列的联系和接触点来了解品牌：个人观察及使用、口碑、与公司员工的互动、网上或者电话体验，以及付费交易经历。品牌接触是顾客或潜在顾客对品牌、产品品类或者与营销者的产品或者服务有关的市场的任何信息关联体验。不管是正面的还是负面的，公司必须努力管理这些体验，就像投入广告中的努力一样。

——科特勒《营销管理》

科特勒认为，要经营好一个品牌，广告只是一个方面，营销人员更需要关注的，是品牌接触。科特勒强调，除非企业里的每个人都实践品牌，否则品牌

第八章 品牌：企业最持久的无形资产

承诺难以被传递出去。消费者能通过不同的层面来接触品牌，每一个层面的体验都会有所不同，而品牌接触管理就是要让这些不同都变成一种核心利益的共同感受。

品牌接触点可以分为三个层面：

第一个层面是消费者只能看，只能听，却接触不到。停留在这一层面的品牌，大部分都是由企业从单一的角度来传播产品信息，他们往往会把产品的特点与利益以较为夸张的描述传达给消费者，然后让消费者去想象、去体会。

第二个层面则是实质性的接触阶段，消费者带着企业所传播的品牌理念，进一步去实际地接触和体验品牌，消费者能全面地感受产品，感受服务，感受每一个体验的细节。

第三个层面是在消费者采取了实际的购买行为之后，对品牌和产品有了更深入的体验，如果消费者所感受到的与企业所宣传的差别不大，而且产品的确给消费者带来了很大的利益和价值的话，那么，就会形成连续消费。

科特勒建议企业定期进行"品牌审计"，分析一下：企业的品牌是否能够传递对顾客真正有价值的利益？品牌是否被很好地定位？是否所有的消费者接触点都支持这一品牌定位？企业员工是否知道该品牌对消费者意味着什么？该品牌是否能够得到合适的、持续的支持？通过这样的品牌审计，企业可以更清晰地审视是否在每一个接触点上都给顾客创造了正面的、积极的正面关联体验，从而可以更好地进行品牌接触点管理。

就拿麦当劳、肯德基来说，无论到它们位于世界上任何角落的门店里，消费者都能感受到整齐划一的风格，都能体验到同样优质的服务。它们的品牌是靠每一个服务细节来不断支撑的，消费者无论是在媒介广告上看到它们的产品还是到店里去消费它们的产品，在所有的品牌接触点上，它们都是一致的，都是相吻合的，这样它们的品牌才能恒久不倒。

当然，在现实之中，即使是知名的大品牌，也不可能在每一个接触点上，都保持高度一致，总会有问题和纰漏出现，所以，它们不可避免要损耗一些顾客。当抱怨和投诉出现的时候，说明一定是某个接触点上出现了问题，在这种时候，如何与顾客沟通、如何处理问题就会直接影响到品牌在顾客心中的形象和分量。这就好比一条管道，出现了一两个细小的渗漏点并不可怕，但如果不及时修补，那么，小缺口会变成大缺口，甚至会让整个管道爆裂开来。

品牌接触点管理必须从细节处着眼。很大一部分品牌出现问题往往并不是产品质量遭发难，而是在接触点上的沟通造成障碍，从而使问题不断放大，形成品牌管理的缺口。一个品牌的产品传递到消费者手中，要经过很多环节，而其中的经销商与终端店服务是企业较容易忽视、也较难以直接管理的地方，但又是最真切表现企业品牌管理真功夫的地方。很多企业所宣传的美轮美奂的品牌形象常常与其经销商和终端店的服务体现形成巨大反差，而品牌形象就这样被破坏了，品牌管理就这样失败了。优秀的品牌接触点管理，不仅可以从表面看到，也可以从内心感受得到。

第九章

定价：征服消费者的价格攻略

·第一节·
定价之前要全面理解消费者定价心理

价格是买方做出选择的决定性因素

一直以来，价格是买方做出选择的决定性因素。消费者和采购者能够通过各种渠道获得更多的价格信息，接触更多的折扣店。消费者向零售商施加降价压力，而零售商向制造商施加压力，最终形成一个以大量折扣和促销为特征的市场。

——科特勒《营销管理》

科特勒指出，价格是产品价值的体现，而产品价格的高低直接关系着买卖双方的切身利益，更直接影响消费者对某些产品的购买意愿以及购买数量的多少。价格是消费者购买心理中最敏感的因素。

在消费者心中有一杆天平，天平的两端分别是购买成本和产品价值，当购买成本过高时，就很难达成交易，而当天平倾向于产品价值时，交易就很容易顺利达成。所以，只有当产品价值与购买成本在消费者心中达到一种平衡或者产品价值高于购买成本时，消费者才有可能会购买。营销者的任务就是在尽量不提高经营成本或者尽可能少地提高经营成本的同时，提升产品价值，降低消费者的购买成本。

消费者的购买成本大致有四种：

一是时间成本。

在现在这样一个快节奏的社会中，时间成本是消费者消费过程中很重要的一个价值参考因素，比方说，去购物场所花费时间多，购物排队耗时多，送货迟等等，这些都构成时间成本，顾客等待的时间越长，其购买意愿就越低，满意度也越低。

二是体力成本。

从某种程度上来说，当前网络购物的流行，一个重要的因素就是顾客为了节省体力成本。网络的发达使得人们越来越懒，越来越宅。比如，你想吃顿饭，一种选择是自己出门，坐车，去某个饭店，排队，然后就餐；另一种选择是在家，上网或者直接用电话订餐，有专人送餐到家。哪种方式更能刺激消费？很显然是后者，因为后者的体力成本要低得多。

三是风险成本。

有句话说"买家没有卖家精"，顾客在购物时，思前想后，小心翼翼，怕的就是做出失误的购买决策，吃亏上当，买到难以令人满意的产品，有的商家为了打消顾客的种种顾虑，会做出譬如延长产品保修期、完善售后服务等举措，这样做降低了顾客的风险成本，自然也就能够刺激购买。

四是选择成本。

顾客在购买某种产品时，常常会在心里将好几个产品进行比较，在这个比较过程中，即使是一个微小的思维波动也能改变消费者的消费决定。顾客在选择甲产品的同时，可能也对乙产品抱有期望，这种左右难舍就是选择成本。摩托罗拉公司曾经推出一款高端手机，它采取了一项特殊的促销措施，对于一部分顾客，它允许其免费试用一个月，一个月内可以无条件、无理由地退货，结果销售异常火爆，而且真正选择退货的顾客很少。这种做法其实就是在降低顾客的选择成本。

如果企业能够有效地帮助顾客降低这四大成本，那么即使提高产品价格，产品依然会有很好的销路。除了降低购买成本，企业还可以通过提高产品价值来坚定顾客的购买信心。

产品的价值不完全由其本身的实际价值所决定，更多的是由消费者的感知价值决定。不管产品的实际价值是多少，最终影响购买的还是消费者心中对这个产品的价值认知。因此，营销者要让顾客充分体验到产品的价值，不断增加顾客对产品的心理价值筹码，使天平向产品价值的一侧倾斜，这样才能提高成交率。

总的来说，企业只有真正掌握消费者如何感知价格，才能很好地利用价格杠杆实现企业的营销目标，才能使企业在竞争中立于不败之地。

第九章 定价：征服消费者的价格攻略

购买决策建立在消费者的心理价位感知上

对任何组织而言，要有效地设计并实施定价战略，就需要全面地理解消费者定价心理，需要有一个设定、调整和改变价格的系统化的方法。购买决策是建立在消费者心理价位以及他们所感知的当前实际价格基础上，而并非建立在营销人员的要价上。

——科特勒《营销管理》

在日常生活中，常可以看到这样的现象：有一些质量相似的产品，只是其包装不同，价格却相差很大，消费者却宁愿购买高价的产品；而对于一些处理品、清仓品、大幅度折扣产品，削价的幅度越大，消费者的疑虑心理也就越大，反而会动摇购买心理。这中间其实存在一个消费者对产品价格的价值评估过程。消费者更容易受到自己的心理感知价值影响，而不是商家所标出的那个价格。

对同一件产品，在不同条件下，消费者的价值感受是有天壤之别的。比方说，如果你拿着一杯普普通通的清水卖人100元，肯定不会有几个人响应你，更少有人会真的去买；如果你拿着一杯水，端到一个一两天没找到水喝的人面前，卖他1000元，他如果付得起，咬咬牙或许真会买；如果你同样拿着一杯水，端到一个在沙漠里走了几天几夜滴水未沾的人面前，将水10000元卖他，他一定会比你还着急地掏钱出来。水是一样的水，但买水的人心理上已经发生了巨大的变化，所以，他们所能承受的价位，做出购买决策的速度也大不相同。

一罐可口可乐，在五星级饭店里可能要卖到30元，而在大超市里只卖不到2元，相差十几倍！那些到五星级饭店用餐的顾客，听到30元的报价，不会大发雷霆，而是欣然接受；而那些在大卖场里花2元购买的顾客，也不会觉得价格低，不会觉得自己占了便宜。这就是消费者心理感知价位的神奇之处。

美国的波士顿市中心有一家"法林联合百货公司"，在其商场上的地下室门口挂着"法林地下自动降价商店"的招牌。走进之后，你会发现货架上的每一件产品除了标明售价以外，还标着该件产品第一次上架的时间，旁边的告示栏里说明，该件产品按上架陈列的时间自动降价，这家商店自动降价的产品大多是中档的，品种齐全，花色繁多，而并不是处理品或次品。陈列的时间越长，价格越低。比如某件产品陈列了13天还没售出，就自动降价20%；又过6天，降价50%；再过6天，降价75%。如果该件产品标价为500元，到第13天只能卖400

元，到第 19 天只能卖 250 元，到第 25 天时只能卖 125 元。到第 25 天后，再过 6 天仍无人购买，就把该件产品从货架上取下来送到慈善机构去了。

很多人会认为法林公司一定是疯了，其实这正是法林决策的高明之处。因为法林准确地把握了顾客的心理。绝大部分顾客在看到自己需要或喜欢的产品时，都会在第一时间买下它，而不是等待价格幅度的降低，他们会担心在等待的过程中自己的心爱之物被别人买去或再回来看时它已经和第一次看到的不同。所以，当看到自己喜欢的产品时，没有人会在乎它的价格。绝大部分人都会掏出钱袋。这正是商家的真正用意。法林用这种方式向消费者显示了充分的自信，同时也给消费者以信任感。其实，这也是一种薄利多销的宣传方式，但这种做法比直接宣传薄利多销要好得多。

消费者会使用参照价格来选购产品

当选购产品时，消费者通常会使用参照价格，将所观察到的价格同他们所记得的内在参照价格，或外部参考框架如正常零售价格等进行比较。聪明的营销人员会将价格定在最能彰显其产品价值的水平上。

——科特勒《营销原理》

科特勒指出，了解消费者如何形成对价格的看法是一个营销重点。消费者在购买产品时经常会运用参照价格。参照价格是消费者进行价格判断时所使用的参考点。参照价格为消费者设置一个对比效应，从心理上影响消费者的价格公平感知。参照价格通常作为消费者评价产品价格合理性的内部标准，也是企业常用的一种价格策略。

消费者参照价格的形成主要受到以下几个因素的影响：

一是个人因素。个人因素是影响消费者最直接、最重要的因素。它包括消费者个人的消费经验、消费者家庭以及消费者的个性、爱好和兴趣等。消费者个人经验是他们在实际的购买中形成的对某种产品某个价位的知觉与判断。家庭对消费者具有极为深刻的影响。家庭的规模、经济状况会直接影响他们对产品价格的判断。一般而言，经济条件不好的人对产品价格的判断通常也比较低；而生活在较富裕条件下的消费者估计的产品价格通常要高一些。另外，消费者的个性、爱好和兴趣也会对产品价格的心理反应产生影响。

二是专家因素。这里所说的专家，既包括了对产品价格进行监测评价的专业、权威人士，也包括了消费者身边对某类产品有丰富经验的人，这些人的意见和评判对消费者对产品价格的判断和感受影响深远，消费者乐意倾听并且会主动寻求他们的建议和指导。

三是产品本身因素。产品本身的外观、重量、包装、使用特点、使用说明等对消费者对价格的反应产生影响。

四是环境因素。销售现场的环境会直接影响到消费者的心理体验。同样的一件衣服摆在地摊上，跟摆在装修豪华的高端专卖店里，它带给消费者的感受是截然不同的。有专家曾经将某大商场一件价值 3000 元的名牌西服和地摊上一件价值 250 元的西服去掉标签互换销售地点，结果名牌西服在地摊上标价 800 元都没有卖出去，而地摊上的西服挂上 1600 的价签在大商场顺利卖掉了，这就说明了环境影响价格。

五是社会文化因素。社会文化因素指的是社会群体对产品价格水平及其变化的总体感受和判断。比方说，购买经济适用房的消费者与购买别墅豪宅的消费者，他们的群体特征非常鲜明，对房子价格的判断也有很大的差别。

了解了这些因素之后，营销人员就可以利用参照价格来做营销的文章。

当公司有多种层次的产品时，可以将某种产品或某种服务的价格定得比较高，这样能提高整个产品线的参照价格，其余产品就会显得比较便宜，牺牲了这种高价产品，却增加了中低价位产品的销售，从而提高公司的总体利润。还有的商家，会特意将某种大众化的产品价格定得极低，以影响消费者的整体判断，比方说，鸡蛋几乎是家家户户必买的产品之一，某超市就采取了一种特殊的价格策略，它将市场均价大约为 5 元每斤的鸡蛋定价为 2.99 元，这样的定价连成本都收不回，可是，该超市非但没有赔本，反而吸引了更多的顾客。原因何在？当一个顾客走进超市，看到这里的鸡蛋只卖 2.99 元时，她会感到很惊讶，继而，她会产生这样一种感觉，那就是，这家超市的鸡蛋比其他地方便宜很多，那么其他产品肯定也同样要更便宜些，于是，她会经常性地光顾这家超市。这就是参照价格的妙用。

还有的商家会巧妙地进行价格分割，以造成顾客心理上的价格便宜感。一个相对较昂贵的产品，如果将其价格分解成若干小单位，则会显得较便宜。比如，茶叶 300 元一斤，这会显得很贵，但如果将其分成 50 克每包，每包 30 元，就显得便宜很多。法国巴黎地铁就曾打出广告："只需付 30 法郎，就有 200 万旅客能看到您的广告。"这其实也是在进行价格分割。消费者通过参照价格来判断产品的售价高低，进而来判断购买是值还是不值，同样地，营销人员可以反其道而行之,在参照价格上做文章,来影响消费者的判断。

为什么无人问津的东西价格翻倍后反而脱销了

许多消费者认为价格预示着质量。形象定价对于一些自我敏感度的产品如香水、豪华车和阿玛尼的 T 恤是非常有效的。对于渴望独一无二的奢侈品的顾客来说,即使价格提高,其需求也仍会增加,因为他们认为很少有人买得起这种产品。

——科特勒《营销管理》

科特勒曾举例说,一瓶香水可能只值 10 美元,但有人即使明知道这瓶香水只值 10 美元,却仍然愿意花 100 美元来买它。企业如果能让消费者感受到"值得",那么就能够让溢价名正言顺。这也就是为什么很多名品的手表、珠宝、香水、服装等奢侈品商家强调其独特性、独享性的原因所在。

罗伯特·B. 西奥迪尼在其著作《影响力》中曾举过一个例子:

有个人在亚利桑那州开了一家印度珠宝店。她店里有一批绿宝石首饰,一直不大好卖。当时正是旅游高峰期,商店里客流量并不少,为了尽快卖出绿宝石首饰,她将价格定得很实在,完全对得起这批首饰的质量。尽管如此,这批产品还是卖不出去。她还尝试了很多销售技巧,把它们放到更显眼的展示区,唤起人们的注意,但依然没用。她甚至叫导购员使劲"推售",还是不成功。

有一天,她要出城去采购了。出发前一晚,她给负责的导购员潦草地写了一张破罐子破摔的字条,指示导购员将绿宝石首饰的售价乘1/2,也就是降一半的意思,她想哪怕亏本也得把这批倒霉的货给弄出去。几天后,她回来了,发现所有的东西都销售一空,更让她吃惊的是,由于自己的字迹太潦草,导购员把"1/2"误当成了"2",也就是说,所有的首饰都是按原价的两倍卖出去的!这让她百思不解。

无人问津的东西价格翻倍后反而脱销了,这是完全有可能的,因为,它抓住了消费者心理。有的产品就是如此"反常",价格越高,销量越高。比方说婴幼儿产品,很多父母都希望自己的孩子用最好的,可是他们对产品的材质并无专业的认识和判断,这种情况下,他们只能以价格和品牌为参考,选择那些售价贵的产品,他们倾向于认为"一分钱,一分货",贵的才是好的。还有,最为明显的是奢侈品的消费,顾客的购买目的就是为了表现自己的身份,如果便宜了,大家都买得起，反而无法满足他们的购买欲望。

随着消费者对生活品质的追求，对面子的看重，对个性化、追新的内在要求，企业只要满足了他们的这种心理，就可以有底气地提价、再提价。高价格的产品对普通消费者来说有一种极具吸引力的神秘感。

价格越高、销量越高的产品，更多的是满足消费者精神层面的需求，所以，从设计、概念、选材、手工艺等方面企业都需要大量的投入。支撑这些产品高昂价格的不应是产品本身的功能，而是由产品品牌定位、产品稀缺性和独特性、品牌文化和理念、终端打造、服务传递、宣传推广等共同铸就的一种高价值。

价格尾数中潜藏的定价学问

许多销售者认为价格尾数应该带有零头。消费者会将一个标价299美元的产品看成200美元而不是300美元的价位。研究还表明消费者是从左到右看价格的，而不是四舍五入。价格尾数为9的普遍出现，还有一个解释就是这向消费者传达了折扣或减价的信息。

——科特勒《营销管理》

在科特勒看来，定价是一门有意思的学问，一个简单的价格背后，其实是复杂的心理学运用。比方说，如果一个公司想要塑造高价形象，它应避免采用带零头的定价策略；以9为尾数定价，或者在价签旁打出"减价"的标牌，的确能刺激销售，但滥用的话，效果反而会越差；8是圆的、平衡的，因此会制造一种安慰的效果，而7是带尖角的，因此会产生一种不和谐的效果，因此定价中8常用而7不常用。

在举重运动中，500磅的重量曾一直被认为是人类不可逾越的极限。很多运动员都举起过离这个界限相差无几的重量，但却无人能够超过500磅这个"槛"。

苏联运动员阿历克谢也是如此，他无论如何尝试，都难以突破500磅。有一次，教练告诉他，他将举起的是一个新的世界纪录——499.9磅。结果他真的举了起来！

这时候，教练才告诉他，他举的其实不是499.9磅，而是501.5磅！教练故意说成499.9磅，让阿历克谢没有了心理负担，完成了飞跃。这个例子体现了数字对于人的心理暗示作用之强大。同样地，在定价时，数字的运用也十分奇妙。

当顾客花9.9元买一样东西时，他觉得只花了几块钱，而当他花10.9元买同样的东西时，他心里感觉是花了十多块钱，而实质的价格差异只有一块钱。

经常逛超市的人会发现，9几乎是使用频率最高的一个数字，99、99.9、99.99、199.9、1699.9……商家对9这个数字乐此不疲，这绝非偶然！带9的报价真的似乎有魔力一般，最能引发购买欲！美国有一项调研发现，最受欢迎的、利润位居前20%的饭店，菜价很多都带有"9"。

宝洁公司也有过类似的体验，它有一款产品，原价是34元，后来定价改为39元后，反而卖得比之前更好，销量多出了1/3！

营销中的心理价格策略，主要是针对于零售企业的一种价格策略。零售企业直接面对最终消费者，消费者心理需求是影响购买行为的重要因素，因而也成为制定价格策略的重要因素。

心理学家的研究表明，价格尾数的微小差别能够明显影响消费者的购买行为。一般认为，5元以下的产品，末位数为9最受欢迎；5元以上的产品末位数为95效果最佳；百元以上的产品，末位数为98、99最为畅销。尾数定价法会给消费者一种经过精确计算的、最低价格的心理感觉；有时也可以给消费者一种是原价打了折扣、产品便宜的感觉；同时，顾客在等候找零期间，也可能会发现和选购其他产品。

如某品牌的彩电标价998元，给人以便宜的感觉。认为只要几百元就能买一台彩电，其实它比1000元只少了2元。尾数定价策略还给人一种定价精确、值得信赖的感觉。

尾数定价法常以奇数为尾数，如0.99，9.95等，这主要是因为消费者对奇数有好感，容易产生一种价格低廉、价格向下的概念。但由于8与发谐音，在定价中8的采用率也较高。

尾数定价法是心理定价中应用较为广泛的一种。它采用零头标价，将价格定在整数水平以下，使价格保留在较低一级档次上，一方面给人以便宜感，另一方面因标价精确给人以信赖感。对于需求弹性较强的产品，尾数定价往往能带来需求量大幅度的增加。

无论采用哪一种定价方式，营销人员首先要做到的就是对消费者心理的透彻了解。定价是否科学、有效，完全取决于是否基于消费者的心理。

第九章 定价：征服消费者的价格攻略

消费者能通过多渠道积极地处理价格信息

营销人员发现消费者经常会积极地处理价格信息，会通过从他们先前的购买经历、正式的信息渠道（广告、销售电话、宣传手册）、非正式的信息渠道（来自于朋友、同事或家人）、销售点和在线资源等获得的知识来理解价格。

——科特勒《营销管理》

随着互联网和搜索技术的发展，现在的消费者可以通过多种渠道了解价格信息，他们不再像过去一样受信息不对称的约束。比如，顾客要买一款手机，他只需轻松打开一个比价网站，就可以看到多个购物网站的售价以及实体店面的实时售价，哪个较为便宜，哪个优惠多，哪个赠品丰富，一目了然。

一位顾客想买某品牌的一款高压锅，标价 199 元，顾客问还能不能再优惠些，厨具产品导购员回答说不能。接下来，那位顾客拿出手机，打开一款查询软件，轻松地扫描了一下那个高压锅的条形码，然后一搜索，发现一般市场价为 160～180 元，有商家正在进行特价活动，仅售 138 元，于是，顾客向导购员亮出了搜索的结果，导购员目瞪口呆，无可奈何。

这样的情景将会出现得越来越多。企业要想拿不透明的价格来忽悠消费者，会越来越难。消费者一旦发现企业在价格上弄虚作假，就会像上面案例中的那位顾客一样，转向其他价格更实在的商家。

以电子产品为例，有调查表明，86%的消费者会使用互联网收集电子消费品的有关信息，而通过报纸和亲友来获取信息占 37%，可见互联网在消费者购买的过程中起到非常大的作用。而且有超过一半的消费者（57%）认为互联网是他们选购电子产品最重要的信息来源。

通过互联网，消费者可以随时查询到自己想了解的信息，68%的受调查者表示之所以选择互联网是由于其具有其他媒体难以比拟的便捷性。随着信息流通渠道的畅通，人们在日常工作和生活中使用互联网的频率越来越高，从而提升了消费者在网络媒体上接触各种产品信息的概率。而且，互联网的海量信息不但可以满足消费者在购买过程中对大量产品信息的需求，同时，其独有的快速、准确的搜索功能更可使他们随时随地、在最短的时间内了解他们最需要的信息。

互联网的另一大优势就是便于对不同产品特性进行深度比较。通过互联网，消费者可以全方面了解一种产品的功能、特点、利弊等详尽信息，并进行品牌、价格、配置等横向或纵向的客观比较，对比效果更加快捷、直观，从而在种类繁多的品牌和类别中寻觅到自己最中意的产品。

现在的消费者不仅通过网络来了解价格信息，还会通过这种渠道来分享价格信息。他们会通过各种网络通讯工具来与亲友甚至是陌生人交流产品价格信息，讨论产品性能、表现及特性，进而从中选择自己较为满意的商家，达成最终的购买。

·第二节·
企业的目标决定定价的方式

生存：只求价格能补偿成本

当企业面临产能过剩、激烈的竞争或消费者需求变化的状况时，生存就是企业的主要目标。只要价格能补偿可变成本和部分固定成本，公司就可以继续营业。生存是一个短期目标，从长期来看，企业必须学会如何创造价值和应对绝境。

——科特勒《营销管理》

科特勒认为，企业定价并非只是局限于对于企业成本与利润的考量，产品的合理定价受到多种因素的影响。价格的制定，不仅仅要考虑企业成本与规模成本，还需要考虑其营销战略的目标。企业对它的目标越清楚，就越容易制定价格，而成本则决定了产品价格的下限。

在市场竞争日益激烈、消费者需求不断变化的情况下，很多企业将维持生存作为主要目标。为了确保生产继续进行和存货清仓，企业不得不制定较低的价格，利润跟生存比起来要次要得多。为了继续留在行业中，许多企业的价格只能弥补可变成本和一些固定成本。

以低价求生存并不是最高明的销售方法，但无疑是最有效的销售手段。尤其是对中小企业来说，技术研发水平、营销水平、管理水平较低，资本基础不够雄厚，缺少实施品牌战略的能力，而把价格放低成了最为常规的竞争武器。特别是在一些旺季的时段，商家们无不使出浑身解数，甚至不惜打出"跳楼价"、"血本甩卖"、"最后三天清仓"等字眼，以吸引消费者抢购。这样的低价格很容易形成你追我赶的"价格战",形成报复性的降价,行业内的一些企业混战成一团,最终破坏整个行业的规则,造成整体利润的急剧下降。这样的情况正在很多行业上演。

科特勒说,生存是一个短期目标,企业可以在艰难的时期运用这样的价格策略,但是,从长远来说,这并不是一种健康、可持续的模式。过于注重短期的经营业绩,对企业的长远利益则不够重视,对培养企业忠实的顾客群体也不够重视,品牌无法树立起来,这样的企业很难熬得下来。企业必须走出这个泥潭,学会如何创造价值和应对绝境。

当前利润最大化:强调眼前的利润和回报

许多公司都试图制定使当前利润最大化的价格。他们估计不同价格下的需求和成本,并选择能产生最大的当前利润、现金流量或者投资回报率的价格。这一策略假定企业知道其需求和成本函数,而实际上,这些是很难估计的。如果企业过分强调当前的表现,就会忽视其他营销组合变量的作用、竞争者的反应和价格上的法律限制等,从而牺牲了企业的长远利益。

——科特勒《营销管理》

利润目标是企业定价目标的重要组成部分,获取利润是企业生存和发展的必要条件,也是企业经营的直接动力和最终目的。因此,很多企业都会采取这种当前利润最大化的定价方式。比方说,即使明知把产品价格提高5%,销量会下跌5%,很多企业还是会采取这种策略,只要营业利润能提起来。

科特勒认为,当前利润最大化能改善企业当前的赢利状况,但是,很可能会牺牲企业的长远利益,这就像"竭泽而渔"一样,过于急功近利的做法,只会让企业拿长远利益为短期利益买单。自2010年兴起的网络团购,就曾经经历过这样的一个阶段。

网络团购,指的是互相不认识的消费者在特定的时间内在同一网站上共同购买同一种产品,以求得最优价格的一种网络购物方式。首创该模式的是美国的Groupon,也就是高朋网,而国内第一家团购网站则是2010年1月份诞生的"满座",自此之后,国内的团购网络市场异常火爆。各大媒体纷纷报道,各大门户网站、SNS网站也纷纷上马团购,一方面作为一种赢利手段,另一方面作为一种增值服务。短短半年内,就产生了近一千家团购网站,市场陷入了"千团激战"中。

这种狂热的跟风带来了一系列的问题，很多团购网站忙于"跑马圈地"，追求短期效应与短期的利润，有一些团购网站甚至在骗取消费者的团购款项后就消失得无影无踪，给整个行业的形象造成了极其恶劣的影响，也使得这个一夜之间红火起来的行业迅速进入惨烈的"洗牌"阶段。

企业追求当前利润最大化，容易造成营销组合变量的失衡，也就是过度依赖价格、促销要素，而忽视了产品、渠道的建设，最终会导致企业发展的后劲乏力。而且，企业的这种一切只为利润的发展模式，很容易招致同行竞争者的跟风或抵制，甚至还会有激烈的反扑，这会让企业在行业中处于一个孤立的地位。更为严重的是，企业如果一心想着提高利润，而不计其他，那么，很容易走偏路、走险路，甚至触犯行规或者法律，引火自焚，这样的结果是最糟糕的。

市场份额最大化：以低价博取较高市场份额

一些企业希望能使其市场份额最大化。他们认为销量越高，其单位成本越低，长期利润越高。他们制定最低的价格，认为市场对价格是高度敏感的。

——科特勒《营销管理》

市场份额最大化，是指企业以最低的价格争取最大的销量，从而换来最大的市场份额。科特勒认为，从市场份额最大化的角度出发去制定价格，应满足这样几个条件：其一，市场对价格高度敏感，低价可以促使市场增长；其二，产量越大，企业的生产和分销成本越低；其三，低价格可以减少实际和潜在的竞争。

企业进入一个新的细分市场时常会运用到市场份额最大化的定价策略，淘宝网就是一个典型。

淘宝诞生时，正是易趣在国内四处扩张的时候，淘宝为了在C2C（消费者个人之间的电子商务）市场抢占市场份额，打出"免费"的旗号，这使得大量的卖家齐聚到淘宝旗下，并助力淘宝赢得与易趣之战。淘宝的免费政策其目的就是为了占据尽可能多的市场份额，尽管当时的阶段不赚钱，但只要聚拢了海量的商家，赢利就不是一件难事。

另一个例子是女性顾客熟悉的娇兰佳人。

娇兰佳人是国内第一家美妆日化一站式购物连锁店，其连锁店开到全国各地，每个月都有新店开张。娇兰佳人在消费者中口碑甚好。它之所以扩张如此之快，而且能得到众多爱美之人的青睐，最主要的原因是其名牌低价的策略。"懂你才会让你更美丽"是娇兰佳人的营销主题,正是因为深刻了解消费者的需求,同时不断满足这种需求,才使娇兰佳人能在众多的美妆日化专营店中脱颖而出。

在娇兰佳人连锁店里,消费者可以看到众多名牌产品,如玉兰油、欧莱雅、羽西、妮维雅、美宝莲等,这些产品都为正品,但价格都比商场专柜或专卖店要便宜,少则几元,多则几十元,正是这一价格优势吸引了无数的购买者。

娇兰佳人能实行这样的低价策略,为消费者提供物有所值的产品,是因为它直接从厂家进货,避免了中间环节,这使得它能以低价大批量地销售产品,扩大市场占有份额,从而赢得利润绝对值的提高。

薄利多销,这是一条众所周知的商场法则,也可以说是商场中最为老套的战术了,但是能真正将其应用到实战,并且让消费者实实在在体会到这种低价策略给其带来实惠的商家并不多,而淘宝和娇兰佳人都做到了这一点,它们也因此而收获了较大的市场份额。

市场撇脂最大化:以高价实现市场获利最大化

拥有新技术的公司喜欢制定高价从而实现市场获利的最大化。这被称为市场撇脂定价法,开始时将价格定得很高,然后随时间推移逐渐降价。

——科特勒《营销管理》

市场撇脂最大化,是指以高价来实现市场获利的最大化,这就像从牛奶中撇取其中所含的奶油一样,取其精华。通常,企业会将产品以最高的价格卖给市场中最具有经济实力的顾客群体,等这一部分顾客消费得差不多了,再适当减价卖给中档顾客,最后还可以以低价甩卖处理日渐衰退的产品。

科特勒认为,以市场撇脂最大化为目的的定价策略需要具备这样几个条件:其一,有足够的当前需求很大的购买者;其二,小批量生产的单位成本不能太高;其三,很高的初始价格不会吸引更多的竞争者抱着趋利心理进入该市场,也就是说,企业必须能够构建起一定的竞争壁垒,抬高竞争者的进入门槛;其四,高价能传达优质产品的形象。

一些拥有新技术、能创造出高新产品的公司常会采取市场撇脂最大化的策略。

索尼就是一个典型,它经常把新产品价格定得很高,以后再慢慢下降。比方说,索尼第一次推出高清晰度彩电时,定价高达43000美元,以这种方式索尼得到了最大化的撇脂利润。随着竞争对手进入这一细分市场，公司逐渐把价格下降到 6000 美元，在日本本土市场更降到了 1200 美元。

苹果公司也非常善于撇脂定价，在这方面甚至超越了索尼。比方说，苹果公司的 iPod 产品是极其成功的消费类数码产品，一推出就获得成功，第一款 iPod 零售价高达 399 美元，即使对于美国人来说，也是属于高价位产品，但是有很多"苹果迷"既有钱又愿意花钱，所以还是纷纷购买。苹果的撇脂定价取得了成功。但是苹果认为还可以"撇到更多的脂"，于是不到半年时间又推出了一款容量更大的 iPod，当然价格也更高，定价 499 美元，仍然卖得很好。苹果的撇脂定价大获成功。

当顾客愿意以高出市场平均水平的价格购买产品的时候，撇脂定价是最合适的定价方法。当然，就像科特勒指出的，这必须是以产品的质量和企业的良好形象为前提的。例如，如果一些购买者认为某一公司的产品远远优于竞争者的产品时，那么该公司就可以成功地索要较高的价格。同样，当一种产品受到良好的法律保护，或者它反映了技术上的突破，或者它在某些方面可以阻止竞争对手时，都可以有效地使用撇脂定价。当生产产品有技术难度、有技术或时间限制，使生产不能迅速扩大时，营销人员可以使用撇脂定价策略。只要是需求大于供给，撇脂定价就是可行的。

成功的撇脂定价策略使企业得以快速收回产品开发以及推广成本，即使消费者认为初始价格过高，企业也可以通过逐步降价轻易地解决问题。通常，企业以高价来试探市场，如果销量过低时再降价，这样的方式是更好的。如果市场上有一些愿意出高价的购买者，那么企业就可以撇脂定价进入这个市场并使每单位收入最大化。

企业之间的竞争不仅是产品的竞争，也是定价模式的竞争。企业一方面要善于利用撇脂定价法，在新产品上市之后的一段时期内尽量攫取丰厚的利润；另一方面要及时调整撇脂定价法，以适应竞争对手的步步紧逼。

产品—品质领导地位：在顾客购买能力内制定高价

一些公司可能会致力于成为市场中产品—品质的领导者。许多品牌都想成为"买得起的奢侈品"，它们被认为具有很高的质量、品位和地位，价格虽高但没有超出消费者的购买能力，此类品牌例如星巴克咖啡、维多利亚的秘密。

——科特勒《营销管理》

科特勒所说的"产品—品质领导地位"，用一句话来说，就是向消费者提供

"买得起的奢侈品"，这样的产品质量出色、定价也很高，但这种高价又没有超出消费者的购买能力。

创造具有高感知质量、品位和地位的产品，实现优质高价，这是很多企业的追求。这些产品通过有别于竞争对手的品牌影响力以及消费者对产品形象的高认可度，占据市场的高端。像苹果公司的iPhone手机、iPod、奔驰汽车、星巴克咖啡等都是行业产品质量的领先者，通过产品本身的质量、品位和高价，赢得大量稳定忠诚的顾客群。

很多人都听过或者逛过奥特莱斯，事实上奥特莱斯就是以"产品—品质领导地位"定价的范例。"奥特莱斯"是"Outlets"的中文直译，其原意是"出口、出路、排出口"的意思，在零售商业中，则指的是由销售名牌过季、下架、断码产品的商店组成的购物中心，因此也常被称为"品牌直销购物中心"。

简而言之，"Outlets"就是"名品＋实惠"，经营货真价实的名牌，却有着比一般大超市还要低10%的价格，这使它在欧美成为最为流行的一种商业业态。

奥特莱斯严格控制中间环节、地价、店堂装饰、销售人员等成本因素，并且开设"高度密集"的连锁店，从而使折扣商店的产品价格比其他的零售业态都要低，能够吸引对价格比较敏感的消费者，满足了部分经济实力不足却又追求名牌的消费者对名牌产品的购物需求。

驰名世界的品牌、令人惊喜的低价、轻松的购物氛围，成为折扣店吸引顾客的"三大法宝"。这种瞄准特定群体的销售定位是新业态出现的客观基础，也是现代商业发展的趋势。

奥特莱斯进入中国市场后，大受欢迎，现在不仅在北京、上海等国际大都市开店，在很多二线城市也开起了奥特莱斯名品折扣店。

很多收入不是非常高的顾客也可以像"金领"们一样穿戴名品服饰，因为在奥特莱斯可以以让人心动的价格淘到名牌。

这样的一种零售模式，并没有在广告宣传费用上进行大投入，但却受到了消费者的追捧，其中最主要的一个原因就是它所坚持的"名品＋实惠"给消费者带来了价值。

在消费者购买能力范围之内，提供有品质、有品位、有品牌的产品，这不仅能满足消费者的需求，更能给企业带来实际利益，带来可观的利润空间，进而使企业能够占据行业领导者的地位。

第九章　定价：征服消费者的价格攻略

将价格作为战略工具的企业能获得更多利润

不管定价目标是什么，将价格作为一种战略工具的企业，相比于那些只是让成本或市场决定其价格的企业，能够获得更多利润。

——科特勒《营销管理》

科特勒指出，在各种营销工具中，价格是唯一能产生收入的因素，企业需要系统地理解价格，以便更好地设定、调整和改进价格。企业不应以粗放、简单的方式来定价，而应该将价格视为一种强有力的战略工具，构建起一个能反映市场需求和成本、市场细分要求、购买时机、订单水平和其他因素的变化状况的一个价格体系。对价格杠杆的运用能显示出一个企业的营销水平及与消费者打交道的能力。

现在很多企业将价格视为营销的战术手段之一，却没有上升到战略高度。如果只是从竞争的角度考虑，价格和产品的组合只能称为战术，但是从企业长远的发展和消费者未来的价值取向以及品牌的角度考虑，价格就必须具备战略性。现在一些成功的企业所采取的价格策略已经具备了战略意义。它们合理地利用价格策略，使企业在竞争中不但保有较高的利润，并且销量还超越了同行业的增长。

科特勒曾经举过一个很有意思的餐馆的案例。

在伦敦有一家叫作 Just around the Corner 的饭店，店主人叫 Michael Vasos，他共经营着 5 个店，而 Just around the Corner 是最独特的一家，因为他给店里定了一条奇特的规矩，该店菜谱上的菜全部不标价格，客人在用餐之后根据自己感受到所点的食物的价值来支付。这使得食客们大感兴趣，有的客人甚至会在餐桌上讨论、争论该付什么样的价格。到店里用餐的客人更多了，而店里的厨师、服务员等为了让客人用餐后付一个好价钱，做事更用心了。

Vasos 还定下两个要求，第一个就是针对那些故意少付账的揩油者，Vasos 指示服务员在接待此类客人时直接将客人所付的钱退回，并真诚感谢客人光临，这使得这些揩油者不好意思再来，也就控制住了损失。第二个要求就是要保证食物的质量和特色，以赢得客人的高度认可，让他们肯多付钱。

这种"不标价"的模式试用了一段时间后，Vasos 认真统计了一番，他惊讶地发现，客人根据体验自主付账的收入与原来按菜单标价收费的方式相比，收入反而高出了 20%，这家饭店也成为 Vasos 旗下赢利最好的一家店。

Vasos 推行的这种"不标价"的定价模式，已经不仅仅是一种价格策略了，它还能吸引客人前来用餐，提升客人的用餐体验，激励内部员工的士气与风貌。可以说，这种价格策略已经有了战略意义。

在不同的营销时期，企业在定价时都需要理清这样一些问题：

给产品定价时，什么样的价位与目标消费群体心目中的产品价值最为匹配？

目标消费者对价格有多敏感？

对于不同的产品特性，消费者愿意各支付多少钱？

如果提高或者降低现有产品的价格，会对销售情况与市场份额产生什么影响？

当竞争对手采取调价或者促销策略时，消费者会有什么反应，会做何选择？

价格可以说是营销的 4P 之中最为灵活的一个元素，它的变化可以非常迅速。价格战略作为企业战略组合的一个重要组成，它能影响到企业赢利率的高低和市场份额的大小。要在激烈的竞争环境中制定有竞争力的产品最佳定价，企业不仅要考虑成本补偿问题，还要考虑产品生命周期、目标消费群体的承受能力以及竞争状况，等等。

·第三节·
选择合适的定价方法

全面营销人员必须考虑到定价决策的多方因素

定价决策显然是复杂而困难的,而许多营销决策者往往忽视了定价的战略意义。全面营销人员必须考虑到定价决策的多方因素——公司、消费者、竞争和市场环境。同时,定价决策也必须和企业的营销战略、目标市场定位、品牌定位保持一致。

——科特勒《营销管理》

科特勒指出,企业的定价决策是复杂而困难的。企业首先要确定定价目标,然后是明确需求,再估算成本,还要分析竞争者的成本、价格和产品,再选择一种定价方法,最后制定出最终的价格。定价绝不是简单地确定价格,给产品标上一个你想要的数字符号,而是要准确地评估产品的价格,以求让顾客、市场接受并认同产品的价值。定价关系到企业的战略、企业针对的客户群、竞争环境以及产品的差异化。

在定价时,营销人员必须将企业战略、消费者、竞争、市场环境、市场定位与品牌定位全盘考虑进来。定价决策主要受到以下几种因素的影响:

一是企业战略。要了解价格和制定价格,首先要明确企业的目标和战略是什么,是增加市场份额,改善企业收入,最大化利润,还是其他目标。如果营销部门对于企业目标与战略有一个清晰的把握,那么确定价格在内的营销组合,便相对容易些。定价成功在很大程度上取决于定价策略与企业目标、战略的契合度。

二是消费者。在明确了解企业目标和战略之后，企业需了解消费者的需求，这直接决定产品定价的正确与否。消费者的需求并不是一成不变的，企业必须要了解消费者现在需要的是什么。

三是竞争与市场环境。市场中的竞争者也会影响到企业的定价决策。企业必须首先了解谁是自己的竞争对手，竞争对手的战略是什么，优势是什么，还应该了解他们的成本、价格以及可能对企业定价作出的反应；然后再来决定是采取竞争者的价格，还是高于竞争者的价格，或者是随行就市与竞争者价格保持同一水平线上。企业应进行充分的市场调研以避免不利的信息劣势，对待竞争者树立一种既竞争又合作的共同发展的竞争观念，在深入吃透竞争者价格战略的基础之上对自己的产品进行定位，使产品价格更有针对性和竞争力。

四是其他因素。除了企业、消费者、竞争以及市场环境之外，企业还需考虑其他影响价格的外部因素。比方说，一个国家或地区的经济条件、政策法律、风俗习惯等对定价策略是有很大影响的。譬如，如果某地经济处于衰退阶段，那么消费者的购买力会大大削弱，那么企业要维持高价就会比较困难。政策的力量同样不容忽视，如果一个企业主要从事出口贸易，那么它必须对出口国的市场环境以及政策非常了解，像我国很多出口行业遭遇反倾销调查就是受制于出口国的政策法律与贸易保护。

总的来说，企业做定价决策，首先要明确企业目标与战略；其次要了解谁是目标消费者，他们的需求是什么，在决策过程中最关心什么；再次要了解竞争对手，了解他们的战略与优势；最后，还要考虑到外部的经济条件和政府的影响等等。

定价的上限、下限和基准点

价格制定时需要重点考虑三个问题：成本是价格的下限；竞争品的价格和替代品的价格为定价提供了参照的基准点；顾客对产品特性的评价是价格的上限。企业应选择一种将这三个考虑因素包含在内的定价方法。

——科特勒《营销管理》

科特勒指出，成本构成了价格的下限，而消费者对产品价值的评价则构成了上限，竞争者与替代产品的价格则是参照系与基准点。企业需要在上下限之间，找到最佳的价格。

　　成本是企业为产品所设的底线，产品的价格如果不能覆盖生产、分销和管理等各方面的成本，那么就只能亏本，不能给企业带来相应的回报。企业成本分两块，即固定成本和可变成本。固定成本是指不随产量变化的成本，也就是不管企业开不开工，都必须支付的成本，像办公场地、生产厂房的租金就是固定成本；可变成本是指随生产量水平而变化的成本，比方说，生产产品所需的各种原材料，它们的成本就往往跟生产挂钩。如果就制定价格时要考虑的重要性而言，成本无疑是最重要的因素之一。因为价格如果过分高于成本，会引起消费者的不满和质疑，而价格过分低于成本，又不可能长久维持。企业定价时，不应将成本孤立地对待，而应同产量、销量、资金周转等因素综合起来考虑。

　　消费者的需求、购买能力以及对产品价值的评价是定价的上限。这个是很明显的，如果一个产品的定价超出了消费者的购买力，或者消费者认为产品根本不值它的定价，那么，这样的产品很难赢得消费者的认同，也很难在市场上销售得动。

　　确定需求与成本是制定价格的前提。一般来说，企业进行产品定价需要遵循以下几个步骤：

　　第一步，选择定价目标。公司通过定价一般追求六个目标：生存、最大当期利润、最高当期收入、最高销售成长、最大市场撇脂、产品质量领先。企业的目标越清楚，它制定价格越容易。

　　第二步，确定需求。每一种价格都将导致不同水平的需求，并且由此对营销目标产生不同的效果。通常来说，价格越高，需求越低；价格越低，需求越高。不过，还需要考虑消费者的价格敏感度、价格弹性等。

　　第三步，估计成本。公司的成本是底线，公司想要制定的价格应能包括它的所有生产、分销和推销该产品低成本，还应包括对公司所作的努力和承担风险的一个公平的报酬。

　　第四步，分析竞争者。在由市场需求和成本所决定的可能价格的范围内，竞争者的成本、价格和可能的价格反应也在帮助企业制定它的价格。

　　第五步，选择定价方法。在掌握需求、成本和竞争者价格的基础上，企业就可选取合适的定价方法来进行定价。常用的定价方法有：成本加定价法、目标收益定价法、认知价值定价法、价值定价法、通行价格定价法、拍卖式标价法和集团定价。

第六步，选定最终价格。通过上述定价方法缩小从中选定最终价格的范围。最后，企业引进一些其他的考虑因素，包括消费者心理等其他营销因素，对价格作出最终敲定。

每一个产品的价格都绝非随意制定的，而必须按照企业和产品的特性、结合市场现状，在成本与需求之间进行科学合理的制定。

成本加成定价法：在产品成本上加上适当的利润

成本加成定价法是最基本的定价方法，就是在产品成本上进行加成定价。

——科特勒《营销管理》

科特勒指出，成本加成定价法是最为基本的一种定价策略，这种方法的最大特点是"量出而入"，将本求利，计算简单。它易于操作，只需将价格和成本联系在一起，就可以大致确定价格，这使得定价过程大大简化。如果行业内的大多数企业都采取这种定价方法，那么，价格就会趋同，价格竞争也会减少。

正常的情况下，任何产品的价格都应高于所发生的成本费用，这样在生产经营过程中发生的耗费才能从销售收入中得到补偿，企业才能获得利润，生产经营活动才能得以继续进行。许多企业努力降低成本，就是因为低成本往往能带来低价格，从而取得较高的销售量和利润额。

肯德基自2009年下半年起开始采取一种"成本定价"的全新模式，下大力气降低成本，以实现更有竞争力的产品价格。

肯德基测算，未来三年内，需要28万吨的鸡肉制作食品，这意味着需要12亿只毛鸡，这12亿只毛鸡的饲养需要大约550万吨鸡饲料，这等于是200万吨大豆、288万吨玉米。而且，要养殖、宰杀这些鸡，约需9万个养殖工作人员和9万个屠宰加工工作人员。这是极其大的一笔成本，为了尽量压缩、减少成本，肯德基与国内三大鸡肉龙头企业签署协议，一次性将未来三年的28万吨鸡肉的采购敲定下来，涉及的总金额将超过50亿元。

百胜中国供应链管理的负责人表示，成本控制是企业应对金融危机的一个非常重要的手段，这样做，不仅能让产品价格更具竞争力，也能保障企业长期稳定的原料供应。

微波炉行业的霸主格兰仕也很值得一提。在大小家电集体混战厮杀的时候，唯有微波炉行业从开始就一直处于寡头垄断的局面。不是其他的家电企业不想在这个行业分一勺羹，而是这个行业里蛰伏着一个强悍的"价格屠夫"格兰仕。格兰仕多年来在微波炉行业走专精深路线，通过专利合作和高效的管理，它能够以低成本制造出同等价格最好的微波炉。对同一价位的同一等级的产品，有的厂家入不敷出、难以为继，而格兰仕却能挺得住，而且还能源源不断地销售出利润产品。格兰仕以优质的产品和极具竞争力的价格封锁了竞争对手，占据了微波炉行业全球60%以上的市场。可以说，格兰仕已经将价格发展成了一种杀伤力强大的战略性武器。

科特勒提醒企业，必须要控制好成本，如果成本过高，企业势必会在激烈的市场竞争中处于劣势。成本控制住了，成本加成定出的价格才会有优势。

成本加成定价是一种典型的生产者导向定价法。而现在的市场需求多变，竞争激烈，如果企业不能以消费者为中心，产品不能满足消费者需求，那么很难在市场站住脚。因此，完全成本加成定价法虽然简单易行，但也存在一些不足之处。

比方说，成本加成法忽视了产品需求的弹性变化。不同产品在同一时期，同一产品在不同生命周期不同阶段，同一产品在不同的市场，其需求弹性都不相同，采取成本加成难以适应迅速变化的市场，它缺乏应有的竞争能力。这种定价方式不灵活，容易导致企业做出错误决策。

为了克服这些不足，企业可以按产品的需求价格弹性的大小来确定成本加成的比例，还需要密切关注市场，进行大量的市场调查与详细的分析，才能估计出比较准确的需求价格弹性，从而制定出较为合理的产品价格，增加企业的利润。

目标—利润定价法：注重目标投资回报率

在目标—利润定价法下，企业将制定能实现其目标投资回报率的价格。

——科特勒《营销管理》

目标—利润定价法就是企业制定一个预期的目标利润率，而产品的定价需要能保证企业达到这一利润率。通常企业会根据总成本和预期的总销售量来确定期望达到的目标利润率，然后由此推算出价格。

举个例子，某房地产企业开发了一个总建筑面积为 10 万平方米的小区，预计未来在市场上可实现销售 8 万平方米，总开发成本是 2 亿元，该企业设定的目标收益率为成本的 12%，那么如果用目标—利润率法来定价的话，那么先可以计算出，该企业预期的目标利润为 2×12%，也就是 0.24 亿元，而每平方米的售价就用总的成本与目标利润的总和去除以预计的销售量就可以，也就是 2.24 亿除以 8 万平方米，即 2800 元。这就是用目标—利润定价法所得出的价格。

从上面例子可以看出价格计算的步骤，第一步就是确定目标收益率，第二步是计算目标利润，第三步就是用目标利润与总成本之和除以预期的总销售量，最后得出售价。

目标—利润定价法有着极强的结果导向，它的目的就是要保证企业既定目标利润的实现，这种方法通常适用于在市场上具有一定影响力、市场占有率较高或具有垄断性质的企业。它与成本加成定价法是有区别的，成本加成定价法中的成本只是制造成本，不包括期间费用，而目标—利润定价法中的成本包括制造成本和期间费用。

目标—利润定价法还是有不足之处的，它所定的价格是根据预期的销售量来计算的，而实际操作中，价格的高低反过来对销售量有很大影响。销售量的预计是否准确，对最终市场状况有很大影响。先确定产品销量、再计算产品价格的做法完全颠倒了价格与销量的因果关系，把销量看成是价格的决定因素，在实际上很难行得通。尤其对于那些需求价格弹性较大的产品，用这种方法制定出来的价格，无法保证销量的必然实现，那么，预期的投资回收期、目标收益等也就只能成为一句空话。企业必须在价格与销售量之间寻求平衡，从而确保用所定价格来实现预期销售量的目标。

目标—利润定价法从根本上来说，仍然是一种生产者导向的产物，没有充分考虑到市场竞争和需求的实际情况，只是从生产者利益的角度出发制定价格。不过，对于一些需求比较稳定的大型制造业，或者供不应求且价格弹性小的产品，市场占有率高、具有垄断性的产品，以及大型的公共事业、劳务工程和服务项目等，如果能科学地预测价格、销售量、成本以及目标利润的话，那么这种方法仍然会是一种有效的定价方法。

第九章　定价：征服消费者的价格攻略

感知价值定价法：立足于消费者的感知与印象

越来越多的公司开始以消费者的感知价值作为定价基础。感知价值由几个因素构成，如消费者对产品的印象、交付渠道、质量保修、客户支持，以及一些软属性，如供应商的声誉、可信度和评价美誉度。

——科特勒《营销管理》

科特勒指出，现在越来越多的企业开始将价格建立在消费者对产品的感知价值上。在买方市场中，企业定价的关键，不可能再像过去一样单纯地考虑企业的成本与收益，还必须注重消费者对所需产品的价值认知程度。企业通过产品为消费者创造价值，而更重要的是要让消费者感知到这种价值。感知价值定价的关键不在于卖方的生产成本，而在于买方对产品价格的理解与感知水平。

一般来说，消费者在购买产品时，对产品的质量、性能、用途及价格会有自己一定的认识和基本的价值判断，也就是说，消费者会自己估算以一定价格购买某产品是否值得。认知价值定价法的关键是要正确地估计消费者的感知价值。如果估计过高，会导致定价过高，影响产品的销售；如果估计过低，会导致定价过低，产品虽然卖出去了，却不能为企业带来最大化的利润。当产品的价格水平与消费者对产品价值的理解和感知程度相比大体一致或者稍低时，消费者就很容易接受这种产品；反之，消费者就会觉得产品不值得购买。运用这样的价值方法，企业必须将自己的产品与竞争者的产品进行比较，从而较准确地判断市场与消费者对产品的认知。

企业间的竞争，不应该去和对手比价格，而应比产品的内在品质。如果有好的品质，并且能让消费者感受到，那么产品就可以定出高价。建立在好品质基础之上的高定价，经得起市场与消费者的检验。

国外有一个Buystand的网站，这是一个由消费者自己为产品定价的网站，用户可以为自己需要购买的产品填写一个心理价位。当然价位要合理，不然没人理会，如果商家接受了消费者的定价，那么这笔交易就算达成了。

Buystand不仅能完成实物产品交易，它还成了一种能迅速检测到消费者对产品的感知价值的绝佳途径，成为卖家定价的有力参考。比方说，某产品商家打算定价500元，而在消费者看来，成本不过100元，消费者不会接受这种"暴利"的形式，他们心里有一个相对合适的价位，在普通的商业模式中，商家是很难得知每一个消费者心里对产品价值的判定的，而通过Buystand，这些信息却可以轻而易举地获得，越来越多的买家在这里公布他们的心理价位，这对商家来说，是很有价值的参考信息，商家可以根据这些信息更准确地制定价格，提升产品销量。

无论是线下零售，还是网络购买，消费者在商家的定价面前往往都居于一个被动的地位，产品的实际价格与定价之间到底有多少"猫腻"，这样的信息对消费者来说是不透明的。而Buystand则实现了一种逆转，它让消费者可以根据自己的感知价值来参与价格的制定，这会成为价格制定的一种趋势。通过消费者感知价值定价，发掘出消费者心里的感知价位，这样才能定出让消费者心甘情愿去接受的价格，这其实是一个消费者价值塑造的过程。

价值定价法：降低成本，但不牺牲质量

近年来，一些公司采用了价值定价法：他们通过合理价格提供高质量的产品或服务，赢得忠实顾客。价值定价法不是简单地制定低价，它要求企业重新安排经营活动，降低成本却不牺牲质量，吸引大量注重产品价值的顾客。

——科特勒《营销管理》

科特勒指出，价值定价法就是以合理的价格销售高质量的产品与服务，赢得那些注重产品价值的消费者。像宜家、西南航空、沃尔玛等公司都是价值定价的典范，同时也是其受益者。科特勒曾举宝洁的例子，在20世纪90年代之前，一个品牌忠实的家庭每年购买宝洁的产品要比购买其他品牌或廉价品多支付725美元的溢价，也就是说，不是每一个普通大众家庭都能消费得起宝洁的产品。为了给消费者创造更大价值，也为了扩大市场，宝洁做出了很大的转变，它全线下调其超市类消费品的售价，包括帮宝适、乐宝适、汰渍液体洗涤剂、福爵氏咖啡，等等，这一举措引起了很大的市场反应，也使得宝洁更加"亲民"。

价值定价就是要放大产品的好处和利益，这其中的好处，有可能是产品的品牌、独特性与耐用性，也有可能是产品的服务，营销人员要将这些塑造成很好的

第九章 定价：征服消费者的价格攻略

产品价值，让消费者感到物有所值。

凯特比勒是美国一家生产和销售牵引机的公司。市场上一般牵引机的价格在20000美元左右，而该公司的牵引机却售价24000美元，比同类产品要高出4000美元，高出20%。但是，它的销路却很好。这是为什么呢？

每当客户问到为什么凯特比勒的牵引机要比别家贵那么多时，该公司的销售人员会非常专业地列出账单，给客户算一笔账：

20000美元，是与竞争者同一型号的机器价格；

3000美元，是产品比同类产品更耐用而需多支付的价格；

2000美元，是产品可靠性更好而多付的价格；

2000美元，是公司服务更佳而多付的价格；

1000美元，是保修期更长多付的价格；

28000美元，是上述应付价格的总和；

4000美元，是客户享有的折扣；

24000美元，就是最后的价格。

凯特比勒的销售人员在列这个账单时，并不是夸夸其谈而已，他们会拿出能够支持自己价格的明明白白的检测与实验数据，让客户清楚地感受到，自己并不是在花24000美元买一台20000美元的牵引机，而是以24000美元买了一台价值28000的牵引机。

美国的彩虹吸尘器公司生产过一种不需要使用常规吸尘器所用的纸袋，而是利用水来吸尘。这种吸尘器的造价并不见得比普通吸尘器高多少，如果采用常规的成本加成的话，它不可能定高价。而实际的情况是，彩虹吸尘器每台价格高达700美元，这远远超过了常规吸尘器，那该公司是如何说服消费者的呢？销售员会这样为顾客计算价值——彩虹吸尘器不需要使用普通吸尘器的纸袋，如果按每周吸尘两次算，那就是说一年可以节省100个左右的纸袋，每个纸袋80美分的话，那一年就可以节省80美元，彩虹吸尘器能够使用5～8年，那就等于是节省了400～600多美元，而且美国的很多消费者特别关注环保，能够少用纸袋，利于环保，他们愿意为此付出高价。因此，彩虹吸尘器很快打开了市场。

这两个案例里，企业给产品所定的价格的确高于同类的产品，但是这价格却并不虚高，而是配得上产品的价值，因此，消费者能够接受得了。

价值定价法的实质就是发掘产品的价值、制定出与这种价值匹配的价格，它与感知价值定价法是有区别的，消费者对产品的感知价值是一种主观的感知，而不一定是企业产品的客观真实的价值，这两者之间有时会有较大偏离。而价值定价就是要尽量缩小消费者感知价值与产品实际价值之间的差距，让消费者抱着物有所值的感觉购买产品，以建立起消费者对产品的认同与忠诚。

第十章

渠道：构建共赢的价值网络

·第一节·
营销渠道是一座特殊的桥梁

成功的价值创造需要成功的价值传递

> 成功的价值创造需要成功的价值传递。公司必须建立和管理一个不断进化和日益复杂的渠道系统和价值网络，并利用好价值网络为目标市场传递价值。
> ——科特勒《营销管理》

科特勒指出，有很多企业对其渠道的关注不够，这种行为带来的是破坏性的后果，而相反，很多企业通过建立创造性的渠道系统而获得了竞争优势。企业通过产品和服务创造出成功的价值，还需要成功地传递这种价值。

企业应将渠道视为一种价值传递网络，除了关注供应商、分销商和顾客，还应该去考察从原材料、零部件到产成品的整个供应链，并分析产品或服务是如何最终到达消费者手中的，简单地说就是，企业应关注供应商的上一级供应商和分销商的下一级顾客。此外，价值网络还包括其他有价值的关系，如与专家学者、研究人员、行业协会以及政府机关等方面的关系，这些资源都构成了企业的价值网络。

可口可乐企业可以说是当今世界最大的饮料企业。它的饮料产品在世界上任何一个地方几乎都可以找到。可口可乐的老板曾经得意地向他的朋友说：可口可乐是打不败的企业，现在即便一把火烧了可口可乐全世界所有的工厂和库房，第二天所有的大银行都会来哭着喊着给我办理贷款。为什么？因为可口可乐的团队还在啊，可口可乐的品牌还在，遍及全世界每个地区的渠道分销商体系也还在。

从可口可乐的一个广告宣传里可以看出这一点——有一位到过世界许多地方的美国游客，在乘车穿越撒哈拉沙漠的时候，突然问他身边的司机："我们什么时候才能够摆脱文明的痕迹？"这位当地的司机怎么也不明白他的意思。最后这位美国游客终于想到了一个很好的办法，他说："我的意思是我们什么时候才能够走到一个永远看不到可口可乐的地方？"

这一次，司机终于明白过来，回答道："永远不可能。"司机边说边用手往车外指。美国游客朝他手指的地方看去，果然见到沙丘后有一面可口可乐的巨大招牌正在冉冉升起。这一广告塑造了人们心中"永远的可口可乐"形象。

可口可乐无处不在，这就是渠道的威力，是价值传递网络的威力。

渠道是企业最重要的无形资产之一，是整个营销系统的重要组成部分。营销渠道对降低企业成本和提高企业竞争力具有重要意义。随着市场环境的变化，尤其是网络的全面开花，企业的营销渠道不断发生新的变革，旧的渠道模式已不能适应形势的变化，包括渠道的拓展方向、分销网络建设和管理、区域市场的管理、营销渠道自控力和辐射力等等，这些都是企业所面临的新挑战。

渠道能够创造出效力与效率

生产者为什么愿意把部分销售工作委托给中间渠道呢？这种委托意味着放弃对于如何推销产品和销售给谁等方面的某些控制。然而，生产者可以通过中间渠道获得效力和效率。凭借他们的各种关系、经验、专业知识以及运营规模，中间渠道推动产品广泛地进入目标市场，通常比生产企业自己干得更加出色。

——科特勒《营销管理》

科特勒认为，企业需要中间渠道，是因为它们缺乏直接营销的财力资源，或者直接营销很难推行，或者是因为通过渠道比直接营销更省钱、更赚钱。中间渠道承担着很多重要的功能，例如收集信息、促销、谈判、订货、融资、承担风险、销售、物流、账款回收，等等。

在现代经济社会中，中间商绝对不是可有可无的，它的存在将意味着营销方式的多样化和深层次。科特勒认为渠道的主要作用在于消除了产品服务与消费者之间在时间、地点和所有权上的差距。在国内，"渠道为王"的理念也广受推崇。评价一个企业的营销能力和发展前景，其国内外分支机构、渠道网点就是一个重要的衡量标准。国内外众多知名品牌也正是借助通达的销售渠道成为影响广泛、实力一流的企业。渠道建设已经成为众多品牌企业发展的重点。

TCL集团很早就注意到了分销渠道的重要性，它十分重视建立覆盖全国的分销服务网络，为顾客提供优质高效的购买和保障服务。它创造了"有计划的市场推广"、"服务营销"和"区域市场发展策略"等市场拓展新理念，建立了覆盖全国的营销网络，形成了自己的核心竞争力。早在20世纪90年代末，TCL就在全国建立了28家分公司，130个经营部，这还不包括县级经营机构。这个网络既销售王牌彩电，也销售集团内的多种产品。后来，为了进一步开拓国际市场，TCL集团除利用在中国香港、美国的原有子公司外，还成立了"国际事业本部"，在东欧、东南亚设立自己的销售网点。

TCL渠道网络能够及时地发现市场、开拓市场、保障服务质量、有效进行品牌推广，并灵活适应市场变化。比方说在当年彩电市场价格战打响的时候，TCL的整个渠道网络迅速作出了统一行动，进行价格统一调整，稳定了公司的销售，并争取到市场的扩展。TCL强大的营销网络已经成了TCL产品的"市场高速公路"，成了一种强大的无形资产，吸引了国内外一些公司纷纷上门要求与TCL合作。松下、飞利浦、NEC等国际知名企业纷纷找上门来，与TCL展开一揽子合作计划，通过其畅通无阻的渠道来销售产品。

TCL的成功主要在于它的渠道网络建设，它的案例也表明，企业采取恰当的渠道策略，建立一个稳固的渠道网络，往往胜过任何广告与推销员。遍布各地的分销网络使企业能及时、高效率地获得经销商反馈的有关市场信息。在这种情况下，企业考虑的已不仅仅是自身利润的实现，还要关心经销商能否获得必要的利益；同样，对于经销商来说也是如此。这样企业和经销商在利益上形成了一个团体，拥有共同的目标，彼此之间建立了亲密合作的关系。

企业的渠道决策直接影响着其他营销决策

企业营销渠道的选择将直接影响到其他的营销决策，如产品的定价。它同产品策略、价格策略、促销策略一样，也是企业是否能够成功开拓市场、实现销售及经营目标的重要手段。

——科特勒《市场营销原理》

科特勒认为，企业所选择的渠道将深远地影响其他所有营销决策。例如，产品的定价取决于企业采取的是连锁、直营还是网络销售的形式；企业的销售队伍以及广告决策取决于渠道伙伴需要多大力度的说服、培训、激励和支持；企业新产品的开发和推广取决于这些产品在多大程度上能得到渠道成员的认可和接纳。

企业的渠道设计是否合理，会直接影响产品从生产者到消费者手中所花费的时间和费用。有效的渠道设计会使企业的运转更加灵活，从而获取更多的利润。通用的渠道设计归根到底其实只有一点：贴近顾客，拉近顾客与自身的距离。它所做的就是维护与经销商的良好合作关系，使经销商竭诚为它服务。有效的渠道设计要求决定服务于什么细分市场和为每个细分市场选择最好的渠道。

相宜本草对很多人来说不是一个陌生的品牌。其实，相宜本草在创立之初，几乎从未做过广告，但它却在2008年实现了销售额从原来年增长50%到140%的飞跃，能做出这样的成绩，与相宜本草的渠道经营是分不开的。

相宜本草在渠道方面的策略被称为"一旦选择，就做精做透"，即"做一个，赚一个"，铺一个产品，做扎实一个产品。这是一个令其保持稳健发展的策略。如果相宜本草的一种产品看不到未来三年赢利的空间，就会被关掉。

卖场是快消品的主要销售渠道之一，然而高额的进场费、条码费让人望而止步。这对资金雄厚的外企来说或许不算什么，即使全面铺开也不会有太大压力，但这对于起步不易、资金有限的相宜本草来说，就不是一个轻松的问题。

相宜本草采取的做法是：做一个，赚一个。在进入某个渠道之前，公司会专门成立项目小组，在一家或几家店内做2～3个月的投入尝试，研究出该渠道的特性后，再全线铺开网络。在某个渠道被研究透彻之前，相宜本草通常不会轻易进入，比如药妆店。一旦有把握做到非常完美的时候，相宜本草就会迅速出击。这种稳中求进、深度耕耘渠道的策略使得相宜本草在每一个渠道都有着不错的表现。

渠道始终是商家的必争之地，也是战火最热的地方，就如同两军对垒的战壕。对于运营商而言，从有竞争开始，渠道的战争就从来没停止过。对渠道的争夺，无非就是围绕三点展开：第一，是建不建的问题，面对一个区域市场，要不要建设一个渠道网点？面对市场变化，实体渠道或者电子渠道要不要建设，或者要不要改变？第二，是谁先建的问题，在渠道建设上，先行有先行的好处，跟随有跟随的道理，这是竞争企业之间的一场博弈。第三，是在哪建的问题，将渠道网点建在哪？是线上还是线下，是这个地方，还是那个地方，网点的选择是一个技术活，一旦选错了，要改很难。

总之，渠道的选择对企业来说非常重要，它是制约企业产品与消费者之间的不可逾越的"瓶颈"。选择得好则会事半功倍，不仅可以促进公司产品的销售，还可以增进企业与消费者之间的关系。

渠道系统的发展应视环境及企业能力而定

渠道系统的发展应视当地机会和条件、潜在威胁和机会、公司资源和能力以及其他因素而定。

——科特勒《营销管理》

科特勒提醒企业，发展渠道，既要从企业自身的实际出发，也要兼顾大环境，如市场机会与条件、潜在威胁与机会、资源与能力，等等。像新成立的企业往往比较谨慎，它很可能会在当地有限的市场使用数量有限的中间商进行销售。当企业一步步做大、做强之后，它可能会进入新的市场，并尝试不同的渠道。在小市场，企业可能直接将产品卖给零售商；在较大市场，企业则可能会借助于经销商；在交通不便、管理难度大的农村市场，企业可能会倾向于特许经营；在国外，企业可能会使用国际代理商，或者与当地公司合伙，等等。

对很多国内企业而言，在建设渠道时常遇到这样的问题——在新产品刚推出、品牌刚打响时，为迅速占领市场，企业招聘大批业务人员分派到全国各地，不断的召开全国招商会。一段时间下来，营销成本上去了，经销商的数量也上去了，但一段时期之后，问题出来了，企业所布下的渠道网点虽然很多，但质量高的网点却不多。盲目地扩充地盘，盲目地建渠道，是很多企业容易踏进的误区。企业建设渠道需要有计划、有目标、分步骤，根据企业现状去踏实地建渠道。企业在渠道开发与经营上要注意几点：

第一，准备扩张新市场时，要看清自己有没有核心的市场，还要看该市场建设得怎样了。也就是说，企业必须有自己的根据地市场，如果自己根本没有几个根据地市场，就不要想去扩张。

第二，准备去扩张渠道时，要先做市场调查，对自己的品牌在当地市场未来趋势进行评估，确定目标市场，然后再去集中力量开发。

第三，开发新渠道前，要审视自己的业务团队，谁去开拓新渠道，谁来维护老客户，这两者之间应有个平衡，不能捡了芝麻，丢了西瓜。

第四，审视自己的企业资源，特别是资金上，是否能够承担得起渠道的开拓与经营所必需的成本，否则，巧妇难为无米之炊。

第五，扩张渠道时，最好避免远距离作战，也就是尽量选择离根据地市场较近的地方，这可以有效降低物流成本，还可以充分用上企业资源，而且根据地市场能起到样板作用，给新的目标渠道里的经销商带来积极的影响。

每个企业，每个品牌都向往着产品渠道通天下，但不能盲目扩张，必须多审视自己企业的资源和现状，稳打稳扎，尽量减小风险。

经营混合渠道的企业必须确保多渠道的结合和匹配

现今成功的公司也在增加市场的渠道数量或在一个市场中建立混合渠道。经营混合渠道的公司必须确保这些渠道可以很好地结合在一起，并且与每一个目标顾客群最为匹配。

——科特勒《营销管理》

科特勒强调，企业在经营混合渠道时，最需要注意的一点就是确保多个渠道能够很好地结合匹配，混合渠道不能混乱。像惠普，它通过销售人员向大客户销售，通过电话销售向中等客户销售，通过直邮、零售、互联网向小客户销售等。

渠道对企业来说一方面是资源，但另一方面又存在不确定性，如果经营管理不善的话，渠道就缺乏稳定性，难以产生效益，甚至会让企业的分销一团糟。企业不仅要开发好渠道，还要整合好渠道，这主要包括以下几个层面：

一是一体化的整合。企业需要改变中间商的经营思路，不应以短期利益为重心，而要通过根本的体制变革，在企业与渠道伙伴之间形成战略合作伙伴关系，追求共同成长、永续发展，强调双方的相互融合、渗透、职能的协调。企业与渠道伙伴可以以一定的合约为约束，在一定的利益基础上形成合同式体系，如特许经营。企业也可以依靠自己的市场声誉、产品创新能力和其他力量将渠道中的不同成员联合起来形成管理式体系。厂家针对渠道伙伴的薄弱环节，在管理人员、营销、财务等方面给予人力物力的支持，通过提升渠道伙伴的能力来推动产品的销售。此外，企业也可以通过入股来控制销售渠道，形成所有权体系。像格力就采取过这种模式，它在每个省选定几家资质优良的经销商，双方共同出资参股组建销售公司，这样一来，厂家与渠道商之间的联系大大增强，渠道经营能力更是大大提高，彼此间的合作达到了更高层次的协调一致。

二是传统渠道与新型渠道的整合。营销环境几乎日新月异,新型的营销渠道也随之产生,像网络销售、自动销售、品牌专卖店、定制销售,等等;而传统渠道则主要是商场超市、零售店、专营店等。这两大类渠道之间应该有效结合,充分利用两者各自的优势,创造全新的经营模式。同时,企业还应该深挖一些现有的渠道资源,如邮政网点、银行网点、机场、火车站等等,这些渠道资源都具有广阔的可利用空间。

三是同行或同类产品渠道的整合。比方说,很多跨国公司在进入中国市场的初期,为了迅速融入环境、开拓市场,会借助于国内一些企业业已成型的渠道网络,也就是"借鸡生蛋"。

四是跨行业之间的渠道整合。跨界营销在很多行业都有应用,它通过跨行业的渠道整合为客户提供更有价值的系统解决方案。当两个不同行业的企业联合起来对渠道进行整合与共享时,既能最大化地运用资源,还有可能实现双赢。

混合渠道必须经过整合才能发挥最大的效力,不然的话,就会形成渠道的冲突,甚至造成各自为政、内斗内讧、一盘散沙的局面。营销渠道的整合是企业营销创新的关键之一,通过渠道的有效整合,不仅降低渠道成本,提高渠道机会,而且能有效地提升销量。

不同的消费者有不同的渠道偏好

消费者可能基于以下一系列因素来选择偏好的渠道:价格、产品分类和渠道便利性以及他们特殊的购物目标(经济、社会或者体验)。与产品存在细分市场一样,使用多种不同类型的渠道的营销者必须意识到,在购买过程中,不同的消费者有着不同的需要与偏好。

——科特勒《营销管理》

科特勒认为,如今的消费者并没有什么渠道规则,他们会在商店、网店以及其他渠道之间跳来跳去,不断获取信息,然后选择自己认为最可靠、最具性价比的渠道购买。营销人员必须更深入地理解消费者的购买行为,才能管理好多渠道营销的过程。

科特勒认为,企业应尽可能地收集消费者的反应数据,通过某渠道进行的沟通效果怎样,对哪些细分客户群更有效,了解消费者对每一种渠道的看法与喜好程度,这是非常有必要的。只有将多渠道的客户数据整合起来,综合地分析,才能深入地认识客户，深入地理解各个渠道在客户购买决定中发挥的作用。企业为了进行这种调研和分析，往往会建立一个客户管理的软件平台，并整理和维护好来自各个渠道的数据与信息。

对于不同的细分客户群，企业可以采取不同的渠道组合，投入不同的成本和资源。比方说百年品牌可口可乐，它之所以能在市场风浪中始终屹立不倒，除了品牌的力量外，也离不开它在渠道开发和建设上所下的工夫。

可口可乐的渠道非常多样化，针对不同产品、不同顾客群体，都有独特的渠道设计。

健怡Espirit专卖店：可口可乐曾把健怡产品放在高级女装Espirit专卖店销售，这凸显出了健怡产品的顾客定位——收入较高，新潮，品位，注重健康与个性的年轻白领。绝大部分在Espirit店里看到健怡产品展示的都成了健怡的忠实消费者。这种思路给营销人提供了开发新渠道的思路与方法——能将产品与消费者市场细分进行对应，市场定位极具针对性，这就是值得尝试的好渠道！

玻璃瓶装"小红帽"配送：玻璃瓶装可口可乐的消费者主要是一些早期消费过这类包装形式的可乐的人，还有当场即饮的社区便利型消费者。这些消费群体很大一部分集中在一些成熟的社区，他们习惯在社区里消费，而且，他们有一个最大特点就是常看报，于是可口可乐公司通过与某些报纸的"小红帽"配送体系建立合作关系，针对玻璃瓶装的主要消费人群，开发了这一独特的销售渠道。

可口可乐酷儿小学商店：可口可乐"酷儿"产品的消费者群体是5~12岁左右的孩子，可口可乐为推动酷儿的销售，将小学周围几百米范围划为"渠道圈"，或者说"终端圈"，这样一来，整所学校的学生也就是酷儿的目标消费群体都被这个渠道圈囊括进去了，这也成就了一条新渠道。

冰露水小卖部：可口可乐冰露水的诞生是有战略目的的。可口可乐为抗衡竞争者，在该饮品上采取了很多非常规手法，如冬季上市、包装颜色设计不同、销售队伍任务设计与安排重点、故意断货销售、特价审批、考核新方式，等等。而在渠道方面，可口可乐砍掉所有其他渠道，集中一点在竞争对手的主力渠道也就是传统型终端上，将冰露水推送到大大小小的小卖部，不但集中火力，还紧贴对手渠道的陈列、生动化、位置，等等。

可口可乐在酷夏还在很多城市开辟了"冷藏品批发商"的渠道，使消费者能够买到冰爽透心凉的可口可乐饮料，这一合作计划，使可口可乐夏季的销量取得了超出原计划四五倍的可喜成绩。

从案例中可以看到，可口可乐的渠道建设始终紧靠目标消费者，目标消费者最接受或者最能体现他们要求的情感、便利的渠道，就是可口可乐要开发的新渠道。而且，可口可乐的渠道策略也以竞争对手为参照，并在定位上有比附定位，很多新渠道的开发由新消费习惯或者未被发现的消费习惯而来。善于发现不同的消费习惯，也就轻易发掘不同的新渠道。消费者有不同的渠道喜好，企业需要去发现这其中的规律性，并以消费者为导向来开发和建设渠道。

·第二节·
设计最适合企业的营销渠道系统

分析目标顾客所需要的服务产出水平

在设计营销渠道中,营销人员必须了解目标顾客需要的服务产出水平,才能较好地设计出适合的渠道。

——科特勒《营销管理》

科特勒总结出,设计营销渠道系统要分四步走:第一步分析顾客需要,第二步建立渠道目标,第三步确定主要的渠道方案,最后是评价可供选择的主要渠道。设计营销渠道首要的一步是分析服务产出水平,其目的是了解其选择的目标市场中消费者购买什么商品(what)、在什么地方购买(where)、为何购买(why)、何时买(when)和如何买(how)。这就要求设计渠道方案必须了解关于影响渠道服务产出水平的因素。

企业在向目标市场消费者提供服务产出时,要针对其需求的差异性,区别对待,而不是一视同仁,不加区别。营销渠道的设计者必须了解目标顾客的服务产出需要,才能较好地设计出适合的渠道。影响营销渠道服务产出水平的因素主要有五类:

一是批量规模。

也就是营销渠道在购买过程中提供给典型顾客的单位数量。一般而言,批量越小,由渠道所提供的服务产出水平越高。

二是空间的便利性。

指顾客能够在他所需要的时候不需要花费很大的精力时间,就能获得所想要的产品或服务，渠道的空间便利程度就较高。

三是配送等待时间。

也就是渠道顾客等待收到货物的平均时间，顾客一般喜欢快速交货渠道，但是快速服务要求一个高的服务产出水平。

四是产品多样性。

渠道提供的产品品种的多少，顾客喜欢有较多的品种选择。

五是服务支持。

指渠道提供的附加的服务，包括信贷、交货、安装、修理。服务支持越强，渠道提供的服务工作越多。

不同的消费者有着不同的服务需求。国际渠道专家、北佛罗里达大学教授阿德尔·埃尔·安萨瑞曾说："决定目前所有渠道未来的是顾客！"企业选择什么样的渠道，必须要从消费者的角度出发去考虑。

广东电信公司早年推广公用电话磁卡也就是IC卡时，很明确地将该产品的目标用户定位为没有手机的人，使用IC卡的主要人群是经济实力相对不是太高的那群人。

那么，如何才能接触到这一群体呢？这个群体很大一部分还没有私家车，出行靠公交或打车，于是，电信公司于广州公交公司开展了一项水平战略合作，联合制作发行了一卡通，既可以打电话也可以坐公交。这次合作成效极为显著，以至于现在很多的企业都效仿这一做法，从公交入手，开展营销。

建立渠道目标，考量制约因素

营销人员应将渠道目标表述为目标服务产出水平。在竞争情况下，渠道机构应该安排其功能任务，使其达到期望的服务产出水平以及使整个渠道费用最小化。

——科特勒《营销管理》

科特勒认为，无论是创建渠道，还是对原有渠道进行变更，渠道设计者都必须将企业的渠道设计目标明确地列示出来。营销渠道目标是渠道设计者对渠道功能的期望和渠道战略设计意图的最终体现。具体来讲，营销渠道目标的制定就意味着企业是要建立在一个崭新的营销渠道之上，还是只对现有营销渠道进行调整。

企业设置的渠道目标很可能因为环境的变化而发生变化，只有明确列示出来，才能保证设计的渠道不偏离公司的目标。很多因素会影响到渠道目标。就拿产品自身来说，像容易腐烂变质的产品就很难通过层层级级的渠道来销售，它要求能够快速、直接销售的渠道；体积庞大的产品，就需要运输距离尽量短、搬运次数尽量少的渠道布局；非标准化的产品，特别是单位价值高的产品，很多会由企业的销售人员直接销售；对服务要求较高，需要长期跟进的产品，很多会通过企业自身或独家特许经销商来经销。

企业还必须使渠道目标适应大环境，当经济环境不景气时，企业可能会谋求通过较短的渠道将产品推入市场，并取消一些会提高产品最终售价的非根本性服务。此外，法律的规定和限制也会影响到渠道的设计。

企业在制定营销渠道战略的时候，必须注意的一个问题是要在营销渠道的独特性上多花心思。作为一个企业，如果开拓了独特的营销渠道，就可能建立起差异化优势，才有可能使企业获得较大的竞争优势，也才能使企业立于不败之地。

美国有一家著名的高档瓷器生产商 Lenox，多年来它生产的瓷器一直为上流社会家庭所使用，这其中甚至包括了入主白宫的几位美国总统，因此，它成功树立起了高品质的产品形象。

正因为此，Lenox 的营销渠道也会选择那些最著名的百货商店，以及与其产品的高品质相称的专卖店和珠宝首饰店。Lenox 瓷器在渠道的选择上非常谨慎，它深知，如果公司通过低层次的百货商店或大众化商店来销售其产品，后果将不堪设想，会因严重违背公司和产品的高品质形象而造成严重的后果。

很显然，如今企业的营销渠道在市场上具有相当重要的作用。因此，企业在开拓营销渠道战略的时候，要充分考虑各种情况，力争在营销渠道设计上创造差异化的竞争优势，也只有这样，企业的营销战略才具有更强的生命力，在市场竞争中也才可能拥有更为强大的杀伤力。

渠道策略作为整体策略的一部分，必须注意与渠道目标和其他营销组合策略的目标，如价格、促销和产品之间的协调；注意与公司其他方面的目标，如财务、生产等的协调，避免产生不必要的矛盾。

对不同的企业来讲，渠道目标可能千差万别，这是由企业自身的特定情况决定的。营销渠道目标的制定对企业下一步的发展非常重要，它将直接决定着企业下一步营销战略的实施，应该受到企业的重视。

第十章 渠道：构建共赢的价值网络

从三方面要素出发确定主要的渠道方案

一个渠道方案由三方面要素确定：可获得的商业中间商的类型、所需的中间商数目、每个渠道成员的条件及责任。

——科特勒《营销管理》

在确立了渠道目标后，企业需要进一步确立合适的渠道结构方案，使其最大效用地发挥作用。不同的渠道设计各有千秋，企业需要从若干个渠道结构的可行性方案中选择，最终通过比较，选择最适合的渠道方案。科特勒指出，一个渠道选择方案包括三方面的要素确定：中间商类型、中间商数目以及渠道成员条件与责任的明确。

第一，中间商类型。企业可以选择通过不同的渠道到达消费者——从销售人员到代理商、分销商、零售商、直接邮递、互联网，等等。每种渠道都有各自的优势和劣势。销售人员可以处理复杂的商品和交易，但费用高昂；使用互联网很便宜，但无法处理复杂的商品交易；分销商可以创造销售额，但公司失去了直接联系顾客的机会。企业应根据自身以及产品的实际情况来选择合适的中间商。

第二，中间商的数目。企业必须决定每个渠道层次使用多少中间商。通常有三种策略：专营性分销、选择性分销和密集性分销。

专营性分销是指严格限制中间商数目，并且通常会有排他性的合作条件。通过专营性分销，生产商希望获得更积极、专业的销售。专营性分销需要生产商与中间商之间建立紧密的伙伴关系。比方说，GUCCI曾一度快速发展，但其形象却被专卖店和折扣店严重损害，它为了维护品牌形象，果断结束与第三方的合作，通过严格控制分销渠道并开设自己的专卖店来挽回形象。

选择性分销是指利用一个以上但又不是全部的愿意经销的中间商来经营某一种特定产品。此种方式，企业不必担心分销机构过多，又可以获得足够的市场覆盖率，并相比于密集性分销而言有更大的控制权和更低的成本。

密集性分销是指企业尽可能多地发展渠道合作伙伴，通常来说，零食、饮料、报纸、糖果和口香糖等，这样的一些产品常会采取该方法。像7-11，还有众多的加油站商店等，都属于密集性分销。这种方式的确能扩大覆盖率，但也会加剧零售商之间的竞争。

第三，渠道成员条件与责任。渠道成员在价格政策、销售条件、地区权利以及双方的服务和责任等方面必须满足哪些条件，必须履行哪些责任，这些都是需要企业去明确的，只有条件、责任明晰了，才能尽量避免渠道的冲突与混乱。

企业制定最佳的渠道结构必须对相关的内外因素进行必要的分析，没有最好的，只有最适合的，只有建立在深入扎实的市场分析基础之上的渠道结构才有可能有效地打开市场，并在其中占有一席之地。

如何选择最合适的渠道中间商

在选择渠道中间商的时候，企业要从经济性、控制性和适应性这三个角度对渠道方案进行评估。

——科特勒《科特勒市场营销教程》

科特勒认为，企业选择渠道中间商，要把握好三个标尺，也就是经济性、控制性和适应性。

第一把标尺是经济性。每种渠道都会导致不同水平的销量和成本。企业需努力整合消费者和渠道，以整体最低的成本满足最大化的需求。科特勒认为获得渠道优势的一个基本条件就是渠道的成本较低，当然低成本并不代表减少销量或降低服务质量，因此经济性的评价要从全面和长远的利益上进行考虑，需要综合分析后才能做出结论。企业主要考虑三点：

其一，中间商的销售成本。销售成本的高低涉及双方的利益，制造商在考虑自身成本的同时，也要替中间商做一些考虑，渠道中间商所占的成本必须得到有效的控制。

其二，中间商销售量大小。与销售成本相比，销售量大小对制造商的影响更大。因为经销的销量越大，分摊到每个单位产品上的固定费用就越小，相对来讲降低了成本。销售出去的产品数量增加了，双方的收益都会增加。

其三，中间商经销产品的稳定性。这是生产企业对中间商进行评价更为重要的问题。企业产品具有稳定的销路，一方面，可以保证企业的长远利益；另一方面，有利于加强生产的计划性，可以减少积压，降低成本。

第二把标尺是可控性。使用中间商就意味着要给中间商一些产品营销控制权，但企业在与中间商建立关系的过程中应尽可能地保留更多的控制权，这是选择中间商应当考虑的另一重要问题。企业需要判断三点：

其一，中间商所经销的其他产品的特征。在一般情况下，中间商都不可能只经销某一品种或某一企业的产品。因此，生产企业必须考虑中间商所经销的各种产品都具有什么样的特征，和本企业的产品放在一起销售是否有利。

其二，中间商的利益与生产企业产品的关系如何。如果在中间商看来，生产企业的产品对它是无足轻重的，并不能给它带来太多的利益，经销的积极性就不会太高。在这种情况下，生产企业与之相处，必然要处于被动地位。

其三，中间商对生产企业的态度。中间商对生产企业的态度除了取决于经济上的原因之外，还会受到其他一些因素的影响。企业应选择一些与自己关系较为融洽的中间商进行合作，当产品销售出现某些困难时，可以相互谅解和支持，使生产企业有一定回旋的余地，能够采取必要的措施摆脱困境。

第三把标尺是适应性。由于渠道很难适应不断变化的市场营销环境，企业应想办法尽可能使渠道灵活，拥有不同的适应标准。考察中间商的适应性，企业可以观察其经销的产品类型及策略，还要考察中间商的商誉、销售实力、管理水平以及是否拥有优越的地理位置因素，等等。

企业只有充分考虑了上面的种种因素后，才能对中间商有一个较为全面的认识，也才能选择好合适的渠道成员，为企业更好地服务。

·第三节·
渠道系统的管理与整合

渠道管理应从寻找合适的渠道合作伙伴开始

渠道管理应当从寻找合适的渠道合作伙伴开始,正确的合作伙伴应当是那些和企业具有相似目的、特征和价值体系的实体。拥有兼容性价值观的合作伙伴可以更好地向消费者传递品牌故事。为了让合作关系更上一层楼,企业应当和合作伙伴进行整合,让自己的品牌更加深入人心。

——科特勒《营销革命3.0》

科特勒指出,良好的渠道合作伙伴对企业而言具有重要的意义,渠道管理就是从寻找合适的渠道伙伴开始。

企业开发创造性的渠道合作伙伴,通常存在一个通往卓越的四个阶段:

在第一阶段,企业依赖一种单一的经销渠道销售全部产品,这种渠道可能是企业直销,也可能是独家代理模式,这个阶段可以称为"单一渠道阶段"。很多业务局限于某个地区的企业一开始都处于这个阶段。

随着企业规模扩大,企业会开发更多经销商和其他渠道,以提高产品覆盖率,增加销售业绩和产品投放面,这种战略在扩张市场的同时也容易导致各经销商和渠道之间出现销售冲突。这一阶段可称为"多渠道阶段",在此阶段企业同时向多个经销商和直营渠道销售产品,但并没有严格划分产品、细分市场或地域方面的区别。

再往上一级,就涉及渠道冲突问题了,在这个阶段,企业会把市场按地区、消费者类别或产品类别进行细分,每个经销商或每个销售渠道都会有独立的市场进行开发。这可以称为"区域划分渠道阶段"。在这个阶段，企业为经销商和直营渠道规定了清晰的市场界限和销售规则，能有效地避免渠道之间出现冲突。

渠道体系的最高阶段，企业不同渠道之间会形成不同的任务划分，不同类型的渠道可以在同一个细分市场或同一个地区市场内共存。更重要的是，这些渠道之间不会出现相互竞争，而是会实现相互合作。这个阶段可称为"整合型多渠道阶段"。

不管企业是在哪一个层面上构建渠道，有一点是相同的，那就是必须谨慎、严格地选择合适的渠道伙伴。

国内最大的家用豆浆机生产厂家济南九阳电器有限公司自1990年开始推出豆浆机，将这个产品做成一个产业，创造了每年近百万台的市场需求，它的成功不仅在于其技术优势，也得益于其渠道。九阳在160多个地级市场建设了较为完善的渠道，也形成了自己的一套寻找和管理经销商的体系。九阳的经销商需要满足这样的基本条件：

第一，具有对九阳及其产品的认同感、负责的态度和敬业精神。这是选择的首要条件。对产品、品牌、市场负责，才是经销商完成销售工作的保障。唯有如此，经销商才能尽心尽力地推广产品，努力将市场做好，也才能不断提高企业网点的质量，提高企业品牌和市场美誉度。

第二，具备经营和市场开拓能力、较强的批发零售能力。这涉及经销商是否具备一定的业务联系面，分销通路是否顺畅，人员素质高低及促销能力的强弱。总经销商的市场营销能力直接决定着产品在该地市场能够在多大范围和程度上实现其价值，进而影响到企业的生产规模和生产速度。

第三，具备一定的实力。九阳公司在如何评价经销商实力上，并不单看资金实力，而更看重是否符合九阳公司的需要，是否能够保证公司产品的正常经营。

第四，总经销商现有经营范围与公司一致，有较好的经营场所。九阳公司要求总经销商设立九阳产品专卖店，由九阳公司统一制作店头标志，对维护公司及经销商的形象产生了积极的作用。

评估和选择有能力的渠道伙伴，找到最适合企业销售的渠道商，是提升产品销量的有效保障。每一个企业在选择自己的经销商时，都必须首先对经销商的能力作出准确的评价与估计。渠道商的渠道营销能力是每一个制造商在选择渠道伙伴时首先考虑的问题，也往往是衡量渠道商的能力与参与程度的第一个标准。另外，渠道商的参与热情也是评价的一个重要标准。

对顾客来说，渠道的形象就意味着企业的形象

对顾客来说，渠道就意味着公司。不妨想象，如果麦当劳、壳牌石油和梅塞德斯—奔驰的一个或多个分支机构或经销商一直表现得邋遢、低效或令人不愉快，将会给顾客留下怎样的负面印象。

——科特勒《营销管理》

科特勒提醒企业，在顾客的角度看来，渠道就意味着企业本身，渠道所展现出来的形象就等于是企业的形象。比方说，某个产品，它如果只能在农村或者远郊的小商店里才能买到，那么，消费者会很自然地认为这个产品的定位比较低端，没有什么档次和品位，质量也不能让人安心；相应地，如果某个产品只能在一些中高档的商场或专卖店里才能买得到的话，消费者会认为该产品非常高端，企业非常有实力，购买起来也会放心很多。

一般来说，企业与渠道之间更多的是一种合作关系，企业可以对渠道施加影响，但并不能去管理渠道的每一个细节，更不用说企业对渠道管控乏力的情况。也就是说，渠道表现出来的某些不足，未必就是企业希望看到的。但是，在顾客来说，他们接触的是渠道，从渠道商那里购买产品，接受服务，当这个过程中出现问题时，顾客不仅会对渠道商不满，更会对企业和企业的品牌不满，顾客不会去理性地分析问题到底出在渠道身上，还是出在企业身上，因为渠道对他们而言，就是企业的一部分。

企业在渠道商的选择、渠道的管理与建设上不能有丝毫的疏忽，渠道出现问题，就等于是企业自身出现了问题。

某男装品牌为打响知名度和品牌，花费巨资请来国内著名影星担任形象代言人，并相应投入更大的预算进行品牌形象推广。这位影星在国内颇具号召力，其充满阳刚之气的影视形象与该品牌男装的消费群体特性也非常契合，该男装品牌定位于中高级男装，加上厂家的大力推广，使得该品牌从默默无闻渐渐为消费者所了解，逐步确立起了中高档品牌形象。

然而，在渠道终端上，该品牌暴露出很多问题。这个品牌已经成功树立起了一个中高档男装的形象，但在一些消费能力不错的华东城市，该品牌的渠道思路却是终端通吃。从最繁华的黄金地段的专卖店与商场，到超市、小商品批发市场，还有便宜服装聚集的服饰城，都能看到这个品牌的男装专柜或者是专"摊"。

也就是说，从高档到中档到低档再到地摊市场，该品牌一个不漏地全部进场销售。对一个服装品牌来说，销售量的确很关键，但造成品牌掉价的话，就太得不偿失了，这样做会极大损伤企业辛辛苦苦耗费巨资打造起来的品牌形象，也不利于服装品牌的长期发展。

从这个例子中，我们可以看到，选择什么样的渠道，不仅会影响销量，还会直接影响品牌形象。企业一方面要精挑细选经销商，评估他们经营的年数、经营的其他产品、成长和赢利记录、资金优势、合作态度、推销力量以及服务声誉、未来成长潜力，等等；另一方面还必须保证所选的渠道与产品和品牌的定位相契合，绝不能使形象"掉价"。

理解渠道成员的需要和欲望才能激励其达到最高绩效

公司要像对待最终顾客一样对待其中间商。公司需要明确中间商的需要并构建渠道定位，通过渠道供应来向中间商提供较高价值。激励渠道成员达到最高绩效可以从理解中间商的需要和欲望开始。公司需要仔细地计划并执行培训项目、市场研究以及其他构建能力的项目以提高中间商的绩效。

——科特勒《营销管理》

科特勒认为，从某种程度上来说，渠道中间商也是企业的特殊顾客，企业需要理解他们的需要和欲望，并采取恰当的激励措施，以提高中间商的绩效。有的企业会采取较高的毛利、特殊优惠、奖金、合作性广告补助、陈列津贴以及销售竞赛等正面激励；有的企业则会对于表现不佳的中间商采取威胁、降低毛利、延迟发货或终止关系等反面制裁。而更为精明的公司则会努力与中间商构建长期的合作伙伴关系，他们清楚地告诉中间商自己想要什么，包括市场覆盖率、存货水平、营销开发、客户要求与技术建议和服务，同时他们也会明确地承诺会给中间商回报什么。这种合作伙伴式的关系能让中间商的潜力最大化地发挥出来。

激励中间商的方法很多，不同企业所用方法不同，同一企业在不同地区或销售不同产品时所采取的激励方法也可能不同。激励方式的选择要具有针对性。依据企业销售产品的不同和选择中间商的不同，激励方式也会有所不同。任何一家企业在选用激励方式之前都要分析激励对象，即中间商和其他分支机构的需求，然后设法满足。如果不分析中间商的需求情况，随便采取一种激励手段，其激励效果可能不会很好，有时甚至起负面效果。

某厂家与其他大多数厂家一样，以前对经销商的返利政策是以销量作为唯一的返利标准，且销量越大，返利比例越高。这在无形中诱导了经销商依靠上量求利，从而导致经销商窜货、杀价等不规范运作。

认识到事情的严重性之后，此厂家吸取教训，在返利政策的制定上不以销量作为唯一的考核标准，而是根据厂家不同阶段对营销过程的管理来综合评定返利标准。如此，除了完成销售定额给予经销商一定奖励外，还设定了以下返利奖励：

铺市陈列奖：在产品入市阶段，厂家协同经销商主动出击，迅速将货物送达终端。同时厂家根据给予经销商以铺货奖励作为适当的人力、运力补贴，并对经销商将产品陈列于最佳位置给予奖励。

渠道维护奖：为避免经销商的货物滞留和基础工作滞后导致产品销量萎缩，厂家以"渠道维护奖"的形式激励经销商维护一个适合产品的有效、有适当规模的渠道网络。

价格信誉奖：为了防止经销商窜货、乱价等不良行为，导致各经销商最终丧失获利空间，厂家在价格设计时设定了"价格信誉奖"，作为对经销商的管控。

合理库存奖：厂家考虑到当地市场容量、运货周期、货物周转率和意外安全储量等因素，设立了"合理库存奖"来鼓励经销商保持适合的数量与品种。

对于每个经销商来说，促使他们参加渠道体系的条件固然已提供了若干激励因素，但是这些因素还需要通过制造商经常的监督管理和再鼓励得到补充。对渠道成员的激励其实就是了解各个中间商的不同需要和欲望，然后以相应的方式去满足他们。企业为中间商提供市场热销产品，及时提供必要的业务折扣，给予中间商适当的利润，对中间商进行适当的培训等等，都是不错的激励形式。

有效的渠道管理要求选择好中间商并培训他们

有效的渠道管理要求选择好中间商并培训、激励他们。目标是建立长期的伙伴关系，并使所有渠道成员赢利。

——科特勒《营销管理》

科特勒建议企业，应将中间商当作合作伙伴共同努力以使最终消费者满意。中间商的能力提升了，也就等于是企业的能力提升了。比方说，微软公司会要求第三方的服务工程师学完一系列的课程并参加资格证书考试。那些通过考试的人通常被称为微软认证专家，他们可以利用这个称号来更好地开展业务。

在渠道资源日益集中、竞争日益激烈的今天，与中间商建立良好的合作伙伴关系对企业来说变得非常重要。而培训作为强化中间商多方面能力的必要手段，眼下还未在企业的渠道销售工作中引起足够的重视。企业提到培训，最先想起的往往是内部的员工，而很少会想起自己渠道体系中的中间商。而事实上，培训对于企业渠道销售工作的开展和营销水平的提升，有着十分重要的作用，更有着广阔而等待发掘的潜在效应。

现在，很多竞争都发生在"软件"层面上，要争取更多更优质的中间商，培训就是一把"软件"层面的利剑。营销能力强大或是客户关系良好的标杆性企业往往对各自的渠道中间商有着规范、有效的培训和指导，从多方面帮助渠道提升技巧和能力。中间商也非常希望和乐意接受企业对于产品本身和其他方面的培训与指导。因为对渠道本身来说，规范化的培训、学习能力的强化，可以促进市场销售和竞争优势的提高，而这正是中间商最大的利益所在，也是他们最根本的需求。

宝洁公司有这样一条理念：经销商即办事处。宝洁公司一切市场销售工作均以经销商为中心，更视经销商为密切的合作伙伴和公司的下属机构。宝洁全面支持、管理、指导并控制经销商。

每开发出一个新城市市场，宝洁原则上只找一家经销商，大城市一般2～3家，然后派驻一位厂方代表。厂方代表会与经销商一起办公，肩负全面开发管理该区域市场的任务，其核心职责是管理并帮助经销商及其销售队伍。宝洁公司要求经销商组建宝洁产品专营小组，由厂方代表负责该小组的日常管理。专营小组一般10人以上，具体又可分为针对大中型零售店、批发市场、深度分销的三个销售小组。每个销售人员在既定的目标区域，展开销售活动。厂方代表协同专营小组成员拜访客户，不断进行实地指导与培训。同时，为了确保厂方代表对专营小组成员的全面控制管理，专营小组成员的工资、奖金，甚至差旅费、电话费等全部由宝洁公司负责发放。厂方代表依据销售人员业绩以及协同拜访和市场抽查结果，确定小组成员的奖金额度。通过组建宝洁产品专营小组，宝洁公司形成了对终端网络极强的掌控力。

从某种意义上说，培训其实是企业在削弱分销商的某些职能，使其最大程度上依赖企业。纵观渠道中间商的整个经营过程，其实最关键的就是三个方面：一是财务管理，二是生产运营管理，三是市场管理。可以说财务、运营、市场组成了中间商整个经营过程的全部。企业要想掌控中间商，也就是要对这三个方面进行干预，而最温和、最隐蔽，也是最有效的干预手段便是培训。

给中间商提供他们所需要的培训与指导，能够实现企业与中间商的"你中有我、我有中你"的良性服务互动，使中间商对企业产生高度信任和依赖，同时，中间商能力提升，销量也会提升，企业也会成为最大的受益者。

针对渠道中间商的推进和拉动战略

在管理渠道中间商的时候，公司必须决定将多少精力分别用于推进和拉动战略。作为推进战略一部分的面向渠道的营销活动，当被辅以用于刺激消费者需求的经过精心设计和正确实施的拉动战略时，会更为有效。另一方面，没有一定数量的消费者感兴趣，要获得渠道的接受和支持也会十分困难。

——科特勒《营销管理》

科特勒所说的推进战略是指企业通过销售队伍、促销资金或其他方法推动中间商购进、促销以及销售给最终使用者；而拉动战略是指企业使用广告、促销和其他沟通方式来吸引消费者向中间商购买产品，以激励中间商订货。

在渠道运营上，企业与中间商之间的博弈是永恒的。很多企业会发愁，因为中间商"有奶便是娘"，难以培养起对总部的忠诚度。企业要想"拴住"中间商，就得在市场渠道战略上多下工夫，不管是"推进战略"，还是"拉动战略"，从根本上而言，都是企业为了帮助中间商更好、更快、更顺利地销售产品，只要产品在市场上畅销，中间商能够获利，自然就会对企业形成依赖感。

自然堂就曾经运用"推"和"拉"相结合的方法打开市场。自然堂是国内颇具发展潜质的化妆品企业之一。在十多年的发展过程中，自然堂实现了渠道与品牌的互动推进。

从2001年到2005年，自然堂主要采取的是"推"的战略。当时国内化妆品专营店渠道正处于十分关键的探索期。很多规模化程度低、大多为个体作坊式经营的专营店急切地想要在商超百货主流渠道的挤压下扩展自己的发展空间。而自然堂利用自己在美容院线积累的服务与教育营销的优势，针对专营店终端建立起了系统化的培训体系，并以"前店后院"经营模式对该渠道予以改造开发，在经营、设备、形象、促销等方面予以立体支持，使得小规模、不成熟的专营店得到迅速成长。自然堂在培养代理商、扶植专营店终端方面花费了大量精力，而这种推进战略也取得了明显成效，建立起了终端对自然堂的信任感和忠诚度。

从2006年到2008年，是自然堂专营店渠道全面爆发的黄金期，在过去以"推"为主的基础上，自然堂开始深化品牌战略，通过品牌的高空影响力来"拉"动渠道。在这段时期，自然堂进行了大规模的广告投放，极大提升了品牌影响力。它的模式也影响了国内的化妆品行业，使得明星代言、高空电视广告、大规模的渠道营销会议、针对代理商与专营店的系统性培训开始在行业内广泛普及。自然堂的渠道在这个过程中也得到了迅速扩张。

从2008年开始，已经打响品牌知名度的自然堂开始从战略层面"推拉"结合，全力开发百货商场终端，尤其是2010年赞助上海世博会，对于提升品牌势能，强化其在百货渠道的影响有着十分重要的作用。借助这些高端渠道的资源影响力来提升自身品牌的市场地位，自然堂实现了品牌与渠道之间的相互融合、相互促进。

自然堂的渠道开发与建设一直是在有序推进的。在刚进入市场时，它能敏锐捕捉到终端对品牌的需求并大胆切入，在渠道成型后大胆地投入品牌传播，巩固渠道中间商对自然堂的依赖与信赖。先是推进，再是拉动，然后是推拉结合，循序渐进地建设渠道，使战略能够落地，这是自然堂平稳快速发展的秘诀所在。

企业必须定期按一定标准衡量中间商的表现

生产商必须定期按一定标准衡量中间商的表现，例如销售配额完成情况、平均存货水平、向顾客交货时间、对损坏和遗失商品的处理，以及与公司促销和培训计划的合作情况。表现不佳者会被劝告、培训、激励或终止合作。

——科特勒《营销管理》

科特勒认为，企业在选择好渠道成员之后，除了要经常激励渠道成员，还要经常地对其进行评估，对不合理的成员，企业应做出改进安排。企业所选择的分销渠道是基于一定的市场环境的，特别是基于一定的消费需求基础之上的。而随着社会经济的发展，消费需求是在不断发展变化着的，市场形势也是瞬息万变。

所谓"适者生存，不适者被淘汰"，要想求得进一步的发展与壮大，企业就必须去适应这些变化，力求预见变化的大致趋势，并能根据这些趋势随时对分销系统作出调整、改进，以实现既定的市场目标。

在监测和评估的过程中，如果发现结果与企业分销模式选择时所期望的结果出入较大，分销商的表现不尽如人意，可能说明企业的渠道设置存在不合理的现象，或是渠道政策得不到分销商的支持。此时，也必须调整和改进企业的渠道成员和销售模式。

渠道的考核可以分为数量的考核与质量的考核，只有数量没有质量，渠道就会变得一盘散沙、毫无活力。只有质量没有数量，企业就会失去竞争的筹码和发展的后劲。企业既要确保渠道的数量在整个市场中的份额，这是保持议价能力和竞争实力的关键，同时也要提高渠道营销和服务的水准，保证渠道的发展质量。我们可以来看看星巴克是如何做的。

星巴克创始人舒尔茨认为，企业应与供应商、加盟商等合作者结成战略伙伴关系，他坚信最强大、最持久的品牌是在顾客和合伙人心中建立的。

星巴克对合作的供应商是精挑细选的，由采购部门牵头，产品开发、品牌管理和业务部门等有关员工都将参与进来。星巴克从生产能力、包装和运输等多个方面对供应商进行评估，以达到特殊的质量标准，只有具备发展潜力的供应商才能与星巴克荣辱与共。合约签订后，星巴克公司在价格、折扣、资源等方面得到特惠待遇。由于星巴克极其严格的质量标准，供应商们也会得益于星巴克良好的品牌，收到更多的订单。星巴克会积极地同供应商建立良好的工作关系，每半年或一年做一次战略业务评估，如供应商的产量、需要改进的地方。双方还会就生产效率、提高质量、降低成本、新品开发进行频繁的沟通。

星巴克凭借日益强大的品牌，通过与机场、书店、酒店、百货店联盟来销售自己的产品。对于渠道伙伴，星巴克制定了严格的标准：合作者的声誉、对质量的承诺和是否以星巴克的标准来培训员工。星巴克每隔一段时间都会对渠道伙伴进行评估考核，如果合作伙伴达不到要求，星巴克会实行残酷的淘汰制度。

星巴克无论是对上游的渠道，还是对下游的渠道，都设有极其严格的标准，而且坚持定期的评估，从而保证星巴克产品与服务的质量。

通常来说，渠道的监测和评估应从下面几个方面进行：

一是考察顾客是否满意，只有顾客满意，企业才能取得良好的业绩。二是从满足顾客需求和经济性两个方面,关注渠道的运作,包括销售、分销、服务和其他,看运作是否有效和迅速。三是看渠道政策与企业目标是否保持一致。

对渠道进行评价之后,企业对一些不符合要求的渠道要进行调整、改进甚至是淘汰,这样才能保证整个渠道系统的健康。

第十一章

整合营销沟通：对话消费者

·第一节·
营销沟通代表企业和品牌的声音

正确的营销沟通会收到巨大回报

公司不仅仅要开发好的产品，制定有吸引力的价格，让目标消费者觉得易于接受，更重要的是，还必须要与普通公众以及利益相关者进行良好的沟通。

——科特勒《市场营销原理》

科特勒认为，正确的营销沟通会让企业收到巨大的回报。现在沟通正变得越来越困难，很多公司都在想尽办法吸引消费者分散的注意力。消费者处于一个主动的地位，他们对于自己想要什么样的沟通交流，是有主导力和选择权的。营销沟通的问题已经不是是否要进行沟通，而是该沟通什么、怎么沟通、什么时候沟通、和谁沟通以及保持什么样的频率沟通。为了能够更有效地触及和影响目标市场和目标人群，营销人员需要设计富有创造力的沟通手段，将多种营销沟通方式有效地整合起来，这也是现在市场营销的趋势。

在国内动漫界，不能不提的一个品牌就是"喜羊羊与灰太狼"，它不仅凭借动画片赢得了大批小观众的热爱，更在动漫电影方面大展拳脚，成为每年贺岁档不可小觑的"黑马"。从2009年的《喜羊羊与灰太狼之牛气冲天》、2010年的《喜羊羊与灰太郎之虎虎生威》，到2011年的《喜羊羊与灰太郎之兔年顶呱呱》，

第十一章 整合营销沟通：对话消费者

再到 2012 年的《喜羊羊与灰太郎之开心闯龙年》，每一部影片票房成绩都非常可喜。就拿 2009 年推出的首部电影《喜羊羊与灰太郎之牛气冲天》来说，它在上映后一个月时间内就拿下了近 9000 万的票房成绩，达到与同期的大片《赤壁》、《非诚勿扰》、《梅兰芳》、《叶问》等平分秋色的水平。这样的成绩是如何得来的呢？

"喜羊羊"系列电影的营销团队采取了分区作战的方法，将全国市场切分为华南、华北、西南、华东四个营销中心。从一开始，营销团队就将"喜羊羊"的主要目标群体锁定为 15 岁以下的青少儿童，因此，早期的宣传并没有采用传统的电影营销手段，既没有打明星牌，也没有打剧情牌，除了邀请歌星阿牛为影片配唱主题歌之外，没有邀请其余的明星加盟，更没有大规模的首映礼，而是采取了一系列的小成本营销，包括参与肯德基儿童套餐促销；在全国重点影院建立"喜羊羊"主题开心乐园，内设衍生品展台；买票送对战笔、台历等小礼物；举办"喜羊羊与灰太郎"人偶舞台剧全国巡演等。

此外，在宣传媒介上，"喜羊羊"坚持用最少的宣传费达到最大的宣传效果，特地筛选出贯穿城市主要城区的公交线，在公交视频上滚动播出广告，在取得非常不错的宣传效果后，又增加了地铁电视渠道宣传。影片上映定在春节档，而这个时节对报纸而言是一个淡季，但"喜羊羊"营销团队却判断出，春节期间尽管报纸都开始纷纷减版，但由于人们纷纷走亲访友，因此传阅率却是很高的，于是，他们加班加点写文案和新闻稿往报社发。就是通过这些成本较低的宣传方式，这个团队硬是将"喜羊羊"炒成了当时的一大热点。

为了更直接地向孩子们传递影片信息，"喜羊羊"营销团队还印制了 10 万张喜羊羊年历宣传画，在上映的前三天逐一派发到广州 280 多家幼儿园，以这种方式目标明确地向小朋友们发出邀请：一放寒假就要来看喜羊羊与灰太郎的电影。这一奇招的效果很明显，小朋友们一拖二，甚至一拖四地把家长们带进电影院，从而收到了事半功倍的效果。

正是因为对目标受众有着清晰的定位，并且采取了正确有效的营销沟通方式，"喜羊羊"系列电影才赢得了不凡的业绩，甚至改写了国内动漫电影的票房纪录。

从根本上说，营销沟通的目的一般就两个，一是品牌价值，二是产品销售。通过不同的传播途径和不同力度的传播手段，营销沟通能影响到品牌价值的生命力和影响力。通过有效的营销沟通，还能拉动产品销售。反过来，当品牌价值被打造出来之后，营销沟通的投资回报比也会提高。而产品销售提升了，也会为营销沟通提供更充裕的资金。

营销沟通的方式很多，而且各有其优点和缺点，企业需要根据品牌宣传和产品销售的目标和细分市场的实际情况来选择最合适的营销方式，并进行有效的整合，这样才能达到最佳效果，获得巨大回报。

营销沟通是与消费者建立对话或关系的工具

营销沟通指的是针对公司销售的产品和品牌，试图直接或间接地对消费者进行告知、说服和提醒的各种方法。某种意义上，营销沟通代表了该公司及其品牌的声音，或者成为用于与消费者建立对话或关系的工具。

——科特勒《营销管理》

科特勒认为，营销沟通是一个公司及其品牌所发出的声音，也是与消费者建立对话与关系的工具。营销沟通对于消费者来说是很有用的，它可以告诉消费者企业的产品能满足哪些需求，能带来哪些价值与利益，应该在什么情况下适用，以及应该如何使用。

营销沟通对企业而言也意义非凡，它可以帮助企业创造品牌知名度，可以在消费者心智中建立起良好的品牌形象联想，可以形成积极的品牌评价和感觉，推动建立消费者和品牌之间牢固的联系。

在现在的市场环境中，一个最为显著的特征不是缺少信息，而是信息太多。如何让自己的产品脱颖而出，一眼就让消费者认出，并打动消费者的心，让他们广为接受，不仅需要产品自身的功力，更需要企业与消费者有一个良好的对话，也就是营销沟通。

联合利华旗下的品牌多芬曾经推出过一项名为"真美无界限"的营销活动，它鼓励所有的女人都做"真正的女人"，不管其体形胖瘦、身材高矮、年龄大小和肤色各异。

多芬这一场营销活动的灵感来自于一项调研，这项调研发现，全世界只有2%的女性认为自己漂亮，而绝大多数的女性都有着或多或少的自卑，或者说未能意识到自己身上的女性魅力之美。

多芬在这次活动中，没有按常规选用身材出众的时尚模特，而是选用了一个曲线优美、体态丰满、率真自信的较为大众的女性形象。多芬认识到网络是一个与女性消费者对话的重要平台，因此建立起了该活动的网站并且投放大量的视频广告。他们推出的视频以"进化"为主题，展现了一个相貌平平的普通女性在经过造型师、发型师、灯光和数字修片的润饰之后，化身为一个不逊色于时尚模特的丽人的全过程。

该视频被上传到 YouTube 后，立即引来了 250 万次的点击观看。这次营销活动极大地促进了多芬产品的销售，提升了市场份额，更因此而摘取了美国市场营销协会颁发的最有效的营销活动奖——艾菲奖。

"真美无界限"活动帮助众多的普通女性发现自身的美，并大胆地展示出自身的美，正是这一点，打动了女性消费者，从而赢得很不一般的营销效果。

2011 年横空出世的一部小成本电影《失恋 33 天》同样也是凭借出色的营销沟通而取胜，该影片并不是大制作，也没有超级巨星加盟，但它在上映三周之内就收获了 3 亿元票房成绩，这种局面出乎了包括片方在内所有人的意料。

《失恋 33 天》讲述的是都市白领的爱情故事，为了吸引观众，自关机之时起，《失恋 33 天》就已经开始在开心网、微博上展开话题营销，不但启动早，而且环环相扣，还在全国多个城市都做了"失恋物语"、"失恋纪念品"的收集，为电影积累了人气。

SNS 平台上的营销，覆盖了近 1 亿的互联网用户，顺应了白领群体通过社交网络获取信息、分享信息的习惯，成功地锁定了目标群体，保证了信息传播的有效性。当时又恰逢 2011 年 11 月 11 日的"世纪光棍节"，《失恋 33 天》几乎成了这一"节日"最当红的影片。

这些案例都告诉我们，营销沟通是建立对话与关系的工具，而要达到"对话"和"建立关系"的目的，营销人员首先需要弄清楚什么样的沟通方式能够触及到目标顾客，并能够打动目标顾客，只有明确了这些，营销沟通才能取得实效。

在传统营销中，促销是重头戏，企业总是通过广告、人员推销等方式强迫消费者接受自己的产品或服务，消费者往往处于一种弱势地位。

而营销沟通注重的是与消费者实现深层次的交流，建立合作伙伴关系，体现消费者的主体地位，搭建起企业与消费者之间沟通交流的桥梁。

营销沟通正面临前所未有的艰难

虽然营销沟通能扮演很多关键角色,但是现在的营销环境却越来越艰难。技术以及其他因素深刻地改变着消费者处理沟通的方式,甚至影响着他们是否选择进行沟通的决策。

——科特勒《营销管理》

科特勒认为,现在的营销环境正变得愈加艰难,这主要是因为两方面的原因,其中之一是数字技术和互联网的普及带来的消费者注意力的分流,消费者不仅有更多的媒介可以选择,而且还可以选择是否以及何时接受有关商业信息,这使得营销人员不得不从传统的营销方式中走出来,寻求创新之道。

另一个原因则是消费者可以很轻易地过滤广告。面对铺天盖地的广告和眼花缭乱的商品,消费者已经变得非常挑剔。他们对多数广告都不予理会,也不觉得这样会错过什么需要的东西。他们学会了视而不见,充耳不闻。现在营销的挑战不仅在于品牌和广告如此众多,还在于消费者不再盲从于广告。如果企业的产品缺乏新意或特殊价值,就很容易被冷落。企业必须以更有效的营销沟通方式来吸引消费者注意。

2011年元旦期间玉兰油推出的贺岁广告就独具新意。

元旦的那一天,玉兰油广告刚刚亮相,就引发轩然大波。无论是户外候车亭广告,还是报纸广告,打出的都是这样的大标题:"2001新年快乐!"当时明明已经是2011年,玉兰油广告里却写着"2001年",是不是宝洁公司疏忽之下出错了?一时之间,无论是现实还是网络上,这条广告"错误"引发的话题,立刻传遍了大城小巷和各种微博、论坛、社区。

但是,很快,就有细心的人们发现了玉兰油广告的玄机与绝妙,在每则广告"2001新年快乐"大标题的下面,赫然还有两行小字:"新一年,当全世界大一岁,肌肤却梦想年轻十岁!OLAY与你,以更年轻的肌肤,更精彩的自己,迎接新一年!"

实际上,这是玉兰油"预谋已久"的一次大行动,先通过传统媒体广告投放的"美妙误会",来引起关注者的话题,然后在当前最流行的网络媒体微博上引爆讨论,形成高强度的关注效应与病毒传播。从2011到2001,正是"10年"这一概念的表现。经过这样一场"美妙误会",玉兰油"让肌肤年轻10岁"的口号不仅成了热门话题,而且深入人心了。消费者先是对其贺岁广告产生怀疑,继而发现玄机恍然大悟,而破解这个误会的过程不但带来了乐趣,也给消费者留下了深刻的印象。

玉兰油的营销活动能够吸引消费者的眼球,获得绝佳的营销效果,从很大程度上得益于其创意的营销手段。真正有效的营销,并不一定要完全依靠资金、品牌影响力等因素来达成,尤其是在现在这样一个多元化的网络时代背景下,以创意的方式引爆病毒营销,更能起到事半功倍的效果。当企业的营销成了社会性的话题,拥有足够多的人关注,才会形成病毒的传播效果,突破营销沟通难的困局,达到企业的营销目的。

什么是真正的整合营销沟通

很多公司目前仍然只依靠一种或两种营销沟通工具。他们一直坚持这样,从不考虑如针对当前大市场分裂形成的很多小市场应该采取的相应办法,以及如何面对很多新型媒介方式的出现和消费者正变得越来越强词夺理这些现实情况。沟通工具、信息和观众的范围越来越广使得整合营销沟通势在必行。

——科特勒《营销管理》

科特勒认为,企业仅凭借一种或少数几种营销沟通工具已经很难再适应现在的营销环境和消费者需求,企业应该实施全面的整合营销沟通计划,这种计划可以通过对普通广告、直接反应、促销和公共关系等沟通方式进行评价和组合,并通过严密的信息整合,从而产生清晰、一致和最大化的影响。

就像整合营销传播之父唐·F.舒尔茨所说的那样:"整合营销沟通要求允分认识用来制定综合计划时所使用的各种带来附加价值的传播手段,如普通广告、直接反应广告、销售促进和公共关系,并将之结合,提供具有良好清晰度、连贯性的信息,使传播影响力最大化。"

科特勒强调,企业必须以一种360度的视角去审视消费者,才能完全了解沟通是如何在日常生活中影响消费者行为的。整合营销沟通的最终目标是使传播的影响力最大化,为了达到这一目标,不仅要选择合适的载体、精准的受众、优秀的创意,还要整合多种有效的营销手段。在互联网飞速发展、各种营销手段层出不穷的今天，只有真正做到整合网络与传统营销方式，线上线下相结合，才能让整合营销发挥出最大威力。

微软公司推广其 windows7 操作系统的案例就是一个整合营销沟通的例子。

微软公司于 2009 年 10 月推出其 windows7 操作系统。在推出当天，微软就联合湖南卫视《天天向上》打造了一期微软专题节目。在该期节目中，微软的才子佳人与湖南卫视当家主持汪涵同台演绎，科技人文交相辉映，引来业界一片惊叹。

《天天向上》是湖南卫视重磅推出的礼仪公德脱口秀节目，它以礼仪、公德为主题，但又非常娱乐。"平均每 3 分钟能让观众笑一次"是《天天向上》的目标，该节目在 2009 年 7 月，收视率已窜至全国第一。《天天向上》的忠实粉丝，绝大部分以青少年为主，是电脑的主流用户。连"不用电脑"的汪涵都能用、要用、爱用 Windows7，能释放出 Windows7 "易用"的信号。

在这期《天天向上》节目中，字幕频繁出现"微软"和"Windows7"的名称，强化微软和 Windows7 的品牌形象。不仅如此，在员工招聘和员工家中体验微软产品的环节，对微软的产品做了充分、深入的推介，使得 Windows7 操作系统的强大功能深入人心。此外，通过微软员工的才艺展示及微软总部各种活动等，形象地体现了微软创新、向上的企业文化。

微软与湖南卫视携手打造的本期节目受到了广大观众的好评，在网上引发热议。同时，微软联合腾讯、新浪等门户网站，在各大网站开设 Windows7 发布的专题——当然，《天天向上》的微软专题节目的视频点击率也随之飙升。

微软 Windows7 操作系统重磅出击，联合网媒、纸媒及电视等各路媒体与全国用户展开互动，不遗余力地为 Windows7 操作系统的面市做足了工作。Windows7 操作系统的销售自然旗开得胜，更重要的是，微软的形象也在此次多元化的整合营销传播过程中得到了显而易见的提升。

微软作为积极创新的互联网企业，在营销传播方式上也先声夺人，整合一切新兴媒体，最大限度地为自己的产品打开销路，可以说是整合营销传播的典范。

整合营销沟通的核心思想是将与企业进行市场营销所有关的一切传播活动一元化。整合营销传播一方面把广告、促销、公关、直销、企业形象设计、包装、新闻媒体等一切传播活动都涵盖到营销活动的范围之内，另一方面还要将统一的传播资讯传达给消费者。简单地说，整合营销沟通就是融合多种营销沟通方式，但用一个声音来说话，以实现营销目的、过程、目标、行动的统一性和一致性。

通过整合营销沟通，企业与现在的潜在顾客、现有顾客、员工、投资人、媒体、政府、社区、供应商、竞争者在所有关系利益人与企业的接触点进行一致性的互动对话，在每一个接触点传播利于品牌的一致性的讯息。整合营销沟通的互动性越高、越一致，品牌的形象就越鲜明，所有的利益相关者对品牌的忠诚度就会越高。

• 第二节 •
管理整合营销沟通过程

广告：渗透力、表现力和客观性

广告可以触及地理细分市场的不同消费者。它可以建立起关于产品的一个长期的印象或者引起急速的购买。广告的特性是：渗透力、表现力和客观性。

——科特勒《营销管理》

科特勒认为，广告不失为一种宣传、引导、劝说、刺激消费者购买的良策。现代的市场营销活动，不仅要求企业产出符合市场需要的产品，还要求企业要通过各种方式及时、充分地向消费者提供关于产品的信息，以引导消费者的购买行为。而广告正是企业开拓市场的先导，是提高企业产品知名度的强有力的手段。

在互联网时代，信息无处不在，广告也无处不在，越来越多的消费者对于广告已经有了疲劳感和抵触心态，广告要想增强其渗透力和效果，就必须有所创新。要让消费者爱上看广告，将看广告当成一种乐趣，这的确是一种挑战。有一家"乐够乐透"的网站就一直在做这样的努力。

"乐够乐透"是一家将广告当作主题内容的网站，它将各种"足够有趣"的游戏与广告融为一体，吸引用户找上门来，主动体验，让人们在娱乐中自动自发地接受广告。

"乐够乐透"的这种创意灵感来自于曾轰动一时的百万格子屋网页——2006年的时候，英国一位21岁的大学生亚历克斯·图创建了一个网页，他将网页分成100万个网格，每个网格以1美元售价卖给商家，短短4个月，这个创意让他赚到了百万美元。

"乐够乐透"从"百万格子屋"身上得到了启发。

对于大多数网站而言,广告都处于配角地位,是网站赢利的众多方式之一,而且广告普遍缺乏趣味性,商家投放准确度难以保证。

"乐够乐透"就给了自己一个独特的定位——以广告为主体的网站,其模式是:将广告嵌入到互动小游戏中。

一方面,吸引网民来点击商家的广告,完成一系列该品牌丢出的测试或游戏,在轻松愉悦中拿到免费奖品。

另一方面,在互动设计中推广商家品牌,并让商家获得这些对自己产品感兴趣的用户的相关信息。

"乐够乐透"网站首页上布满了广告产品的互动问答游戏、海报拼图游戏、找碴儿游戏等。譬如说,如果你喜欢SONY的数码相框,那么可以点击它的广告,参加游戏获得"金豆",就有可能得到这个相框。

再譬如,你想得到兰蔻的按摩乳液,就可以点击进入"兰蔻"的乐翻天拼图游戏,拼完以后,系统马上会告诉你能否得到这个市场价80元的产品。

这种模式既好玩,又能免费拿奖品,让用户乐此不疲,兰蔻这次活动中的1000个赠品一个月内全部赠完,而点击查看参与该活动的人数超过两万人次。

"乐够乐透"对投放广告的商家是按行为付费的,也就是说,每当消费者完成一次互动,网站就找商家收一份钱。这种模式比如今流行的按点击付费在精准投放和成本控制上更高一筹,资金的回报率明显提高。

因此,该网站的营销模式很快获得了商家的支持,包括中国移动、兰蔻、赫莲娜在内的高端品牌都陆续与"乐够乐透"合作。随着试用品、奖品的逐渐丰富,"乐够乐透"的网站拥有了价值千万元的赠品,网站人气也随之水涨船高。

在营销的世界里,广告是推销产品不可或缺的利器,一个成功的广告必须要能突出广告主体,要能给受众留下深刻印象,要具有创新性,同时还应做到简洁明了,能被不同文化背景的受众所理解并接受。像"乐够乐透"的模式,将广告与娱乐和实际的赠品联系起来,不仅缓解了消费者对广告的抵制与反感,更提升了广告的针对性与效果,它创造的这种广告模式,已经不再是单纯的独角戏,而是一种企业与消费者之间的双向互动,其效果自然超越普通的广告。

促销：激发强烈而快速的购买行为

> 公司使用不同的促销工具，如优惠券、竞赛、奖金等，激起一个强烈而快速的购买反应，包括一些短期的效果，比如让产品关注度更高以及提升下降的销售量。
>
> ——科特勒《营销管理》

科特勒认为，有力的促销能够激发消费者强烈而快速的购买反应。促销的好处在于：其一，它能引起消费者的注意，将消费者引向产品；其二，它能以让价、折扣、买赠、返还等方式刺激消费者；其三，它有着邀请的意味，邀请消费者做出购买决策，完成交易行为。

促销，其根本目的是促进销售，它需要在合适的时间、合适的地点，用合适的方式和力度，加强与顾客的沟通，促进顾客的购买行为。很多营销人员都听过这样一种说法："促销促销，一促就销，大促大销，小促小销，不促不销"，这从一定程度上体现出了市场对于促销的依赖。而事实也是如此，有这么一组数据，消费者有75%是冲动性购买，只有25%是计划性购买，消费者在最后的决策时刻很容易受现场的销售氛围、陈列展示、促销活动、服务水平等因素影响，因此，通过促销来增进产品的销售，是很多企业经常采用的方法或技巧。

然而，营销人员需要特别注意的是，促销只是一种辅助性的销售促进方式。如果频繁使用或使用不当，往往会引起消费者对产品质量、价格产生怀疑。因此，企业在开展营业推广活动时，要注意选择恰当的方式和时机。很多企业在促销的时候，过于关注促销所带来的眼前的经济效益，却忽视了促销给消费者所造成的感受。这样的促销，虽然能给企业带来一定的利益，但从长远来看，会严重伤害品牌与企业形象。

某饮料公司曾经举行过一次"喝饮料赢演唱会门票"的活动，活动方式为：消费者通过累计消费该公司的饮料产品，达到400积分，就可以换一张兑换券，然后用兑换券来换取演唱会门票。这个活动激起了广大消费者与乐迷们的极大兴趣。因为，这场演唱会云集了像花儿乐队这样的当红歌手与组合，是一场大家期待已久的音乐盛会，而该公司所定下的换领门票的条件也并非很高。结果，在这个活动的促进下，该公司饮料销量暴增。

然而，销量提升后，到了换取兑换券的环节，该公司却让消费者大失所望。

兑奖当天，上千名兑奖者提前一个小时就来到兑奖地点排起长龙等待兑奖，可是，该公司只兑换出去了几百张门票就停止兑换，而后又改为隔一个小时兑换一次，试图让没有耐心继续等待的人放弃，到最后干脆挂出了"门票已经没有，请拿每张兑换券换一瓶饮料"的牌子。消费者手中的几千张兑换券无法换到门票，这让在烈日下等待了数小时的消费者们情绪由焦虑变为了愤怒。

这次活动不管是厂家准备不充分，还是有意噱头炒作、欺诈消费者，最终都给该公司的品牌形象造成了严重的打击，销量迅速下滑，甚至引发了罢喝的风潮。

从这个案例可以看出，促销是需要全盘计划的，任何一个环节的失误，都可能让促销的成效大打折扣。要发起一场卓有成效的促销活动，企业必须先想清楚这样几个问题：

Why：为什么要进行促销？是打击竞争对手还是推动新产品上市？或者是为提高销量获取利润？促销之前，一定要明确目的，不要因为竞争者都在促销，就跟风而上，为了促销而做促销。

Where：在哪里做促销？是针对渠道商做促销，还是在卖场针对终端消费者促销？

When：什么时候做促销？这指的是促销的时机，是节假日，还是双休日，或者其他时间，时机是很重要的一个因素。

Who：谁来做促销？是厂家自己还是经销商，具体的促销项目涉及哪些部门，由谁来负责？谁来联系场地，谁来协调政府部门，谁负责促销物品的配送，谁负责现场促销的管理与实施，等等，都要做到"事事有人管，人人有事做"。

What：做什么内容的促销？是买赠，折扣，还是做路演或是抽奖，等等。

How：怎么做？促销的主题是什么，分几个阶段，每个阶段的关键点又是什么？

How much：促销的成本预算是多少？场地、人工、物料、样品、赠品、演出团体费用是多少，等等，同时还要估算促销所能创造的预期收入。

这些问题梳理清楚了，企业才能顺利而圆满地开展促销。并且，在促销活动结束之后，企业还必须对过程和结果继续进行评估与考核，以利于下一次促销活动的提升。一场促销活动必须遵循上述的规则，这样才能做到有目的、有计划、有步骤、有安排、有落实、有评估、有提升，才能进行得有条不紊、真正收到实效。

公共关系和宣传：树立企业的良好形象

　　一个考虑周全、有其他沟通组合配合的公共关系计划的效果会非常好，特别是如果一个公司需要化解消费者的误解的时候。营销人员必须学会运用公共关系和宣传。

——科特勒《营销管理》

　　科特勒认为，公共关系和宣传有助于树立企业的良好形象。它的特点在于，具有较高的可信度，与广告、促销等方式相比，通过公共关系和宣传所打造的新闻故事与报道更能让消费者觉得可信、可靠；此外，它还能吸引那些对广告和推销人员抱有戒心的消费者。

　　通过公共关系和宣传，企业不仅能让更多的消费者了解并熟悉企业品牌，同时还能借助这种方式去消除一些不利于企业的负面信息与事件。企业必须要考虑到公共关系事件对于社会的影响，对大众的接受度和参与度的影响。追求大众的关注度是理所应当的，但企业需注意，切不可伤害到大众的情感，知名度与美誉度缺一不可。

　　纽约时报曾经在头条刊登一则广告，引发了民众的热议，这则广告颇具冲击力——"Taco Bell 购买了费城独立钟"。Taco Bell 即塔可钟，是百胜旗下的餐饮连锁店，它在这篇头条中宣布："我们已经就购买费城独立钟问题与相关部门达成了共识。费城独立钟是美国最具有历史意义的文物。以后它要被称为'Taco 独立钟'了，不过美国民众依然可以轻松地观看它。我们的行为是希望唤醒其他公司也像我们一样为减少国家的债务承担一定的责任。"

　　这条消息好比一颗炸雷，人们很难接受这样一座有历史纪念意义的大钟改名，而且是改成一个餐饮店的名字。于是，成千上万的民众向位于费城的国家历史公园提出投诉与抗议。就在当天下午，Taco Bell 再次发出声明，这次，它却表示，上午发布的广告其实是和大家开的一个愚人节的玩笑。然而有 650 家报纸已经刊登了"Taco Bell 购买费城独立钟"的新闻，400 家广播也广播了此条新闻，7000 万美国公众得知了这条消息。

　　在这次愚人节的公关活动中，Taco Bell 借助一条假新闻，虽然扩大了自己的知名度，但是其美誉度却大受影响。

　　这个案例告诉我们，在运用公共关系和宣传这一方式时，要对其可能造成的影响有充分的考量，用得好，它能让一个品牌一夜成名；用得不当，它会使品牌搬起石头砸伤自己的脚。很多公司现在都认识到，公共关系与宣传的确是一种有效的营销方式，它甚至比其他营销方式都更有效，而且成本还可能更低。公共关系与宣传可以刺激顾客消费的需求，可以强化顾客的忠诚度，还可以帮助企业树立并维护良好的形象。

需要注意的是，对很多企业来说，公共关系和宣传常会走进这样的误区，那就是只是围绕进行产品营销、推出新产品或服务而设计的，却没有与企业形象战略、品牌战略挂钩。这样的公共关系与宣传更接近于一种营销上的作秀与新闻炒作，它换来的往往只有知名度而没有美誉度，或者说其塑造的企业形象不完整，只是在消费者眼前混了个"脸熟"，企业的产品品质、品牌却没有进行协同性的提高。这样的模式是不健康的。

公共关系与宣传是一种着眼于大局、远利的营销沟通方式，企业在做好这方面宣传的同时，还应该同时抓好产品品质、品牌的建设，两手同时抓，企业才能稳步健康发展。

节事和体验：创造与品牌有关的特别感受

节事和体验正在成为一种特定和更个性化的消费者生活的一段记忆。节事可以扩大和加深赞助者与目标顾客的关系，但需要适当的管理。如果要使节事营销组织得成功，必须选择合适的节事，设计节事的最佳赞助计划，并且衡量赞助的影响。

——科特勒《营销管理》

科特勒认为，一个经过仔细选择的节事体验，能让消费者充分置身其中，提高参与度，达成一种含蓄的、间接的"软销售"。节事营销一定要与企业的营销目标和品牌传播战略相匹配，同时节事传达的信息必须与品牌的受众市场相符合，必须令消费者愿意介入这些节事，这样才能在目标市场中创造预期的效果。

一个理想的"节事"应该具备这样的条件：这个节事所针对的受众是企业所期待的目标顾客，能够产生足够的影响力和号召力。该节事最好是独一无二的，能避开其他竞争者的干扰。它有助于辅助其他营销活动的展开，能反映或者提高品牌或企业的形象。

营销讲究一个"借势",从根本上而言,节事体验就是一种借势。节事对于消费者来说,总是有着独特的意味,在特定的节日或事件中,花钱消费,买个热闹,图个应时应景,这对消费者而言是很容易接受的。捕捉人们的节事消费心理,营销人员除了要制造促销现场的节事氛围外,还要去创造热点与亮点,才能最终实现热销。

针对不同节日,营销人员还应结合企业理念与节日文化塑造不同的活动主题,创造差异,设计企业独特的促销主张与促销诉求,把更多顾客吸引到自己的柜台前,营造现场气氛,实现节事销售目的。

譬如在七夕情人节,床上用品进行节事促销时,就可以布置成温馨浪漫的喜床风格,营造出浓厚的情人节气氛,同时也让企业的产品特色淋漓尽致地展现出来。

节事体验活动的关键在于如何让消费者觉得钱花得快乐、花得值得。这需要烘托气氛,从视觉、听觉、味觉、嗅觉、感觉来调动消费者的购买情绪,让消费者的节日情绪受到感染,甚至变得"不正常"起来,这样才能引爆节事体验的销售。

天猫(即原来的淘宝商城)在 2011 年 11 月 11 日"双 11 世纪光棍节"的营销就是一个值得借鉴的案例。在这个历史性的"光棍节",淘宝商城打出了简洁给力的营销仗——"全场五折!仅此一天"。这一天,几乎所有淘宝商城的工作人员都彻夜未眠,淘宝商城的官方微博不停地刷新着交易数据。截止到次日零时,淘宝商城订单数突破了 2000 万单,销售额突破了 33.6 亿元,淘宝网与淘宝商城总交易额为 52 亿元,这个数字是什么概念?它是"购物天堂"香港一天零售总额的 6 倍!

在我们身边,常常可以看到,每到元旦、春节、东西方情人节、五一、端午、十一、中秋、父亲节、母亲节等较有知名度的节日时,商家总是扎堆促销,这样的一哄而上,反而降低了促销的影响力,消费者会觉得,促销是理所当然的,少了很多新鲜感和刺激感。而淘宝商城的这个案例则表明,企业不仅要学会利用节假日,还要学会创造节假日。

出色的营销往往善用心理战术,如何调动消费者的购买欲望并让其转化为购买行为是营销的一个重要目的。"双 11 世纪光棍节"营销大获成功的原因就在于,它很好地抓住了消费者的心理。消费是可以被刺激的,消费者是可以被引导的。这就是节事体验的出发点。

第十一章 整合营销沟通：对话消费者

口碑营销：口口相传的传播力

口碑营销包括在线式或者非在线的很多种形式，有以下三个显著特性：信赖度、个人化和及时性。

——科特勒《营销管理》

科特勒认为，口碑营销是一种重要的营销方式，它的特性在于：其一，可信赖，口碑传播是发生在消费者群体之中的口口相传，很多情况下还是发生于彼此熟悉、彼此信任的人之间的，这使得所传递的信息更具有可信度，也就更能说服人、更具影响力；其二，及时性，口碑营销往往发生在人们需要某个信息，或者是在一些令人体验深刻的节事之后，这样传递出去的信息更及时、更具引导力。

口碑营销的好处是很明显的，一方面，它能让消费者替企业免费宣传，其可信度比营销人员自卖自夸不知要强多少倍，口碑营销甚至可以创造"立竿见影"的效果，消费者上午听亲朋好友介绍说不错，或者在网络上看到风评很好，很可能下午就会立刻去购买，这种效果是很多营销手段所难以比肩的。另一方面，则是几何级数的扩散，超乎想象的传播速度。拿报纸来说，如果发行10万份，平均每份传阅3次，覆盖量30万，这就已经很不错了；拿电视来说，在千万人口的城市收视率如果按5％算，覆盖量50万，也算不错的。而口碑传播会是什么样的效果呢？假使企业有3个初始的满意顾客，这3个人平均每人向他人传播3次，那么只要12层口碑传播就足以超越电视广告的效果。当然，这是在理想状态下，现实中，受各种因素制约，会打很大折扣，但从中仍然可以窥见口碑传播的威力。

怎样才能让口碑营销发挥出最大的威力和效果？这需要营销人员从这样几个方面去努力：

第一，提供有品质的产品和服务。品质是口碑传播的基石，产品与服务如果没有品质做保障，那么，不可能在消费者群体中形成广泛的口碑传播效应。即使有，那也是负面的传播，是终结品牌生命与企业生命的传播。中国的很多老字号，就是靠着扎扎实实做好品质，一点一点、一年一年积累口碑，最终成为让同类品牌望尘莫及的"金字招牌"。

第二，给新顾客留下满意印象。经营好了新顾客就等于为自己积累了一位老顾客，新顾客如果获得了完美的体验，有了超级满意的购物经历，那么，他不仅有可能会再次购买，而且还可能带动身边的人来消费。

第三，记住老顾客。这一点非常重要，要想让老顾客做口碑传播者，首先要让他满意。

美国的推销之神乔·吉拉德很推崇250定律，也就是在每位顾客的背后，都大约站着250个人，这是与他关系比较亲近的人：同事、邻居、亲戚、朋友。所以，在任何情况下，都不要轻易得罪任何一个顾客。

乔·吉拉德几乎每月都要给他的一万多名顾客寄去一张贺卡。一月份祝贺新年，二月份纪念华盛顿诞辰日，三月份祝贺圣帕特里克日……还有顾客的生日、顾客家人的生日、顾客买车的纪念日，等等。凡是在他那里买了汽车的人，都会不时地收到他的贺卡。乔·吉拉德没有忘记自己的顾客，顾客也没有忘记乔·吉拉德。比方说，仅在1976年，老顾客推荐而来的生意就有150单，占到了那一年乔·吉拉德个人销售成绩的三分之一，这一年里，为了维护这些老顾客，他付出的花费是1400美元，而从中收获的佣金却是75000美元。

要维护好老顾客，首先就应对其有足够的了解，乔·吉拉德的做法是，记下所有与顾客有关的资料，他们的孩子、嗜好、学历、职务、成就、旅行过的地方、年龄、文化背景及其他任何与他们有关的事情，了解够深，服务才能更加到位。乔·吉拉德能够连续12年平均每天销售6辆车，保持至今无人能破的世界吉尼斯纪录，与他善于经营老顾客是密不可分的。

乔·吉拉德的这些做法与经验对营销人员来说具有很大的借鉴意义。只有服务好了每一位顾客，让顾客获得超乎寻常的满意感，才能使顾客成为品牌的义务宣传员，也才能点燃口碑营销的这一把火。

个人推销：面对面的交互式沟通

个人推销是购买过程的后阶段中最有效的工具，特别是有助于建立购买者的偏好、忠诚以及行为。

——科特勒《营销管理》

个人推销，是指企业通过派出销售人员与一个或一个以上可能成为购买者的人交流、展示，以推销商品，促进和扩大销售。推销员是实现公司与消费者双向沟通的桥梁和媒介之一。科特勒认为，人员推销与其他的营销沟通方式相比，有三个显著的特性：

其一，交互式。人员推销能创造交互式的交流情景，双方能够充分地沟通。其二，有利于培养关系。推销人员与消费者通过面对面的接触与沟通，可以培养起双方之间的关系，这不仅仅限于注重利益的买卖关系，还可以升华为深厚的友谊。其三，即时反应。推销人员能够直观地观察到消费者的反应，也可以当场对一些问题拿出应对方案，最终促成现场成交。

推销人员在企业的营销活动、特别是促销活动中的地位和作用是不容忽视的。在消费者面前，他们就是企业的代表和象征，有现场经理、市场专家、销售工程师这样的称号。越是在竞争激烈、形势复杂的市场上，企业就越需要应变能力强、创造力强的开拓型推销员。

有的人认为，人员推销无非就是多磨嘴皮、多跑腿，把手里的商品卖出去，把顾客口袋里的钱赚回来。甚至有人认为推销跟骗术没有两样。事实上，人员推销是一种专业性很强的工作，是一种互惠互利的推销活动，它必须同时满足买卖双方的不同需求，解决各自不同的问题，而并非只注意片面的产品推销。

专业的人员推销不仅是卖的过程，还是买的过程，也就是说作为顾客的顾问角色，帮助他们购买产品。推销员只有将推销工作理解为顾客的购买工作，才能使推销工作进行得卓有成效，达到双方满意的目的。换句话说，人员推销不是推销产品本身，而是推销产品的使用价值和实际利益。顾客不是购买产品实体本身，而是购买某种需要的满足。推销员不是推销单纯的产品，而是推销一种可以解决某些问题的答案。从这种角度而言，人员推销是一种专业性和技术性都很强的工作。

对于推销人员来说，要达成的目的主要有三点：

第一，了解消费者对企业产品的接受情况以及市场需求情况，找出有可能成为购买者的目标顾客、潜在顾客。

第二，收集、整理、分析信息，并尽可能消除消费者对产品和推销员的疑虑，说服他们采取购买行动，成为产品真正的购买者。

第三，服务好顾客，维持和提高顾客对企业、产品及推销员的满意程度，并推动顾客进行再次购买，扩大销售机会。

人员推销虽然成本较高，但它可以完成很多其他的营销手段所难以达成的目标，它的效果往往是显著的。尤其是在销售性能复杂的产品，或者需要解决问题和说服他人时，人员推销可以说是一种最佳的选择。

·第三节·
广告：力求传播效果与销售效果兼得

一个完美的广告应该确保满足六点

为了增加营销沟通成功的可能性，我们需要增大每一步完成的机会。从广告的观点出发，一个完美的广告项目应该确保满足以下几点：

(1) 在恰当的时间、恰当的地点，将恰当的信息传递给适合的消费者。

(2) 广告要吸引消费者的关注，但是又不能将其注意力从目标信息上分散。

(3) 广告要恰当地反映出消费者对于产品和品牌的理解和行为层次。

(4) 广告要能从可满足和可传达的差异性和相似性角度定位产品。

(5) 广告要激励消费者购买该产品。

(6) 广告要能通过已有的这些沟通效果建立强烈的品牌联想，使得消费者在决定购买时能有印象。

——科特勒《营销管理》

科特勒认为，完美的广告要满足六点，一是恰当，无论是时机、地点、信息内容，还是目标对象，都要恰当；二是要将消费者注意力吸引到目标信息上；三是要能照顾到消费者对产品和品牌的认知与理解层次；四是要能体现出产品的差异化与相似性的特点；五是要能引导、刺激消费者购买；六是要能在消费者心中建立强烈的品牌联想，留下深刻的印象。

广告是一个企业营销沟通组合中的重要组成部分，是企业开拓市场的先导。一则好的广告甚至可以让一个品牌起死回生。相反，一则差的广告，不仅会给消费者造成误导，还会使产品落入无人问津甚至人人厌弃的困境。所以，企业必须要在制定合理的广告策略上下工夫，使自己的产品在同类产品中脱颖而出。

一个好的广告一定要能引起目标消费者共鸣，还要表达出一个直接、清晰的观点，有的企业在制作广告的时候，总是希望花出去的巨额广告费值得，因此总想着在一段仅仅几十秒的广告里放上几十条想要表达的东西，这样反而会造成信息传达的模糊，消费者很难记住你到底想说什么。此外，广告还需要在创意上进行比拼，只有在创意上战胜竞争对手，企业才更有可能让广告一鸣惊人，使产品深入人心，最终成为同类产品中的赢家。

曾经执掌美国福特汽车公司与克莱斯勒汽车公司的艾柯卡可以说是一名广告奇才，他巧妙运用广告力量，创造出骄人的销售业绩。他曾说过："做广告跟起标题一样，醒目是成功的前提。"他在福特公司时，为了打破当时汽车销售疲软的局面，在推出新研制的轿车时，艾柯卡就宣言："新车必须华丽时髦、引人注目……"为此，他专门请来广告代理商为新车取名为"野马"。这款新型的"野马"轿车问世当天，福特公司专门选择了2600家报纸刊登整版广告。用艾柯卡的话说："整版广告可以避免视觉噪音、引人注目。"在广告宣传配合下，"野马"车第一季度的销量就创下福特汽车公司历史上的最高纪录。

同样，另一世界知名汽车业巨子法国雪铁龙公司也有经典案例。该公司每年的广告投入高达9亿欧元，它最为令人称道的一次大手笔是在埃菲尔铁塔上做文章。它曾在埃菲尔铁塔上装上由霓虹灯组成的7个字母——CITROEN（雪铁龙），这一巨型霓虹灯广告共耗费20万只6种不同颜色的灯泡，所用电线长达600公里，这个广告即使在40公里之外都清晰可见。如此规模的广告在当时堪称举世无双，当时这独特的广告不仅在巴黎乃至整个欧洲都引起轰动，也使雪铁龙这一汽车品牌名声大振，深入人心。

雪铁龙公司的广告从策划到制作一般都要经过这样几个审慎的步骤：一是市场背景调查，明晰产品目前的市场定位、竞争者的情况以及本品牌的优势等；二是确定广告的主题和目标顾客群体，明确广告的类型；三是制作广告，确定对外推出的时机，并对广告样本进行评估确认。在广告正式与观众见面前，公司会邀请一些观众来充当"审片人"的角色，他们不是随意被抽选出来的，而是具有一定消费意向的特定的消费人群。通过这样的层层把关，才能从最大程度上保证广告的效果。

随着消费者越来越成熟，曾经的那种"一招鲜，吃遍天"的传播方式已经很难再行得通。单纯想要靠一条广告语，或者一个广告创意，或者一波广告投放，就打响一个品牌，几乎是难于登天的任务。企业要征服消费者，必须在广告上不断创新，从创意到发布都要精益求精。

广告之难在于"穿透混乱"，吸引消费者注意

广告饱和至极以及媒体的细分化使得新产品推介越来越复杂。在传递目的信息的同时，"穿透混乱"吸引消费者注意，成了最有创造力策略中的一个挑战。

——科特勒《营销管理》

科特勒认为，现在广告所要突破的最大难题在于"穿透混乱"吸引消费者注意。广告饱和已经是一个很现实的问题。一个居住在大城市的普通居民，平均每天要接触到大约2000个广告或信息刺激，而能给他留下印象的信息却只占极少的一部分。广告曾经是品牌建设最有效的方法和新产品渗透的原动力，但现在却面临着巨大的难题。对今天的企业来说，最短缺的资源不是资金，而是怎样想办法赢得最多、最广的消费者注意力。

在过去，广告是一种企业说消费者听的单向的沟通形式，而现在则大不相同。现在的消费者更喜欢自己来充当内容的创造者，而不是一个纯粹的观众，他们喜欢把自己的内容放在一个平台上和其他有志同道合兴趣的人一起分享。对这样的消费者来讲，如果企业现在还专注于做30秒的广告来沟通，这30秒的广告已经没有以往那样大的威力了，而且现在广告投放的价格越来越昂贵，同样是30秒的广告，5年、10年前所创造出来的影响力和现在创造出来的影响力不可同日而语。

现在的产品不断更新换代，你方唱罢我方又登场，同类产品的相似度很高。而广告的表现力就是要突出产品让人记住它。广告要想快速抓住消费者的眼球，最关键的是要能"穿透混乱"，将信息简洁、准确且富有创意地传递给消费者。

我们可以看一个沃尔沃（Volvo）的广告案例。沃尔沃是一家以安全性能卓越著称的汽车厂商。多年来，无论是何种形式的广告，还是公关活动，沃尔沃始终将"安全"放在品牌传播的首位。沃尔沃最值得称道的一则广告就是"安全别针"广告。

这则广告是这样设计的——在一个巨大的留白版面上，有一个用大型的安全别针曲成的一辆汽车外形，旁边是显眼的大标题——"你可信赖的汽车"。这则广告看起来极为简单，但却让人印象深刻，回味无穷。用曲别针来摆出汽车的造型，这本身就新意十足，而这种曲别针在欧洲被称为"安全别针"，消费者一看

到这个"安全别针"就会将沃尔沃汽车与"安全"联系起来。

这一广告摘得了当年戛纳国际广告节唯一的"全场大奖"（从所有参赛类别获得金奖的作品中评选出的最高奖），专家评委们给出的评价就是"最简单却最有创意"。事实上，沃尔沃的这则广告不仅简单有创意，更是强烈地凸显出了其品牌核心——"安全"。事实上，广告只需要清晰传达这一点就足够了，如果人们想要了解沃尔沃汽车的详细信息，他们完全可以从其他途径很方便地获取，而"安全别针"广告则强化了消费者对于这一品牌的认知。

第二年，沃尔沃推出的另一则同样以"安全"为核心诉求的广告再次摘取了戛纳之奖，这一则广告更富有温情，广告画面是一个酣然入睡、面带微笑的可爱婴儿躺在母亲的双乳之间。这则广告同样清晰传达出了"安全感"的理念。

从这两个广告例子中可以看出，沃尔沃的广告不仅富有创意，最重要的是，它真正做到了"穿透混乱"。它没有在广告中讲述历史传奇、制造工艺、驾驶感等，它多年来只围绕一个关键词，那就是"安全"。所以，沃尔沃才收获了如今的成果——消费者只要想到沃尔沃，第一印象就是"安全"，消费者若想买一辆"安全"的车，第一想到的品牌也就是沃尔沃。这就是最佳的广告。

制定广告方案要明确的 5M

在制定广告方案时，营销经理首先必须确定目标市场和购买者动机。然后，他们才能作出制定广告方案的五项主要决策，也就是 5M：任务，即广告的目标是什么；资金，即广告要花多少钱；信息，即广告要传送什么信息；媒体，即广告使用什么媒体；衡量，即如何评价广告结果。

——科特勒《营销管理》

科特勒认为，企业制定广告方案，必须理清楚 5M，具体来说，是这样的五大要点：

任务（Mission），也就是广告所要完成的目标、所要达成的特定的传播任务和所要达到的沟通程度。一个广告所要达成的目标可以大致划分为说明、说服、提醒、强化四大类。

说明型的广告，其目标是要告诉消费者有关产品的信息，为产品创造品牌知名度与了解。它通过向消费者介绍广告的性能、用途、价格等，以刺激消费者的初始需求。除此之外，说明型的广告还能达到纠正消费者对产品的错误印象，减少消费者畏惧心理,建立公司形象的目的。当一种新产品进入市场时,人们对它还不了解,市场上也无同类产品出现,因而广告的重点是向潜在消费者介绍产品,以及产品能满足消费者什么样的需要。

说服型的广告,当目标消费者已经产生了购买某种产品的兴趣,但还没有形成对特定产品偏好时,劝说广告的目的是促其形成选择性需求,即购买本企业的产品。劝说广告突出介绍本企业产品的特色,或通过与其他品牌产品进行比较来建立一种品牌优势。

提醒型的广告,有些产品在市场上销售多年,虽已有相当的知名度,但厂商仍需要推出提醒型广告来提醒购买者,不要忘了他们的产品。这是一种备忘性广告。这种广告有利于保持产品在消费者心目中的形象。像可口可乐虽早已具有全球的品牌知名度,但它仍要花很多钱在电视广告上,其目的主要是要提醒人们不要忘了它。

强化型的广告,其目的在于说服现有的购买者相信他们购买这种产品的决定是正确的,帮助消费者坚定信心,并引导他们重复购买,再次消费。

资金(Money),也就是广告要花多少钱。企业在制定广告预算时,要从以下的五个因素出发:

第一,产品生命周期。新产品往往需要投入大量广告预算以建立知名度,吸引消费者;而已经建立起来的成熟品牌所需的广告预算就相对要少一些。

第二,市场份额和消费者基础。市场份额高、品牌知名度高的品牌,其广告预算占销售额的百分比通常较低,而需要通过扩大市场增加销售来提高市场份额的话,那么,企业需要投入大量的广告费用。

第三,竞争与干扰。如果一个市场中有很多竞争者,那么,企业往往需要加大宣传力度,以便盖过市场的干扰与噪声,让消费者能够听得见企业的声音。

第四,广告频率。品牌信息传达给消费者所需要的重复次数,这在很大程度上会影响到广告预算。

第五,产品替代性。如果产品与同类竞争产品之间的差异化很小,那么,往往需要加大广告投放,以树立起有差别的形象。

信息(Message),广告到底要传送什么信息,如何将这种信息准确地表达出来,并给目标受众留下深刻印象,这是广告最关键的地方,也是最难的地方。

媒体(Media),广告制作出来了,选择什么平台来推出广告,也是一个不容轻视的环节。在选择媒体时,企业要考虑以下的几个因素:

第一,目标受众的媒体习惯。广告必须要让目标受众看到并记住,才能发挥其效力。因此,目标受众的媒体习惯直接影响到企业发布广告时的媒体选择。比方说，对年轻人群体来说，网络几乎可以说是他们的主战场，因此，如果企业的广告是针对这类群体的，那么，就不应忽视网络这个广告平台。

第二，产品特点。不同的媒介往往都有它们各自的独特优势，在表现力、形象化、解释力、可信度还有色彩呈现等方面各有不同的潜力。比方说，女性的时装广告登在彩色印刷的杂志上时最吸引人。而一些复杂的高科技产品，如果能够在专业的行业杂志上登广告，则会显得更有可信度。

第三，信息特点。举例来说，如果某个超市或商场在周六日将会举行大规模的促销活动，那么这样的信息最好能通过当地的广播、报纸或者公交地铁传媒来传播；而如果是包含有大量技术资料的广告信息，那么，可以考虑采用专业性的杂志或者邮件来发布广告。

第四，成本。不同广告媒体的价格相差悬殊，像电视广告的费用就很昂贵，不同的时段要价也大不一样，而报纸广告则相对便宜些。选择媒体时，要从广告的预算出发，控制好成本。

效果衡量（Measurement），企业投入大笔资金做广告，就必须要对广告的效果进行评估与衡量，以保证投入能收到相应的回报。现在越来越多的公司都在努力衡量广告支出的销售效果，而不再仅仅满足于对传播效果的衡量。

一个好的广告通常只强调一个销售主题

一个好的广告通常只强调一个销售主题。作为品牌定位的一部分，广告人应该依靠市场调研，确定哪一个是目标受众的最好诉求。

——科特勒《营销管理》

"一个好的广告通常只强调一个销售主题"，科特勒的这句话很有深意。广告大师罗瑟·瑞夫斯曾说，企业应为每一种品牌建立唯一的销售主张，并坚持这一主张。广告同样是如此。一个品牌、一个产品，可能的确存在多种优势，但并不是每一种优势都能成为很好的区别因素。

举个例子，有家公司是生产土特产食品的，他们的产品在当地销量还不错，现在公司决定全力拓展外地市场，为此，计划投放一定量的广告。在与专业的广告制作公司设计广告方案时，该公司负责人提出，关于他们的土特产品，有一个有意思的传说，可否加入到广告之中，制作方认为这个值得尝试。后来，该公司又提出，他们的产品曾经获过一些比较有分量的奖项，这个也应该加入到广告中去。

此外,他们的创始人是当地有名的青年创业先锋,很多品牌的广告中都会出现创始人或者研发者本人的形象,这家公司希望也能让自己公司的创始人出现在广告中。广告制作方听到这些要求,指出,如果按照这家公司的这些想法来做,那么制作出来的就不是广告片,而是纪录片了。制作方强调,该公司的产品的确产地好,文化底蕴深厚,拿过大奖,有过认证,但是,好的广告只强调其中最能打动消费者的一点,而且只要这一点被目标受众所接受,这个广告就成功了。

这样的例子在很多企业都能看得到。这些企业过于注重投资回报率,认为既然大笔投入做了广告,就应该尽量多传达一些信息,多多益善。可是,从消费者角度来说,一段广告,通常只能吸引他们看一两眼,有时甚至直接屏蔽掉,只有那些新鲜、有创意、有吸引力的广告才可能引得人们细看。而如果一则广告中堆了太多信息的话,不仅不能引起消费者的注意,还可能会因为广告内容的繁杂使人失去看广告的兴致,最终得不偿失。在信息泛滥的社会中,消费者的注意力是有限的,广告不是要将尽可能多的信息传递给消费者,而是要将最能打动消费者的某个信息集中地、强化地传递出去。

舒肤佳的广告一直以来宣扬的就是一种新的皮肤清洁观念,香皂既要去污,更要杀菌。它的电视广告,通过显微镜下的对比,表明使用舒肤佳的产品比使用普通香皂,皮肤上残留的细菌要少得多,以此突显其杀菌能力。纵观多年来舒肤佳的广告,无论广告创意如何变,演员如何变,情节如何变,但其广告所要表达的卖点永远不变,那就是有效抑菌。正是因为多年来持续不断地强调这一卖点,因此才使得舒肤佳这一品牌深入人心,使得其有效抑菌的理念深入人心。

除了舒肤佳,还有很多品牌所打造的家喻户晓的广告同样也是如此。比方说,高露洁牙膏的"没有蛀牙",雀巢咖啡的"味道好极了",还有奥利奥的"扭一扭,舔一舔,泡一泡",脑白金的"今年过节不收礼,收礼还收脑白金",白加黑的"白天吃白片,不瞌睡,晚上吃黑片,睡得香",等等,它们的共同点在于只专心地强调一个主题、一个特色。

广告表达得越多,主题就越模糊,一支模糊的广告是不可能给目标受众留下清晰的印象的。好的广告不在于说得多,而在于是否能将最有分量的一个主题说到消费者的心里去。

名人代言策略的优势与弊端

> 一个经过慎重选择的名人可以为品牌和产品吸引更多的注意，或者说名人的神秘性可以转化到品牌上。名人的选择至关重要。他（她）不仅要有很高的知名度和积极的影响，而且也要很适合这个产品。
>
> ——科特勒《营销管理》

科特勒认为，企业在选择名人作为品牌和产品的代言人时，要慎重选择。由于名人具有一定的公信力和偶像影响，消费者往往会对名人产生崇拜、信赖或者是消费观念上的追随心理，这种心理就是所谓的"名人效应"。企业可以利用消费者这种心理，来促进产品的销售，这是一种有效的"借势"促销手段。通常情况下，名人宣传的效果会远远大于一般的宣传效果。

代言人的最大价值是，通过一个熟悉的面孔让一个陌生的品牌被消费者快速认知。例如，刘德华让我们记住了金立手机，成龙让我们知道了霸王洗发水，安踏聘请孔令辉实现销售业绩翻番，特步借助谢霆锋捧红了烽火鞋，德尔惠聘请周杰伦成功转向时尚领域，等等。品牌与代言人之间的相互成就，耐克公司与迈克尔·乔丹是一个典型的例子。

耐克成立的早期，在美国运动鞋市场占据统治地位的是阿迪达斯、彪马和虎牌。耐克为了赶上阿迪达斯，历尽艰辛终于发明了自己的新式运动鞋，并为它取名"耐克"，这一年是1972年。也是这一年，耐克鞋首次在竞赛中亮相就让运动员取得了第四名的好成绩，但第一至第三名，依然由穿着阿迪达斯产品的运动员包揽，耐克决心向阿迪达斯学习。

耐克向阿迪达斯看齐，学习对手的看家本领——即瞄准运动员，努力同那些前途无量的运动员建立长期而密切的关系。每设计出一款新的运动鞋都耐心地征求他们的意见，然后免费送给他们试穿。在广告支出上，耐克也学着阿迪达斯进行大规模的投入。耐克还看准奥运会这块金字招牌，它承诺并兑现：凡是在奥运会上穿着耐克鞋取得金牌者，耐克将提供3万美元奖金。

耐克制造体育英雄神话的战略终于取得了成功。而成就这一神话的就是迈克尔·乔丹，尽管乔丹曾经是阿迪达斯的拥戴者，却毅然地投入了耐克的怀抱，这其中除了丰厚的代言费的原因之外，乔丹还被拥有自己的乔丹产品并能够在产品设计中施加自身影响这一承诺所吸引，而耐克也彻底地挖掘出乔丹的无穷潜力，成功地树立起了明星的高大形象。乔丹象征着清澈与坚定，他以一种近乎于神佛般的地位成了一位绝对的赢家，他是运动场上受人崇拜的全民偶像，购买他所代言的品牌和产品是对他最好的支持和拥戴。就像曾经的阿迪达斯一样，耐克也借助乔丹，将自己的形象树立成为"胜利者的品牌"。

耐克与乔丹之间的这一场"联姻"，双方都成了赢家。尤其是耐克公司，它进入了飞速发展的阶段，在很长一段时期内，耐克的百货商店、体育用品商店和经销商中的一半以上都要提前订货才能供应得上。耐克的市场占有率节节攀升，在短短几年时间内，就登上了行业霸主的地位。

代言人成就品牌的案例不胜枚举，一个好的代言人能够为企业节约百万甚至千万的营销费用。但是要注意的是，名人对于企业来说也是一把双刃剑，应该慎重行事，如果运用失当，其负面效应更不可低估。比方说，代言人在更新合同的时候可能会漫天要价或是拒签，而且就像电影和唱片一样，名人代言的活动往往花费巨大，却存在风险，有可能代言费花出去了，品牌仍然打不响。此外，名人也可能遭遇"雪藏"、"封杀"，甚至身陷绯闻、丑闻和各种尴尬处境，这些都会直接影响到他们所代言的品牌。所以，企业对名人代言应当有清醒的认识和把握。

值得一提的是，名人代言并非品牌塑造的唯一方式。品牌的提升是多方面的，这包括设计、生产、质量、市场等各个因素，代言人只是丰富企业的品牌语言、品牌精神、品牌内涵的一个补充，是一种"锦上添花"，对品牌提升起的是推动作用，而不是决定性作用。持续的产品创新、研发升级、管理变革甚至渠道拓展才是支撑一个优秀品牌的基础。

尝试新媒体，达到更好的营销传播效果

人们渐渐地不再投放旧媒体，也是因为旧媒体的效率在降低。未来会有一种整合的沟通方式，实现新旧媒体的平衡，推行一种"整合营销沟通"，媒体组合是为了支持产品组合与服务组合，在不同的点上触动顾客，带给他们高感触。

——科特勒接受《中欧商业评论》采访

科特勒曾经在一次采访中说，企业需要考虑新媒体给营销界和传媒界带来的巨大冲击，新媒体正在一点点取代旧媒体，举例来说，有家公司将原计划投放于旧媒体的广告预算的10%抽了出来，雇佣了一个精熟新媒体的玩家，这个年轻人

将公司广告和信息放上了 Facebook，在 Twitter 上联系顾客、开通博客，等等，他知道哪些方式能起作用，对那些有用的方式，公司再去追加 5% 的投入。这样做，既没有完全放弃传统媒体的努力，又全面地运用到了新媒体，双剑合璧，赢得最佳的营销效果。

现在，广告投放的媒介从早期单一的报纸，到图文声音一体化的电视，再到无孔不入的网络，多样化媒体的出现促进了营销方式的创新。特别是微博的出现，使得信息传播更加透明、丰富、迅捷。微博以良好的互动形式和病毒式传播的特点，一经开发问世便建立了广泛的受众基础，成为当前企业投放广告不可不考虑的新兴途径之一。

消费者接受信息的方式正在发生巨大改变。在以前的品牌传播中，消费者属于单向接受信息的一方，与企业、与品牌之间很少存在互动，而现在，互联网改变了一切，它让平时很难与品牌进行沟通的消费者可以通过网络与之直接对话，告诉企业他们想要什么，不想要什么，喜欢什么，不喜欢什么……互联网拉近了企业和消费者之间的距离，企业可以主动获得和使用一些互联网媒体和工具，了解消费者，与消费者互动、对话，最终与消费者构建关系。

现在的企业不光要向消费者传达讯息，还要调动他们的兴趣，让他们参与进来，通过和消费者紧密的联系和接触，带给他们真切的印象，促进人与人之间的交流、沟通与互动，而这些正是新媒体所擅长的。

就目前而言，虽然新媒体风头正健，但并不意味着传统媒体的退出。当前最行之有效的传播方式，应该是"推"和"拉"结合，是传统媒体与新媒体之间的相辅相成整合营销：先用传统媒体将产品或者信息"推"给消费者，再用新媒体将消费者"拉"到信息的周围，并引导消费者主动分享信息。

有报告指出，在生产消费产品的大公司的最高管理层和营销团队中，超过70%的人喜欢用整合营销传播作为改进它们传播影响的工具，而新媒体的兴起也让整合营销传播有了新的发展。譬如美宝莲的新媒体整合营销传播。

在2008年的各大城市的地铁、公交视频广告中，"美宝莲"的视频广告无疑是一大亮点。其主题为"Mabel（美宝）约会视频"，视频内容根据女主角 Mabel 约会对象的特质和美宝莲的睫毛膏色彩种类，分为四个不同篇章，并设计了"约会突发状况情境"来表现产品的"防水"特性。当目标受众观看完趣味十足的约会视频后，广告的最后出现了一条文字提醒："你觉得 Mabel 最适合和谁交往呢？"并在屏幕下方附上了投票的网址。

美宝莲的这一次广告片与以往截然不同的是，这次采取的是互动广告。除了互动视频广告之外，美宝莲还整合了多种传播方式，尤其是对新媒体的运用，它将Web2.0、博客、视频、手机、社交网站等整合了起来。视频广告最后的投票邀请将广告的性质由"接受"变为"交互"，并巧妙地将与消费者的沟通平台转移到了"网络"和"手机"。美宝莲选择了Web2.0网站POCO网作为投票互动平台，用户在这个网站上除了可以替视频主角Mabel投票选择男友外，还能欣赏"化妆视频"，体验"恋爱测试"，还可以了解更多美宝莲产品。POCO网的用户基数大、流量高，用户层年轻时尚，避开了门户、娱乐、视频等网站用户相对较为分散、人群广泛、互动度相对低等不足。

美宝莲花了较少的投资，整合了尽量多的资源，并且通过传统媒体、新媒体等多种传播方式的整合，达到了品牌传播效果的最大化和最佳化。

要实现良好的营销传播效果，就必须将传统媒体和新媒体整合起来。品牌的活化在内部而言是通过产品的不断创新来实现；而在外部而言，则是通过传播方式的不断整合来实现。现在的消费者眼球大多聚焦在三块屏幕上：电视屏幕、电脑屏幕和手机屏幕。目前，电视屏幕还是主导，是企业不能忽视的营销平台。而电脑屏幕和手机屏幕属于新媒体，企业应贴近新型消费者的媒体接触习惯，积极尝试类似微博这样新兴的传播方式。

·第四节·
销售促进：短期性的刺激工具

销售促进产生的是购买的激励

销售促进是营销活动的一个重要组成部分，包括各种短期性的激励工具，用以激励消费者和贸易商较迅速或较大量地购买某一特定产品或服务。

——科特勒《科特勒市场营销教程》

科特勒曾说："如果广告提供了购买的理由，那么销售促进则产生购买的激励。"也就是说，广告将消费者吸引了过来，而销售促进则帮助消费者创造了立即购买的理由。销售促进是一种短期性的刺激工具，它用来刺激消费者和贸易商迅速或较大量地购买某一特定产品或服务。

销售促进方式对消费者的刺激作用极大，即使原本对这个品牌不感兴趣，但看到破天荒一般的优惠活动，消费者也很有可能改变初衷，做出购买行为。

具体地说，销售促进从功能上区分的话，可以分为：

宣传型，主要是为了扩大企业、品牌以及产品的知名度，吸引消费者；上市型，主要是为新产品上市做铺排准备；上量型，主要是为了快速扩大销量；应对型，主要是为了抗击竞争对手；减损型，主要是为了清理库存或即将到期的产品，回笼资金。

销售促进从对象来分，则可以分为针对消费者的，针对中间商和批发商的，以及针对业务和销售队伍的。对消费者，销售促进要鼓励消费者更多地使用商品和大批量购买，要吸引未使用者试用，同时还要"挖墙脚"，吸引竞争者品牌的使用者。对中间商、渠道商，销售促进要吸引零售商经营新的商品品目，维持较高水平的存货，抵消竞争性的促销影响，建立零售商的品牌忠诚和获得进入新的零售网点的机会。对销售队伍，销售促进要激励他们寻找更多的潜在顾客和刺激他们推销商品。

销售促进的方法有很多，如样品、优惠券、现金返还、减价、赠品、奖金、光顾奖励、免费试用、产品保证、产品陈列和示范、购买折让、贸易展览会、销售竞赛，等等。企业在运用销售促进时，必须建立目标，选择工具，制订方案，预试方案，实施和控制方案，并评价结果。企业通过巧妙的销售促进，可以获得很好的即时效果，争取到那些因价格而止步的潜在客户。

销售促进既有利也有弊

大量使用销售促进有可能会降低品牌忠诚度，增加顾客对价格的敏感度，淡化品牌质量概念，偏重短期行为。

——科特勒《营销管理》

科特勒指出，销售促进被企业视为一种必不可少的营销方式，这是由内外部因素所共同影响的。从外部而言，销售促进能够帮助企业应对增加销售额的更大的压力；从外部而言，市场上品牌数量的增加，产品同质化严重，竞争对手频繁使用促销手段，消费者看重促销的利益，经销商要求更多的优惠，传统广告的效率和效果下降，等等，这些都促使企业谋求通过销售促进来实现突破。

尽管销售促进能给企业带来一些现实的利益，但科特勒同时也指出，销售促进存在着一些弊端，其一，销售促进活动可能会降低消费者对品牌的长期忠诚度，因为很多消费者会对促销形成依赖感和习惯性，他们更关心优惠，而不是品牌。其二，某些销售促进方式可以刺激渠道商，但它们很可能会得寸进尺，要求更多的优惠、额外的折让，这是企业所不乐意看到的。其三，销售促进费用实际上可能要比预想的更为昂贵，而且销售促进的一部分支出不可避免地浪费在了非目标消费者身上。最后一点，不同的企业在进行销售促进时，经常会相互模仿跟随，这导致了同质化现象，造成了促销喧嚣的局面，就像广告喧嚣一样。企业必须要克服这种促销混乱，使用更吸引人的方式来打动消费者。

降低品牌忠诚度，这是销售促进所带来的最大隐患。如果某个品牌经常靠价格来促销的话,消费者会认为它是廉价的品牌,于是会习惯于只在大减价时去买它。销售促进主要吸引的是那些追求交易优惠的消费者,这些消费者只要能获得交易优惠就会转换品牌,因此,销售促进不大会在成熟的市场内争取到新的和长期的购买者。而对于原本忠诚于品牌的购买者来说,他们不会轻易地由于该品牌的竞争者采取竞争性的促销就改变他们的忠诚,但是,如果他们所忠诚的品牌不停地打折、减价,他们的心理上会受到伤害,会对这个品牌产生怀疑和不满。这也就是说,频繁的销售促进很可能使一个品牌失去原有的忠诚用户,同时,还无法赢得那些新用户的忠诚。

对于名牌产品,特别是高档的奢侈品牌来说,销售促进对品牌的伤害尤其大。试想,如果 LV 满大街都在卖,打八折,打五折的话,那么,这个品牌的形象和价值很可能会遭遇毁灭性打击。有研究称,一个有名的品牌如果有 30% 以上的时间在打折,那就很可能存在着危险。这些优势品牌只能偶尔地、小幅度地运用销售促进。

通常来说,销售促进对于市场份额低的企业是比较有效的,这些企业负担不起可与市场领先者匹敌的大笔广告宣传费。如果它们不提供交易折让就得不到售货货架,不给予消费者刺激就吸引不来购买者。所以,弱小的品牌通常用价格竞争来设法提高其市场份额。

企业在实施销售促进时要注意这样几点:

第一,非常规销售促进一定要找到让消费者信服的"借口",比如说在春节促销,会让消费者感到一年才有一次,机不可失。

第二,销售促进形式要有变化,让消费者感到这一次与以往的活动有所不同,才会吸引消费者关注的目光。

第三,让利幅度应该控制在合理范围以内,要维护自身品牌的价值感和利润空间。

第四,通过相对让利幅度让消费者感觉实惠。感觉实惠不等于越便宜越好,不要盲目与其他品牌比较,而要将注意力集中到品牌自身,这也可以避免陷入促销混乱的泥潭。

第五,销售促进频率控制得当。销售促进失败的原因,不是力度不够,而是频率和节奏紊乱。适当的频率可以让销售促进更有价值感和吸引力,不至于让消费者麻木而不予关注。

销售促进在短期内可以激发人们的购买热情,使顾客尽快地了解产品。但是，大量使用这种方法会削弱顾客的品牌价值感。所以，有志于打造品牌的企业要兼顾销售提升和品牌价值的塑造与维护，不能像游商走贩一样仅考虑销售回款，抛售甩买。

针对消费者的销售促进工具

针对消费者的销售促进工具有：样品，优惠券，部分现金返还，降价，赠品或礼物，频率奖励，奖品，光顾奖励，产品保证，一体化销售促进，交叉销售促进。

——科特勒《营销管理》

科特勒指出，企业通过刺激型的促销方式，可以吸引新的试用者，可以奖励忠诚的顾客，还可以提高偶然性用户的重复购买率。对销售促进反应最敏感的是那些在多个品牌之间频频转换的消费者，他们寻求的就是低价格、大优惠。销售促进能够吸引他们购买，但却很难让他们成为忠诚的品牌使用者。

针对消费者的销售促进工具有很多，常见的类型有：

样品。免费提供给消费者或供其试用。可以邮寄、送上门或在商店提供。赠样品是最有效也是最昂贵的介绍新产品的方式。为了让顾客认识并使用的产品，营销人员常常开展免费试用活动，让消费者免费享受企业的商品或服务，获得消费者的好感，以期培养他们作为企业长期的忠诚顾客。

优惠券。是一个证明持有者在购买某特定产品时可凭此券按规定少付若干金钱的凭据。优惠券可以有效地刺激成熟期产品的销售，诱导对新产品的早期使用。优惠券上一般印有产品的原价、折价比例、购买数量及有效时间。顾客可以凭券购买并获得实惠。

部分现金返还。像"满300减30"、"满100送20元下次消费用的抵价券"等，就是现金返还的例子。企业在返还时很少会直接返现金，而是会尽量吸引用户下次使用时享受折扣或优惠。

降价。让消费者可以在商品标签或商品包装的标价上以一定的折扣购买商品。像"打八折"、"减50"等就是降价的例子。

赠品或礼物。赠品促销是现代商业活动中常见的一种产品促销手段，也是广大商家采用的主要促销方式之一。当顾客买一件产品时，赠送另一件相对成本低廉或免费的物品作为购买的激励。赠品最好与产品具有一定的相关性，这样可以让产品及品牌给人更深的印象与联想，比方说买套装送领带、丝巾，买牙膏送漱口杯，买沐浴露，送沐浴球，等等。

频率奖励。这是指根据顾客光顾的频率和购买公司产品或服务的频率提供相应的奖励。比方说，有的商店会给顾客办会员卡，顾客购买得越勤，消费金额越大，获得的奖励就越多、越丰厚。

奖品。顾客购买产品后，可以参与抽奖，或者直接获得一些奖品。

光顾奖励。有的商店为了积聚人气，增加客流量，会给予光顾奖励，顾客只要到店里看看产品或者购买产品，就能获得某些礼品。

产品保证。这主要是从售后的角度来说的，为了让顾客买得放心，用得安心，企业做出一些特别的承诺与保证，比方说，在某一段时间内，如果产品出现了问题，可以包退包换等。

一体化销售促进。这是指两个或多个企业或品牌联合起来，采取减价、优惠或其他活动以促进销售。

交叉销售促进。指的是两个非竞争的品牌联合起来，相互之间进行推广，像可口可乐和麦当劳、百事可乐和肯德基，就属于这样的形式。

有的企业认为，只要在销售促进上加大投入，那么就没有必要再花钱做广告推广了，其实不然。有研究表明，单纯地进行促销，销售量提升15%；当与广告相结合时，销售量提升19%；当与广告还有终端陈列相结合时，销售量提升24%。所以说，为了吸引更多消费者、扩大销售量，企业应该将销售促进与广告和其他的营销方法结合起来，综合运用。

针对中间商的贸易促进工具

制造商可以使用一系列的贸易促销工具。制造商在贸易促销上耗资有四个原因：用于说服零售商和批发商经销制造商的品牌；用于说服零售商和批发商比平时多进货；用于使零售商通过宣传产品特色、展示以及降价来推广品牌；用于刺激零售商和推销人员推销商品。

——科特勒《营销管理》

科特勒举出过一组数据：企业用于交易促销，也就是针对中间商的资金

(46.9%）要多于用于消费者促销（27.9%）和媒体广告（25.2%）的费用。这从某种程度上也呼应了营销界盛行一时的"渠道为王"的说法。在渠道中间商环节投入大量资金进行销售促进，首先是为了获得中间商的支持，打通渠道，让中间商愿意经销企业的产品；然后，是为了让中间商分销更多；再进一步，则是为了在中间商那里为产品争得更好的销售环境与支持。比方说，重点推广、显眼的陈列位置等。

谁掌握了终端，谁就有更大的话语权。渠道中间商就是这样一个掌控终端的角色，这也就使得中间商在制造企业面前有了更多的谈判底气。他们要求更低的进货折扣，要求更多的促销资金，要求各种各样的优惠。有的中间商甚至暗地里窜货，将一个区域的产品转移到更有"赚头"的另一个区域，成为市场的一个很大的不安定因素。如果中间商的要求得不到很好的满足，制造企业的产品就很难打通通向终端用户的渠道。

针对中间商的销售促进主要有以下几种方式：

折让。几乎所有的制造商企业都会采取折让的方式激励中间商，这也是最有效的激励方式之一，像购买折让、销售额折让、回款折让，等等，它们能刺激中间商多进货、多销货、快回款。

广告宣传激励。制造商企业为了提升中间商的销售额，增强其分销产品的信心，通常会在一些有影响的媒体平台上，由厂家出资进行广告宣传，或者也可以由制造商下拨经费给中间商，由中间商来进行广告宣传。

特别的赞助。这里所说的赞助并不一定限于钱物。制造商可以对中间商进行财物上的补贴和支援，同时，还可以协助或者联合中间商举办技术交流会、产品展销会等，以传递产品信息，扩大市场影响力。此外，制造商还可以帮助中间商培养营销、管理、技术等方面的人才，扶助中间商的成长。

提高中间商的经销地位。如果某些中间商做得特别出色，制造商可以允许其使用厂家的品牌，成为某地区的特约经销商或者总经销商，以享受厂家更多的优惠政策。制造商往往会根据中间商的规模、实力以及表现来划分层级，不同的层次享受到的优惠政策是有较大差别的。提高中间商的经销地位，实际上就是在提升中间商的潜在收益，这能产生很大的激励作用。

销售竞赛。制造商可以发动中间商参与销售竞赛，对于完成销售额成绩最为突出的中间商给予现金或实物奖励，这种方式可以极大地提高中间商的推销热情。

附赠品。制造商可以向中间商赠送相关的设备或广告赠品，像陈列货柜、广告宣传册、海报、促销赠品、电子秤、日常办公用品，等等，都可以作为附赠品。

负激励。这是在最糟糕的状况下使用的方法，如果制造商做了一切努力，个别中间商仍然表现消极，业绩上远远不如其他的中间商，那么，制造商可以给予惩罚作为负激励策略，典型做法有降低经销级别、降低优惠政策、取消经销资格，甚至终止合作等。

需要注意的是，这些销售促进举措都应遵循两个前提条件，一是中间商将产品成功地销售给了最终消费者，二是中间商增加了产品的配销数量或者增加了它们的货架空间。针对中间商的销售促进，能够强化产品在市场中的竞争力，能够配合中间商对消费者促销活动的开展，从而改善并提升销售局面。

针对业务和销售队伍的促进工具

公司投入大笔花费用于业务和销售队伍的促销，主要是为了达到下列目的：收集有关业务信息和情报，加深顾客印象，奖励客户以及激励销售人员努力工作。

——科特勒《营销管理》

科特勒指出，业务和销售人员直接同目标市场的顾客建立联系，传递信息，促进商品和服务销售的活动。他们具有亲切感强、说服力强、灵活性强、反馈及时、竞争性强等显著特点。他们能实现的功能有：销售功能、宣传功能、协调功能、服务功能、反馈功能和评价功能。

业务和销售队伍是促进企业成长、扩大市场份额以及提高获利能力的关键因素之一。有数据表明，大多数的消费品公司在销售队伍的成本投入占到其销售额的7%，更有20%的交易与促销方面的费用是被销售部门用掉的。

在激烈的竞争环境中，拥有一支有能力又高效率的业务与销售队伍去争夺市场份额，去打通渠道，去推进促销活动，这对于一家企业来说太重要了。中间商越来越壮大，他们比以往更加在意产品类别的动态变化、产品利润率、销售速度、广告宣传、消费者行为等，他们要求供应商企业做得更好，而这些需要业务和销售队伍来达成。

针对业务和销售队伍的促进工具主要有：

贸易展览会。在很多行业里，一般都会有年度的商品展览会或者行业的集会。企业需要抽出一部分营销预算用于这些展览会或集会。一次展览会所吸引的参观者少则几千人，多则几万人，企业能从中找到新的业务集会，能够维持与老顾客的接触、推介自己的新产品、开发新客户资源，还可以实地向现有的顾客销售产品，同时，也可以通过广告宣传册、样品展示、视听材料、用户体验等途径来说服并教育顾客。

销售竞赛。销售竞赛是一种业务团队与中间商均可参与其中的竞赛，其目的在于激励业务团队和中间商提升销售额，给企业创造更多的利润。很多企业都会将目标市场按照地理区域进行分区，然后让不同区域的销售团队进行比拼，营造一种你追我赶、积极向上的氛围，最大化地激发出团队的士气和潜力。

纪念品广告。在拜访顾客或者与顾客打交道的过程中，业务人员有时候需要向顾客赠送一些有用的但价格不贵的物品，或者是与产品相关的资料与广告，以增进与顾客的关系，让顾客对企业和产品多一些了解。这些纪念品与广告能够给顾客留下较深的印象，加深好感，从而帮助业务人员更好地达成销售。所以，企业应在纪念品广告方面给业务团队以支持。

培训与指导。业务和销售队伍的专业与能力，直接影响着销售的业绩，同时也代表着企业的整体形象和水平。提升业务团队的能力，就等于是在为提升企业的销售额打基础。所以，很多企业都非常重视业务团队的培训与辅导，通过这种方式来帮助业务人员和整个团队的成长，这样团队才会在市场拼杀中表现得更加出色。

业务和销售队伍是公司最具生产力和最昂贵的资产之一。打造好这样的一支力量，企业才能以更强的实力争取更大的市场份额。

销售人员是公司与顾客之间的纽带

销售人员是公司与顾客之间的纽带。对许多顾客来说，销售代表是公司的象征，反过来，销售代表又给公司带回许多有关顾客的有用信息。

——科特勒《营销管理》

科特勒指出，在旧的观念里，销售队伍就是"销售，销售，再销售"，而后来，这种观点有了变化，销售人员不再是单一的销售"工具"，而更像是公司与顾客之间的纽带。他们帮助顾客分析问题并拿出解决问题的建议和方案，向公司反馈市场情势与顾客的需求及意见，努力使得公司和顾客站到同一条线上，成为"分享利润的合伙人"。

人员销售是促销组合中一种人与人之间直接接触进行推销的方式，销售人员的任务就是充分运用各种推销策略，想方设法推销现有的产品，寻找顾客，取得订单，达成交易。人员销售是一种有效的销售推进方式。正如科特勒所说，在很大程度上，促销人员代表企业的形象，能够面对面地争取到顾客，促成购买行为，具有较强的促销效果。

人员促销的最大优点就是通过与顾客面对面的交流，根据不同潜在顾客的需要、购买动机、态度和反应，及时发现问题，有针对性地采取相应的推销策略，诱发顾客的购买欲望，及时促成交易。在人员促销中，推销人员代表企业与消费者进行面对面沟通，可以融洽双方的感情，使双方由单纯的买卖关系发展到建立浓厚的友谊、彼此信任，相互间建立起良好的人际关系，更有助于后续产品的促销。

但人员促销也有其缺憾，例如成本高，需要的时间长，销售的面较窄，对推销员的素质要求较高等。企业可将人员推销与其他营销方式结合应用。常用的人员推销方式有：一对一推销，即一个推销员当面或通过电话与某个顾客进行交谈，向其推销产品；个对群推销，即一个推销员向一个采购小组介绍并推销产品；群对群推销，即一个推销小组向一个采购小组推销产品；会议推销，即推销人员或推销小组同买方举行洽谈会，共同探讨有关交易的问题；研讨会推销，即通过召开由企业技术人员向买方技术人员介绍某项最新技术的研讨会，让客户了解本企业的最新研究成果，促使其购买本企业产品。

由于人员促销是推销人员直接面对消费者，一方面，推销人员可以向顾客介绍产品本身以及与商品有关的信息，以激发其购买欲望，促进产品的销售；另一方面，消费者也可以向推销人员咨询各种信息，同时，推销人员可以把从顾客那里收集了解到与本企业及产品有关的信息如竞争者的各种情况、市场新动向、顾客意见等，反馈给企业，便于企业及时调整广告推进策略。好的销售人员能够帮助企业开拓市场，培养顾客忠诚，因此，科特勒提醒企业应该培训大量的销售人员并通过各种方式激励他们。

销售队伍的工作要获得成功，中心问题是选择高效率的销售代表。优秀的销售人员对公司、产品、客户、竞争对手、经管地区和职责都有着深刻、清醒的认识，他们以其专业性和细致周到的服务力，深得顾客信赖与喜爱。现在越来越多的企业评判销售代表不仅看他们的销售量，而且看他们创造顾客和利润的能力。企业的销售经理必须对企业的销售岗位进行分类，明确各个岗位的任务与性质，然后再考虑在相应的岗位上应当安置怎样的销售人员，这样才能使销售人员的才能得到充分的发挥。

第十二章

混沌常态下的管理和营销

·第一节·
新商业时代：混沌成为新常态

衰退和动荡永远是两面的双刃剑

衰退和动荡永远是两面的双刃剑。一方面是威胁，另一方面是机遇。有一些公司说动荡是一个机会，来增长我们的企业。而这些企业是受益于一些其他的公司无法增长，因为我们的这种平衡被打破，在打破之后对一些公司意味着机遇。

——2009年科特勒启动天阶计划的演讲

科特勒认为，现在的企业之所以要面对更多的动荡，有两个主要的因素，一是全球化越来越明显，对于公司来讲，它会得到从国外提供的供给，他们也向国外提供产品，贸易大，干预也多，尤其是对供应链而言。而这一点可能会伤害到一些公司。另一个则是数字化，在数字化时代里，信息传播是极快的，有好消息，也有坏消息，都是同样的快速。而结果是，每一家公司都在一个锅里面，都面临周围那么多注视的目光和耳朵。无论做的是好事还是坏事，都会快速地传到千里之外，这样一些糟糕的消息有可能会破坏公司的均衡，因此企业要保持敏感性，时刻关注周围的环境。

动荡给企业带来了两大影响。一是冲击，企业为此要做好防御；二是机遇，需要靠企业自身挖掘。危机对于大多数企业来说是"危"；但对少数企业来说，却是"机"。危机中，一个强大的企业能借机打败竞争对手，甚至能以极具优势的价格将对手吞并。一旦你的企业保留了关键成本，而你的竞争对手全都没这么做，那么你的机会就来了。

确实，对于某些公司而言，经济危机带来了发展的好机会。

在经济危机降临的 2008 年，当许多实体零售店和大卖场对消费额的大幅下降叫苦不迭时，亚马逊购物网站却对外宣称："2008 年的假日销售是迄今为止最好的，销售订单增长了 17%。"在其最畅销的产品中，不乏任天堂的游戏机、三星电子的 52 英寸液晶高清晰度电视机和苹果的 iPod touch 音乐播放机等高端消费品，摩根大通还将其股票评级由"中性"调升为"增持"。

这样的例子还有很多。借用巴菲特的一句投资箴言来说，就是"在别人贪婪的时候恐惧，在别人恐惧的时候贪婪。"在危险中发现机会，创造机会。"强者愈强，弱者愈弱"，在危机与动荡面前，有人叫苦不迭，有人却能沉稳应对，更有人借机扩张发展，上演了一场实实在在的优胜劣汰。

丁磊曾说："有危机，才能形成超越危机的商机。"危机，危机，危中有"机"，机会是你的，也是我的，归根到底是属于有准备的人的，能否抓住，就看谁准备更仔细、更有决断和更积极主动了。

成功让人麻痹，而混沌让人睁大双眼

成功是你的敌人，成功使得我们慢下来，因为一切都非常不错，只有当出现问题的时候，我们才真正睁大双眼。中国常说当暴风雨来临之时一些人忙于修葺城墙，但是一些人在建厂。建墙显然不能增加价值，但是把暴风雨通过能量建成风厂是明智的做法。因此在一个衰退当中是否有最好的策略，它取决于这个公司有怎样的实力和优势。

——2009 年科特勒启动天阶计划的演讲

居安思危是提升企业持续发展的动力能源之一。现在，许多企业都处于成长期或平稳发展期，太平盛世最易让人放松警惕、懈怠不前，但市场是瞬息不变的。在变化中求生存、求发展的企业必然要求它的员工有积极创新的意识和开拓创新的能力。

从某种意义上来说，成功是企业的一种包袱，一个企业若是以行业老大自居，就会失去创业期的进取精神，丧失应有的危机感，故步自封。我们都知道"温水煮青蛙"的故事，由于很多企业，特别是在这个领域已经做到领导地位的企业，赢利和福利水平在行业中都是不错的，员工流失率比较低，只要不犯大错，基本就能安稳地工作下去。在这样一个大家都认为非常舒适的环境中，大多数人没有意识到危机的来临，一些本来不符合企业文化和核心价值观的现象在大家的舒适区中反而形成了主流文化和价值观。很多人都隐约意识到有不妥的地方，但是没有人真正想去改变，或者是做些什么来影响到最后的结果，因为竞争的残酷和个人的生存环境没有突然恶化到威胁自身利益的状况，所以满足于现状是最好、最安逸的选择，就跟在温水中的青蛙一模一样。

大到一个国家，小到一个组织、一个企业乃至个人，没有生存的危机感，自然会懈怠、轻敌，最终被残酷的现实淘汰。当企业在高处沾沾自喜的时候，竞争对手可能已经在做情报收集研究并详细分析，吸收经验并发展新技术，急速发展壮大。当企业察觉时才惊讶对方跟自己攀上行业同级别水平甚至更上一个新的台阶，那时候，一切都为时已晚！也许企业目前的发展确实顺风顺水，某些技术等优势高出其他同行竞争者，但是企业不能因此而忘乎所以，停止继续发展的步伐。

任正非在警示华为的员工时曾说："冬天已经不远了，我们在春天与夏天要念着冬天的问题。有些事情对别的公司来说不一定是冬天，而对我们的公司可能就是冬天，我们的冬天可能来得更冷、更冷一些。你有没有在春天和夏天就念着冬天的问题呢？有没有做好应对市场变化的准备呢？"

作为企业，绝对不能被暂时的繁荣所迷惑，也许繁荣的表面掩盖了许多我们不曾注意到的问题。同时，客观的自然规律表明，繁荣的背后就是萧条。然而危机的存在是必然的，而且来临时，是无声无息的。这就要求企业时刻保持高度的危机感与紧迫感，既报喜又报忧，变压力为动力，不断变革创新，不断提升猎食的技能，提高企业的效率，以便在日益激烈的竞争中立于不败之地。

"骄兵必败"这四个字已有无数案例故事作为验证参考和总结教训。因此，企业在保持自身竞争力优势的同时，更要着眼于广阔的市场环境，时刻保持居安思危的心态。一方面不断地审视自身所处的环境和关注收集竞争对手的发展情况，适当进行竞争情报调研；另一方面着眼于自身经营、管理、素质等内部情况以及外部环境关系的处理，防患于未然。

居安思危能让我们更冷静、清醒地面对现状，预测下一步的计划。同时，面对现实社会激烈的竞争现状，一旦懈怠，就意味着退步。只有企业整体保持对同类竞争与社会发展的高度敏感性，才不会降低企业的效率，使企业一直保持高效的运转，拥有旺盛的生命力。

第十二章　混沌常态下的管理和营销

企业存亡关键在于发现动荡、预期混沌和管理风险

现在以及将来，企业拥有和生产什么远远不及企业发现动荡、预期混沌以及管理风险的能力更为关键。

——科特勒《混沌时代的管理和营销》

动荡产生的速度快得惊人，使许多企业猝不及防，以至在动荡带来的混乱面前异常脆弱。进入这一新时代后企业会面临巨大的机会，但也会有重大的风险。虽然商业动荡不可避免，但是企业可以选择自己面对动荡的方式：它们可以航行于动荡之中，也可以陷入动荡的泥潭；它们可以忽视或抵抗动荡带来的混乱，同时设法坚持并生存下来；也可以先人一招，将动荡的力量为己所用。

事实证明，优秀的企业可以在经济动荡甚至长期衰退的恶劣市场环境中生存下来。而要在恶劣的市场环境中生存下来，很重要的一点就是企业要有一个抵御风险的预警系统。企业必须培养、制定能够快速发现并预测自身环境中动荡的技能、系统、程序和方法，并从随后出现的混沌中确定自身的缺陷和面临的机会。企业必须明智、慎重而坚定地进行应对。

马云曾说："嗅不到冬天味道的 CEO 不是合格的 CEO。千万不能弄到形式不好的时候改革，下雨天你要修屋顶的时候一定麻烦大了。所以阳光灿烂的时候借雨伞，修屋顶。我记得我们比别人先动了一下，果然，后来（2001 年）互联网冬天到了，所有投资者开始收的时候，我们突然发现自己还有 2000 多万美金。你每一天做企业都是在做冬天。我坚信今天很残酷，明天更残酷，后天很美好，但是绝大部分死在明天晚上，没机会。"

马云不仅如此说，也真正地做到了这一点。无论阿里巴巴多么成功，在股市表现上如何风光，马云始终保持着强烈的危机意识，保持着对"冬天"的警醒。正是他对互联网大形势的精准判断和对危机的时刻提防，使得阿里巴巴一次次从"冬天"中熬了过来。

2000 年，马云第一次预感到了"冬天"的到来，他说，当时听说中国一个星期诞生 1000 家互联网公司，他马上警觉起来，并宣布公司处于高度危机中。他认为，"中国不可能一个礼拜有 1000 家互联网公司诞生，如果这样的话，可能一个礼拜就有 1000 家互联网公司倒闭"。

在大多数企业尚未感受到"寒意"之时，马云已经开始采取行动应对即将来临的互联网"寒冬"。阿里巴巴及时刹住了扩张的脚步，开始大规模撤站裁员，办事处由原来的10个砍成3个，原来工号100以内的老员工裁掉了一半。马云这样形容当时的状况："2000年我们已经进入冬天了。我们把西部办事处关了，美国办事处很多人我们都请他们离开了，香港办事处很多人也离开了。

2001年，有一次挺低沉的，在长安街上走了15分钟，那天下午回到房间里睡了2小时，然后起来说：重新来过！"

2001～2003年，在这漫长的"寒冬"里，马云带着阿里巴巴人开始大搞阿里企业文化、组织结构和人才培养建设，这三件大事被马云称为"延安整风运动"、"抗日军政大学"、"南泥湾开荒"。"延安整风运动"是指统一公司上下的价值观、统一思想，按马云的话说就是"通过运动，把没有共同价值观、没有共同使命感的人，统统开除出我们公司"。

"抗日军政大学"是指培训干部团队的管理能力。"南泥湾开荒"是指培养销售人员面对客户应有的观念、方法和技巧。马云说："普通企业想到的，可能是把能看到的客户口袋里的5块钱赚到手，而'南泥湾开荒'追求的是帮助客户把5块钱变成50块钱，再从中拿出我们应得的5块钱。"

就这样，当一批批互联网公司在寒冬里倒下时，阿里巴巴的情况却是"外面很冷，我们里面却热火朝天，都在那儿学习，在努力"。

当马云完成了这一系列工作之后，他惊讶地发现，阿里巴巴发生了实质性的改变，员工在成长，客户在成长，新会员再次猛增，公司实力在稳健而快速地增强。阿里巴巴不仅熬过了寒冬，而且由小米加步枪变成了一支真正现代化的集团军。

在2008年7月，马云又一次预感到了危机的来临，他给全体员工发出了题为《冬天的使命》的内部邮件，警示道："我的看法是，整个经济形势不容乐观，接下来的冬天会比大家想象得更长！更寒冷！更复杂！我们准备过冬吧！"这一次，马云又带着阿里巴巴提前一步，做好了"过冬"准备。

马云点评《赢在中国》时有这样一句话："一个优秀的CEO和领导者，在给员工展示未来美好前景的时候，一定要给他们展示未来的灾难是什么，想清楚未来的灾难你才能度过未来的灾难，没想清楚，天天想好的，一般就会再度关门。"企业必须让自己具备发现动荡、预期混沌、管理风险的能力，如此，才能安然渡过危机。

第十二章　混沌常态下的管理和营销

混沌时代的天平倾向于快而活的进攻者

在混沌时代，竞争的天平从行动迟缓、试图捍卫其地位的主导者明显倒向行动快速、具有旨在专门颠覆市场领袖竞争优势战略的进攻者。竞争优势愈发昙花一现，最成功的企业是那些在动荡和混沌中从一个竞争地位转向另一个竞争地位的企业。

——科特勒《混沌时代的管理和营销》

快鱼吃慢鱼这条规则在混沌时代更是一条颠扑不破的真理。在混沌的超级竞争环境中，那些创造新竞争优势的速度慢于旧竞争优势消亡速度的企业的利润会比较微薄，尤其是在过时的高代价战略使得许多企业无法快速适应并采纳新的混沌管理系统行为的情况下。

原来在市场中占据领袖地位、拥有更多传统竞争优势的企业，现在要想保住自己的主导地位，越来越困难。因为，就像科特勒所指出的，混沌时代的天平倾向于快而活的进攻者，那些善于察觉机会、敢于冒险的进攻者将会是市场领袖者最大的威胁。

对于成功的企业家来说，敢冒风险、果断快速攻城夺地的前提是明了胜算的大小。调查表明，那些敢于快而活地"下注"的企业家在决定采取冒险行动之前，无不经过慎重的调查分析，制定周密的行动方案以及与之配套的应变计划。

李嘉诚在长江EMBA（高级管理人员工商管理硕士）"与大师同行"讲座中曾经提出过一个命题——"我个人和公司都是在竞争中成长起来的，我事业刚起步时，除了个人赤手空拳，我没有比其他竞争对手更优越的条件，一点也没有，这包括资金、人际关系、市场，等等。很多人常常有一个误解，以为我们公司快速扩展是和垄断市场有关，其实我个人和公司跟一般小公司一样，都要在不断的竞争中成长。当我整理公司发展资料时，最明显的是我们参与不同行业的时候，市场内已有很强和颇具实力的竞争对手担当主导角色，究竟老二如何变第一？或者更正确地说，老三、老四、老五如何变第一、第二？"

李嘉诚所提出的这个问题不论是对企业、企业家还是对普通员工来说，都是很想探求其答案的。在李嘉诚看来，老三、老四、老五如何变第一、第二，很关键的一点就是要懂得抓紧时机。李嘉诚旗下的长江实业收购香港希尔顿酒店就是一个很经典的范例。

他在接受采访时披露了当时收购的内情,他说,有一次,他去酒会,听到酒会上有两个外国人在聊天,一个说中区有一个酒店要卖,另一个就问卖家是谁?他们知道酒会上有太多人,说出去不好,于是那个人就有些隐秘地回答说,卖家在 Texas(德州)。

李嘉诚听到后,立即便猜到他们所说的是指希尔顿酒店。于是,酒会还没结束,他已经找到了卖方永高公司的稽核人员,当即跟对方提出,他要买这个酒店。那位稽核人员当时就说真奇怪,我们两个小时之前才决定要卖的,你怎么知道的?李嘉诚笑而不答,他只是强调道:如果你们真的要卖这个酒店,我就要买。

李嘉诚当时的估计是,全香港的酒店在两三年内租金会直线上扬。永高公司是一家上市公司,它旗下的香港希尔顿的资产值得买。由于独占先机,长江实业最终以 2.3 亿港元收购希尔顿酒店所属的永高公司,这是长江实业上市第一次重大收购案,整项交易用了不到一周时间。

有记者觉得很奇怪,难道这起收购长江实业就没有碰到别的竞争者吗?李嘉诚笑着回答道:"第一,因为没有人知道。第二,我出手非常快,其他人没这么快。我在酒会听到了,就马上打电话给我一个董事,他是做稽核那一行的,我一问,他和永高的稽核是好朋友,所以我马上到他办公室谈这笔交易。"说完,李嘉诚指着地上,自豪地对记者说:"你今天坐的地方,就是希尔顿一部分地址。那笔交易我买过来后,公司的资产一年增值一倍。"

这笔收购完全可以用迅雷不及掩耳来形容,李嘉诚多次大手笔的商业运作,几乎都离不开他这种快速且灵活的商战手法。

在混沌和动荡的常态中,机会本就是十分稀缺的,当机会浮现时,如果慢了哪怕几秒钟,都有可能与这个宝贵的机会擦身而过。

李嘉诚对机会的把握能力还有快速果断的行动能力,使得他能一次次稳稳地把握住机会。虽然这过程有些冒险,但不冒险,势必就错失了机会。

对管理者来说,最大的冒险就是不冒险。当主要信息已经掌握,市场局势大体明朗时,如果还因某些细枝末节而犹豫不决,必然会丧失时机,造成整体战略的失败。

商场如同战场,管理者不仅应是战略家,还要是勇敢的冒险家。在生意场中,只要看准机会,就要大胆"下注"。成功的管理者常常会实施果敢的变革或投资战略,有时几乎是以公司命运做赌注。

第十二章　混沌常态下的管理和营销

如果你一直关注着变化，就不会感到惊讶

> 如果你一直关注着变化就不会感到惊讶。我们需要有一个预警系统。预警系统使得我们可以看到在变化到来之前的一些势头和踪迹。
>
> ——2009年科特勒启动天阶计划的演讲

"混沌"这个词，顾名思义，就是云遮雾罩、让人不能一眼看透、一眼看清。而混沌时代就是如此，身处其中的企业无时无刻不面临着变化与动荡，而且，这些变化与动荡往往很难预先准确地被判断出来或者被感知出来。但即便如此，企业仍然不能放松一丝一毫，正如科特勒所说"如果你一直关注着变化，就不会感到惊讶"，企业需要有一个预警系统，以便尽可能地侦测到变化到来之前的势头与踪迹。

预警体系指的是对一些主要领域应该进行紧密的观测，如果在这些领域出现动荡的话，到时候你不应该觉得震惊。科特勒是这样举例的：

如果有两个麻省理工学院的工程师，他们在一个仓库里面工作，生产的是电池，他们认为已经提出一个解决方案，使得这些电池可以让汽车持续运行200英里，而你的公司现在发明出来的电池只能够供汽车使用45英里，你是不是应该知道这两个人正在做的事情呢？你这家公司是不是应该了解这样的研究团体，他们在创造着一些"破坏性的创新"。

这种"破坏性的创新"指的是以更好的标准替代现有标准的东西。这是非常有趣的情况，比如在英特尔公司，如果竞争对手模仿了他们的芯片，使用他们十分之一的成本模仿他们的芯片，他们要做什么呢？英特尔的人说我们自杀吧，因为我们没有办法赢，如果竞争对手能够生产同样的东西，只用十分之一的成本没有办法赢的。但是有一个聪明的人说，让我们也搞清楚如何用十分之一的成本做的这个芯片，这就叫作持续的创新。也就是说你能够比竞争对手捷足先登，不要被一些创新震住。

对于这样的企业你应该紧密观测，看有没有其他技术人员突然有了一个突破性的发明，能够激活你的企业。在哪里你都要有自己的耳目，不管是前面、旁边还是后面，你不能被别人打倒。

"唯一不变的就是变化"，这句话确实经典。在一个不断变化的世界，所谓的稳定都是相对的，暂时的。世间万物无不是瞬息万变，不变是转瞬即逝的、表面

的，唯有变化才是永恒的。社会随着时间的推移不断地变化着，市场随着社会的变化不断地变化着，人也会随着环境的变迁不断变化。

无论我们喜欢与否，变化总是无处不在，它悄无声息而又如影相随。变化意味着不确定性，因此变化总是两面的，它可能带给你的是机会，也可能带给你的是风险。在面对这样的不确定时，我们如何应对呢？是拥抱变化，抓住机会呢；还是因噎废食，一味地躲避呢？没有人可以控制自己身边的变化，但至少做到关注变化，学会怎样让外部的变化使自己变得更强。既然企业无法改变变化，唯一需要改变和提升的就是企业自身。否则，企业很快就会被淹没在变化的大潮中，被时代和环境淘汰。

企业竞争力的本质就是变化与动荡之中的生存能力。在内外部环境不利、突发事件发生的时候表现为强于竞争对手的规避风险能力和免疫能力；在正常经营环境下表现为优于竞争对手的有效整合资源能力，获得所提供产品和服务质量、成本、服务、速度优势的运营能力；在内外环境出现机会时，表现为其创造条件以把握机遇的能力。

眼睛不仅要向前看，还要有余光

眼睛不仅要向前看，还要有余光，还要有周围的视野，要克服你的短视心理，不仅仅看到眼前的东西。在市场营销领域有个著名的词叫"营销短视"，有些公司太过集中产品，他们忘记更重要的东西，他们的产品将会被更好的产品而替代，你不能有太窄的视角，这种情况下你必须要利用自己的余光进行扫射，用横向的方法进行联系，看看有哪些因素影响我们的企业。

——2009年科特勒启动天阶计划的演讲

有一句话叫："不能只低头拉车，不抬头看路。"做企业、做营销同样也是如此，在"低头拉车"的同时，还要"抬头看路"，看路的时候不仅要看前方的路，还要看两侧、看后方、看方方面面。

企业在动荡混沌之中，风险与未知时刻存在，稍有不慎，或者被超越，或者被淘汰，甚至一败涂地。所以，企业必须要洞察自己的客户、竞争对手和渠道发生怎样的变化，包括技术，还有那些有影响力的人和政治以及法律体系发生怎样的变化。这就是科特勒所说的"不仅仅眼睛要向前看，还要有余光，还要有周围的视野，要克服营销短视"。在这方面，王安电脑公司的衰亡很值得

第十二章 混沌常态下的管理和营销

借鉴。

王安电脑公司曾是美国 IT 企业界一颗闪亮的明星。美籍华裔科学家王安在美国波士顿创办了一家驰名世界的"王安电脑公司",他从 600 美元投资开始,经过 40 多年的艰苦奋斗,发展到拥有 3 万多名员工、30 多亿美元资产,在大约 60 多个国家和地区设有 250 个分公司的世界级大企业。成功给他带来荣誉和地位,还给他带来了 16 亿美元的巨额资产。

王安电脑公司对科研的投入很大,使公司产品日新月异,迅速占领了市场。在生产对数电脑、小型商用电脑、文字处理机以及其他办公室自动化设备上,王安电脑都走在时代的前列。王安博士甚至雄心勃勃地想与电脑行业霸主 IBM 公司一争雌雄。

然而,到了 20 世纪 80 年代末期,王安公司却快速地由兴盛走向衰退。到 1992 年的时候,王安公司的市场价值跌至不足 1 亿美元。4 年前,鼎盛时期的王安公司雇员达 3.15 万人,后来却减至 8000 人。正如十几年前王安公司神奇地崛起一般,它又以惊人的速度衰败了。

是什么使一个强大而繁荣的年轻电脑帝国在短短的五六年中崩溃了呢?首先是王安未能急流勇退,推出新人。晚年的王安失去了蓬勃向上的进取精神,在经营上故步自封,判断力趋向迟钝,使公司失去了原有的日新月异的优势,可谓王安公司衰落的原因之一。最为关键的是,以他的天才,居然没有发现向更廉价和多功能化方向发展的个人电脑必将淘汰他的功能单一的文字处理机和大体型的微机。当 IBM 等公司致力于发展个人电脑之际,王安却不听下属劝告,拒绝开发这类产品。当电脑行业向更开放、更工业化、标准化的方向发展时,王安却坚持自己老一套的专有的生产线。这时王安公司的产品不但未赶上发展兼容性高的个人电脑这一电脑新潮流,而且失去了王安电脑原有的宝贵特征和性能。在电脑这一高科技含量且高速发展的行业中,新产品开发与市场脱离必然导致一个公司的失败。

此外,在最后关键性的 3 年中,公司决策羁于优柔寡断,没有作出坚决的选择,以达到迅速降低产品成本的目的。他们没有生产出为更多客户所期待的新产品,反而通过对已售出产品的维修、软件换代和其他附加费从顾客兜里榨取钱。这种只顾眼前利益、损伤公司形象、侵蚀"上帝"信任的做法,最终将公司引向末路。

错过了一个趋势,就错过了一个时代。王安没能看清电脑由商用向大众化转变的趋势,脱离了市场,最终也被市场所抛弃。

"你不能有太窄的视角,你必须要利用自己的余光进行扫射,用横向的方法进行联系,看看有哪些因素影响我们的企业"。科特勒的这句话告诉我们,企业要关注的不仅仅是自身的问题与发展,还要盯市场、盯竞争对手、盯与企业有关的一切动向与趋势。

· 第二节 ·
动荡袭来，企业最常犯的错误

经济不确定性就像一副迷药，最精明的 CEO 也会中招

经济不确定性就像是一副迷药，它可以导致最通达谙练的首席执行官犯下严重错误。当恐慌蔓延并且达到顶峰时，许多商界领袖都会退缩：他们在不该削减成本的地方削减了成本；他们解雇英才、回避风险、减少技术和产品开发；最糟糕的是，他们让恐惧主宰了自己的决策。这些行为不仅会严重阻碍企业的发展，甚至可能会毁掉企业。

——科特勒《混沌时代的管理和营销》

科特勒提出，商界的动荡常会使管理层做出错误的应对。许多企业的管理者在应对动荡及其带来的混乱时，会考虑采用下述两种传统方法中的一种：一是很少采取预防措施，寄希望于风暴终将散去；二是茫然之下随便做出决策，不是削减成本就是不顾一切地陷入"奇想"，在一些新的无关领域进行投资和下赌注。

科特勒提醒商界领袖在动荡袭来时要警惕最常犯的几类错误：破坏核心战略和文化的资源分配决策；全面削减开支与集中审慎的行动；维持现金流量的快速解决方案，危及利益相关者；削减营销、品牌以及新产品开发的费用；销售降低时的价格折扣；降低销售相关费用以摆脱客户；在经济危机时期削减培训和发展开支；轻视供应商和分销商。

一个企业就像在大海中航行的船，而 CEO 则是船长，船长的指挥关系全船的命运，来不得半点儿马虎。任何一个盲目轻率的指令都可能给航船带来灭顶之灾。没有哪个 CEO 愿意犯错，是客观因素和主观因素让他犯错。导致他们中招的因素有五个：客观因素是决策信息不充分，而主观因素则是情感、情绪、价值偏好和思维惯性。

第一，决策信息不充分。

任何一个决策，都是为企业的未来确立目标和选择措施。但未来总是不确定的，市场的变化迅猛无常，人们最多也只能大体上把握市场变化的趋势，不可能绝对准确地预测。正是这种市场变化的不确定性和国家政策法规变化的不确定性，使企业的决策总是处于一种信息不完全的状态，很多企业因决策不当而陷入困境。

决策信息收集不充分，信息量过大，不知如何取舍，或者有了信息不知道如何运用，这些都可能会令企业管理者做出错误的决策。

第二，情感。

情感会影响人的判断和决策。企业管理者在经营的过程中，如果把他情感所注重的内容放到了不应该有的高度，就必然会使它背离企业发展最大化目标的选择。在这一点上，福特汽车创始人老福特就是一个例子。

老福特研究发明了一种结构简单、造价低廉的黑色T型车。他的福特汽车公司由此获得了很大的成功。他对自己创造的这一产品有着深厚的情感。后来，市场发生了很大的变化，人们的消费水平提高了，不再满足于这样一种产品，而追求档次更高、有一定个性化的产品。但他无视这种变化，固执地仍只生产他自己的黑色T型车。他的儿子把握住市场变化趋势，组织人力、物力，研发出适应市场变化的新产品。但老福特对这种黑色T型车存在特殊的情感，不愿意接受市场的变化，拒绝适应这种变化。他野蛮地否定了他儿子的努力，公开砸毁了由他儿子主持研发出来的新产品。然而，他的企业也为这一决策付出了惨重的代价，败给了通用汽车，从汽车行业的龙头宝座上走了下来。

第三，情绪。

情绪与情感有联系，但二者并不相同。情绪是一种心理反应，当一个人的心情好和不好的时候，会做出截然不同的决策。凯恩斯认为，当人的情绪好的时候，对事物发展的预测会美好；当人的情绪低落的时候，对事物发展的预测则是阴暗的、悲观的。他认定这种情绪的变化是社会经济发展周期性波动的根本原因。这有他偏颇的地方，但情绪的好坏会对决策人的决策带来直接的影响，这却是一个不争的事实。

第四，价值偏好。

人在决策时，价值偏好会像一层浓雾蒙着你的眼睛，让你无法理智地做出选择，使自己在所设定的价值偏好圈子里挣扎。所谓价值偏好就是自己所选择的一种价值观念，认定什么是有意义的，什么是没有意义的。正是这种认定，让自己陷入了自我设定的陷阱中不能自拔，从而使自己的选择远离了真正要寻求的目标。

第五，思维惯性。

它是人们按照已经获得太多成功的既定思路制定决策，把这种成功模式不加区别地到处套用，最后因为忽略外部环境的变化和所处时机的差别而使自己的决策脱离实际，成为败笔。

企业管理者要避免受这些因素影响，一是要在做决定前深入调查研究，这是科学决策的基础。正确的决策都是来源于对实际情况心中有数，来源于准确的分析判断和认真的比较选择。二是要尊重知识、尊重人才，这是科学决策的保证。决策前必须咨询专家意见。管理者要借助"外脑"的知识和智慧，集思广益，进一步完善决策方案，对多种决策方案进行反复比较，作出正确选择。三是要善于决断，敢于负责，这是管理者必须具备的决策素质。尤其是在突发事件或出现危机之时，往往更需要管理者具备高度的责任心，敢于承担风险，果断决策，才能不贻误时机，避免或减少损失。

在经济衰退的时候最糟糕的是不采取任何行动

我觉得在经济衰退的时候最糟糕的是不采取任何的行动。而且很糟糕的另外一种情况是出现恐慌。

——2009年科特勒启动天阶计划的演讲

对企业来说，最棘手的就是在经济危机的情况下如何应对。科特勒说，他不愿意看到企业裁减员工、削减营销预算，但他同样不希望企业无所事事，因为危机之下是采取行动的时候。对于一个企业来说，困难的时候，应该坐下来和员工一起商量大家今后朝着什么方向前进、大家的愿景是什么，要看一下在5年后大家的愿景能否实现。如果答案是肯定的，那么企业就应该坚持原来的愿景。之后，再回过头来看看怎么做才能达到5年之后的愿景和实现既定的目标，进而明确现在如何有所作为。

有相关机构曾经做过调研，结果显示，在所有行业中，均有超过半数的企业表示已采取行动应对危机，而其中制造业表现得最为积极，比重达75.17%。同时很多企业表示不会采取太多措施，会静待危机结束，其中农牧业显得最为保守，有近56%的企业倾向于不采取任何行动。

在东北，有一个很有意思的词来形容过冬，叫"猫冬"。很形象，冬天冷，人们就像猫一样猫着，等待冬天过去。

在经济危机到来时，很多企业也采取了"猫冬"策略，最典型的就是：暂时关闭企业、企业放长假、暂时停工停产、大裁员，最悲壮的要数倒闭了。

于是乎，很多人都把这些企业"猫冬"的原因归咎于金融风暴，都说是金融风暴惹的祸。乍一听这话，似乎有些道理，然而，细一想，并不客观。因为，市场经济的法则永远是优胜劣汰，即使没有金融风暴袭来，也照例还会有倒闭和关停的企业。就像一个人，抵抗力不强、身体虚弱、长期靠药物维持生命，一旦暴风雪袭来，不倒下才怪呢。

然而，那些身强力壮、体质好的人，说不定还要迎着暴风雪高呼："让暴风雪来得更猛烈些吧！"

那些被"冬天"冻死而倒闭的企业，恐怕再也活不过来了。但是，那些没被冻死、还处在"猫冬"或者"冬眠"状态下的企业，似乎没有任何理由继续"猫"下去、"眠"下去了，应该出来晒一晒冬日里的太阳，死等没有出路，要知道，阳光不会直射你猫冬的角落。

在经济衰退的时候，企业即便抽不出精力做一些大动作、大变革，但是，有一些事情是完全可以做，也应该做的：

一是利用"猫冬"的时期，好好反省，认真检讨。平时没有时间认真思考的问题，现在应该有了，要从"猫冬"的教训中走出来。前事不忘后事之师，跌倒了再爬起来。二是好好调整一下企业经营战略、产品结构、市场策略。三是好好调整一下企业组织管理结构、劳动组织结构、人才结构、股本结构。四是好好搞一搞企业的法人治理、制度建设、机制建设。如果这个没什么必要了，那就主动寻求并购的出路，总不能在一个树上吊死人。五是好好抓一抓员工培训，尤其是中高层的培训。六是好好搞一搞设备检修。七是如果有条件，还可以搞搞市场调研、企业咨询、新产品研发。

对企业来说，生存下去的技巧是：既要不做，又要去做。所谓不做，就是不做那些消耗资源、加重企业负担、高风险的事。而去做，则是去做那些发现机会、可以突破困局的事。"猫冬"不是坐以待毙，而应该是养精蓄锐、待机而发。

第十二章　混沌常态下的管理和营销

绝大多数企业并没有一个混沌管理系统

所有需要在风险性（可测度的）和不确定性（不可测度的）中生存的企业，必须建立一个早期预警系统、远景方案构建系统和快速反应系统，以便在经济衰退和动荡时期进行管理和营销。但我们发现绝大多数企业并没有在"混沌管理系统"下运作，他们的防御措施因而不够系统和充分。

——科特勒《混沌时代的管理和营销》

科特勒所指的混沌管理系统是发现、分析动荡和混乱并做出响应的一套系统管理方法。如果没有这套混沌管理系统，那么，处于动荡环境之中的企业就容易失去嗅觉与听觉，失去洞察与判断，也就很难生存。企业在构建这套混沌管理系统时，应先考虑9个重点问题：

我们过去的盲点有哪些？过去的这些盲点目前正发生着什么样的变化？其他行业是否存在有益的相似之处？我们把哪些重要信号排除掉了？在我们的行业里谁善于捕捉微弱信号并超前采取行动？和我们持不同意见的人以及局外人试图告诉我们什么？将来什么样的意外可能会真正伤害（或帮助）我们？什么样的新兴技术可能会改变游戏规则？是否存在一个想象不到的远景方案？

梳理清楚这九大问题，企业才能更理性地去构建自己的混沌管理系统。这套系统要包括三个部分：第一，通过构建早期预警系统发现动荡源；第二，通过构建重点远景方案对混乱做出响应；第三，根据远景方案的轻重缓急和风险态度选择战略。

我们知道，动荡可能会在任何时候、任何地方以明显或隐藏的方式出现。动荡未被发现，或动荡已被发现但管理者无法或不愿意采取行动，抑或不愿意足够快速地采取行动，都会给企业造成混乱。想象一下航行中的飞机如果没有气象雷达和监测系统会是一种什么样的状况，会有什么样的后果。混沌管理系统对处于动荡之中的企业来说，就是气象雷达，就是监测系统。

正如飞行员和机组人员要为每一次航班做充分准备一样，企业管理者及其组织也必须为推动商业战略并在动荡时期实施这些战略做好准备。第一步就是要建立一套有效的早期预警系统。这个系统将尽快、尽早地发现尽可能多的动荡迹象。

企业最大的危险是那些即将到来却没有被发现的风险。了解这些风险并预测机遇需要强有力的周边视野。当企业领导人开始考虑在企业内部建立正式的预警系统时，首先要研究的事情之一就是他们及其组织以前错过的并给他们带来最大意外的重要信息和市场情报。企业必须关注的重点领域包括客户和渠道、竞争对手和互补企业、新兴技术和科学发展（颠覆性创新和技术）、政治、法律、社会和经济力量、影响者和塑造者。

破坏核心战略和文化去适应动荡无异于饮鸩止渴

企业在动荡袭来时最常犯的错误之一：破坏核心战略和文化的资源分配决策。

——科特勒《混沌时代的管理和营销》

在经济紧缩期或更加糟糕的经济停滞期，每家企业都面临着艰难的选择。但是，在动荡时期，领导者所做的决策将会产生更加深远的意义。这些决策不仅对经营结果，而且对员工、士气以及企业特有的文化和价值观都会产生深远的影响，尤其是当决策破坏了企业的基本准则、未能满足顾客的期望时更是如此。

很多企业在顺风顺水的时候，一般都会很注重企业核心战略的构建和企业核心价值观的塑造，但是，当面临动荡的时候，有一些企业为了生存下去，就会渐渐偏离原先设定的核心战略和核心价值观，越走越远。

在一些企业里，有详细的员工行为规范手册，甚至细化到了员工举手投足间的每一个动作，然而却无法产生精神层面在企业行为和员工行为上的有效反映，反过来也一样，二者无法对称。事实上，很多企业的行为都从根本上忽略了企业价值观无形的存在和作用，有时甚至会严重偏离企业所倡导的价值观。

企业的所有行为都要真正体现企业价值观，否则就是"魂不附体"。必须要将企业价值观变成企业的一种自觉行为，融入每一个行为体系中去，才能实现从心的一致到行的一致，实现理念与行为的统一，最终为企业与社会创造更多价值。不管是在平稳时期，还是在动荡时期，核心战略和核心价值观都不应该被轻易地撼动。

还有的企业，由于处在刚起步阶段或者求生存的阶段，往往连核心战略和核心价值观都没有。他们认为：对于自己而言，最要紧的是生存问题，打开市场、搞好销售、积累资本、做强做大才是关键，还谈不上企业文化问题，等企业发展壮大了再谈企业文化和价值观问题。

果真如此吗？事实上，每个组织，无论是在车库里创业的两个人的企业，还是拥有数十万员工的跨国企业集团，都有一套价值观和原则，它们决定什么行为可以接受，什么行为不可以接受。企业文化规范和行为习惯反映了企业的价值观和原则，不同的价值观能对组织产生不同的影响。高绩效的公司在与价值观有关的各个方面，远远领先于低效率的公司。在运用价值体系进行运作并真正关注所有关键人员的高绩效组织中，没有哪一部分的人被忽视，一视同仁是最普遍的特征。这一承诺通常被描述为"正直的品质"和"做该做的事"。

科特勒曾说："永远不能忽视企业的核心价值观。破坏文化和资源重新配置可能会造成长期负面影响，这不仅能弱化企业的基本原则，而且很可能对其品牌造成负面影响。"

"沟通、尊重、诚信、卓越"，这个价值观曾经属于一家闻名全球的公司，这些词语掷地有声，简洁明了，意味深长，听起来很有味道，不是吗？然而，这条年报上的价值观，却并未落实到企业的实际运营中去，甚至是背道而驰，这家企业就是安然。

安然公司曾是一家位于美国得克萨斯州的能源类公司。在2001年宣告破产之前，安然拥有两万多名雇员，是世界上最大的电力、天然气以及电讯公司之一，2000年披露的营业额达1010亿美元之巨。公司连续六年被《财富》杂志评选为"美国最具创新精神公司"，然而真正使安然公司在全世界声名大噪的，却是这个拥有上千亿资产的公司2002年在几周内破产。事件的起因是一件财务数据造假事件。2001年年初，一家有着良好声誉的短期投资机构老板吉姆·切欧斯公开对安然的赢利模式表示了怀疑。他指出："虽然安然的业务看起来很辉煌，但实际上赚不到什么钱，也没有人能够说清安然是怎么赚钱的。"到了8月中旬，人们对于安然的疑问越来越多，并最终导致了股价下跌。11月8日，安然被迫承认做了假账，自1997年以来，安然虚报赢利共计近6亿美元。最终，安然于12月2日正式向法院申请破产保护，破产清单中所列资产高达498亿美元，成为美国历史上最大的破产企业。

安然事件告诉我们，背离自己的价值观后果是极其严重的，甚至事关企业的生死。安然是一个极端的例子，但拥有这种空洞的价值观的公司并非安然一家。很多企业的价值观宣言表面充斥豪言壮语，竭尽完美之词：诚信、团队精神、责任、效率、服务以及创新，等等，这些都是良好的品质，但这样的术语不能成为指导员工行动的明确纲领，因而也就毫无实效可言，或者根本就是自欺欺人。这样的价值观的破坏力极大——他们可以使员工变得玩世不恭、士气低落、疏远客户，并削弱管理层的可信度。

企业在提炼自己的价值观时，在确认价值观以后，要对核心价值观做出详尽的解释。价值观一旦确立，就必须被严格地履行。不管动荡不动荡，不管危机不危机，企业都应该守住自己核心的战略、文化、价值观。这是能够帮助企业顺利渡过难关的精神之源。

挑起价格混战并不能保全企业的利润与份额

企业在动荡袭来时最常犯的错误之一：降低价格，大幅度使用折扣。

——科特勒《混沌时代的管理和营销》

科特勒不希望企业采取价格战的方式来应对动荡的环境。很多管理大师都秉持着和他一样的看法。美国著名的营销战略专家杰克·特劳特认为，当价格成为传播信息的焦点或者企业营销活动的焦点时，你就是在破坏可持续的生存法则，因为这会让价格成为顾客选择你而不是你的竞争对手的主要考虑因素，你因此而成为低价的代名词。迈克尔·波特则说得更明白，他说，如果你的竞争对手能把价格降得和你一样低，那么降价就是一种愚蠢的行为。

价格战一般指的是企业之间通过竞相降低商品的市场价格展开的一种商业竞争行为，其主要内部动力有市场拉动、成本推动和技术推动，目的是打压竞争对手、占领更多市场份额、消化库存等。同时，价格战也泛指通过把价格作为竞争策略的各种市场竞争行为。

经济危机，物价上涨，这样的大背景使得人们开始节衣缩食，压抑消费意愿。而物美价廉的商品更是成为很大一部分人的首选或者说必选。相应地，企业为了迎合消费者，也更愿意在价格上做文章。

价格战本身是一种市场竞争手段，具有杀伤力强、短平快等诸多优点，被广大厂商所看好和采用，尤其是在一些特定的行业更为普遍。目前的价格战实际上是指价格竞争，是企业应用价格战略的一个突出表现。价格竞争实际上是市场经济下最基本的竞争形式，也是最容易应用的竞争形式。

引发价格战的原因很多，最主要的不外乎以下几个：

一是抢占市场。国内企业竞争同质化情况严重，因此中国企业的价格战更容易爆发。中国市场经济发展时间较短，还很不成熟，在当前的发展阶段大部分行业都有众多的企业参与市场竞争，这些企业规模很小、效率较低，成为价格战的沃土。而西方市场已比较成熟，在几个势均力敌的寡头企业的控制下，通过价格战来获利的可能越来越少。这种降价一般会降低自己的赢利水平，尤其在引起其他卖方跟随降价之后，就很可能会导致企业的轮番降价，引起价格大战。

第十二章 混沌常态下的管理和营销

二是成本带动。行业规模经济会导致行业成本降低。目前的计算机和手机行业就是一个显著的代表。由于行业已成规模，技术更新换代快，因此整个行业的成本都会下降，成本的下降自然会带动价格的下降。有些企业通过规模经营、建立健康的成本结构和有效的管理措施使自己在行业内部获得较大的成本优势，从而可以使自己持续地进行价格战，并可以在价格上给竞争对手形成长期的压力。

三是供过于求，生产能力过剩，恶性竞争意识浓烈。企业的生产成本降低、技术进步导致企业的生产能力过剩，为降低库存收回成本，企业开始在价格上大做文章。且许多企业未能有效做好市场调查，未能调整经营策略，未做好打价格战必备的长期发展战略部署，只顾度过眼前的困境，盲目跟风降价，你降我也降，反而带来了整个行业的恶性混战。

四是被迫应战。更多的企业在市场实际运作中都是被逼参与价格战，由于自身企业实力、价格政策、市场规范程度等与大企业无法相比，结果往往是损失惨重、市场沦陷、企业利益受损。

价格战是以牺牲利润为代价来获取营业额的增长方式，跟饮鸩止渴、竭泽而渔差不多。如果企业长期搞低价销售，那么利润会减少，相应会减少在研发、创新、营销、管理等领域的投入，致使发展后劲不足。而发展后劲不足又会反过来进一步影响企业的经营业绩，使得企业陷入恶性循环的泥淖。所以，企业还是要保持合理的利润，保障产品的质量，方能持续经营和永续生存。

退缩是最不能摆平动荡的下下策略

企业在动荡袭来时最常犯的错误之一：中止产品开发，退出全球化，退缩到围城内。

——科特勒《混沌时代的管理和营销》

在全球金融危机的巨大冲击下，有的企业订单少了，产品销售积压，裁减员工；更严重一些的，甚至濒临破产。在这样的环境和形势下，有很大一部分企业开始采取收缩或者是退缩的策略。就如科特勒所说的——中止新产品的开发，退出全球化，不再有大的动作，全面削减开支，退缩到自己最有把握的一块市场。

在动荡和混沌已经成为一种新常态的环境下，退缩战略可以让企业保存最后的实力，不至于有毁灭性的损失，但同时，退守一隅也使得企业失去了进一步扩张发展的机会。

有一位足球运动员说过一句话——"进攻才是最好的防守",这很值得回味。如果是一味的防守,那么除了自保,基本上就没有翻身的余地。而如果尝试进攻,即使处在劣势,也能为自己找到翻牌的机会。与其坐以待毙,不如绝地出击,这一点不仅适用于足球赛场,同样适用于企业。

2003年的"非典"带给人们的不仅仅是对"SARS"病毒的恐慌,对很多企业也是一种前所未有的冲击和考验。虽然炎炎夏季来临,但冰激凌市场却被冻结在"冰点"。不必说"吃冰激凌不利于预防'非典'"的传言,也不必说店铺纷纷关门,单论大街上锐减的人流,对于随意消费、冲动购买型的产品——冰激凌来说,销量大幅下滑几乎就是注定的。4月时,冰激凌整体销量急剧下滑,一些小厂相继关停。但危机历来就是双面性的,对退缩者而言是坟墓,对进取者而言是天堂。乱"市"出英雄,旧的市场格局每动乱一次,行业格局就调整一次。蒙牛就在这期间打了一场胜利的营销仗。它在三个方面采取了与众不同的措施。

第一,转移阵地,开辟第二渠道。

食品一旦走出工厂,最基本的营销法则就是到"嘴多"、"胃多"的地方去。既然"非典"把人们逼到了社区,那么,社区就是最佳的卖场。阵地变了,策略跟着变。蒙牛冰激凌紧急调整部署,在社区发展经销商和销售点。同时,改换包装形式,根据人们在"非典"期间不愿打开包装而愿整箱购买的现状,发展家庭装、组合装。结果领先一步,蒙牛"抢位"成功。许多社区都打出了"不让'非典'进社区"的口号,蒙牛冰激凌何以出入社区?两个字:中转。到了小区门口,打个电话到里面,只交流货,不交流人。

第二,大投广告,强化品牌经营。

进入5月份,冰激凌市场萎靡不振,许多在中央电视台播放广告的强势品牌不愿再做"守望者",纷纷撤下广告。连2002年销量第一的冰激凌品牌,大概也不堪重负,同样撤下了在央视播放的广告。销量第二的蒙牛却反其道而行之,不但不撤广告,甚至加大了播出密度,蒙牛冰激凌广告与液体奶广告双双雄飞,气势逼人;同时在全国15家卫视联播中也加大了播出密度。为什么这样做?因为"非典"将人们堵在家里,电视成为联系外界的主要窗口,正是品牌传播的好机会。而别人都撤了广告,那又横添了一样好处:品牌的相互干扰减少。

第三,众志成城,采取播种行动。

当时担任蒙牛冰激凌销售部长的赵全生说:"非典"到来,有的冰激凌品牌选择了放弃,业务员放假的放假,观望的观望。蒙牛的营销队伍却选择了"播种",戴上口罩,主动出击。在产品结构调整上,集中目标,聚焦收效,"随变"、

第十二章　混沌常态下的管理和营销

"绿色心情"、"顶呱呱"等产品，随着"你变我也变"、"绿色好心情"、"健康顶呱呱"的宣传主题，一路畅销。

有无相生，祸福相依。只要精神不滑坡，办法总比困难多。全国市场一会儿这里燃起一团火，一会儿那里燃起一团火，众人拾柴火焰高，"冰点"化作了"沸点"，蒙牛冰激凌 5 月份的销量比上年同期翻了一番，工厂所有机器满负荷运转，仍然供不应求，一再断货。6 月份销势更猛。

蒙牛的这场营销之战证明，最好的防守就是进攻，当别人都退缩起来不敢出击的时候，正是最好的扩展市场、扩大市场份额的机会。逆流而上不一定能活下来，但随波逐流注定会失败。商场如战场，以进攻的姿态面对，是在努力争取机遇和成功，它让企业时刻站在信息的前沿，更主动地去拼搏，更积极地去应对。然而，被动的防守或者是退缩则会令企业在瞬息万变的商场上，痛失一次次机会而无法支撑，能退一时，但最后终将退无可退。

·第三节·
混沌营销管理：在动荡中赢得蒸蒸日上

顺利度过动荡期的关键就是要有不屈不挠的心态

顺利度过动荡时期的关键之一是要有一种不屈不挠的心态。在艰难时期，实用主义通常会占上风。由于经营业绩不佳，企业很容易把一切归咎于经济环境。但是，即使在最艰难的时期，一些竞争者也会超越其他企业。以胜利者的姿态走出动荡的唯一方法就是抓住时机：做出强硬、切合实际的决策，给企业及其产品带来生存甚至繁荣兴旺的机会。

——科特勒《混沌时代的管理和营销》

2008年的全球金融危机对每一家企业都是前所未有的考验，而应对危机和挑战必须凝聚力量、迎难而上。要做到这一点，不屈不挠、百折不回的精神是前提，越是在困难的时候，越要看到机遇和希望。不屈不挠、百折不回的精神是战胜一切困难和挑战的法宝。

在首届全球智库峰会上，宝洁公司副董事长沃纳·葛斯勒先生曾发表演讲，介绍宝洁公司的危机应对之道，他说——

事实上衰退只是我们生活当中的一个部分，也就是现实存在，经济时好时坏，这是一个必然的现象。从过去的一个世纪当中，美国的经济有25％的时间都是处在一种收缩的时期，有一些可能时间更短一点。过去的这段时间，四分之三的时间，全球的经济都是在扩张的，而事实上中文里危机就有这样的含义，一方面它是危险或者风险，另外一方面它会带来机遇。经济危机也是如此，它能够进一步增强我们核心的商业的能力，从而使得我们在经济危机过后变得更加强大，

第十二章 混沌常态下的管理和营销

而且能够不断地发展。

过去170多年的历史当中,宝洁公司也经历了很多经济的衰退和很多经济的复苏。通过这些危机的周期,我们也得到了不断的壮大和发展。大家看到,尽管有危机,人们还会继续洗头,继续刷牙,也继续洗他们的衣服。所以在经济危机的时候,他们可能只是用另一种更加经济的方式来使用这些产品,但是不可能不用我们的产品。在我们的产品分类当中,大家可以看到有一些销售逐渐地放缓,但是我们的目标也是非常现实的,而且我们应该有能力不断地增加我们的投资,确保危机之后,能够比危机之前变得更加强大。

战胜危机有四个基本点,不管是经济好的时候还是不好的时候,都要坚持这四点。第一个是卓越的品牌,第二是有更好的消费者的价值,第三要有领先的创新,第四就是成本和效益。我们参加这个游戏是长远的游戏,因此我们也必须要继续对我们的人才进行投资。我们当然也认识到在经济不景气的时候,产品价廉物美也是非常重要的要素。我们要确保尽可能多的消费者能够买得起我们的产品,也要为尽可能多的消费者来设计我们的产品。我们知道有些高端的客户还是愿意花更多的钱购买更高端的产品,但是在消费金字塔的低端有大量的消费者,我们必须为他们专门设计符合他们需求的产品。因此给消费者带来快乐,而不是稀释我们的产品目标群,这是我们非常重要的一个原则。

说到底,我们的生意就是要不断地满足消费者的期待或者需求,同时要让消费者信任我们,只有这种信任才能带来他们对品牌的忠诚度。这也是我们渡过难关的重要一点。

在经济好的时候成为一个好公司是比较容易的,但是我们同时要看到水涨船高,在非常艰难环境中一个公司的优点更容易显现出来,因此我们将会持续不断地和我们的股东共同地努力,使他们为我们提供更多的投资,同时我们也会更多地满足消费者的需求。第一,我们将会继续使消费者满意,不会通过降低品质来渡过危机。第二,我们将会和合作伙伴保持良好的合作关系,包括我们的供应商和分销商。第三,我们要保证员工能够得到非常好的待遇,同时不断地提高他们的能力。我们现在还不能够保证终身的雇佣,但是我们会保证终身的技能。第四,我们将会继续做一个好的企业公民和中国的社区继续地合作,以及和中国政府继续合作,来进一步提高消费者的生活水平。最后我们也会不断地使我们的品牌发展壮大。宝洁公司将不断致力于中国经济的恢复过程。

从沃纳·葛斯勒先生的这番演讲中,我们能看出宝洁充足的信心和出色的应对。我们常讲,"事不避难,知难而进"。"知难"是"进"的前提,"进"是"知难"的目的。但"知难"是否一定能"进",还要看有没有迎难而上、不屈不挠的信心和勇气,这便是精神状态问题。经验告诉我们:再小的困难,丧失信心,只能被困难吓倒;再大的困难,坚定信心,就能把困难战胜。在困难面前,我们"要有一种不屈不挠的精神"、坚定的信心和必胜的信念。

衰退不等于没机会,营销只有在缺少想象力时才会失败

机会永远存在,缺少的只是去发现。衰退期的营销并不意味着失败,营销只有在缺少想象力的时候才会失败。

——科特勒《科特勒说》

科特勒说,机会永远存在,缺少的只是去发现。衰退期的营销并不意味着失败,营销只有在缺少想象力的时候才会失败。在经济不景气的环境中,企业之间的竞争与正常状态相比并不会发生很大的变化。有人在经济不景气时看到的是绝望,有人恰恰相反,看到的是机会。富有远见的企业抓住这个机会很有可能改变自己在全球市场竞争中的地位。

综观世界历史,战乱、经济萧条、股市崩塌、自然灾害……种种事情带来的经济问题并没有让所有企业一蹶不振,它们中有在经济最萧条时脱颖而出的品牌,有在经济最困窘时打造的名牌,有在经济最低迷时依然繁荣的品牌。

好莱坞是美国加利福尼亚州洛杉矶市的一个小区,如今已经成为美国电影的代名词,它在全世界享有盛名。但最初的好莱坞并不如现在华丽,它是一个真正崛起于美国经济萧条时期的产物。

熟悉美国历史的人都知道,1929年美国出现了股市大崩盘,随之而来的是经济大恐慌,1929~1933年被称为美国经济大萧条时期,加之随后爆发的第二次世界大战。经济大恐慌导致的是上百万工人失业,大批农民被迫放弃耕地,工厂、商店纷纷关门,大批企业相继倒闭……

据统计,从1950~1973年,只有60%的美国影片其制作是完全出自美国国内。1949年,在海外生产的美国电影仅为19部,但到了1969年这个数字则增加到183部,其中大多数是在欧洲拍摄完成的。

二战期间,欧洲电影工业大受伤害,德国、意大利等国家的国有电影企业纷纷倒闭破产,而它们在经济窘困面前的退缩给了美国影片乘虚而入的机会,也给了好莱坞一个千载难逢的机会。1945年~1949年,意大利进口美国影片达2000

部。而在中国抗战胜利后，好莱坞电影也是在第一时间抓住机遇挺进中国，终于在中国成为家喻户晓的品牌名字。

当美国国内因为通货膨胀而导致海外市场拓展不顺利的时候，好莱坞将注意力转向了国内市场，并在产品上保持独有的创新精神，大力开发新的动作类影片。好莱坞的努力并没有白费，如今好莱坞不仅在国内拥有庞大的市场，而且对于非洲市场的开发也已经形成了巨大的规模。如今，非洲市场有将近一半以上播放的影片来自美国。

不管国内国外的经济形势如何，好莱坞在全球的扩张很少会受到经济波动的影响，20世纪80年代墨西哥和阿根廷两国正处于经济萧条时期，货币贬值严重，而好莱坞正是在这一时期一举打入这两个非英语语系的电影大国，奠定了自己今天的地位。到了80年代中期，传统电影大国日本也成为好莱坞最主要的海外利润来源之一。随后的历史发展也就成为一种必然，全球市场似乎都在为好莱坞的品牌垄断地位大亮绿灯。

好莱坞逆势飞扬的发展再次验证了科特勒的话，衰退不等于没机会，衰退会对企业有比较大的影响，但是，它并不会完全堵死发展的机遇。富有远见的企业面对经济不景气，考虑的并不是如何在经济萧条中生存，而是如何在经济萧条期过后有更大的发展。

企业对未来必须要有三种情景规划的设想

在日益动荡的时期，当遇到情景规划的时候，对于一个公司来说要进行设想，也许将来会有三种情景，一种是悲观的情景，一种是常态的情景，还有一种是乐观的情景。

——2009年科特勒启动天阶计划的演讲

一个高明的棋手总是能在对弈的时候，清晰地想象下一步和下几步棋的多种可能的"情景"，而企业同样需要这样的"棋手思维"。企业仅仅有一个商业规划是不够的，因为很多企业只有一个商业或者企业规划，对于未来并不太确定。企业必须做好准备，预测未来。未来有三个情况，一种是悲观的，一种是正常的，一种是乐观的。每一种不同的未来都要做好准备，去应对。

"情景规划"就是一种能提供预防机制，让管理者"处变不惊"的方法。它更接近于一种虚拟性身临其境的博弈游戏，在问题没有发生之前，想象性地进入到可能的情景中预演，当想象过的情景真正出现时，我们将能从容和周密地加以应对。

情景规划是理清扑朔迷离的未来的一种重要方法。它要求公司先设计几种未来可能发生的情形，接着再去想象会有哪些出人意料的事发生。这种分析方法使企业可以开展充分客观的讨论，使得战略更具弹性。总的说来，情景规划就是对系统未来发展的可能性和导致系统从现状向未来发展的一系列动力、事件、结果的描述和分析，目的在于增加政策的弹性和对未来不确定性的应变能力，从而及时、有效地指导实践行动。

一个公司在做远景规划的时候，要对未来进行设想：要全面考虑到三种情景，一种是悲观的情景，一种是常态的情景，还有一种是乐观的情景。就每种情景都要进行界定，如果这样的情景发生了，将采取什么样的行动。科特勒强调说："远景规划控制的是'在风险和不确定性之间的风险'。"其中的重要原则就是，对公司来说，无论发生什么情况都要确保自己的安全，把自己所可能遭受的伤害降低到最小，即使出现了糟糕的情况，企业还是能够存活下去，在可预测性和不确定性中寻找企业发展的最关键路径。

情景规划是一种修炼方法，它可以想象可能的未来，许多公司曾将其运用到甚为广泛的问题中。皇家荷兰壳牌公司从20世纪70年代就已开始将其作为一种建立和评估战略选择的方法。壳牌公司在石油预测方面始终比其他大石油公司做得好，因此首先看到了油轮业务和欧洲石化业务的产能过剩。

1972年，传奇式的情景规划大师，法国人皮埃尔·瓦克领导着壳牌情景规划小组。当时该小组发展了一个名为"能源危机"的情景。他们想象，一旦西方的石油公司失去对世界石油供给的控制，将会发生什么，以及怎样应对。在1973～1974年冬季欧佩克（石油输出国组织）宣布石油禁运政策时，壳牌已经做好了充足的准备，成为唯一一家能够抵挡这次危机的大石油公司。从此，壳牌公司从"七姐妹（指世界七大石油公司）中最小最丑的一个"，一跃成为世界第二大石油公司。

1982年皮埃尔·瓦克退休，接任他的是彼得·舒瓦茨。在1986年石油价格崩落前夕，壳牌情景规划小组又一次预先指出了这种可能性，因此壳牌并没有效仿其他的各大石油公司在价格崩溃之前收购其他的石油公司和油田以扩大生产，而是在价格崩落之后，花35亿美金购买了大量油田，彼得·舒瓦茨说这一举措为壳牌锁定了20余年的价格优势。

情景规划所描述的是可能的未来，而不是应对未来的特别战略，所以邀请外部人员，如主要的客户、重要的供应商、政府协调员、咨询顾问和学者参加这个过程很有意义，目的就在于根据基本的趋势和不确定性广泛考察未来。一线的经理形成基本看法，而参谋人员，如规划人员，则后续建立书面描述，填补差异，发现新的信息等等。全部的目的就在于为建立一个大家共享的战略思维框架，这种战略思维鼓励对外部变化与机遇做出多样性的和更为敏锐的洞察。

高层管理者必须开始亲自观察变化

商界领袖及高层管理人员必须开始亲自观察变化。他们应当考察正在发生变化的地方。他们必须亲身感受这种变化，而不仅仅是阅读商业杂志、通过顾问了解到某种变化或者从员工的报告中获取相关信息。

——科特勒《混沌时代的管理和营销》

"商界领袖及高层管理人员必须开始亲自观察变化"——科特勒非常重视这一点，他认为，高层管理者如果不能亲自观察变化，而仅仅是通过下属获取信息的话，那么，企业会很危险。他说："我们正在进入一个新的时期——动荡年代。之所以这样说，原因有两个：

第一个是全球化，全球化使得各个国家、各个企业之间的关联度增强了。

第二个是数字化的进程，无论好的消息还是坏的消息都会迅速传播。

所以我建议，对于企业的CEO来说，他们甚至不能睡觉，因为如果他们睡觉，在睡觉的八个小时中，可能会出现不好的情况。所以我强调我们一周7天，每天24小时都要非常警觉。"

至于高层管理者到底应该怎样去观察变化，科特勒举例说，他们应当跟一群20来岁的青年人交谈以便了解他们的所思所想，甚至与狂热的环保主义者或反全球化分子进行讨论。管理者是通过别人来完成工作。他们做出决策、分配资源、指导别人的活动，从而实现工作目标。

企业内的管理者因职权和部门的不同执行不同的工作，对于企业而言，管理者是中流砥柱，他们的思路和决策对企业发展影响深远。

低层次的管理者只会做事；中层次的管理者除了做事，主要的精力是做市场；高层次的管理者除了做市场，更重要的是观察变化，做趋势。

做市场的管理者是最具开拓性的工作。因要应对市场的竞争，他必须满足客户需求，必须以客户为中心，或以服务的对象为导向开展工作，这样才会赢得客户，获得市场的回报。由于市场变化是难以预测的，竞争是残酷的，客户又常以上帝自居，因此，这种类型的管理者的工作必须随时适应环境的变化，才会长久立于不败之地。

而会做趋势的管理者就更难，他必须准确判断未来，判断环境变化的趋势，时刻超越竞争对手进行创新，创造蓝海，引导客户，主导市场，赢得竞争的时间和空间，取得市场的丰厚回报，其领导的组织也会有不凡的业绩，同时也赢得社会的尊重。

低层次的管理者很容易陷入事务性的工作，很少去关注市场及环境的变化，很难适应今天多变的环境，在竞争激烈的市场中落败是必然的。

一些职业经理人也一样，容易陷入老经验、老模式的错误当中，不关注新市场、新环境的变化，不注重学习，工作过程同样也会走弯路、犯错误，给组织带来重大的损失。

未来，企业管理者必须要升格到做趋势的层面，积极创新，转变经济发展方式，时刻关注外部环境变化，抓住机遇，变劣势为优势，其管理的组织才会持续成功，自己才会有所作为。

做最坏的打算，同时专注于最优势的领域

最好的高层管理者通常都会避免采取那种不顾一切的极端做法，而是会在做最坏打算的同时，把业务集中于企业的优势领域。而不论市场环境如何，混乱都会给那些在目前环境中找到机会的企业带来好处。从本质上来说，我们可以亲切地称之为混乱本身的物竞天择过程，这个过程决定着企业的胜负。

——科特勒《混沌时代的管理和营销》

在中国企业500强发布仪式上，复星集团董事长郭广昌曾经说过这么一番话，他说："现在，民营企业在一起讨论最多的是两个话题。一个话题是改革开放已经30年，那么，后30年我们该怎么办？另外一个紧迫的话题就是'冬天来了，民企该怎样过冬'。大家普遍地感觉到，整个经济下滑的态势已经形成。

面对经济的不确定性，民营企业该怎样过冬？复星这几年始终坚持这一点：任何时候都要做最坏的打算，任何时候都要竭尽全力做最好的努力。"做最坏的打算，做最好的努力，这一条理念对于企业度过最艰难的时期有着极其重大

的意义。

李开复在谈及创新工场时曾这样说——

我觉得任何人在做一件事情的时候，都要考虑最坏的情况是什么，让它尽量不要发生，但要有心理准备，因为任何事情都可能有最坏情况发生，如果不好的情况发生了，至少你心里有一个准备。如果没有发生你尽力把它做得更好。最坏的情况是什么呢？

我们投的很多公司，每一个确实是有风险的，我觉得投任何一个创业公司，有人说十个里会失败一个，有人说五个里会失败一个，有人说就算我们精挑细选加上优秀的人，三个里两个里总要失败一个，这个不可避免，超过一半的我们投资的公司都会失败的，但是千万不要认为我们投资任何一个公司，有50%失败的可能就代表创新工场会失败，因为这是一个统计概念，如果一年我们投十几二十个公司，五年投了100个公司，那么这100个公司肯定有若干个失败的，也许50、也许60、也许70、也许80，一定会有若干成功，初期创业公司成功了回报率是非常惊人的，我们只要碰到了一个有阿里巴巴1/100好的公司，我们其实就已经有足够的回报率给所有的投资人了。

所以在投资回报率上我觉得应该不会让我血本无归，如果说从回报来说，最好的情况是打造世界级公司，上亿、上十亿美元的公司，给每个投资人最好的回报；最坏的可能也许是我们倒掉的公司太多，最坏的打算跟投资人说，不好意思投资没有到我们的期望，但是你投的本金在这里，没有赚太多的钱给你。

我觉得最坏的可能是这个，我不认为这是不可接受的灾难性的结果，因为在我们五年、十年时间里，如果投了一两百个公司，投了一两千个创业者和工程师，我觉得就算一两百公司倒掉了，这一两千个创业者和工程师，我相信他们每一个人都得到了成长，而且一定有若干个在未来会得到巨大的成功，会为中国作巨大的贡献，想到这一点我觉得非常欣慰。

预想到了最坏的情况，那么，企业就能备好应对之策，不管情势多糟糕，都不会慌了阵脚，反而可以破釜沉舟、背水一战。而做最好的努力，尤其是在自己最优势的领域深耕细作，这也能大大增强企业对于风险与动荡的抵抗能力。

在危机来临时，企业的资源和机会将变得十分有限，如果将战线全面拉开，那是不理性的，这种时候最应该做的就是集中资源，放到企业最核心、最优势的领域上，使强项更强，增强企业的核心竞争力。

在动荡的市场上,必须使最强劲的品牌和产品更强大

> 保住强项,摒弃弱项。在动荡的市场上,你必须使你最强劲的品牌和产品更强大。不要把时间或资金浪费在没有强劲价值主张或坚实顾客基础的那些收益不大的品牌或过于脆弱的产品上。要将安全和价值需求结合起来,以巩固已经强大的品牌,并提供强大的服务或产品。请记住,在抵御动荡经济的巨浪之时,你的品牌永远都不够强大。
>
> ——科特勒《混沌时代的管理和营销》

科特勒说:"在抵御动荡经济的巨浪之时,你的品牌永远都不够强大。"企业的品牌越强大,抵御动荡的能力就越强大,这就好比是狂风暴雨中的树,树干越粗壮,树根越扎实,抗风暴能力也就越强。为了应对全球经济的频繁动荡,企业必须要强化自身的核心竞争力,使自己最强劲的品牌和产品更强大。在这一点上,杰克·韦尔奇在领导通用电气时就是这样做的。

杰克·韦尔奇曾说:"当你是市场中的第四或第五的时候,老大打一个喷嚏,你就会染上肺炎。当你是老大的时候,你就能够掌握自己的命运。"只有占据第一或与第一差距不大的地位,才会具备巨大的绝对优势。所以杰克·韦尔奇提出了GE著名的"数一数二"理论,他对所有的GE业务总经理提出了要求:要么成为行业中的第一名或第二名,要么遭受整顿、关闭和出售。他表示,GE只栽培那些赚钱和具备绝对竞争力的事业,因为提供平凡产品和服务的公司在商场上将没有生存的空间。

他在1983年放弃GE的家电事业部便是一个典型案例。

对于很多的GE员工,尤其是老员工来说,杰克·韦尔奇放弃GE家电部的举措是一次令人痛心的败家行为,因为小家电业务是GE最初赖以成家的业务。在很多人看来,放弃了烤面包机、电熨斗和电风扇,GE就不再是GE了。所以,当韦尔奇做出这一决定时,受到了几乎是全体员工的反对,他们不断对韦尔奇进行责问:你怎么可以放弃小家电业务?那是我们的根基。但是韦尔奇丝毫也不曾为之心动,在他看来,GE的小家电业务在未来根本毫无竞争力可言。

他出售犹他国际时更是引起了所有人的大感不解,因为犹他国际当时赢利能力很强,是一家拥有20亿美元资产的大型子公司。有人甚至指责说:"GE正在支离破碎般被他一个个卖掉,他真的是疯了,败家子。"那些卖掉公司的日子,

第十二章　混沌常态下的管理和营销

韦尔奇整天生活在人们的诅咒中。

在韦尔奇任职 CEO 的最初几年里，GE 共出售了价值 110 亿美元的企业，解雇了 17 万员工，韦尔奇因其狠心决绝得了"中子弹"的绰号。在淘汰的同时，GE 也买进了价值 260 亿美元的新企业。韦尔奇几乎是以"铁血手腕"将"数一数二"理论变成了现实，他始终相信，在全球竞争激烈的市场中，只有绝对领先对手的企业才能立于不败之地。任何事业部门存在的条件是在市场上"数一数二"，否则就要被砍掉、整顿、关闭或出售。

对企业来说，只有把自己的核心品牌经营得足够强，甚至在市场上做到数一数二，这样才能更稳当地生存。成了第一第二，企业就有了相当的资本，可以掌握自己的命运，不会因为"老大打一个喷嚏"，就"染上肺炎"，也不会因为市场的动荡，而摇摇欲坠、朝不保夕。

杰克·韦尔奇曾跟华尔街分析家们描述过他眼中未来商战的赢家，它们是这样一些公司——能够洞察到那些真正有前途的行业并加入其中，并且坚持在自己进入的每一个行业里做到数一数二的位置，无论是在精干、高效，还是成本控制、全球化经营等方面都是数一数二。这跟科特勒所提倡的"不要把时间或资金浪费在没有强劲价值主张或坚实顾客基础的那些收益不大的品牌或过于脆弱的产品上。要将安全和价值需求结合起来，以巩固已经强大的品牌并提供强大的服务或产品"是一致的。"宁打一口井，不挖十个坑"，尤其是在动荡的经济环境中，专注于自己最强大、最有潜力的品牌和产品比什么都重要。

第十三章

科特勒营销新思维

·第一节·
网络营销：冲击传统的一场新工业革命

网络正在使市场营销发生着激烈的变革

受新科技尤其是因特网的鼓舞，企业正在进行一场激烈的变革，这不亚于一场新的工业革命。为了生存和发展，管理者需要用一套新规则武装大脑。21世纪的企业必须适应通过网络的管理。因特网正在使我们的思维发生一场革命，换句话说，它正在使市场营销发生革命。新模式将从根本上改变顾客对便利、速度、价格、产品、信息和服务的观念。这种新的顾客思维将会影响到各行各业。

——科特勒《科特勒市场营销教程》

科特勒指出，互联网曾经是为具有一定的资金实力和科学技术的一群个体保留的一个精英王国。如今，几乎每一个社会与经济团体都在积极使用互联网。随着科学的发展，互联网的应用变得越来越广泛，它把世界各地的人们以近乎零成本的方式联系在一起，人们也越来越离不开互联网。建立在互联网基础之上的网络营销可以说是营销家族中的新生儿，可它的成长速度却是前所未有的。网络营销虽没有改变市场营销的本质，但却深深改变了顾客获取信息、消费和沟通的方式，进而强烈地冲击着传统营销模式。

基于网络的营销有着鲜明的特点：

第一，跨时空。互联网络可超越时间约束和空间限制进行信息交换，使得企业与顾客之间脱离时空限制达成交易成为可能，企业能有更多的时间和更大的空间进行营销，可 24 小时随时随地提供全球性营销服务。

第二，高效性。传统营销依赖于一层层严密的渠道，还需要投入大量人力与广告以取得市场，而在网络时代却大不一样，在传统的人员推销中要几十个人甚至成百上千号人做的事，可能在网上只需要一两个人，甚至只需要一个较为完善的系统就能完成了。在未来，人员推销、市场调查、广告促销、经销代理等传统营销组合手法必将与网络相结合，并充分运用网上的各项资源，形成以最低成本投入、获得最大市场销售量的新型营销模式。

第三，多媒体。互联网络被设计成可以传输多种媒体的信息，如文字、声音、图像等信息，使得为达成交易进行的信息交换可以以多种形式存在和交换，可以充分发挥营销人员的创造性和能动性。

第四，个性化。网络营销是一对一的、理性的、以消费者为主导的、非强迫性的、循序渐进的营销过程。顾客可以在网上了解产品的最新价格，选择各种商品，做出购买决策，自行决定运输方式，自行下订单，从而获得最大的消费满足。

第五，整合性。互联网络上的营销可从商品信息、收款至售后服务一气呵成，是一种全程的营销渠道。另一方面，企业可以借助互联网，将不同的传播营销活动进行统一设计规划和协调实施，以统一的传播资讯向消费者传达信息，避免不同的传播产生不一致性的消极影响。

第六，速效性。网络营销的运用使营销进程加快，电子版本的产品目录、说明书等随时可以更新。而在软件、书籍、歌曲、影视节目等知识性产品的消费上，人们可以直接从网上下载，采用电子方式交付货款。

网络的蓬勃发展使得企业内外部沟通与经营管理均需要依赖网络，网络成了主要的渠道与信息源，甚至成了企业间竞争的主战场。贝塔斯曼败走中国市场的例子就很值得借鉴：

贝塔斯曼这个名字，想必很多读者都不陌生。它刚进入中国时，曾被视为即将逐步放开的中国出版业的最大威胁。然而，让人意外的是，13 年后，贝塔斯曼却在中国折戟沉沙，关闭了零售门店和书友会，无奈撤退。

营销专家分析认为，贝塔斯曼在中国的"水土不服"主要在于它生搬书友会模式以及没能大力发展网络书店。早在 2000 年，贝塔斯曼就将主要的精力集中在网络的销售上。到 2003 年，贝塔斯曼在中国建立网站，同时面向书友会会员和非会员，会员则享受更多的便利和优惠。本来，庞大的会员数量曾经是贝塔斯曼与图书供应商讨价还价的资本。由于其拥有100多万庞大的会员网络支持，贝塔斯曼的进货量通常是当当或卓越的2~3倍。再加上不退货的特点，贝塔斯曼的采购折扣一般能谈到3.8折，低于当当和卓越网的4~4.5折。

但可惜的是，贝塔斯曼在网络销售上"起了个大早，赶了个晚集"。业内专家表示，德国人的固执亲手葬送了贝塔斯曼书友会在华转型的最后机会，当时来自贝塔斯曼高层的意见是，传统书友会将来仍然是主营收入，并不看好在线书店。贝塔斯曼坚守着书友会模式，忽视了网络书店的大潮。结果是，作为"后生"一辈的当当、卓越等网上书城抓住了网络的机遇，远远地超越了贝塔斯曼，让这个"大佬"惨败中国市场。

"谁获得客户，谁就获得市场。"这是商业社会中颠扑不破的真理。现今，消费者获得品牌与产品的渠道已经悄然从电视、报纸等传统媒体逐渐转向了互联网。贝塔斯曼如果能在十年之前，抓住网络的机遇，凭借它庞大的会员网络，定能在市场中分得一块大蛋糕。然而，贝塔斯曼轻视了网络书店的发展大势，最终只能出局。所以说，现在的企业要想赢得客户，就必须要在网络市场谋得立足之地。

形成网络时代的四股主要力量

在重塑世界经济的过程中，有四股主要力量构成了网络时代的基础：数字化、互联网爆炸、新型中间商、顾客定制。今天许多业务是经由连接的网络流动的数字信息运作的。如今内部网、外部网以及互联网将人们和企业之间以及与重要的信息联系在了一起。互联网已经爆炸式地增长，变成新千年革命式的科技，赋予了消费者和企业联系的强大力量。

——科特勒《科特勒市场营销教程》

在网络时代的背景下，科特勒所总结的四股力量——数字化、互联网爆炸、新型中间商和顾客定制，这四者既是企业必须面对的挑战，同时也是企业最好的助力。

第一，数字化。数字化的时代已经到来。很多企业都开始运用数字化营销来争取更好的营销效果。比方说，国际茶饮巨头立顿公司就很擅长借用数字化工具来营销。中国人有一个特点，就是特别讲究礼尚往来，很喜欢互赠一些小礼物。立顿就抓住了这一点，它通过手机、网络发出广告信息，用户只需要向立顿公司提供亲友的姓名、手机号码和地址，立顿就会以该用户的名义向其亲友送出一份礼品。短短一个月时间，手机用户、网络用户参与活跃，共有 10 万人获得了立顿赠送的红茶礼盒。这不仅帮助立顿打开了红茶产品的市场，更掌握了一个准确而庞大的客户数据库，为未来的营销计划打下了良好基础。

第二，互联网爆炸。互联网的快速发展与普及，不仅增加了网民的数量，更提升了网民的活跃度。在过去，信息传递大都是"一传十，十传百"，而现在，互联网却能产生爆炸效应，一个消息可以瞬间传遍网络的角角落落。

比方说，2012 年 4 月 26 日，人民网官方微博上的一段话引起了各方极大的关注——"'微博女王'姚晨让人民日报人有了强烈的'危机感'。一位年轻编辑在社内培训时举出姚晨粉丝 1955 万的事例，这意味着她每一次发言的受众，比《人民日报》发行量多出近 7 倍。"人民网所作的这样一番对比，让人不得不惊叹，互联网时代的力量真的是强大至极。互联网爆炸就真真切切地发生在我们身边。

第三，新型中间商。互联网和其他新科技已经改变了企业为其市场服务的方式。新互联网营销商和渠道关系已经发展并替代了一些传统营销商。像搜索服务、网上商城、数字出版、电子支付，等等，这些数字化时代和网络时代所催生出来的新生产物发展势头强劲，甚至形成了初具雏形的、庞大的新兴产业。企业必须要积极地去了解、研究、运用这些新型中间商，从而给企业削减更多成本，提升更高的效率。

第四，顾客定制。在过去，大多数企业采取的是大规模生产的模式，而到了网络时代，时空观被打破了，从时间上来说，网络使得企业可以动态地响应用户的即时需求，可以及时为顾客提供产品与服务；从空间上来说，虚拟企业可以彻底打破地理上的限制，订单生产完全可以实现。市场主导权由企业向顾客转移。个性化定制成为越来越多的企业吸引顾客的途径。比方说，戴尔就是如此，用户如果登录戴尔官网选配自己的电脑的话，可以提出自己的定制化方案，从机身颜色到内部配置，戴尔会竭尽所能满足顾客的需求。

虽然目前来说，很多企业在实施定制化策略时，由于诸多限制，仍然只能让消费者在有限的范围内进行挑选和定制，还不能做到完全的个性化定制，但在未来，顾客定制会是一个大方向。

据相关权威部门统计，中国网民在 2011 年底已经突破 5 亿的人数，位居全球第一。面对网络时代巨大的消费群体、潜藏的巨大商机，企业只有紧紧跟上，才能从网络经济中分得一杯羹，而慢半拍就可能被甩下一大截。网络科技正在使行业之间的界线变得模糊，企业如果能够把握好网络时代的发展大势，运用好四股力量，积极地进行转型和变革，那么，网络就会成为企业最佳的平台和机遇。

网络营销使买卖双方均受益匪浅

网络营销使买卖双方均受益。对买方而言，网络使购买更方便而且更隐秘，提供了更多产品的获取和选择，提供了一个产品和信息的宝库。它是互动而又快捷的，这使消费者得到对购买过程更大的控制权。对卖方而言，网络是建立顾客关系的一个强有力的工具。它也提高了买方的速度和效率，有助于降低销售成本。网络还提供了更大的灵活性，使全球市场变得更容易进入。

——科特勒《科特勒市场营销教程》

网络的出现使得我们的生活产生了翻天覆地的变化，对于商业市场，网络同样也带来了巨大的推动力。通过互联网，购买者能够接触到新的供应商、降低采购成本并加速订购货物的处理和运送；同样，企业也可充分地利用互联网，首先，网络是同顾客建立关系的有效方式，因为其一对一、互动型的性质，网络成了十分有效的营销工具。企业通过在网上与顾客的互动联系可以了解到顾客的具体需要和欲望。反过来，网上的顾客也可提出问题或者主动反馈意见。以这种不断进行的互动为基础，企业能够提供更为精致的服务和产品来增加顾客价值和满意度。

很明显，对于买卖双方来说，互联网在削减成本、简化购买程序以提高效率、促进信息共享与对称以及减少购买流程时间等方面有着无与伦比的优势。通过网络这个平台，企业能够跟顾客走得更近，联系更紧，甚至能够一夜之间红遍整个市场；而顾客则获得了更自由的选择权和更有力的控制权。下面的两个例子，就可以体现出网络对买卖双方的巨大影响力。

一枚普通的曲别针换一栋房子，你信吗？这不是天方夜谭，美国一位名叫凯尔·麦克唐纳的男子就通过网络实现了这一"天方夜谭"。麦克唐纳与女友还有几位室友一起在蒙特利尔租房子住，每月300美元租金，他最大的梦想是拥有自己的房子，但他没有固定职业，根本没有能力买下一栋房子。于是，他突发奇想，在网上发布了一条信息，想以一个红色曲别针换一个较大或更好的物品。

结果，短短几天过去后，温哥华就有两位妇女通过网络联系他，说愿意用一支鱼形笔换他的曲别针。而后不到十分钟，西雅图又有一位女士联络他，用一个画着笑脸的陶瓷门把换了他的鱼形笔。后来，他又用门把手换来了一个野营炉，用野营炉换了一个发电机……几个月之后，他跟吉普林镇做了最后一次交换，换来了该镇的一栋免费的房子。

在现实生活中成功性几乎为零的事情，在网络上却成了现实，麦克唐纳真的用一枚曲别针换来了一套房子。无独有偶，美国有一个家电制造商同样利用网络创造了一段传奇。

某家用搅拌机的生产商为了展示他们搅拌机的性能，在YouTube上推出了一个很有意思的视频，在视频里，他们把iPhone手机丢进搅拌机里，然后将其搅成了一团黑糊糊。这个简单的视频让该生产商爆红，视频迅速在网络上传播开来，到现在已经有了过亿的点击量，而这家生产商的业绩也足足成长了七倍。这段网络视频也被称为"有史以来最有效的病毒视频营销"。

从这两个故事中可以看出，网络营销如果运用得当，不管是买方还是卖方，都能从中受益良多，甚至，传统营销难以达成甚至根本不可能达成的目标，通过网络营销，都有可能实现。

网络营销是一种新型的商业营销，是一种互动的、直接的、即时交互的，客户始终参与营销全过程的营销模式，它始终面向日益个性化和多样化的客户需求。与此同时，网络时代也是一个竞争激烈的时代。企业要想在竞争中获胜，关键还在于能否把握商业机会，采取合理的新营销方式，开拓市场，提升企业竞争力。

互联网给企业营销带来了极大的挑战

互联网不仅拥有客观的美好前景，它也面临着许多挑战。对大多数企业而言，在线营销将变成一套整合的营销组合的一个重要部分。对其他企业，它将变成其为市场服务的主要方式。然而，互联网也给企业带来了许多挑战，其中包括有限的顾客接触和购买、用户背景的不均衡、混乱、安全和道德问题。尽管存在这些挑战，大多数企业都在迅速将网上营销融入其营销战略和组合中去。

——科特勒《科特勒市场营销教程》

互联网无疑正在改变着用户的行为和消费方式，企业或品牌的运营也因受其影响而将逐渐发生改变。越来越多的企业由此走进网络营销，企业家或营销人都想借助这个拥有数亿人的平台抢占到更多的市场份额。但对那些在传统渠道耕耘多年的企业或品牌而言，互联网带来机遇的同时，也带来了极大的挑战。

第一，有限的顾客接触和购买。诚然，互联网使得企业的市场空间更广阔了，能接触到的顾客群也更大了，很多的业务运营起来也更加便捷了，但是，无论如何扩展，网络营销仍然只能到达有限的市场空间。而且，许多网络用户更多的是通过网络浏览网页，从事产品调查而非真正的购买。

第二，用户背景的不均衡。虽然网络用户正变成主流，他们依然比大众的层次和科技的倾向要高一点。这些网上营销成为营销电脑软硬件、家用电器、金融服务和其他特定种类产品的理想工具。然而，这也决定了网上营销并非万能，某些主流产品通过网络销售效果就不会那么理想。

第三，混乱。互联网提供了成百上千万的网站和数量大得令人瞠目结舌的信息，这就像一把双刃剑，既给顾客提供了一个信息的海洋，但同时也容易让人迷失其中，产生疲劳感。因此，对很多顾客而言，浏览互联网会变得令人沮丧、摸不着头脑而又耗费时间。在如此混乱的环境中，许多网络广告和网页根本就不会被注意或者打开。即使被注意到，营销人也可能很难吸引顾客的注意。有研究表明，一个网站必须在8秒钟内抓住网上冲浪者的注意力，要不然就会将其拱手让给其他网站。这使营销人仅有极短的时间来推广和销售其产品。

第四，安全问题。一些顾客依然担心一些处心积虑的人会偷窥他们的网上交易或盗用其账号未经授权就进行购买。同样地，进行网上业务的企业也担心其他人出于商业间谍甚至破坏的目的使用互联网侵入他们的电脑系统。近年来，网络安全问题已经得到了很大程度的解决，能让人放心许多。但网络毕竟是网络，不安全的因素始终存在，这些既是顾客的顾虑，也是摆在企业面前的一道关卡。

第五，道德问题。现代人越来越注重个人隐私，很多人不愿意自己的信息被陌生人所知。而通过互联网，企业往往能够轻而易举地跟踪网站的访问者，获取顾客的大量个人信息。如果企业未经授权就利用这些信息营销其产品或与其他企业交换顾客的电子列表，这使顾客很容易受到信息滥用的侵害。除此之外，还存在着隔离和歧视的问题。互联网目前能很好地为上层消费者服务。然而，较贫困的消费者接触互联网的机会依然很少，这使其对产品、服务和价格了解得更少。

市场决定着市场营销战略，在互联网巨大影响下的市场必然要求市场营销战略的更新。企业必须以市场为生命，从市场营销因素最基本的 4P 组合来调整、更新自己的营销战略。

在产品与服务上，互联网所提供的产品，除了要充分显示产品的性能、特点、质量以及售后服务等内容外，更重要的是能够对个别需求进行一对一的营销服务。企业要根据用户对产品提出的具体或特殊要求进行产品的生产供应，最大限度地满足消费者的需求。

在价格上，因为消费者可通过网络查询产品价格和市场相关产品的价格，进而在此基础上理性地购买价格合理的产品。所以企业一定要在对网上企业相关产品价格和竞争情况进行认真调研和实时监测基础上，合理估计本企业产品在消费者心目中的形象，进而确定产品的价格。

在渠道上，网络能将企业和消费者连在一起，售前、售中和售后几乎都能通过网络来实现，与传统的渠道相比，网络具有很大的优势。企业要利用好这一特殊的渠道，通过网络经营好顾客，吸引更多的顾客群体。

在销售促进上，网上的促销在很大程度上是被动的，因此，企业需要解决的一个难题就是：如何吸引消费者上网，并提供具有价值诱因的商品信息，吸引顾客购买。

网络消费者比传统消费者更具主动性和控制力

消费者现在不仅仅在被动地收看、收听厂商的广告，他们可以访问点评类网站，去看哪家企业的产品最好。他们也可以联系自己的朋友听取他们的建议。他们也可以在 Twitter 或 Facebook 上提出问题，征求别人的意见。市场已经由独白变成了对白和众声喧哗。"对话"具有至尊的地位，塑造着企业和产品的形象。在极端情形下，一个消费者便可以宣判一个令人失望的公司的死刑。

——2011 年科特勒《IT 经理世界》采访

"一个消费者便可以宣判一个令人失望的公司的死刑"，科特勒所说的这句话，听起来似乎很夸张，但事实就是如此，互联网将世界各地的消费者联系了起来，在这样一个网络平台上，信息可以瞬间传递到网络的每一个角落。

在购买的方式以及对营销的反应方面，互联网消费者不同于传统的网下消费者。在互联网时代的交易过程中，顾客的主动性和控制能力更强。互联网用户十分珍视信息，对目的在于销售的信息一般也比较反感。传统的市场营销是以一些被动的观众为目标,然而网络市场营销的目标顾客却可以主动地选择访问哪些网站,接受有关怎样的产品和服务、以怎样的购买条件进行交易的信息。

过去,如果某顾客想要买一辆车,那么,他可能会去几家 4S 店看看价格,试试车,他可能会问问身边亲人、朋友的意见,看他们有没有好的推荐。但现在,顾客想买车的话,他可以上很多的汽车网站,查询到全国各地的汽车价格;可以进入论坛,看其他的熟悉某款车或者购买过某款车的顾客的使用感受;可以对比很多家汽车销售商的价格与优惠政策,然后选择条件最好的几家,前去实地考察。他在选择买家、选择自己心仪产品的时候,更为主动,更具有控制力。他对信息即便谈不上了如指掌,但至少心中有底,不会任意地被销售商牵着鼻子走。

网络营销的发展让消费者有了重新回归个性消费的机会,消费的主动性得以增强,同时也更追求购物方便性和购物的乐趣。随着网络的不断发展,消费者价值观发生了很大变革,网络营销为消费带来了新的改革:

第一,以消费者为导向,强调个性化。消费者将拥有比过去更大的选择自由,他们可根据自己的个性特点和需求在全球范围内找寻满足品,几乎不受地域限制。通过进入感兴趣的企业网址或虚拟商店,消费者可获取产品的更多的相关信息,使购物更显个性。

第二,企业和消费者联系更为紧密。将网络的互动功能广泛应用于商业的各个领域,企业就能察觉在哪些领域有机会借开放自助工具给消费者,进而替代他们更好的服务。现在这些工具已相当普遍,企业可以通过创造自己的频道、网络和节目,实现和消费者的对话。

第三,顾客很容易联系上企业,并提出意见和征询。顾客对于企业是否能迅速且适当地回答自己以各种形式提出的问题与投诉,抱有愈来愈高的期待。现在,企业向顾客开放的沟通渠道非常多,顾客可以随时、随地地表达自己的意见,买卖双方之间的沟通交流更无间。

网络营销与传统营销相比,最大的不同不是成本的降低、传播形式的创新、广告方式的丰富,等等,因为这一切都是对企业而言。对消费者而言,网络带来的最大不同是:以往他们只能被动接受,而今天,他们可以主动选择、屏蔽,甚至是创造他所喜欢的信息。可以这样说,以前消费者等着大众媒体或者别人告诉他们信息,靠着外界帮助他们去发现。而今天,他们习惯于靠自己去探索、获取和收集。

借助于互联网,消费者较以往相比,能够更为便捷、更为自由地表达自己的想法和意见。就像科特勒所强调的那样:"市场已经由独白变成了对白和众声喧哗。'对话'具有至尊的地位。"如果说在过去的消费市场,企业占据了更为主动、更为主导的位置的话,那么,现今则反转过来,消费者更具主动性和控制力。

互联网时代,网络口碑对购买有着至深影响力

人们加入到互联网兴趣组去分享信息,结果"网上口碑"增加了口碑对购买的影响力。对好的企业和产品的赞誉将迅速传开,对坏的企业和产品的批评传得更快。

——科特勒《科特勒市场营销教程》

科特勒认为,在互联网时代,网络口碑绝对不能小视,它对购买有着至深的影响力。

2010年,互联网时尚品牌凡客诚品邀请青年作家韩寒和青年偶像王珞丹出任形象代言人,并推出了风靡网络的"凡客体"广告——"爱网络、爱自由;爱晚起、爱夜间大排档……"该广告系列贴近年轻人,朗朗上口,风格独具,一推出,就在网络上走红,至今不衰。网友们纷纷在"凡客体"的基础上再加工,千余位明星都成了被恶搞或者被追捧的对象,譬如,某网友为郭德纲创作的"凡客体"为"爱相声、爱演戏、爱豪宅、爱得瑟、爱谁谁……我是郭德纲",极富调侃,令人捧腹。网络上掀起了一股全民创作"凡客体"的热潮,从大众明星到社会名人,从虚拟人物到单个物品,纷纷成为"被凡客"的对象。凡客体如一粒种子遇到了潮湿的土壤,于是开始疯狂生长,并很快开花结果,成为风靡一时的公众性网络营销事件。凡客也借势其打造的"凡客体"风潮,使其品牌在短时间内迅速成为热议话题,通过植入式品牌传播的巧妙策略,展开了全面的网络营销,效果显著。

凡客的这一场营销,借助的正是网络口碑的力量。网络媒体的特性决定了网络信息传播的速度和广度,热点话题又决定了大众的关注度和参与度,可以成功吸引公众的注意力,因此企业或品牌以网络为传播平台,创造出热点话题,精心策划开展有效的网络营销,能够迅速提升营销的覆盖范围和效果。

在传统营销中,有一个"250定律",也就是每一个顾客的身后还站着250位顾客,每个顾客都能影响到另外的250位顾客。而在网络世界里,这条定律被放

大了无数倍。一个顾客的不满意很可能会引发成千上万人的关注。

企业暴露出来的很多问题，如果不是在网络盛行的时代，那会是再普通不过的一个小插曲，最多也就是在"250"的圈子里传播。但在互联网的世界里，这些问题却很可能演变成轰动一时的热点事件，引发成百上千万网友的围观与传播。

网络口碑比传统营销中的口碑更具有力度和力量。在网络时代，企业面对消费者，应更为谨慎，每一个细小的环节都不能放松，真正做到"顾客至上"。俗话说："好事不出门，坏事行千里。"而在互联网上，"坏事"的传播速度更是极其惊人的。一个哪怕是不经意的疏忽和错误，都可能会引发网络上千万用户的关注，形成负面的口碑，对企业的声誉和品牌造成难以估量的影响。

·第二节·
国际营销：与其被国际化，不如去国际化

全球化带来新挑战，国际化成为大趋势

如果国内市场足够大，大部分的公司宁愿留在国内。在国内做生意更容易，也更安全。不过以下因素会将企业吸引到国际市场上：有些国际市场比国内市场的赢利机会更大；为了达到规模经济，公司需要更大的客户群；公司希望削弱对于单一市场的依赖性；公司希望在国际对手的本土市场对其进行打击；顾客正在走向国外，因而要求国际化的服务。

——科特勒《营销管理》

科特勒曾在接受采访时说："在海外做生意，风险总会有的，但如果你不去进入新兴市场而只待在本国，风险依然很大，主要是随着国内的发展，国外竞争者不断进入，也会在自己家门口遇到冲击。所以每家公司都要平衡两点：建造堡垒来保卫自己的本土，或者向外部市场积极拓展。如果只待在自家的领地，或者冒失地进行大量海外投资，到最后也会失去领地。对此我的意见是：对于大公司而言，要么国际化，要么等死。"

海尔集团有一个口号："无内不稳，无外不强。"随着市场经济的发展和国际经济的一体化，国内企业越来越强烈地感受到国际化的压力和诱惑。国际化能给企业带来的最主要的利益有：

一是扩大市场规模。在国际市场销售公司产品和服务，开辟新的市场，能提高收益，特别是那些处在有限增长的本国市场的公司，进入国际市场能有更大的发展空间。

二是充分发挥生产能力和尽快收回投资。一些企业的大规模投资，包括工厂、设备和研发，为得到应有的投资回报，需要巨大的市场规模，而国际化则是最好的选择。

三是规模效应。国际市场扩张后，企业规模会进一步扩大，有可能取得优化的规模效应，如汽车工业。同时，国际市场也为企业转移核心竞争力提供了机会，它为跨越国界的资源和知识共享创造了条件。

四是学习效应。不同的市场和不同的实践为跨国公司提供了很多学习机会，包括发达国家的企业也能从新兴市场的运行中学习新的东西。

五是降低成本。在劳动力、原材料或技术费用比较低的国家建立生产工厂可以降低成本。很多国外企业将制造和生产流程转移到中国，其中最主要的原因之一就是降低成本。

六是分散商业风险。公司通过在不同的国外市场上经营建立了广泛的市场基础，与完全地依靠本国市场相比，风险被大大分散了。

这几点对企业的发展都有着深远的影响。随着国际竞争越来越激烈，如果企业仅满足于在本土市场上的发展，势必会被淘汰。

国际化的竞争已经在家门口，企业必须审时度势，把本土企业放在国际化的大背景和大环境下，制定相应的战略，把握机遇将企业推向国际。

走向国际市场前企业必须认清的风险观念

在决定走向国际市场之前，公司必须认识并评估以下风险：公司可能不能理解国外的偏好，因而无法提供有竞争力的产品；公司可能不能理解国外的商业文化；公司可能不能理解国外的法规，因而发生预期之外的费用；公司可能缺乏具有国际化管理的人才；在外国可能需要面对改变的商业法规、汇率贬值，甚至政变和财产被没收的情况。

——科特勒《营销管理》

科特勒曾说："一家国际化的公司必须对自己接下来的长期战略走向有清晰认识，往往刚进入时会亏钱，因为有大量固定资产投资、买地建厂，等等，商家可能希望从进入的国家的银行获得资金，但它也要花高薪雇用很多有技能的人员。所以，要进入一个新的国家，往往要有十年的战略眼光，进入后赔钱又退出的不乏其例；不过，倘若能提供当地缺乏的东西，比如较好的基础设施、高质量的服务、快速交付、建立好的价值链，往往能在长期内获得较好的回报。"

在经济全球化、市场国际化的经济形势下，任何企业都想要从中分到一杯羹，而因此带来的是激烈的竞争与残酷的淘汰法则。

要在国际市场中生存，企业必须对国际化的风险有清晰的认识。就像科特勒所说的，国外的商业文化、法规、国际化的人才、政治与经济风险，等等，这些都会成为企业迈向国际化的巨大障碍。

在全球化市场的经济背景中，首当其冲的挑战就是文化与价值观的挑战，国内企业想要迈出全球化的步子，首先遭遇到的是各个国家和地区多种多样的文化与价值观的碰撞。对于很多国内企业而言，这将是实现全球化整合的最大障碍之一，也是在全球化背景下取得出色业绩的最大障碍之一。

双方文化与价值观的不同，很容易导致双方的沟通发生障碍。而在一个合作项目的促成中沟通是必要的，只有良性的沟通才能达成良好的合作，所以说解决双方的沟通问题是首要的。

当文化与价值观得到有效解决之后，接下来的问题就是国际型人才的缺失。人才是企业的核心竞争力，如何让国际化的人才融合在一起，形成一个优良的团队，同样是一大挑战。

当企业达到良性沟通、人才具备以及形成了良好的团队合作氛围之后，过硬的技术保障就显得尤为重要。企业必须要尽快转型成拥有自己的核心技术、自主知识产权的高效率技术创新型企业，以技术来带动企业发展，而不能单单只依靠一些低端产业来带动自身发展。

所以说，企业顺应全球化的趋势走向国际化市场，是必然的，但同时也是任重而道远的。在这方面，华为在国际化道路的尝试，对那些以国际化为战略的中国公司，是有着积极的启发和借鉴意义的。

华为国际化成功的一条重要经验就是秉承"压强原则"："在成功关键要素和选定的战略生长点上，以超过竞争对手的强度配置资源，要么不做，要做就极大地集中人力、物力和财力，实现重点突破。"

华为在进入俄罗斯市场时，正是用在苏联卫国战争期间被苏联军民广为传诵的名言作为其战略宣言："俄罗斯大地辽阔，可我们已无退路，后面就是莫斯科！"没有攻不下的市场堡垒，只有攻不下市场堡垒的人。国际市场也并不是坚不可摧的，华为在俄罗斯市场上历经 8 年从 36 美元到 3 亿美元，最重要的一条就在于对国际化战略的坚持和信仰。

国际化最关键之处就是企业的核心竞争力，从长期来看，价格优势不能成为中国企业的核心竞争力，中国企业取得国际市场竞争优势的关键还是体现自身实力的核心竞争力，其中包括企业的核心技术和市场营销能力。

华为在进入国际市场时，坚持把"最好的产品拿出去"。华为在与世界五个电信巨无霸公司的竞争过程中，最终以技术、质量第一，获得了荷兰电信 3G 项目的商用网络就是一个最好的案例。

这也再次证明了一条真理，国际市场不相信眼泪，国际市场依靠的是实力。每年将营业额的 10% 以上投入研发，使得华为能够在国际市场竞争过程中有个高起点，华为的智能网用户数量全球排名第一，下一代通信网全球排名第二，传输亚洲排名第一、全球排名第四，交换机品牌排名第二，数据通信也成功地进入了美国和全球市场。这些业绩是以核心技术和自由知识产权为后盾的。

国际化的另一大瓶颈是管理。华为有一套经多年时间和实践构建起来的与世界级一流企业接轨的管理体系，以及长期探索而来的充满活力的企业机制。

正是早期与国外通讯巨头的竞争与合作的过程，使华为认识到先进的企业内部管理体系在国际化过程中的基础作用，这也是华为义无反顾地走向国际化的信心来源。

华为信奉并长期坚持的一条重要理念是：管理是真正的核心竞争力。自 1997 年以来，华为在公司运作、质量体系、财务、人力资源四个主要方面进行了持续不断的变革，经过这些年的努力，基本建立了与国际接轨的管理运作体系，国际营运商对华为产品的认可，实际上是对华为整体管理体系的认可与尊重。

华为的国际化历程表明了，对中国企业来说，国际化的道路并不是简单地把产品和服务投向国际市场那么简单，国际化意味着中国企业的核心竞争力、经营战略以及管理体系全面地与国际惯例接轨。

只有"内功"扎实，对国际市场的风险有足够的认识和充足的应对，企业才能真正走上国际舞台。

在决定候选国时，企业要拿捏好三个标准

公司还必须考虑国家的选择。一个国家是否有吸引力，取决于产品本身，也受到这个国家的地理位置、收入和人口数量以及政治环境的影响。在决定是否走向国外的时候，国内公司需要确定其国际营销目标和政策。公司要决定是在少数几个国家还是许多个国家开拓市场。公司也要决定哪些国家值得考虑。一般来说候选国应该根据三个标准来衡量：市场吸引力、风险和竞争优势。

——科特勒《营销管理》

当一个企业做好了充足的准备，也具备足够的实力进军国际市场时，它应当怎样选择市场？先进入哪个国家？后进入哪个国家？是先集中力量于某一个市场，还是选择好几个市场多点出击，或者是将摊子一下子全铺开来？这是一个关键性的问题。古语有云："谋定而后动。"企业国际化首要的就是要选定候选国，选定自己的目标市场。

科特勒认为，考察一个候选国，应秉持三个标准：

一是市场吸引力。这不仅要考虑一国当前的市场潜力和长期的潜在需求，评估现有市场潜量，预测未来市场潜量、成本、利润和投资报酬率，还应考虑该国的经济结构、政治制度、地理位置、资源条件、人口和居民收入，等等。按照现在普遍的划分法，美、日、欧被认为是"三强市场"，东南亚诸国被看作是新兴工业国，还有很大一部分亚、非、拉美国家则被看作是第三世界。而现在，像中国、印度这样的国家发展势头和发展潜力不容小觑，成为很多企业在进行国际营销时必先考量的重点市场。

二是风险。国际化绝对不是让企业跨出国门那么简单，更重要的是，企业必须能够真正融入目标市场中去。"走出去"，到一个陌生的国家开拓市场，企业是要冒非常大的风险的。比方说，金融上的风险、政治法律上的风险、民情风俗上的风险、专业性服务上的风险、世界经济形势不明朗的风险、战略管理能力上的风险、竞争方面的风险等，都可能存在很多绊脚石与拦路虎。可以说，企业一旦开始国际化，就犹如将船驶进大海，既可能乘风破浪，也可能有倾覆之祸。哪怕是最细微的一个隐患，都可能引来不期而至的惊涛骇浪。

比方说，TCL在收购法国汤姆逊彩电事业部后，组建起了全球最大的彩电制

造企业 TTE，但接下来的发展并不顺利。努力想要打开欧美市场的 TCL，并没能成功接手汤姆逊的销售渠道，同时，TCL 不得不面临裁员难、招人难的尴尬困境。更令人料想不到的是，就在那几年中，平板电视迅速取代 CRT 电视，这意味着 TCL 想通过与汤姆逊合作获取 CRT 电视霸主地位的目标变得毫无意义。管理上的难题、利润的下降、资金链紧张等原因导致这场收购最后并不那么尽如人意。

这个例子也表明，国际化之路虽然看似风光，但实际上极具风险。而这些风险是需要企业预先进行深入而谨慎评估的。

三是竞争优势。"竞争战略之父"迈克尔·波特博士也曾提出同样观点，他认为，关于国际化，企业必须要有自己的竞争优势。如果将国际化征程比作一场赌博的话，那么，企业必须评估自己是否具备参与赌局的资本，是否具有胜出赌局的一手好底牌。企业只有明确了自身的竞争优势，才能更好地在国际市场中扬长避短，将优势更全面地发挥出来，形成自身在国际市场的核心竞争力。

总之，在选择候选国这一阶段，企业不能只是凭经验、个人好恶、语言和文化的一致性或距离的远近就匆匆作出决定，而要收集大量的客观资料，请有关机构和专家进行认真的分析和预测，谨慎从事。

选择最适合的模式进军国际市场

一旦公司决定了将一个国家作为目标市场，它就必须决定进入市场的最佳模式。可选择的模式包括：间接出口、直接出口、许可经营、合资以及直接投资。这五种方式依次要求更多的投入、风险、控制和赢利潜力。越靠后的策略意味着越多的投入、越大的风险、越多的控制权和越大的赢利潜力。

——科特勒《营销管理》

科特勒认为，国际化就是企业从事跨国经营，从间接出口到直接出口，到在境外建立子公司，直至完全的国际化经营。在实践中，国内企业参与国际竞争主要的方式有四种：

第一种是跨国公司模式，以海尔为典型代表，在海外直接建厂，实现了生产、人员、营销、研发、设计的当地化；第二种是海外并购模式，以联想、吉利为典型代表，并购海外的成熟品牌，利用原有品牌的影响力、渠道、人才进入国际市场；第三种是 OEM 加工出口模式，以富士康为代表，主要是外国企业选定产品，委托中国企业生产，然后由他们自己出口销售，这是本土企业大量采用的一种模式，广泛存在于服装、家电、手机等行业；第四种是代理销售模式。委托海外的渠道商开拓市场。

企业决定进入国际市场时，一定要选择最适合自己的最佳进入方式，以谨慎、务实为本。在这方面，中国最大的照明品牌供应商雷士照明就是个很好的榜样。

2011 年 7 月 18 日，对雷士照明来说，是值得大书特书的一个日子。这天，雷士照明与亚奥理事会签约，正式成为"亚奥理事会照明及服务合作伙伴"。根据双方签订的协议，雷士照明将为今后亚奥理事会在亚洲地区开展的赛事活动提供专业的灯光照明产品及服务方案。这将帮助雷士照明实现"点亮亚洲，照耀全球"的国际化战略。

在 13 年前，雷士照明还只是广东惠州一家注册资金 100 万的小厂。创立之初，雷士照明创始人吴长江就在厂门口竖起"创世界品牌，争行业第一"的牌子。如今这家企业已经成为中国照明行业领导品牌，提供各种照明解决方案，其中包括提供设计服务并生产定制产品，满足专业及其大型项目终端客户的特殊需求。从研发能力、制造能力、渠道建设、品牌知名度到承接大型工程，雷士照明都拥有明显的竞争优势。近年来，在奠定了国内第一大照明品牌供应商的市场地位后，雷士照明加快了开拓国际市场的步伐。

尽管早在成立之初就打出"创世界品牌"的旗号，但雷士照明非常务实，吴长江说："中国市场这么大，如果在自己家门口都做不好，与国外品牌竞争靠什么？所以，前几年，我提出本土化就是国际化的时候，有人说我们是在国际上没做起来才这么说。实际上，一些企业在国内还没发展好，就盲目到国外去收购，最后铩羽而归，这都是教训。国际化是一个路径，但这个路径的设置一定要务实，要顺势而为，它是企业在国内积累优势后自然而然发展的结果。从我开始做雷士照明开始，就是向着国际市场去的，从未停过。"

早在 2006 年，雷士照明就开始开拓海外市场，最早采取的是贸易出口方式，同时谋划自主品牌销售。2007 年 6 月，雷士照明在英国收购了一家照明销售公司，将渠道交给有经验的当地人去开拓，开始进入欧盟市场。截至 2010 年年底，雷士照明英国公司的门店数目达到了 200 家。

2010 年 5 月 20 日，雷士照明在香港联交所主板上市。更为重要的是，直接参与2008年北京奥运会、2010年广州亚运会、2010年上海世博会、2010年南非世界杯和武广高铁等重大照明项目建设，充分彰显了雷士照明具备承接世界级大型工程项目的实力，尤其是承接国际体育赛事照明工程，让雷士照明积累了丰富的经验。此外，雷士照明成功开发巴西等国市场，在澳洲与南非的知名度也大幅度提升，并承接了德班机场室内照明项目。

"我们的国际化营销战略很扎实。雷士的海外分公司，在东南亚、英国做得都很好，规模占到整个销售额的20%左右。我们在海外的扩展增速大于国内，自主品牌的扩张大于OEM，"吴长江说，"未来在中东与东南亚市场，雷士照明将通过专卖店、专柜进一步拓展渠道。"但他同时强调说："国际化是一个很复杂的过程。我们要做国际化的企业，不仅是把产品卖到国外，还要输出文化，把自己的网络推向全球，这才是真正的国际化。"

从扎实地经营本地市场，到贸易出口，再到收购国外企业，最后全面进军国际市场，雷士照明每一步都稳打稳扎，从不冒进。有句话说："国际化只有走得稳，才能走得快。"雷士照明的国际化进程正是这番话的最佳佐证。

企业要国际化，找对合作伙伴很关键

绝大多数国际化的品牌拥有营销方面的合作伙伴，来帮助公司在国际市场上获得分销、营利性和附加值等方面的优势。

——科特勒《营销管理》

现在我们处在一个讲求合作与共赢的商业时代。在竞争日趋激烈的市场上，企业仅仅靠单枪匹马闯天下的做法已经过时，而合作共赢成为必然的趋势。尤其是在国际化的过程中，更是如此。中国有句俗语说得好："强龙不压地头蛇。"当一个企业要进入一个陌生的、风险重重的国外市场时，如果能找到一个可靠的、有实力的、熟悉当地市场的合作伙伴，那么，国际化的征程会顺畅很多，风险也会降低很多。所以，我们经常可以看到，即使是规模再大、实力再雄厚的跨国公司，在进入国外市场时，也会认真地研究和实施合作战略，寻找优势互补的合作伙伴。

比方说，回顾2002年的家电业，就会发现，当年最引人注目的莫过于海尔与三洋、TCL和松下、TCL和飞利浦的合作。

第十三章 科特勒营销新思维

2002年1月18日,三洋电机与海尔集团宣布了海尔与三洋的合作。三洋与海尔的合作方式主要有以下4点:第一,充分利用海尔的销售网络,在中国销售三洋的产品。第二,海尔与三洋合资成立在日本销售海尔产品的销售公司。第三,推进双方在生产基地方面的相互合作。第四,扩大三洋主要零部件向海尔的供应及技术协作。

2002年4月9日,TCL集团与松下宣布开始进行一揽子合作谈判。松下与TCL磋商的合作内容包括:第一,充分利用TCL的销售网络,在中国农村地区销售松下品牌的家电产品;第二,由TCL供应低价格普及型电视、由松下供应高品质的平面电视,双方互相提供OEM;第三,TCL协助松下普及可刻录DVD标准的DVD—RAM制式;第四,松下向TCL提供全环保型空调冷媒技术及关键零部件;第五,松下投资TCL以及双方相互持股等事宜。

2002年8月22日,飞利浦也和TCL签署了销售渠道合作。主要内容是TCL将利用其销售渠道和网络优势,在广西、贵州、江西、安徽和山西5个省,独家代理销售飞利浦彩电。

这三项合作计划,形象一点说,正是外来的"强龙"与本地的"地头蛇"之间的强强联合、优势互补。通过这样的合作,"强龙"能够以最为保险的方式在中国市场快速发展,而"地头蛇"同样从中获益,渠道成了特殊的商品。类似这样的战略合作,在当前全球化的时代背景下,只会越来越频繁,越来越紧密。

这样的合作战略实际上就是企业间形成战略联盟。企业通过一定方式与合作伙伴形成一种紧密的合作关系,使它们的资源、能力和核心竞争力相结合,从而实现各方在设计、制造、产品和服务上的共同利益。这种合作是对经济活动、技术发展和经济全球化所带来的市场迅速而巨大变化的及时和理性的反应。许多公司通过合作联盟加强了竞争能力,为公司进入新业务、新市场提供了帮助。通过这样的合作,企业可以获得这样几个优势:

一是扩大市场份额。通过战略合作联盟,双方可以利用彼此的网络进入新的市场,减少开拓市场的时间和费用,增加产品销售量及市场份额。

二是迅速获取新的技术。技术创新是企业发展的动力,通过战略合作联盟企业能够增强技术创新能力,缩短新产品、新项目开发时间,跟上科技发展的步伐。

三是经营国际化。同国外公司进行联盟,通过合资、合作等方式进入国际市场,可以减少在国外直接投资存在的资金大、风险大等许多局限,顺利实现国际扩张。

四是降低风险。战略合作联盟能够做到风险共担，降低企业风险。如共同开发新技术、新产品，增强了科研能力，提高了开发效率和效益。

科特勒在接受《中欧商业评论》的采访时曾说："企业应把自己变成一家'Glocal'（global 和 local 的综合）公司——既是全球的，又是当地的，知道如何在每一个进入的国家，将自己所提供的产品和服务本地化。正因此，需要有一个好的本地合作伙伴，它知道如何处理后续的工作，做好各种关系联络，了解当地的重要角色，包括政府官员，熟谙文化，知道买主和经销商喜欢什么。因此我们说，进入新地盘做营销，本地合作伙伴会提高效率。"

所以说，现代企业在进军国际市场时，不独要有强烈的竞争意识，更要有强烈的合作意识，选对了合作伙伴，国际化就迈出了成功的第一步。

在全新市场里，不要在品牌建设上走捷径

在全新的市场里，品牌建设要从零做起，不要在品牌建设上走捷径。这既体现在战略上（在建立品牌形象前先建立品牌知名度），也体现在战术上（在新市场上建立品牌资产的来源）。

——科特勒《营销管理》

在世界经济发展放缓、国际金融危机不断蔓延的形势下，中国的发展势头成了世界经济的亮点。中国的品牌也呈现出越来越强大的竞争力，虽然位列世界500强的中国品牌数目还不太多，但众多中国品牌做大做强、走向世界成就国际品牌的壮志雄心也正日益高涨。有国际化的梦想和野心是必要的，但有战略、有策略、够务实更是必需的。

有的企业总在寻思着能够有一夜之间成为国际品牌的超级捷径，幻想着一夜之间从国内走向世界。常见的三种走捷径创国际品牌的方式有：

一是收购国外品牌。收购品牌的时候，企业一定要睁开慧眼，千万不要收购"洋垃圾"品牌，也就是一些含金量极低、价值极低、而"养育"成本高昂的品牌。另外，企业还要防止将原本含金量高的品牌收购过来，结果在自己手中贬值，变成"洋垃圾"品牌。

二是"挂羊头卖狗肉"。要么直接子虚乌有地宣称自己源自国外，在美国在

欧洲多么有号召力，产品多么受欢迎；要么就是通过在国外注册品牌的形式，然后在国内以国际品牌自居，招摇过市，蒙骗消费者。这两种情况，一旦东窗事发，无论是这些品牌及企业的信赖度，还是产品的销量，都会受到毁灭性的打击，例如欧典地板。

欧典曾经号称是德国拥有百年基业的地板品牌，也是中国地板市场最吸引人眼球的品牌。早在 2004 年，当市场上高档地板均价仅在 200～300 元时，欧典就推出了每平方米 2008 元的天价地板。当时 2008 元每平方米的地板是什么概念？天价地板面市，人们惊呼：地板的价格居然快赶上房价了！

而欧典当时对该天价地板的介绍则是：真木纹系列由德国欧典投资 800 万欧元，历时两年研发成功；莱茵河畔的维尔茨堡，由于 1945 年曾受到严重摧毁，德国政府进行了两次大规模修复，而在这两次修复中，有上百家地板品牌同时竞标，而德国欧典地板技压群雄，最终为九座大厅提供了极优良的地面材料。德国欧典创建于 1903 年，在欧洲拥有 1 个研发中心、5 个生产基地，产品行销全球 80 多个国家。此外，在德国巴伐利亚州罗森海姆市拥有占地超过 50 万平方米的办公和生产厂区。

2006 年 3 月 15 日，央视"3·15"晚会上欧典事件曝光。经记者实地调查发现，欧典根本不是德国品牌，无论是国外，还是国内，都没有一家名叫欧典的公司注册过。所谓的"百年欧典"其实就是在北京通州进行生产和包装。

此事件曝光后，欧典被北京市工商局处以高达 747 万多元的罚款，而这个品牌的声誉也一落千丈。

欧典地板的例子表明，走捷径创品牌，虽然短时期内能够取得一定成效，但长远来看，还是有着极大的风险，严重的时候，品牌会毁于一旦。

第三种走捷径创品牌的方法就是品牌租赁，也就是将国际品牌租过来，国内企业没有所有权，但拥有使用权。品牌的打造一定需要很长的周期、很多的资金、很大的精力。如果操作得当，引进已经有知名度有市场基础的国际品牌，抄一条近道亦是一种不错的考虑。但如果操作不当，就会是舍了孩子套不了狼，眼睁睁地看着自己含辛茹苦养大的孩子被其"生母"领了回去，留下来的是国内企业的欲哭无泪。短期的租赁，若市场表现不好，损失的不但是为数不菲的租用费用，更重要的还有浪费掉的"机会成本"，毕竟市场不等人，时机不再来；更深层次的担忧是，短期的品牌租赁，一旦市场表现不错，合约到期之后就会被品牌拥有者如期回收，然后坐享其成，将已经打下的江山轻松地接收过来。这对国内企业而言是毁灭性打击。

  企业要创建国际化品牌，还是要更理性、更稳健一些，切忌急功近利。国际品牌是一步步走出来的，先做好本土的市场才是关键，然后步步为营，像海尔、华为，国际化之路一步一个脚印，走得踏实、稳重。如果采取收购国际品牌的方式，那更要明确自己的品牌到底需要什么，对方品牌能否满足自己的愿望，需要进行全面、系统、着眼长远的价值评估，并为之准备好系列的软硬件配套，否则即使将国际化品牌揽入了怀中，也难以使之成长成熟，真正为己所用。

·第三节·
水平营销：跳出盒子，而不是坐在盒子里思考

纵向营销会导致一个过度细分而无利可图的市场

在最为发达的市场，基本的营销策略（如市场细分、目标锁定、定位）作为能产生竞争优势因而转化成商业机遇和新产品的机制，日渐开始暴露出其不足之处。企业可以继续细分市场，但最终结果将是市场小得无利可图。纵向思维的反复运用会导致一个过度细分的市场，在这种情况下，细分或利基市场将小到无利可图。

——科特勒《水平营销》

科特勒对传统营销理论进行了系统的审视，他认为：传统的营销是一种"纵向营销"的模式。纵向营销的运行步骤是：第一步，市场营销就是发现还没有被满足的需求并满足它，而这个过程里需求分析是起点，通过市场调研，确定一个可能成为潜在市场的群体；第二步，划定了潜在的市场后，运用STP也就是市场细分、目标锁定、定位等方式形成产品或服务的竞争策略；第三步，运用4P等营销组合来贯彻竞争策略，将产品或服务推向市场。纵向营销通过差异化的方式不断地为细分市场提供个性化的产品，它使企业的专业化营销能力得以提升，最终惠及消费者。

尽管纵向营销是一种成熟的营销理念，但它也有很大的弊端。当市场被首次细分时，细分的企业往往能得到良好回报，但随着细分加剧，子市场越来越小，细分市场缩小成利基市场，那么企业利润也就会越来越薄。由于纵向营销不能创造出新的产品、新的市场，最终的结果必然是特定市场的无限细分和需

求饱和，重复的市场细分导致市场的过度零碎化，这也是当前许多企业的营销困境所在。

2009年，刚过完百岁生日的通用汽车走上了破产重组的道路。曾经不可一世的汽车巨头沦落至此，让人不得不惋惜。关于通用汽车为何会陷入困境，众说纷纭，各有各论，但如果从营销的角度去分析会发现，通用汽车在营销方面的失误早在几十年前就埋下了失败的种子。

早在1924年，通用汽车的第八任总裁阿尔费雷德·斯隆就提出了"不同的钱包、不同的目标、不同的车型"的市场细分战略，根据价格水平对美国汽车市场进行细分，最终目标是通用汽车每个品牌的产品针对一个特定的细分市场。斯隆的这一战略奠定了通用汽车多品牌战略的理论基石。当时，美国的中产阶级迅速崛起，消费者对个性化汽车的追求成为一种潮流，同期的福特汽车提供的基本是千篇一律的汽车，而通用汽车则采取多品牌战略，让产品线覆盖几乎所有的潜在购买者，在其鼎盛时期，通用汽车旗下拥有凯迪拉克、别克、雪佛兰、土星、庞蒂亚克等多个品牌，还参股了五十铃、菲亚特等汽车公司，俨然一个庞大的汽车帝国。这种细分的战略使得通用汽车在近80年的时间里称霸汽车市场。

然而，随着时间推移，通用汽车的战略日渐显露弊端。各个品牌独立运作，各自为政，品牌之间沟通困难，在研发、制造、营销、服务等方面难以有效整合，使得成本居高不下。而且，由于对市场的过度细分，形成了众多的品牌，品牌之间界限模糊不清，不仅给消费者带来了选择的困惑，更演变成了"多生孩子打群架"的自有品牌之间的内耗。最为关键的是，受困于市场细分和多品牌战略，通用汽车一直无法集中各方力量来开发一款能够真正拉动销量的全球战略车型，它只能不停地在各个细分市场进行研发，不仅加大了成本，而且失去了宝贵的市场和利润增长空间。而彼时的丰田、本田却凭借着花冠、凯美瑞、雅阁、思域等全球战略车型的优异表现迅速崛起。

科特勒曾说："界定市场提供了竞争领域的框架，而选择潜在需求、个体与情境的同时，也就是在放弃我们满足不了的需求、个体与情境。当营销人员确立了一种类别，他们便认为其中的要素都是不变的。通常，他们将不再考虑这些要素。"也就是说，在对市场进行细分并确定自己的目标市场后，企业很容易陷入一种困境——只盯着自己的细分市场，却忽视了选定的细分市场之外的其他市场与空间的可能性。通用汽车市场细分与多品牌战略的出发点是没有错的，但它过分局限在细分市场，不仅增加了制造成本和营销成本，造成了品牌间的内耗，也忽视了全球化的市场，错过了横扫全球市场的机遇。

企业在运用纵向营销的过程中，一定要警惕市场的过度细分，既要防止别人更要防止自己蚕食自己的市场。如今的营销亟需一种能取代细分而赢利的新策略。这也就是科特勒所提倡的水平营销创新策略。水平营销是通过对产品做适当改动来产生新用途、新情境、新目标市场以开创新类别，从而重组市场。水平营销是市场充分细分时代进行产品创新的一大法宝，我们看到在"新用途、新情境、新目标"的指引下，新产品纷纷问世，但是这些新产品有一个共同点——并没有瓜分固有的市场，而是满足了新需求，开发了新市场。形象一点说，如果把市场比作一块蛋糕的话，那么，纵向营销是在试图将蛋糕切得更细，然后获取自己的那一份；而水平营销则是在试图将这块蛋糕做大。企业要综合地运用这两种策略，以纵向营销来进行选择，以水平营销来进行创造，实现二者的优势互补。

水平营销是纵向营销的必要补充

纵向营销和水平营销是两种截然不同的创新之道：前者是在某一特定市场内部做调整，后者是通过对产品做适当改动来产生新用途、新情境、新目标市场以开创新类别，从而重组市场。水平营销并不是纵向营销的替代方式。实际上，两者是不可或缺的互补，而且，如果在新类别发现后没有纵向营销来提供多样性，水平营销也就不能充分地发展。

——科特勒《水平营销》

纵向营销是在市场界定过程中，通过采取市场细分与定位策略，调整现有的产品和服务，以使市场多样化。而水平营销是将已知信息进行重组，通过更富探索性、可能性和诱导性的创新思维，激发出新的市场和利润增长点。纵向营销是利用市场界定来创造竞争优势，创新即在该界定过程中进行。市场界定使我们在推出创新、拓展业务时能保持目标一致。水平营销则基于通过接近那些我们在对产品或服务做市场界定时所淘汰的一种或多种需求、用途、目标或情境来努力开拓市场。这意味着需要改变我们的产品。

纵向营销容易导致市场的过度细分，使得企业要面对极其激烈的市场竞争和极其微薄的市场利润，而相比之下，水平营销却往往能通过原创性的理念和产品开发开辟出另一片广阔天地。因此，水平营销越来越受重视，而纵向营销越来越式微。很多企业甚至认为，水平营销要优于纵向营销，或者水平营销将替代纵向营销，事实绝非如此。

纵向营销的作用在于：它为扩大特定市场提供思路；它促使特定市场的潜在顾客转化为现实顾客；它使产品能够出现于现有市场所有可能的情境中；它有助于产品在特定市场实现最大程度的渗透；它使得企业在特定的市场中找到新的定位。纵向营销与水平营销的不同主要体现在以下几个方面：

水平营销过程跳出原来的方向，而纵向营销沿着一个固定的方向前进。水平营销具有启发性，而纵向市场营销具分析性。

纵向营销遵循一定的序列，而水平营销则会跳跃到其他产品或类别上，以捕捉可能的点子和产生的变化。

纵向营销通过淘汰法进行选择，而水平营销不淘汰任何可能导致新概念的选择。

水平营销利用那些与产品无关的种类或产品，而纵向营销排除那些处于我们的潜在市场定义之外的概念。

水平营销的方式不甚明显，而纵向市场营销则以序列的明显方式进行着。水平营销是一个充满可能性的过程，而纵向营销则是一个确定性的过程。

如果要用一句恰当的话来形容纵向营销与水平营销的关系，那么就是——纵向营销进行选择，而水平营销进行创造，水平营销是纵向营销的必要补充。

水平营销就是通过创新激发出新的市场和利润点

在一个过度细分和品牌过多的成熟市场，最有效的竞争方式便是开创新市场或新类别。水平营销就是跨越原有的产品和市场，通过创新激发出新的市场和利润增长点，它是跳出盒子的思考，而不是坐在盒子里思考。

——科特勒"2005新思维全球巡回论坛"演讲

水平营销是一种创造性的思考，科特勒形象地称其为"跳出盒子的思考"，它试图用一种崭新的、刺激思维的角度考虑产品的某个侧面，从而催生原创性的理念。传统的纵向营销有三个层面，市场定义层面、产品层面和营销组合层面。

每一个层面又有很多因素，比如市场定义层面包含了消费者、使用情境等因素。水平营销就是要选出一个层面，再对该层面的某一因素展开横向思考，比如用途、目标市场等，从而催生全新的产品。

比方说，日本曾有几个大学生，看到学校里学生需要复印很多资料，于是想了个点子——免费复印。

他们将所有复印纸的背面作为广告版，供企业投放广告，而正面则用来复印。广告费中抽出一小部分，就足以支付复印的成本。这一举，不仅大受学生欢迎，也得到了很多企业的青睐，此模式在各校推广开后，这群创业者因此获得了每月1000万日元左右的销售额。

再比方说，剃刀通常被认为是针对男性的产品，可是吉列却认为，女性也有对剃刀的需求，于是，吉列开发出了适合女性需要的、更女性化设计的剃刀。

还有中药，在日本，西药称霸，中药销路不好，药材大量积压，有一家专门从中国进口中药的贸易公司，想了个主意，将中药和日本人习惯的茶饮联系起来，在东京中央区开办了一家把中药与茶结合起来的新店，结果这个名为"汉方吃茶店"的生意之好，令人羡慕。中药和茶并无本质上的关联，但跳出中药的行销领域，该公司创造出了新的市场。

上述这些都是非常出色的水平营销创新策略。它们通过改变市场、产品和营销组合，重新定义了市场和需求。这些方面的质变带来了新类别的产品或新的市场，进而给企业带来了营销上的重大突破。

传统上多数公司采用的分析式的营销创新方法无助于根本性的创新。要想创造可能深刻改变市场的新概念，水平营销是更好的方法，因为它所依赖的正是有助于催生真正新思想的创造性技巧。

这并不是说，纵向营销就不能创新，它同样在创新，而且，纵向营销的创新更容易被顾客接受和理解，因为这种创新是在原有的产品、市场和营销组合上进行的一些细微调整或改动。

而水平营销的创新往往是出乎人们意料的，如果这种创新非常奇特的话，接纳起来甚至需要更多的时间。

所以，水平营销人员在向先行者、早期接受者、首批大量接受者和后期大量接受者传播创新产品时，必须放慢脚步。在采用水平营销创新时，企业在教育、沟通及销售上要付出更多的努力和耐心。

借助水平营销，企业就可能在新市场拔得头筹

水平营销的思考对于企业的营销部门无疑是重要的，正是在这个意义上，科特勒说，"伟大的产品是营销部门创造的"。在这个产品和技术可以低成本复制的营销时代，我们已经见证了太多的特定市场的同质化竞争。而借助水平营销，企业就可能在新的市场拔得头筹，因为创意是无法复制的。

——科特勒《水平营销》

在今天这个网络化、全球化的竞争市场上，越来越多的企业开始感受到营销的尴尬，痛切于企业孱弱的赢利能力。一方面，传统的广告促销等营销组合已经无法有效激发消费者的消费诉求；另一方面，企业之间的竞争在每个传统的营销层面上刀刃互现，价格战、成本战等恶性竞争已经将企业竞争推向"他人即地狱"的境地。

无论是在传统的日化行业，还是在新兴的数字电子行业，企业的有机增长已经越来越困难。按照科特勒的说法，在日益复杂的现代营销作用下，新产品、新品牌迅速地推出，但相当比例的这些新产品、新品牌不能避免"一出现即注定失败"的命运。

科特勒对现在的市场生态的系统总结是：品牌数量剧增；产品生命周期大大缩短；更新比维修便宜；数字化技术引发多个市场的革命；商标数与专利数迅速上升；市场极度细分；广告饱和；新品推介越来越复杂，消费者越来越难以打动。毫无疑问，竞争加剧和又一轮的产能过剩已经将企业再次推向了微利时代。

在市场上，很大一部分产品经过一段时间后，就会变得陈旧过时。无论在意识层面还是潜意识层面，客户都需要不断变化。很多公司的创新，只是简单地推出新口味的食品、新类型的洗发水、新款的汽车，但实际上这些所谓的新产品与从前的产品大同小异，所以脱颖而出的机会微乎其微。而借助水平而非垂直的思考，在很多情况下，企业不但能够发掘出新产品，而且能够发现令市场振奋且满意的新的产品类别。

麦当劳拓展印度市场时就做过很大的创新。众所周知，印度是一个具有特别饮食风格的国度，他们对舶来食品向来缺乏兴趣，很少问津。麦当劳最初打入印

度市场时，与其他外来快餐业一样，运营情况非常糟糕。后来，有一位员工提出了一个想法：既然印度的咖喱和香料举世闻名，那么如果在麦当劳的传统快餐中加些香料会怎样？结果，正是这个员工的创造性想法让麦当劳在印度牢牢站稳了脚跟。再后来，麦当劳还根据印度人特有的饮食习惯，开发出了多种具有印度风情的快餐，很快打开了市场。

抛开麦当劳原有的风格，将印度本土的咖喱和香料添加进来，既实现了产品的创新，更迎合了印度的市场，让麦当劳在当地站稳了脚跟。

从这个例子可以看出，当今的企业必须以水平营销另辟蹊径来创造出有市场价值的新产品。市场营销已经到了亟需新思路的转折点，未来占据主流的新商业理念，将会走不同的创新路线，而不是延续昨日无限细分市场的老路。

水平营销：没有创意，一切免谈

没有创意，一切免谈。对于寻求新构想产生办法的需求从来没有比现在更迫切。在大多数市场中，产品和服务都被视为商品。竞争者会迅速地察觉到新构想，并加以仿效。没有公司可以停下脚步，只有那些不断致力于创造和革新的公司才有机会拥有美好的未来。

——科特勒《水平营销》

随着经济的高速发展，全球市场早已进入过剩经济时代。在这个时代里，消费者的需求早已从对产品的单纯功能要求提升到对产品的综合价值需求这一更高的层面上来。精神的物化、情感的体验、产品的文化性是当代消费者判断商品价值的重要元素，差异化、个性化、多样性更是未来市场的主题。正是由于整个经济背景、社会背景和市场需求的变化，使得创意经济应运而生。美国早就发出了"资本时代已经过去，创意经济时代已经来临"的呼声。在创意经济时代，人的智力与想象力能达到什么样的程度，企业就能发展到怎样的程度。

就像科特勒所言："没有创意，一切免谈。"创意是水平营销的关键所在，没有好的创意，水平营销就无从谈起。很多好的新产品都是在好创意的基础上诞生的。

"健达巧克力蛋"是一种用巧克力做的包着精巧玩具的蛋形儿童糖果。其创意来自意大利糖果业巨头费列罗。该产品首次在意大利亮相后，很快就征服了所有欧洲人的心，包括小孩和大人。"健达巧克力蛋"刚面世的时候，零食市场主要的品种包括糖果、口香糖、坚果、花生和巧克力等。当时市场已经细分到一定程度，如今更是有过之而无不及；而巧克力类的品牌更是趋于饱和，市面上的巧克力不仅大小各异、种类各异，而且口味齐全，为的是竞相赢得小孩和父母的偏爱。费列罗很好地把握了这一点。

当公司决定推出一种新的巧克力产品时，本可以考虑改变该产品的味道或功能、成分、设计等，但是，费列罗推出了一个新奇的概念：附带有玩具的巧克力蛋——每颗巧克力蛋里的玩具都是可供儿童收集的一系列玩具中的一员。

巧克力里包玩具？假如我们考虑在巧克力市场中寻求创新，玩具会是不合逻辑的选择。"健达巧克力蛋"在电视广告上将自己定位为健康食品——富含热量和碳水化合物，而蛋形的大小给儿童提供了合适的巧克力摄取量。当孩子们打开巧克力蛋时，他们会被里边的玩具所吸引，并开始玩起里边的玩具，不再嚷着要更多的巧克力了。这两点使得父母们相信"健达巧克力蛋"就是他们在众多糖果中的最佳选择。

对儿童而言，"健达巧克力蛋"可谓一吃两得：巧克力和玩具。"健达巧克力蛋"通过创造新的功能，重新定义了客户价值和糖果市场。也就是说，儿童需求糖果不仅仅是好吃，同样也为好玩。"健达巧克力蛋"在很长一段时间内始终是该领域的领导者，尚无其他竞争者可以与之抗衡。

"健达巧克力蛋"的成功就源于一个创意——将巧克力与玩具结合起来，创造新的功能、新的产品和新的市场。

未来学家托夫勒曾说："谁占领了创意的制高点，谁就能控制全球。"那么创意从何而来？科特勒认为，水平营销的关键在创意，而创意的关键在人。在创意时代，人是企业创造力的最重要来源。创意是基于个人的，企业的营销部门乃至整个组织是否拥有一批充满创意、富有想象力的人员，直接影响到企业的创造力，这样，尽量雇佣一些有创造力的员工已是企业发展的必然要义。如果企业内部充满了惯于传统思考的人，这时候管理者应该警觉，企业的新思想将可能无处激发，这对企业将是先天致命的。

拥有了具备创造潜质的员工，企业还必须让这些员工得到足够的水平思维训练，对员工进行水平思维的培训是企业创造力的放大器。此外，企业还需要创造一种能够容纳个人创造性的文化氛围，要特别鼓励员工的创造性思想，例如在内部设立奖项，对于勤于思考、富有创意的员工给予特别的奖励，这是培育组织创造性土壤的一个举措。

水平营销的三步：焦点，空白，联结

在选择一种产品或服务后，水平营销过程的步骤如下：第一步，选择一个焦点进行横向置换；第二步，进行横向置换以形成空白；第三步，考虑联结该空白的办法。

——科特勒《水平营销》

科特勒所总结的水平营销的三步骤，可以用一个简单的例子来阐明。例如，"花"就可以是一个焦点，横向置换是对逻辑思维的一种中断，这个中断就是一个空白，也就是创造力的来源。以"花"为焦点，"永不凋谢"就是对花的特征的置换。"花"和"永不凋谢"之间形成了空白。我们联结这种空白的方法就是把这种花想象成"假花"，因为假花永不凋谢。这就是水平营销的三个基本步骤。

科特勒认为，水平营销和纵向营销的主要区别在于进行横向置换时是否出现空白。例如，倘若我们要对汽车的"快"这一性能进行横向置换，便不存在需要解决的空白。假如我们打算利用"低耗油量"这一性能或是对奶酪购买者的"大宗消费者"进行横向置换，空白仍然不存在。没有空白就表明我们进行的是纵向，而非横向思维，我们只是在对一个特定的市场或产品进行细分而已。下面这个"好奇训练裤"的例子就是一种典型的水平营销思维。

众所周知，两三岁的小孩将面临慢慢脱离尿片的艰难任务。在这个阶段，小孩要学会向大人示意自己的需要，这样他们才不会尿湿裤子。很多小孩在这个阶段都会遇到不少麻烦和挫折。所以，提起纸尿片，人们最常想到的都是3岁以下的小孩子。而大多数的纸尿片生产商，也确实将3岁以下孩子视为主打的目标市场。

有一家公司不这么想，它思考的是：3岁以下孩子的纸尿片市场竞争太激烈了，怎样才能把纸尿片继续卖给3岁以上的孩子呢？

这家公司于是把纸尿片改装成类似儿童穿的短衬裤。给小孩穿这种特殊的纸尿裤，他们认为自己穿的不是尿布，自然感觉更舒服、更成熟、更像个大人。要是小孩真的控制不了冲动，训练裤外面的图案会消失，这样大人们就知道发生什么事了。这种训练裤不会给孩子带来挫折感，相反，它将在取代内裤的过程中指导孩子。这种纸尿裤一推向市场，就获得了巨大的成功。

当大多数人都认为只有3岁以下孩子才有纸尿片需求的时候，该公司选择了一个空白，那就是3岁以上孩子也有纸尿片的需要。通过这样一联结，公司把消费群体扩大到了年龄更大的儿童。倘若该公司仅限于在现有的尿片市场里创新，就绝不可能取得如此战果。

一般来说，市场营销应该是要满足客户需要，从目标顾客的角度出发定义产品，但科特勒指出的水平营销却是从选择产品或服务开始。按照他的说法，这么做的原因是因为创造力发端于具体的事物，现在，我们回到水平营销的步骤。

第一，选择一个焦点进行横向置换。

关于这一点，科特勒建议把纵向营销过程分成三个层面，市场层面、产品层面和营销组合层面，水平营销就是要选出一个层面，再对该层面的某一因素展开横向思考，比如用途、目标市场等，从而催生全新的产品。

第二，进行横向置换形成空白。

科特勒指出了水平营销的六种横向置换的创新技巧，并分别应用到市场层面、产品层面和营销组合层面上。这六种技巧分别是：替代、反转、组合、夸张、去除、换序。这六种技巧在下一节中会详细介绍。

第三，建立联结。

科特勒指出，要进行联结，就必须分析刺激中的信息，对其进行价值评估。这种评估的技巧有三种：

一种是跟踪购买程序，发现有价值的点子。例如，情侣们去看电影时，都喜欢买爆米花，而吃爆米花会引起口渴，那么提供免费的爆米花就可卖出更多的饮料。

另一种是提取有用的积极事物。例如，有的顾客买了画之后如果不满意，有两种选择，要么退货，要么换货，对卖家而言，当然是换货更理想一些，于是，围绕换货这个点，就有了一种新的服务方式：出租。画廊将画租给顾客，顾客可以每6个月免费换一次画。也就是顾客买下一幅画，并不拥有它，而是在一段时间内享有使用权。

还有一种方法是找一个可能的情境来使刺激产生意义，然后，移动或改变刺激，直到它适合那个情境为止。例如，玫瑰花往往在情人节是最火的，但它也能被用在其他的情境中，商家可以推销这样一个点子，用5朵玫瑰花来代表"s—o—r—r—y"这5个英文字母，这样，当男女双方有一方想跟对方道歉时，就可以考虑送5朵玫瑰花，这样，就使得玫瑰花不仅在情人节能火，在日常生活中的很多时刻也同样能卖得好。

·第四节·
社会责任营销：企业可持续发展的原动力

每个企业都应考虑商业道德与社会责任

> 每个企业都应当考虑两件事情：商业道德和企业社会责任。商业道德是关于企业员工的内部行为的，而企业社会责任关注的是企业为社会事业做出的贡献。越来越多的人开始用企业产品的质量、企业解决用户困难的热心程度、企业表现出的正直来评判一个企业。
>
> ——科特勒《科特勒说》

科特勒一直都在强调企业要表现出更多的社会责任感和商业道德，他认为，商业道德已成为评价企业的一个标准，很多的共同基金投资的时候更愿意选择有社会责任心的公司。

我们应当通过一个企业的行为来对它做出判断，而不是它的宣传口号，它有没有慈善捐款，是否支持过公益事业，运营是否透明，等等。他同时指出，有的时候，某些企业很会伪装，比方说，安然就曾拿出过几百万的慈善捐款，但在这善款背后，这家企业却是一个"邪恶帝国"。

企业的社会责任营销是企业形成新竞争力的重要方法。因为现在的人们越来越重视企业能否承担高层次的社会责任，他们会根据企业承担的责任和展现出来的商业道德去判断企业的产品及其形象。

企业要冷静而实际地确定和预测企业的经营行为有些什么社会影响。如果处理不当，即使是一些小影响也可能成为企业的危机和丑闻。社会迟早会认为这种影响是对社会正直的一种侵犯，会对那些没有负责地为消除这种影响或找出解决办法而努力的企业索取高昂的代价，冠生园就是这样一个例子。

冠生园是中国的名牌老字号，它一向以质量上乘、诚信经营而著称。但就是顶着这样响当当的老字号桂冠的一家企业——南京冠生园食品企业，却在新闻媒体的一次"陈馅事件"的曝光中破产倒闭。把过期的食品用料"陈馅"翻炒后，再制成月饼出售，这种行为在冠生园人看来，并不是很严重的，但他们没有想到企业会因这样的"小事"而倒闭。

在"陈馅事件"被媒体曝光后，冠生园的第一个反应就是"媒体害了企业"。即使在企业破产倒闭后，冠生园仍旧对媒体耿耿于怀："好端端一个企业要不是被媒体曝光，怎么会倒？"

面对企业所遭遇的诚信危机，南京冠生园依旧陷于为自己行为的辩解中，而没有表现出一丝纠正行为过失的应有的诚信。该企业先是辩解称这种做法在行业内"非常普遍"，随后又匆忙发出了一封公开信继续辩解，在所有的补救措施中，唯独没有向消费者做出任何的道歉。正是这种没有任何反省之意的行为，不仅令消费者更加寒心，也进一步使企业自身信誉丧失殆尽。

一直到企业破产倒闭，冠生园公司的管理层仍然将企业破产的原因归咎于媒体曝光，丝毫也没有意识到社会责任的缺失才是导致企业倒闭的最根本的原因。责任是企业的生存之本，如果企业缺失了对于社会公众和消费者基本的责任，社会公众和消费者就会毫不留情地抛弃企业。

社会是企业利益的最终来源，如果企业能够主动、勇敢地承担社会责任，就能赢得良好的社会声誉，得到全社会的支持与认可；另一方面，企业这样做，也能更好地、充分地展现自己的文化取向和价值观念，为以后的长远发展营造更良好的社会氛围，从而保持自己旺盛的生命力，实现健康、平稳、可持续的发展。

社会责任营销是企业在承担一定的社会责任（如为慈善机构捐款、保护环境、建立希望小学、扶贫）的同时，借助新闻舆论和广告宣传来改善企业的名声、提高企业形象的层次、提升其品牌知名度、增加客户忠诚度并最终增加销售额的营销形式。

社会责任营销的核心就是信任营销。社会责任营销的目的实质上就是与客户建立信任的纽带，取得客户的信赖，最终得到"基业长青"的回报，达到企业和社会的双赢目的。

正确的价值观会为企业带来丰厚回报

拥有正确的价值观会为企业带来几方面的回报：首先，这些企业会形成人才竞争优势，能够吸引和留住更好的员工；其次，在良好价值观的引导下，员工的生产率也会大幅提高。最后，员工还会成为服务消费者的企业代言人，企业能够更有效地管理组织内部的差异，这一点对大型公司来说尤为重要。

——科特勒《营销革命3.0》

科特勒认为，正确的价值观念能让企业受益多多。企业进行社会责任营销，归根结底还是为了促进自己的"营销"。企业秉持正确的价值观，做好社会责任营销，能收到这样几大回报：

一是有利于提高企业的市场开拓能力。企业社会责任建设为企业原本的功利性价值观注入了非功利性价值的内容，企业从重利轻义的单一价值观向义利并举的价值观念升华。企业社会责任作为一种激励机制，对企业管理来说，是一场新的革命，更是提高企业开拓能力的动力源泉。

二是有利于推动企业的文化建设。企业文化是指企业在发展过程中形成的理想信念、价值体系与行为规范的总和。企业社会责任是一种企业文化的外在表现和重要内容，也是企业文化逻辑发展的必然趋势和要求。企业社会责任作为企业文化的新内容，可重新塑造企业文化的价值观念，推进企业文化的相关建设。

三是有利于增强企业的竞争力。经济全球化使企业之间的竞争激烈程度空前高涨，竞争的范围也逐步扩大。现代企业的竞争已不仅仅是市场份额的竞争、产品的竞争或品牌的竞争，更重要的是服务的竞争以及企业形象的竞争，企业承担社会责任使企业在公众心目中树立起良好的口碑。

四是有利于企业获得更广阔的生存空间。企业承担社会责任有利于企业创造更广阔的生存环境：如提高企业员工的责任感、积极性和创造性，有助于企业生产活动的有序进行，使决策者和经营者具有更大的灵活性和自主性，有利于获得相关企业的信任、合作与帮助，有助于得到政府的信任，进而更多地得到政府的资助和优惠政策。同时企业承担社会责任也是一种长期的促销手段和吸引顾客的广告形式，从而能够长期、稳定地获得大量的客户。

五是有利于提高企业良好的社会信誉。承担社会责任的企业更能获得社会和公众的认同与信赖。良好的社会形象是企业生存和发展的重要条件。良好的声望有助于企业吸引顾客、投资者、潜在员工和商业伙伴。

美国学者柯提思·维厄斯库与伊丽莎白·墨菲曾进行过一项专门针对企业社会责任与财务业绩的研究。该研究将《商业伦理》杂志评出的100家"最佳企业公民"与"标准普尔500强"中其他企业的财务业绩进行比较。他们得出结论:"最佳企业公民"的整体财务状况要远远优于标准普尔500强的其他企业,前者的平均得分要比后者的平均值高出10个百分点。越来越多的企业实践和众多的研究成果充分说明,在社会责任和企业绩效之间存在正向关联,企业完全可以将社会责任转化为实实在在的竞争力。

有营销专家曾说:"社会责任是一个很好的营销诱饵。"确实,企业履行好社会责任,是最好的公关和广告,也是最好的营销。

企业声誉难得而易失,难成而易败

声誉需要长期逐步建立。良好的声誉可以使企业度过危机,进入持久的未来。声誉很容易被损害。损害声誉的时间要比建立声誉的时间短得多。由于错误的判断、丑闻、质量或正直性的下降,可能会使声誉在一夜之间消失。想要长期生存下去的企业,在经济景气时期和不景气时期,尤其在经济不景气时必须管理这些因素,而且要认真仔细地管理。

——科特勒《混沌时代的管理和营销》

声誉,是指一个企业获得社会公众信任和赞美的程度以及企业在社会公众中影响效果好坏的程度。声誉管理是对企业声誉的创建和维护,是指企业以正确决策为核心,通过声誉投资、交往等手段,从每个员工做起,建立和维持与社会公众的信任关系的一种现代管理方法。声誉管理已成为影响企业成功的重要指标。

世界经济论坛与福莱国际曾对132家世界领先的跨国公司联合调查,结果显示:企业声誉超过财务业绩成为衡量企业成功的重要指标。而另一项对欧洲、亚洲、北美洲首席执行官的调查显示:公司名誉是全球范围的首席执行官们越来越关心的一个重要问题,并且CEO们越来越倾向于从战略的角度考虑这个问题。

有专家认为:"企业之间的竞争经历了价格竞争、质量竞争和服务竞争,当今已开始进入一个新的阶段——声誉竞争。"

市场研究集团益普索的一项全球调查显示,公众对于一个企业的评价已经不仅仅来自于其财务表现和具体的产品与服务,企业的社会责任履行对于企业声誉建设正变得越来越重要。50%的公众认为企业应该在关注财务表现的同时,关注社会责任和保护环境。而30%的公众表示,相对于财务表现,企业应更加注重社会责任和保护环境。

有很多世界知名的企业都非常重视社会责任,重视企业声誉。松下电器的一位负责人就曾说,松下所理解的企业声誉就是企业形象。企业的社会责任的问题,也就是CSR(Corporate Social Responsibility)的概念。松下的CSR是基于经营理念基础上的,松下认为推行CSR之后,可以获得一个相辅相成的效果。

惠普也是如此。惠普公司有非常系统的制度规定把企业社会责任上升到公司发展战略的高度,并把它作为企业竞争优势的一部分。为了兑现对社会的承诺,惠普公司鼓励员工为社区建设出钱出力。在美国,惠普的员工每个月要花4小时为社区学校或非营利组织工作,公司照常为员工发工资。为了节省能源,惠普公司甚至鼓励员工在家里工作。通讯的发展节约了能源和原料,给公司带来了可以衡量的财务收益,包括:减少了驾驶给环境的影响,减少废气排放,缓解了交通堵塞等。在供应商的采购方面,惠普企业公民体系提出多样化要求,每年制定针对妇女公司和小公司的采购计划,并进行专门的统计。员工个人职业生涯规划也被纳入到惠普公司的企业公民体系中。

很多企业愈来愈理解公司声誉的重要性。万向集团鲁冠球先生曾建言中国企业家"要像追逐利润一样追逐声誉"。据估计,如今70%~80%的公司价值来自品牌、智力资本和商誉等无形资产。作为一种隐性的公司资产,良好而独特的声誉可以吸引优秀的人才,增加同供应商、分销商和潜在合作伙伴谈判的筹码,提高产品和服务的溢价并增强消费者的忠诚度,方便在资本市场上的融资和提升股票估值。

企业声誉需要经过很长时间才可以建立,失去声誉却非常快。尤其在重大公众事件发生时,由于公众对事件和企业行为的高度关注,使得企业的行为对企业声誉方面的影响被呈几何倍数的放大。因此企业在积极履行社会责任的同时,还应关注在重大事件中的企业声誉建设和发展。

企业应该事先做好准备,认识到哪些新闻报道对于本企业声誉是敏感的,哪些消息对于企业的声誉是不敏感的。公众很少能够"真实"地描述发生的事情,他们会倾向于相信媒体,在重大事件中,一些媒体会侧重客观事实,一些媒体更倾向于对于情境的主观感受。因此企业首先要选择正确的媒体,并与相关的媒体保持通畅、透明的交流渠道,以确保正面的新闻大量传播,而负面新闻能最大限度地减少;同时对媒体报道需要特别关注,实时掌握言论的导向和对自身企业的报道情况,这对调整传播内容、提供正面信息以及及时处理公关危机非常重要。

事业关联营销:让企业因为做好事而发展得更好

> 事业关联营销已经成为公司奉献社会的主要方式。通过将购买公司的产品或服务与为有意义的事业或慈善组织筹集资金相联系,它让公司"因为做好事而发展得更好"。如果处理得当,事业关联营销可以为公司和事业都带来巨大的利益。公司在建立更加积极的公众形象的同时,也获得了一种有效的市场营销工具。
>
> ——科特勒《混沌时代的管理和营销》

科特勒认为,企业的社会责任营销应将社会责任和企业的营销活动相结合,而事业关联营销就是一种很好的方式,既可以建立企业声誉,又能进行企业推广,可以说既得名也得利。例如,宝洁公司就曾经开展过一次非常成功的事业关联营销活动。

2008年,事业关联营销论坛为促进事业关联的健康运用而设置的大奖——"金色光环奖"颁给了宝洁公司的"潘婷美丽长度"活动。

"潘婷美丽长度"是一次涵盖非常广、影响非常大的营销活动,宝洁公司用明星代言人戴安·莱恩(Diane Lane)在《今日秀》(Today Show)节目为捐款、捐头发的事件揭开了活动的序幕。从那以后,该活动在主要出版物、电视节目和网站上产生了超过7亿次媒体曝光,共收到超过24000份捐献的马尾辫,超过3000套免费假发通过美国癌症社团"全国假发银行"的网络被分发到需要的患者手中,这个数字比过去十多年由慈善机构"爱之锁"创造的2000套假发纪录高得多。"潘婷美丽长度"还捐献了100万多美元给好莱坞娱乐产业基金会女性癌症研究基金,为受到癌症影响的数百万女性及其家庭募集资金和给予关注。"潘婷美丽长度"还吸引了两次奥斯卡奖获得者希拉里·斯旺克,她也为潘婷的这项活动剪短了头发，并成了该活动的合作伙伴。

宝洁的这次事业关联营销不仅达到了履行社会责任的目的，更扩大了企业的影响，收到了很好的营销效果。一般来说，事业关联营销有这样几种形式：

一是销量决定型。产品销量越多，企业的捐赠也越多。

二是公益事业冠名型。将公益事业冠以公司或产品的名称，例如蒙牛与"超级女声"的携手。

三是义卖捐赠型。销售所得全部作为捐赠款。

四是抽奖捐赠型。顾客购买产品，即可参加公益捐赠抽奖活动。如果抽中，企业将以顾客的私人名义向有关机构捐助一份产品。

五是主题活动型。像宝洁的"潘婷美丽长度"就属于此类。

六是设立基金或奖项型。例如，很多大学都有由企业或名人设立的基金与奖项。

事业关联营销活动要想达到既体现社会责任又推动企业营销的双重目的，需要注意以下几点：

第一，传播的意识要强，做了好事要留名。

企业利用事业关联营销的最终目的是要提升品牌的影响力并创造良好的价值，因此做了事就要及时、主动地宣传出去，通过传播手段传达给消费者。在时间分配上，为了使事件在最佳的时期以最佳的姿态呈现在人们眼前，要对媒体的发布进行科学的管理，过早或过晚都会使受众对事件的反应大打折扣。

第二，主动传播，雁过留声，做了好事自己讲。

钱锺书曾说过："一个人不说你坏话的时间的长短，取决于你最近一次请他吃饭所点菜的好坏。"在如今的注意力经济时代，一个企业受尊重的价值往往是用物质无法衡量的，这是一笔无形的资产。所以在事业关联营销中，要从全局上把握住宣传的关键点，抓住传播的新闻点、新闻由头，为媒体提供新闻素材，达到事件同步传播的程度。这样就发动了媒体的传播势能，最终也就抓住了目标受众的眼球。

第三，加强传播的强度和跨度。

事业关联营销成功的企业无不把事业关联营销看作积累品牌的长期战略，通过长期、连续的事业关联营销传播，品牌得以持续积累。事业关联营销要"花一分钱做事，花九分钱宣传"，同时更要保持事业关联营销的长期宣传效应，将事业关联营销作为长期的品牌发展战略，更加系统地整合利用各种营销手段，使各种营销手段间能有机地配合和互补。

公益营销：融合企业社会责任倡议与营销活动

> 公益更像一种立意长远的营销活动。一次成功的善因营销项目可以提高社会的福利；制造品牌定位差异化；建立稳固的消费者联结；在政府官员和其他决策者心目中增强企业公众形象；积累企业商誉；提升内部士气和激励员工；促使销售额增长；提高企业的市场价值。从公众的利益和情感出发，既表达企业的社会责任感，又使社会受众群体对企业产生良好的印象，实际上是做了一次变相的企业形象广告。
>
> ——科特勒《营销革命3.0》

公益营销就是企业抛开以往单纯为销售而销售的营销模式，转而从公众的利益和情感出发，搭建一个能让消费者认同并且具有社会公信背景的平台，让公益与营销相结合，实施公益化的营销手段。换句话说，就是企业在营销活动中要为社会和消费者多做好事，让人们记住你做过的好事，记住你的品牌。

英特尔全球副总裁简睿杰曾说："企业开展的公益活动与促销活动一般都会给社会带来利益。企业将自己一部分利益回馈社会，开展各种公益活动，不仅满足了社会公益活动中对资金的需求，同时企业又将良好的企业道德伦理思想与观念带给了社会，提高了社会道德水平。"

一次成功的公益营销活动不仅能够提高企业的品牌形象，提高企业经济效益，还能拉近与消费者的关系，提高社会效益。据美国的一项对469家不同行业公司的调查结果显示：资产、销售、投资回报率均与企业的公众形象有着不同程度的正比关系。对企业内部来说，能有力地调动员工的积极性。企业公民行为调查研究的结果显示，与没有从事过公益事业的公司相比，频繁从事公益事业公司的员工忠诚度大约高出25%。而超过75%的员工之所以选择为目前的公司工作，部分原因在于看重该公司对各种社会公益事业的承诺，即企业员工的企业荣誉感使其更加忠诚于企业。有很多企业就是通过公益营销在不断地巩固企业在消费者心目中的地位和形象。

可口可乐在中国投身于希望工程，并且十年如一日地坚持着。从1993年至今，可口可乐公司已在中国捐建了52所希望小学、100多个希望书库，帮助6万多名儿童重返校园。在可口可乐公益事务部的电脑里，存有捐建的 52 所希望小学的详细资料和信息，并与 28 个装瓶厂紧密配合，一同为这些希望小学持续服务。可口可乐这种一以贯之的公益举措是其打开中国市场的金钥匙，这也是其一直以来被大众喜爱和接受的原因之一。

还有青岛啤酒，2008 年的时候，中国南方遭遇了五十年一遇的罕见冰雪灾害。青岛啤酒紧急抽调湖南区域上百名员工，给上万名在京珠高速湖南段受困的群众送去了面包、饼干、纯净水、棉大衣等救助物资。青岛啤酒员工与政府、媒体一线记者、广大部队官兵在刺骨的寒风暴雪中共同给受困数日的群众带去温暖。从 1 月 29 日早 8 点到 30 日凌晨 2 点，一百多名青岛啤酒员工奔走在京珠高速上，在救灾物资都已发放完毕的情况下，青岛啤酒员工毫不犹豫地将身上的棉袄也脱了下来，送给被寒冷折磨的司机和乘客。而他们穿着单薄的衣裳继续传递爱心。

在全国助残日活动期间，青岛啤酒特为残奥会捐赠 150 万元人民币，用于残奥会的筹备和赛事使用，支援中国残疾人体育代表团更好地备战残奥会，让更多的残疾朋友参与进来，感受奥运带给大家的激情与活力。青岛啤酒用爱心的火炬传递履行奥运公民责任，尽显对推动全民奥运的专注。作为中国"最具社会责任感企业"之一和"中国最受尊敬企业"，青岛啤酒靠的是实实在在的行动，社会的认可和肯定是它"社会价值高于企业价值"的充分体现。

现在有很多企业在发现一个机会并计划执行一个事件营销活动时，往往没有什么具体的目标，而是仅仅站在事件营销本身来做，没有进行系统的规划或是为了做事件而去做，反而忽视了最终的目的，自然无法促进销售和提升品牌。一个明确的目标不仅对营销本身具有指导作用，也是能否成功的重要前提。目标的确定不能脱离品牌的核心理念，其中要考虑的主要是公众的关注点、企业的诉求点和事件的核心点三个方面，如果能够做到三位一体，必能击中目标。

提高社会责任营销水平需要三管齐下

提高社会责任营销水平需要三管齐下：合适的法律行为、伦理道德行为和社会责任行为。企业必须通过其法律、道德和社会言行来实践社会责任。

——科特勒《混沌时代的管理和营销》

科特勒指出，企业提高社会责任营销水平，要从三方面入手：一是遵守法律法规，二是遵守伦理道德，三是履行社会责任。

第一条是法律行为。

企业必须保证每个员工都知道并遵循相关的法律。在企业社会责任这个话题上，有很多的说法，但是，无论是对国外企业还是对国内企业来说，遵守法律都是社会责任营销的第一步，而且是至为关键的第一步。法律是一根底线，企业如果逾越了这根底线，那将面临的就是灭顶之灾。

第二条是伦理道德行为。

有一些商业行为是明显不道德的或者犯法的，这些行为包括贿赂、窃取商业机密、虚假的或令人误解的广告宣传、独家销售和捆绑式协议、质量或安全缺陷、虚假质保、错误标签、限价或者过度歧视，以及进入壁垒和掠夺性竞争等。企业必须有一套严格遵守的道德准则，建立企业道德行为传统，督促自己产生遵守伦理道德和法律条文的完全责任感。

圣雄甘地曾提出毁灭人类的"七宗罪"，其中有一条就是"没有道德的商业"。美国商界也有句话说："好的伦理为经营之道。"企业竞争不只是策略、技术和创新的竞争，最后决定胜负的关键，往往掌握在品德手上。这也恰如中国的那句话："小胜凭智，大胜靠德。"

前几年出现的安然等一系列知名企业的丑闻弊案，一度掀起了全球对公司治理和企业道德高度重视的热潮。而在国内，近几年来，最让人忧心的莫过于食品安全问题。"一滴香"、"苏丹红"、"毒奶粉"、"瘦肉精"、"地沟油"……每当这些内幕被媒体爆料出来，很多人都会归咎为法律和监管的不到位，但事实上，法律和制度应该属于"补丁"的性质，真正引发这些食品安全事件的却是商业伦理道德的缺失。

美国总统林肯有句话很有名："你可以在部分时间骗所有人，也可以在所有时间骗部分人，但不能在所有时间欺骗所有人。"

伦理道德就是如此，一个没有商业伦理道德的企业，很难赢得消费者的认同与信任，也很难在市场立足，即使它能在一段时间内欺骗住消费者，赚取利润，但它不能"在所有时间欺骗所有人"。

在市场经济条件下，商业伦理是商业与社会关系的基础，在一定程度上是社会伦理的灵魂和核心。市场经济是法治经济，更是道德经济，发达的市场经济必须有先进的商业伦理为之做支撑。

只有这样，市场经济才会有序、有活力，才会低成本，才会安全，才会有真正的和谐社会。企业必须扭转"一切向钱看"的心态，必须正视商业伦理的严重问题。

第三条就是社会责任行为。每个营销者在和顾客、利益相关者打交道时，必须拥有"社会良知"，要担负起企业应尽的责任和义务，真正为社会和消费者群体做一些实在的事情。